울산 디스토피아,
제조업 강국의 불안한 미래

지은이 **양승훈**

제조업과 산업도시, 기술 혁신과 엔지니어를 연구하는 사회과학자다. 마산에 소재한 경남대학교에 재직하며 사회조사방법론, 통계학, 데이터사이언스, 디지털 과학기술학을 강의한다. 학부에서 정치학을, 석사 과정에서 문화인류학을, 박사 과정에서 과학기술정책(혁신 연구)을 공부했다. 조선소에서 5년간 근무하며 관찰했던 경험을 담아 산업도시 거제와 조선 산업에 대한 이야기《중공업 가족의 유토피아》(2019)를 썼고, 이듬해 한국사회학회 학술상과 한국출판문화상 교양 부문을 수상했다. 산업도시 울산을 살펴보며 50년 전 중화학 공업화로 형성된 한국의 주력 제조업과 소멸 위기에 놓인 지방이 디지털·에너지 전환, 수도권 쏠림을 딛고 생존 가능할지 고민한다.《추월의 시대》(공저, 2021),《문턱의 청년들》(공저, 2021)을 함께 썼고《데이터 과학을 활용한 통계》(2023)를 옮겼다.

울산 디스토피아, 제조업 강국의 불안한 미래

초판 1쇄 발행 2024년 3월 28일

지은이 **양승훈**
발행인 **박윤우**
편집 **김송은 김유진 성한경 장미숙**
마케팅 **박서연 이건희 이영섭 정미진**
디자인 **서혜진 이세연**
저작권 **백은영 유은지**
경영지원 **이지영 주진호**
발행처 **부키(주)**
출판신고 2012년 9월 27일
주소 서울시 마포구 양화로 125 경남관광빌딩 7층
전화 02-325-0846 | 팩스 02-325-0841
이메일 webmaster@bookie.co.kr
ISBN 979-11-93528-05-1 03300

만든 사람들
편집 장미숙 | 디자인 서혜진

울산 디스토피아,
제조업 강국의 불안한 미래

양승훈 지음

쇠락하는 산업도시와 한국 경제에 켜진 경고등

부·키

제조업 강국으로서의 한국을
새로운 시각에서 성찰하고 조망한다

제조업 중심 도시 울산의 태동에서부터 불안한 현재에 이르기까지의 여정을 세심하고 집요하게 추적한다. 성실한 연구와 탁월한 통찰력으로 한국 사회 전체의 복잡한 직조를 예리하게 해체하는 이 작업은, 제조업 강국으로서의 한국을 새로운 시각에서 성찰하며 조망하게 한다. 울산의 경제적 번영 뒤에 숨겨진 사회적 비용, '귀족 노조'의 양면, 지역을 떠나는 청년들, 그리고 서서히 질식해 가는 여성의 삶 등 우리 사회가 직면한 문제들에 대한 생생한 인터뷰는 강렬한 현장감을 전달한다. 읽는 내내 숨죽이며 따라가게 되는 긴장감과 풍부한 연구 자료는 사회학적 상상력을 자극하면서 동시에 지적 만족을 선사한다. ㅣ이승윤 중앙대 사회복지학부 교수

쉽고 흥미롭게 읽히지만 실은 무시무시한 답변을
대안과 함께 제공한다

글로벌 '생산'기지라는 울산이 이 지역의 젊은이들에게마저 변변한 일자리를 제공하지 못한다. 엔지니어 등 이른바 '좋은' 일자리는 거의 모두 수도권으로 떠나 버렸다. '노동 귀족'으로 욕먹는 장년층 정규직 노동자들은 숙련을 상실한 무력한 집단으로 전락한 지 오래다. 이대로 가면 울산은 하도급 기능만 특화된 '하청기지'로 떨어질 수밖에 없다는 것이 저자의 견해다. 한때 작업장에서 기술 혁신을 이뤄 낸 자동차, 조선 등 기간산업을 '글로벌 톱'으로 발전시키는가 하면 치열한 노동 운동으로 '중산층 노동자' 신화를 일궈 낸 이 도시가 어

쩌다 이렇게 되었는가.이에 대해 《울산 디스토피아》는 지리경제학, 노동과정론, 공학, 도시사 등 다양한 접근법으로 종횡무진 넘나들며 쉽고 흥미롭게 읽히지만 실은 무시무시한 답변을 대안과 함께 제공한다. 이 책의 주제는 산업도시 울산이지만 진정한 주인공은 한국의 사회·경제 시스템이다. 울산의 주력 산업은 한국 경제의 기간산업이며, 울산이 겪고 있는 지방 소멸, 인구 감소 등은 한국의 당면 과제이기 때문이다. 한국이 이미 국가 발전의 정점을 지나 점진적 쇠퇴로 가는 중이라는 불안과 무기력감의 확산에 정면으로 도전하는 지적 결기를, 이 책은 보여 준다. ㅣ이종태 《시사인》기자

이보다 더 적확한 '울산병 진단서'는 없다

공고에 입학할 무렵 공장에 취업 하면 뭐라도 될 줄 알았다. 성인이 되고 직접 공장에 들어가 보니 뭣도 안 되겠다는 걸 알았다. 지방의 중공업은 세상 인식처럼 육신의 고단함과 세간의 멸시만 견뎌낸다면 먹고살 수 있는 곳이 아니었다. 지긋지긋할 정도로 잔업과 특근을 해야 품삯을 손에 쥘 수 있었고, 그러는 동안 무의미한 경력만 쌓여 갔다. 선배들은 얼른 돈 벌어서 탈출하라는 말만 거듭했다. 산업 역군이 세월과 땀으로 쌓아 온 중공업 가족의 유토피아는 무너졌다. 근거는 내 경험뿐만이 아니다. 온갖 숫자가 몰락을 알려 오고 있다.
확실하다. 중공업에 의존해 왔던 지방이 모조리 병들고 있다. 문제는 제대로 원인 파악조차 안 된다는 데 있다. 이유는 많은데 다 합쳐 놓으면 막연하기만 하다. 다행히 높은 해상도의 렌즈를 갖게 됐다. 《울산 디스토피아》는 한때 "개도 만 원짜리 물고 다닌다"던 도시가 왜 이 지경에 이르렀는지 생생하게 보여 준다. 렌즈는 현장을, 연구소를, 대학을 샅샅이 누비며 원인을 찾아낸다. 논증은 철저하고 논거는 집요하다. 이보다 더 적확한 '울산병 진단서'는 없다. 청년과 여성이 없고, 더는 중산층을 만들어 낼 수 없게 된 지역의 미래를 걱정하는 모든 시민께 추천한다. 아니, 제조업 강국 한국의 내일을 걱정하는 모든 분께 추천한다. ㅣ천현우 《쇳밥일지》저자

차례

프롤로그

산업도시 울산,
어디로 가는가*

———

　　대한민국에서 가장 큰 산업도시 울산. 모든 게 서울과 수도권으로 몰리는 2020년대에도 울산은 '주식회사 대한민국'의 최대 생산기지 역할을 해내고 있다. 2023년 말 기준 인구 115만 명 안팎의 울산은 수출액 기준으로 전국에서 세 번째 가는 광역시도다. 울산은 2021년 기준으로 1년에 740억 달러를 수출했다. 울산 앞에는 '산업의 쌀'인 반도체를 생산하는 경기도(삼성전자, SK하이닉스)와 철강 및 석유화학 제품과 현대자동차를 수출하는 충청남도가 있다. 울산은 2007년부터 2012

---

* 　이 책은 울산테크노파크 2020년 학술연구 용역과제(202004134C4-00) 〈울산 지역현황 분석 및 미래산업 성장방향 수립용역〉의 결과물을 보완해 단행본 도서로 편집한 것이다.

년까지 조선업이 초호황기였을 때는 수출 1위를 놓치지 않았다.¹ 2021년 기준 일인당 지역내총생산(GRDP)과 일인당 총소득을 기준으로 했을 때 울산은 단연 1위였다.*²

전국에는 많은 산업도시가 있다. 한국의 산업도시는 일반적으로 대표 품목 한두 개에 집중하는 '포트폴리오'가 있다. 남동임해공업지역의 예를 보아도 포항(철강), 거제(조선), 여수(정유-석유화학), 사천(항공) 등 각자 특화된 산업을 영위한다. 철강 경기가 안 좋으면 포항이 휘청거리고, 조선 산업이 어려움에 처하면 '거제의 눈물'이 신문에 나오는 식이다. 그런데 울산은 중화학공업의 대표 격인 '3대 산업', 이른바 조선·자동차·석유화학을 통해 다양한 제품군을 구축하고 있다. 한 산업에 부침이 있더라도 다른 산업이 선전해서 도시 전체의 경기를 유지하는 안전판 역할을 하곤 한다. 이처럼 상대적으로 안정적인 제품군을 구축하고 일인당 지역내총생산과 일인당 총소득 모두 1위를 달리는 대표 산업도시의 앞날에 안개가 자욱해 한 치 앞도 보이지 않는다면 어떨까? 울산은 물론 한국의 산업도시 전반에 위기가 닥친 것이 아닐까?

이 책은 '대한민국 산업 수도' 울산의 미래를 모색한다. 더 나아가 울산이라는 대표적 산업도시를 통해 제조업과 수출을 기둥으로 성장해 온 한국 경제에 닥친 위기의 본질과 과제를 살펴보려는 의도가 담겨있다. 그런데 왜 하필 울산일까?

*   그 뒤에는 지역내총생산 기준에서는 충남이, 총소득 기준에서는 서울이 울산 다음 자리를 차지하고 있다.

우선 울산은 이촌향도離村向都 이주와 산업화 그리고 민주화와 지역 불균형의 역사 그 자체다. 한국의 현대사가 만들어 낸 주요 현상이 응축되어 있다는 말이다. 울산은 공장에서 '기름밥'과 '쇳밥'을 먹고 땀 흘리며 일해서 한 식구를 먹여 살렸다는 '가장'의 신화가 완성된 곳이다. 최근 30여 년간 한국 경제에서 가장 큰 위기였던 외환위기(1997), 글로벌 금융위기(2008), 제조업 구조조정(2015~2018)을 거치면서도 여전히 그 신화를 이어 갔다.

같은 영남이라도 대구 경북과 부산 경남은 구성원과 문화가 다르다. 일제 강점기부터 부산이나 마산, 울산에는 드라마 〈파친코〉에 나오듯 만주국이나 일본 본토를 오가면서 무역을 하거나 일을 하기 위해 전국에서 모인 사람이 많았다. 이렇듯 100년 전부터 형성된 개방적 분위기를 배경으로 1970년대 이후에는 조선, 자동차, 석유화학 산업이 팽창하면서 전국에서 일을 하겠다는 사람들이 울산에 모여들었던 것이다.

산업도시 울산의 노동자는 못 배워서 서럽고 생산직이라고 무시 당했지만, 1987년 이후에는 노동 운동을 통해 자신들의 권리를 되찾고 높은 수준의 임금과 고용 보장, 연공급年功給을 획득하는 승리의 역사를 써냈다. 도시 전체로 보면 1997년 광역시로 지정이 되고 나서 'IMF도 없이' 승승장구하던 울산이었다.

그런데 2015년부터 인구가 줄기 시작했다. 이젠 청년을 잡겠다고, 새로운 산업을 유치하겠다고 지자체와 지역 정치인이 매일없이 읍소해야 하는 상황이 됐다. 시대의 화두인 평범한 일자리, 청년의 지역

살이 문제를 울산이 안고 있는 셈이다. 울산은 우리나라 산업화 역사를 압축적으로 보여 주고 있다. 성공의 역사든 고난의 현재든 비단 울산만의 이야깃거리는 아니다.

두 번째로, 울산을 향한 질문은 결국 1970년대 형성해 놓은 중화학공업 위주의 수출주도 산업이 과연 어디까지 갈 것인가 하는 불안을 담고 있다. 혁신이나 기술경제학 연구자들은 습관처럼 '추격형 경제'에서 벗어나야 한다고 말한다.[3] 한국의 제조업은 간단히 요약하자면 일본의 생산 하청기지로 출발해서 불하받은 부품과 완제품을 분해하고 결합하며 모방했고, 미국과 유럽에서 유학한 엔지니어들의 지도하에 도면을 베끼고 개선해 나가면서 성장했다. 더불어 노동자의 숙련도를 높이기보다는 독일이나 일본의 로봇이나 NC 선반 가공 같은 장비로 생산성을 높이면서 세계 최고의 제조업 생산성을 확보했다. 그 사이 유럽은 장비와 노동력이 노후화됐고 미국은 제조업을 등한시했으며 일본은 불황 속에서 설비투자의 여력이 없었다.

한국은 산업화 이후 50년 동안 세계 5대 제조업 강국이 됐다. 대규모 가공 기계와 자동화 설비 투자를 통해 제조 선진국의 제품과 비슷한 품질로 더 싸고 빠르게 제품을 만들어 공급하는 것이 '메이드 인 코리아'의 초기 전략이었다. 흔히 조선, 자동차, 종합기계 등 기계 산업이 발전했던 방식인 '조립형 공업화'라 부르는 유형이다.[4] 이러한 산업화와 수출주도 전략 아래 수혜를 받았던 도시가 울산이다. 바로 조선과 자동차가 그렇다. 해외의 플랜트 설비를 그대로 이식해 정유와 석유화학 제품을 만들어 냈던 남구南區의 산업도 크게 보면 차이가 없다. 울산의

3대 산업은 큰 틀에서 기존의 전략을 전면적으로 수정하지 않은 채 50년을 지내 온 셈이다. 위기를 크게 겪지 않았기 때문이다.

하지만 2014~2016년 거제에서 대우조선해양을 위시한 조선 산업의 구조조정이 있었을 때 경남 전체의 지역내총생산이 마이너스로 전환되고, 부산·울산·경남(일명 부울경)의 산업 생태계에 위기가 왔다. 실제로 세계 1위 조선 업체인 현대중공업도 긴축 경영을 위한 희망 퇴직과 사업부의 계열 분리 등을 진행했다. 조선 산업의 노동력은 전국적으로 최대 20만 명이고, 후방 산업까지 고려하면 관련 인원은 50만 명이 넘는다. 그런데 이보다 훨씬 더 큰 규모인 자동차 산업에 위기가 발생한다면 어떤 일이 벌어질까? 혹은 3대 산업 전반에 문제가 생긴다면 어떨까? 그 파급력은 울산이나 부울경에 한정되지 않을 것이다. 전국적인 경기침체와 산업 생태계의 위기가 벌어진다고 봐야 한다.

최근 디지털 전환과 기후 위기가 제조업의 '게임 체인저' 역할을 한다고 말한다. 기후 위기에 대응하기 위해 2050년까지 지구 온도 상승을 산업화 이전 대비 섭씨 1.5도 이내로 묶으려면, 우선 경유(디젤)와 중유(벙커C유)를 주로 사용하는 선박은 당분간 탈황설비를 달거나 천연가스를 쓰다가 결국에는 탄소를 아예 배출하지 않는 수소나 2차 전지를 통한 전력으로 연료원을 바꿔야 한다. 자동차는 2010년대 후반부터 배터리 전기자동차Battery Electric Vehicle(BEV)와 수소연료전지 전기자동차Hydrogen Fuel Cell Electric Vehicle(HFCEV) 경쟁이 첨예하게 진행되고 있다. 그 경쟁에서 울산의 3대 산업이 살아남을 수 있을지 의문이다.

울산의 3대 산업이 성공적으로 시장에서 살아남더라도 그 '생산 현장'인 울산 경제에 도움이 될지도 의문이다. 그런데 이 문제 역시 울산만의 문제가 아니다. '생산기지' 역할을 하고 있는 창원, 거제, 군산, 당진 등 전국 여기저기의 다양한 산업도시가 공통으로 떠안고 있는 고민이다. 가장 고도화된 산업도시 울산이 '생산기지' 역할밖에 하지 못할 경우 다른 도시는 어떤 희망을 가질 수 있겠는가.

세 번째로, 울산은 한국의 핵심적 사회 문제인 노동 시장 이중 구조(원하청) 문제와 여성 일자리 부족 문제를 가장 극명하게 보여 주는 도시다. 원청 정규직 노동자들이 회사와 임금 단체교섭을 하면서 높은 수준의 임금과 복지 및 연공급을 획득할 때, 상대적 저임금에 정규직이 될 보장 없이 비정규직 사내 하청 노동자 신분을 전전하게 만드는 경제의 원형이 바로 울산에 있다. 'N차 협력사'의 숫자 N이 커질수록 수령하는 임금은 줄고 현장은 열악하다. 비인간적 대우를 받을 확률이 높아지는 부품 생태계와 원청과의 관계를 만든 곳이 울산이다. 1987년 노동자 대투쟁을 통해 노동조합을 조직하고 자기들끼리의 평등한 임금 체계인 연공급은 만들었지만, 같은 시점 원청 바깥 '협력사'에서 근무하는 노동자들과의 연대에는 성공하지 못한 울산의 제조 대기업의 노사관계는 전국 노사관계의 표준이 됐다.

여성의 사회 진출이 어려운 구조적 문제, 즉 문화와 분업 구조를 이해하기 위해서도 울산의 이야기는 중요하다. 1998년 현대자동차에서 정리해고가 벌어졌을 때, 또 2014~2015년 현대중공업 구조조정 당시 아이들이 "아빠 힘내세요"를 부를 때 절실함이 컸던 이유는, 사측과 노조가 관성적으로 '가족주의적'인 선전전을 한 데에 기인한다. 하지만 울산에서는 실제로 남성 가장이 벌어오지 않으면 한 가족의 생계가 막막하기 때문이기도 했다.[5] 울산의 여성 일자리는 간호조무사, (이주민 대상) 한국어교사, 사회복지사, 어린이집 교사, 요양보호사로 대표되는 이른바 '핑크칼라'[6]가 절대다수다. 이러한 일자리 구조를 '가부장적 영남 문화'로만 이해하는 것은 협소한 시각이다. 젠더 관점에서 본 울산 노동 시장 분석을 통해 우리는 지방과 서울의 문제 그리고 여성의 일자리 문제를 좀 더 깊게 이해할 수 있다.

마지막으로 울산은 '보통 사람의 일자리', '평범한 사람의 중산층 도시'가 가능할까 하는 질문을 던지게 한다. 한국 사회는 성공에 대한 암묵적 합의가 있다. '공정한' 입시경쟁을 치르고 좋은 대학 나와서 고위직 공무원이 되거나 고소득 전문직을 갖거나 혹은 서울에 본사가 있는 대기업이나 전망 좋은 IT 기업에 들어가야 성공한다는 인식이 팽배해 있기 때문이다. 하지만 울산은 그러한 '대세'와는 다른 중산층 모델을 제시해 온 대표적 도시다. 그저 부지런하고 성실하고 근면한 청년이라면 일해서 번 돈으로 결혼하고 집 사고 아이 낳아 키워서 결혼시킬 수 있었던 것이 울산의 산업화 이후 50년의 역사다. 공고나 전문대를 나와 자격증을 따서 취업이 되는 경우도 많았지만, 변변한 학력 없이 돈 벌러 왔다가 직업훈련소에서 한글과 기술을 배워 정규직이 된 노동자들의 현대사가 있는 곳이 바로 울산이다. 이른바 '노동 계급 중산층'[7]이다.

이 노동 계급 중산층 모델이 몇 가지 차원에서 도전받고 있다. 먼저 노동 계급의 '좋은 일자리'가 사라지고 있다. 안정적이고 고임금을 주는 일자리의 수 자체가 줄고, 지역에는 사내 하청과 협력사 일자리만 늘어난다. 또 사내 하청과 협력사 노동자는 원청 노동자와의 임금 격차를 줄이지 못하고 있다. 둘째로 '화이트칼라'를 만들겠다고 자녀를 공부시켰지만 이들이 울산을 떠나려고 한다. 사무직 일자리가 부족하기 때문이다. 셋째로 울산의 '보통 사람' 성별이 여전히 남성이다. 사무실에서 일하는 대졸 엔지니어 일자리는 근무할 때 완력이 필요하지 않지만 회사는 남성 구직자만 뽑는다. 울산의 현대차 1공장부터 6공장까지 라인에는 모두 남성이 앉아 있다. '그러려니' 하기에는 울산 바깥의 세상이 너무 많이 변했다.

그렇다면 '보통 사람'[8]의 다양성을 높인다며 지식 기반 산업 위주로 경제를 재편하면 어떨까? 그러면 울산이 약속했던 '노동자 중산층' 모델이 가능할까? 서울 수도권에서는 '중산층의 삶'을 누리기 위한 조건이 너무 복잡하고 까다로워졌다. 앞서 언급한 대로 시험을 잘 봐서 입시, 입사, 전문직 시험을 통과한 사람들이 누려야 '공정한 룰'이라고 못 박는 사람이 많다. 머리를 쓰는 대신 몸을 써서 일하는 사람에게 돌아갈 몫은 이만큼이어서는 안 된다고 쉽게 말하기도 한다. 이 지점에서 문제의식을 느끼는 사람이 많고, 그렇기에 울산의 이야기는 중요할 수밖에 없다.

이 책은 "산업도시 울산은 지속 가능할까?"가 화두다. 이 질문은 울산 바깥의 세계와 동떨어진 것이 아니다. 울산을 탐구하다 보면 한국의 산업도시, 한국 제조업의 미래와 맞닿아 있기 때문이다. 현안을 급하게 제기하고 임기응변으로 대안을 제시하기보다는, 독자들과 함께 뿌리 깊게 박혀 있는 문제와 그 문제를 풀기 힘들게 만드는 교착 지점을 공유하면서 나아가 보려 한다. 울산이라는 잔잔한 호수에 돌을 던져 보려고 한다. 무기물과 유기물, 다양한 동식물의 생태계 순환이 붕괴하면 호수는 곧 썩게 된다. 인공호수가 되기 전에 산소와 배합하고 생태적 회복 탄력성resilience을 갖출 수 있게 만들어야 한다.

1부

울산은
어떻게
산업 수도가
되었나

1장

산업도시 울산,
기로에 서다

석유화학 산업의 미래에 대한 컨퍼런스에 참관한 적이 있었다. 발표를 맡은 한 경제학자는 원유로부터 시작해 그 부산물이 어떻게 가공되는지를 나타내는 계통도를 보여 준 뒤 시장의 특성을 설명했다. 그는 석유화학 산업이 애초 가격 변동성이 높은 시장이기 때문에 일희일비할 필요 없다며, 시장에 호황기가 오면 많은 어려움이 극복될 것이라는 전망을 펼쳤다. 새로운 산업을 하기에는 여러 가지 여건이 맞지 않고 이대로도 나쁘지 않다는 주장이었다.

석유화학단지의 미래뿐만이 아니다. 연구 도중에 만났던 많은 사람이 '경기 사이클'의 중요성을 강조했다. 조선 산업에 대해 어떤 사람은 다시 선가가 오르면 상선 발주가 늘고, 유가가 오르면 해양 플랜트를 발주할 것이라며 조선 산업은 여전히 미래에도 해볼 만하다고 말했다. 자동차 산업에 대해서는 몇 년 전에는 미중 분쟁으로, 최근에는 코로나19로 어려웠으나, 그 이후 경기 부양으로 유동성이 커지고 있다고 했다. 또 RE100 조치* 등 기후 변화에 대응하는 친환경 자동차 바람이 불면 테슬라와 도요타 정도 외에는 경쟁 상대가 없으니 수소차와 전기차에 많은 투자를 해 온 정의선 체제에 기회가 있다고 했다. 조선 경기가 살아나고 자동차가 잘 팔리고, 또 정유 회사와 석유화학 회사가 호황에 진입하면 울산은 지금까지 그랬던 것처럼 별 문제 없이 계속 발전할 수 있을까?

2014년 현대중공업 구조조정을 동종 업계에서 지켜본 적이 있다. 2010년대 초반까지 해양 플랜트 건조 사업은 미래 먹거리로 불렸다. 하지만 해양 플랜트 건조에서의 손실로 인해 구조조정을 뜻하는 '자구안'을 마련해 산업은행에 제출해야 할 상황이 됐다. 회사는 경영진의 결정으로 사업부제로 재편됐고, 동시에 사무기술직** 직원에 대한 구조조정이 시작됐다. 2015~2016년에는 3500여 명의 사무기술직 직원과 여직원(사무보조직)이 희망퇴직을 했고, 2018년에도 그에 조금 못 미치는 인원이 회사를 떠났다.¹ 조선소 사내 하청 노동자의 경우 많

* 제조 공정 등 기업 활동에서 쓰는 에너지를 100퍼센트 재생 에너지로 대체하는 것.
** 많은 제조 업체에서는 경영지원이나 영업 등의 업무를 담당하는 사무직과 연구 개발이나 설계, 생산관리 등을 담당하는 기술직을 합쳐 사무기술직으로 통칭한다. 최근 연구직을 따로 분리하여 직급 체계를 만드는 회사의 경우는 연구직, 사무기술직으로 구분하기도 한다.

은 인원을 고용했던 해양사업부의 일이 줄어들면서 2만~3만 명이 일자리를 잃었다. 구조조정이 끝난 후 신규 선박의 가격(신조선 선가)이 2016년에 바닥을 찍고 2017년부터 반전되기 시작해 2020~2021년엔 회복세가 주춤하기는 했지만 이후 계속 상승해 사상 최고치를 경신하는 중이다. 선박이 성장세에 있는 이유 중 하나는 환경 규제의 강화로 친환경 LNG 선박에 대한 수요가 늘어나서다. 그에 더해 수익성도 회복 중에 있다.

그러나 조선소의 고용 문제는 아직 해결되지 않았다. 경기는 좋아졌는데 이번엔 인력을 구하기 힘든 상황인 것이다. 2015년 기준 조선업 종사자는 20만 명에 육박했지만 2023년 기준으로는 10만 명을 간신히 넘겼다. 낮은 임금과 좋지 않은 처우로 인해 조선 업계를 떠났던 사내 하청 노동자, 즉 물량팀으로 대표되는 최말단의 노동자가 여전히 조선 산업에 대한 부정적 시선을 거두지 않고 있어서다.

하지만 업계는 처우 개선과 임금 상승 대신 이주 노동자를 광범위하게 활용하기로 했다. 조선 산업의 외국인 비율을 20퍼센트에서 30퍼센트로 늘리며 미래 대신 현재를 선택한 것이다. 그렇다면 자동차 산업의 경기가 좋아지고 친환경 전기자동차라는 새로운 먹거리가 개척되면 울산 사람들의 살림살이가 나아질까? 경기가 나쁜 것보다는 좋은 것이 낫다는 일반론말고 고용과 자동차 산업의 생태계를 생각하면 낙관적 전망보다는 비관적 전망이 더 우세하다. 부품 협력사들의 일감이 사라지고 있기 때문이다. 석유화학단지도 새로운 일감 개척 없이 경기 부침에 모든 것을 맡긴다면 상황이 더 나아질 길은 없을 것이다.

울산에는 축적된 부가 있고, 울산 시민에게는 대한민국의 산업 수도라는 자부심이 있다. 어떤 기준에서 보더라도 울산의 현재는 전국적 기준에서 나쁘다고 할 수 없다. 그러다 보니 지금 이대로 살아도 문제없다는 생각이 만연하다. 또 한국의 전체 산업을 책임지고 있으니 일반적인 경기 순환으로도 울산의 경기가 살아날 것이라는 생각이 팽배해 있다. "자동차 경기가 살아나면 울산은 괜찮다!"라거나 "상선 수주가 늘어나면 울산은 좋다!"라는 식의 사고다. 과연 그럴 것인지에 대한 의심과 반문 없이 울산은 표류하는 중인 듯하다.

대한민국의 산업 수도, 지역내총생산(GRDP) 전국 1위의 부자 도시, 중산층 노동자 도시 등이 울산을 수식하는 말이다. 울산은 이른바 '3대 산업'으로 불리는 자동차, 조선, 석유화학이 확고하게 자리 잡으며 각각의 산업이 세계 최고 수준에 이르렀다. 또 동남권(부산·울산·경남) 제조업의 축이자 포항으로부터 동해안을 타고 내려가 남해안을 지나 여수까지 이어지는 남동임해공업지역의 중심 지역으로 일컬어지기도 한다.

그런데 몇 년 지나서 2030년이 된다면 울산의 모습은 어떻게 기록될까? 부자 도시, 노동자 도시, 산업 수도라는 말이 그때도 통할까?

이 장은 현재의 울산 시민이 그리고 대한민국 국민이 기억하는 울산의 모습을 살펴보기에 앞서 '미래 모습'을 상상하는 이야기부터 시작한다. 즉 미래, 현재, 과거의 순으로 역사를 서술하겠다는 말이다. 지금의 도시와 도시민의 모습이 얼마나 지속 가능할 것인지를 예측해 보고 나서 다시 현재의 모습을 반추할 때 조금이라도 더 낫게 대처하거나 고민할 수 있지 않을까 하는 생각에서다.*

미래: 2030년 울산 스케치

"지구상 대다수 사람에게 2030년은 이 세 도시의 종합 세트가 될 것이다. 즉 인구통계학적으로 고령화되고, 기술적으로 진보하고, 경제적으로 불평등한 도시 사회가 될 것이다."[2]

저물어 가는 장년 퇴직자의 도시

2030년의 어느 날, 현대중공업 울산조선소가 위치한 울산 동구 전하동. 한마음회관 근처에는 노인정이 있다. 건물 밖에 놓여 있는 평상 주변엔 70세가 넘은 남성 노인들이 앉아서 장기나 바둑을 두고 있다. 왁자지껄 웃음소리가 나다가 고성이 오고가다가 이내 또 조용해진다. 노인정 입구 주변에는 노인 몇몇이 삼삼오오 모여 담배를 태운다. 객쩍은 몇 마디 말을 나누기도 하고 가만히 하늘을 올려다보며 바람을 맞기도 한다. 노인정 마당 주변은 소란스러움과 고요가 공존하는 공간이다.

노인정 내부, 가만히 앉아서 낡은 책자를 읽는 노인들이 있다. 곁에

---

* 정책학에서도 '미래 예견적 거버넌스적 접근'이 있다. 향후 벌어질 수 있는 문제를 최대한 시뮬레이션을 통해 도출하고, 그에 대한 대안을 시민과 공유하며 정책 실험을 해 나가는 방법론이다(김수영, 2021).

가서 말을 걸어도 알아듣지 못할 정도로 몰두해 있다. 곁눈질해서 살펴보면 도면이 있고 어떤 제품의 사양을 설명하는 게 보인다. 기술 문서technical document라고 하는 것이다. 한자가 섞여 있는 걸로 봐서 일본에서 나온 책이리라. 노인들은 온종일 돋보기로 뭔가를 탐구하는 중이다. 그 옆에는 믹스 커피 한 잔씩 놓고 70대 노인 둘이서 입씨름을 한다. 예전에 '왕회장'이 현대자동차를 'MK'에게 준 것은 장자라서 준 것인지, 아니면 동생이 싫어서 빼앗은 것인지에 대한 논쟁이다. 자기가 누굴 만나서 들었다는 둥 직접 봤다는 둥 하면서 이제는 당사자가 모두 세상에 없고 이곳으로 와서 대답해 줄 리도 만무한 이야기를 그야말로 소일거리로 하는 것뿐이다.

이들은 모두 '중공업'을 다니고 퇴직한 사람들이다. 중공업. 울산에서는 현대중공업을 그렇게 부른다.* 노인들 대부분은 생산직 근무자들이다. 용접 노동자, 도장 노동자, 크레인 운전수, 안전 요원… 각자 담당했던 일을 물으면 자기가 맡았던 호선**들을 하나씩 읊으며 건조 경험을 생생하게 풀어주곤 한다. 모든 이야기는 그때, 바로 그때에 집중되어 있다. 자신들이 왕성하게 일했던 그 시절의 이야기. 모든 이야기는 과거에 갇혀 있다.

한마음회관에서 300미터 정도를 걸어 나오면 현대백화점 울산 동

---

* 마찬가지로 현대자동차 울산공장에 다니는 사람을 울산 사람들은 '자동차'에 다닌다고 말한다.

** 각 조선소에서 건조하는 배의 순번을 일컫는 말. 예컨대 가스선은 2000번 대로 시작하므로, "2409 할 때 말이야" 같은 식으로 표현할 수 있다.

구점과 현대중공업 울산조선소, 현대호텔 그리고 울산대학교 병원이 보인다. 한눈에 백화점과 호텔, 대형병원, 조선소를 볼 수 있는 곳은 세계에서 울산이 유일할 것이다.

현대백화점 울산 동구점은 한때 불황을 몰랐던 곳이다. 1977년 '현대쇼핑센터'로 개장해서 제1호 현대백화점으로 알려진 울산 동구점은 1998년 IMF 금융위기 시절에도 고환율로 수출액이 늘어 초호황을 누렸단다. 이른바 "개도 만 원짜리 물고 다닌다"는 말을 거제 사람과 울산 사람이 서로 자기네가 '원조'라며 쟁탈전을 벌이던 시기, 식품관에는 서울 압구정점에서도 구하기 힘든 진귀한 과자와 과일, 식재료가 즐비했다고 한다. 그러한 백화점 경기는 2000년대 개발된 남구가 번화가가 되면서 내리막길로 접어들었다. 이제 울산 동구점은 아울렛과 큰 차이가 없다. 명품관이 있던 자리에는 '할인 행사장'이 크게 자리 잡았다. '이월 상품 세일' 칸은 60대 이상의 '사모님'들이 왕년에 샀던 명품백을 메고 와서 좀 더 '가성비'가 좋은 옷을 고르는 명소가 됐다.

호텔 현대 옆에 위치한 울산대병원은 대학병원이고 3차 의료기관인 종합병원이지만, 부설로 요양병원을 크게 운영하기 시작했다. 노인 숫자가 급증했기 때문이다. 퇴직한 지 얼마 안 되는 60대는 요양병원을 찾을 일이 적지만 울산은 이미 70~80대의 노년층이 급증했다. 1970~1980년대 20대에 입사했던 이들은 모두 70~80줄이 됐다. 애초에 근골격계 질환을 달고 살았던 왕년의 '중공업 아저씨들'은 은퇴 후 수십 년의 시간이 지나면서 정신적 스트레스에 노출되어 살아왔다. 최근에는 우울증을 호소하는 노년 인구의 수가 급증했다는 기사가 나온다. 고된 삶의 존재 이유였던 자녀들, 그리고 동고동락해 온 아내와는 젊은 시절부터 벌어진 마음의 거리가 좁혀지지 않는다. 도무지 말이 통하지 않는다는 아내들의 호소가 점점 더 커지고 있다. '졸혼'(결혼으로부터의 졸업)과 황혼이혼은 울산 가족의 상징이 됐다.

현대중공업 울산조선소. 한때 조선 산업의 글로벌 수도로 불렸던 곳이다. 1600톤급 갠트리 크레인, 1만 톤급 해상 크레인, 11개의 육상 도크…. 울산조선소는 2015년 기준 296만 CGT(표준화물선환산톤수) 중량의 선박을 건조했고 매출은 200억 달러에 이르렀다. 수만 명의 노동자가 오토바이를 타고 조선소로 출근했는데 이들을 '오토바이 부대'라고 부르는 사람들도 있었다.

2030년 울산조선소는 활기가 사라진 지 오래다. 일감은 현저히 줄었다. 한국의 일인당 GDP(국내총생산)는 5만 달러에 달한다. 조선소의 고객인 선주들은 훨씬 더 싸게 선박을 건조할 수 있는 동남아 조선소를 선호한다. 한국의 조선 산업이 활황이던 시절 주력 제품 가운데 하나였던 컨테이너선 발주가 중국으로 넘어간 지는 이미 몇 년이 됐다. 2010년대부터 벌크선과 대형 유조선(VLCC)을 수주하지 못했다면, 2020년대에는 컨테이너선의 수주량이 급감했다. 현재는 가스선(LNG선, LPG선) 시장에서의 경쟁이 극한에 이른 상태다. 물론 미래 먹거리인 고부가가치 선박으로 수소 연료선과 암모니아 추진선을 개발해서 조선소의 수익률은 높아졌다. 그러나 조선소의 고용은 이익이 높아진 만큼 늘지 않았다. 원청 정규직을 일컫는 직영 노동자가 울산조선소

안에 5만 명이 넘었던 때가 있었지만 이제는 채 1만 명을 넘지 못한다. 4만 명 넘는 직영 노동자가 정년퇴직으로 일터를 떠났지만 회사는 신규로 정규직 채용을 하지 않았다. 그럼에도 불구하고 조선소에는 여전히 5만 명의 생산직 노동자가 일한다. 그들의 90퍼센트가 사내 하청(생산도급) 노동자다. 회사는 연공 서열제와 정년 보장을 해 줘야 하는 정규직을 뽑을 계획이 없음을 때로는 직설적으로 때로는 묵시적으로 알려 왔다.

　조선소 입구에는 "위험의 외주화 반대한다"는 내용의 플래카드가 걸려 있다. 하지만 이미 절대다수가 '외주'인 상황에서 그런 구호는 공허해 보인다.* 오히려 플래카드에 적혀 있는 베트남어와 몽골어 등의 언어가 현장의 변화를 잘 드러낸다. 더불어 대졸 이상 학력의 사무기술직 인원 중 많은 수를 차지했던 기술직 설계 엔지니어가 모조리 판교로 올라가 버려 조선소에는 오로지 사무기술직 중 생산관리자와 노무관리자만 남았다. 외주화가 많이 진행됨에 따라 이제 원청이 직접 생산관리를 하기보다 그냥 사내 하청 사장이나 소장이 직접 생산 전체를 통제하는 경우가 늘었다. 퇴근길의 전하동, 오토바이 소리가 여전히 요란하지만 공허하다. 회사 앞에 걸린 "우리가 잘되는 것이 나라가 잘되는 것이며, 나라가 잘되는 길이 우리가 잘될 수 있는 길이다"라는 아산 정주영의 말이 덩그러니 건물에 걸려 있다.

* 　2022년 7월 거제 대우조선해양 옥포조선소에서는 금속노조 대우조선하청지회가 51일간 파업을 했고, 결국 임금 협상을 포함한 교섭을 진행했다. 2030년에 현대중공업의 주요 쟁의가 사내 하청 노동자의 쟁의일 수도 있다는 견해는 타당하다.

젊은이가 외면하는 청년 비정규직 도시

방어진 순환도로를 거쳐 염포로를 타고 서쪽으로 5킬로미터 정도 차로 가다 보면 양정동 현대자동차 울산공장이 있다. 10년 전만 해도 울산공장에 10만 명 넘는 노동자가 출근했다. 전국에서 가장 전투적인 '강성 노조' 혹은 '귀족 노조'가 이곳에 있었다. 여름마다 임금 협상안이 전국 뉴스에 보도되기도 했다. 하지만 이제는 쟁의 뉴스도 언론에 나오지 않는다. 정규직 숫자가 줄었기 때문이다. 사업장의 절대다수는 비정규직 사내 하청 노동자이거나 잠시 아르바이트를 하러 온 대학생이나 주부 등이다. '사내 하청 노동조합 추진위원회'는 정문 앞에 플래카드를 걸고 "비정규직 노동조합 건설 투쟁에서 승리하겠습니다"라는 메시지를 앰프로 내보내고 있지만, 회사로 출퇴근하는 사람이나 주변을 돌아다니는 사람 누구도 별 관심을 갖지 않는다.

현대자동차그룹은 올해 퇴직 예상 인원이 2000명에 달하지만 신규 생산직 고용 예정이 없다고 신년 계획 때 밝힌 바 있다. 실제 차체 조립, 의장품 설치, 전기장치(일명 전장) 설치 등 모든 분야의 자동화율이 95퍼센트가 넘고, 작업자가 할 일은 볼트와 너트를 체결하는 일에 그친다. 그마저도 점차 로봇 등 기계로 대체되고 있다. 100번을, 1000번을, 1만 번을 체결한다고 특별한 기술이 필요한 일이 아니기 때문에, 현대자동차그룹은 생산직 노동자에 대한 교육 시간을 1년 10시간에서 3시간으로 줄여 버렸다. 교육은 직무 교육보다 인성 교육 위주가 됐다.[*]

---

[*] 인성 교육 위주의 사내 교육은 2000년대 초반에 정착됐다.

현장 노동자는 3시간짜리 '프로페셔널이 되는 길'이라는 제목의 의식 교육 강의 하나를 들으면 1년의 교육이 끝난다.[3]

울산에 일자리가 많다는 말이 있었지만 울산은 이제 청년들에게 비정규직 일자리만 줄 수 있다. 생산직 일자리 중 질 좋은 일자리는 사라졌다. 1970~1980년대 많이 배우지는 않았지만 성실하고 의욕적인 젊은이들이 울산에 찾아와 직업훈련소에 등록하고 조선소와 자동차 공장으로 향했다. 2000년대까지만 해도 울산에서는 대학을 가지 않아도 대기업 대공장의 생산직 노동자로 취업할 수 있는 길이 많았다. 하지만 2010년대쯤 '고용 세습'이 도마에 올라 여론의 질타를 받을 때쯤, 그리고 현대자동차 노사 간에 사내 하청에 대한 합의를 도출할 때쯤 울산에 정규직 생산직 일자리가 사라졌다. 알음알음 아는 사람의 전화 한 통화면 취업하던 시대는 20년 전에 끝났다. 울산대나 부산의 대학을 다니는 남학생은 군대 가기 전 용돈을 벌기 위해, 군대 다녀오고 학비를 벌기 위해, 때로는 원하는 직장에 취업이 되지 않아 생계비를 벌기 위해 공장의 하청 생산직 일자리를 찾아다닌다. 하지만 그건 그저 아르바이트일 뿐이다. 최근에는 쿠팡 물류 창고의 상하차나 분류 아르바이트를 더 선호한다. 이젠 어느 누구도 공장에서 정규직이 될 거란 기대를 하지 않는다. 회사가 정규직을 뽑지 않기 때문이다.

대졸 일자리도 줄었다. 울산은 전국에서 대학을 가장 많이 보내는 광역지자체다. 회사가 학자금을 대주기도 하고, 자녀에겐 더 이상 기름밥을 먹이지 않으려는 부모의 마음이 대학 진학률을 전국 최고 수준으로 올려 놓았다. 그러나 울산에는 대학을 졸업한 이들의 일자리가 늘 부족했다. 신규로 공급되는 일자리가 다 30대 정도의 용접이나 가공, 도장 등의 기술이 있는 생산직 하청 노동자를 찾는 수요였기 때문이다. 그나마 울산의 유일한 4년제 대학이었던 울산대 공과대학을 나온 이들은 현대자동차, 현대중공업, 석유화학단지의 다양한 기업에 취업할 수 있었고, 그 문은 그나마 아직까지 반쯤은 열려 있다. 문제는 여학생의 절대다수, 남학생의 거의 반수를 차지하는 인문사회 계열 일자리가 없다는 것이다. 중구 우정 신도시의 근로복지공단과 몇몇 정부출연연구소(일명 정출연) 등의 사무직 일자리 공채는 경쟁률이 100 대 1이 넘었다. 9급 공무원 시험 경쟁률도 100 대 1이 넘었다.

공무원을 하지 않아도 적당히 공부하고 적당히 취업하고 적당히 연애해서 적당히 결혼할 수 있었던 시절의 이야기는 2030년의 울산 청년들은 기억하지 못한다.

연구소가 떠난 도시

울산의 3대 산업 연구개발 센터는 생산과 바로 연결된 생산기술연구소 정도를 제외하면 모두 울산을 떠났다. 1990년대부터 현대자동차는 울산 북구를 중심으로 용인 마북리, 전주 등지에 있던 연구개발 센터를 100만 평 부지의 경기도 화성 남양연구소로 옮겼다. 1984년 울산에 79만 평방제곱미터의 주행시험장을 준공하고 연이어 충돌시험장 및 시험연구실을 지었지만 최종적인 연구개발의 중심축은 결국 수도권으로 향했다.

현대중공업은 서울 계동 사옥에 설계 엔지니어들과 소수의 연구개발 엔지니어들을 배치했다. 이후 2019년 대우조선해양 인수를 시도하면서 한국조선해양이라는 중간 지주사를 만들었고,* 그 일련의 과정 속에서 새로운 연구개발 센터 계획을 수립했다. 그리고 2020년부터 연구개발 센터가 판교로 이전했다. 석유화학단지의 많은 기업연구소는 대전 대덕연구단지에 위치한 지 오래다. 대덕도 서울에서 멀다고 경기도 판교, 화성, 평택, 용인 등의 입지를 수소문하는 중이다.

"울산에는 고학력자가 없다"는 말을 1970년대에도 하고 2000년대에도 했지만 30년이 지난 지금 울산에는 정말로 고학력자가 없다. 현대자동차 울산공장에 파견됐던 생산기술팀 엔지니어들도 현대자동차그룹 신사옥이 서울 강남에 완공되면서 울산공장에는 출장만 올 뿐 업무의 대부분을 서울이나 남양연구소에서 수행한다.

예전의 현대자동차는 어떻게 생산을 안정시키느냐를 고민했다. 그런 단계를 지나서 인력을 덜 투입하는 과정도 끝났고 이제는 제품설계에 큰 비중을 두는 시대가 됐다. 하지만 그 접점 어디에도 울산공장이 없다.

대학이 무너진 도시

"벚꽃 피는 순서대로 대학이 문을 닫는다"는 말이 2010년대를 풍미했다. 현대중공업이 보유한 울산대학교의 학생 수가 급감을 했다. 2019년 학생 수 1만 1000명을 자랑했던 대형 종합대학 울산대학교는

---

* 현대중공업그룹의 대우조선해양 인수는 2022년 2월 EU의 기업결합심사 반대로 최종 무산됐다.

이제 학생 수가 6000명이 채 되지 않는다.

저출산*으로 인한 학령 인구 감소의 결과라는 말이 있지만 그것만으로는 설명이 부족하다. 무엇보다 울산대학교의 강점이 무너졌다는데에서 힌트를 찾아야 한다. 울산대학교는 원래 기계공학과, 조선해양공학과 등 공과 계통의 학생을 키워서 현대자동차, 현대중공업 등에서채용해 가는 학교였다. 울산대학교 공과대학의 인기는 하늘을 찔렀다.또 거점 국립대학이 없는 울산에서 울산대학교는 지역 중심 대학의 역할을 했다. 울산대학교의 인문사회 계열을 나와도 현대그룹 계열의 대기업이나 석유화학단지에 취업할 수 있었다. 물론 울산의 고등학생 가운데 가장 우수한 학생은 서울에 있는 대학으로, 그다음에는 부산에있는 대학으로 갔다. 그러나 그럭저럭 괜찮은 성적을 받은 다수의 학생은 울산대학교로 향했다.

현대중공업은 1970년 울산공대 설립 이래 울산대학교에 많은 투자를 했다. 좋은 교수를 뽑았고, 학생들에게는 채용을 약속했다. 의대를 만들었고 울산대학교병원을 세웠다. 한편에서는 안정적인 노사관계를 구축하기 위한 회사 복지의 일환이자 산재가 많은 사업장의HSE** 관리를 위한 수단이었다. 다른 한편에서는 지역 사회에서 정치적 역량을 발휘했던 현대중공업 총수가 표심을 얻기 위한 수단이기도했다. 그러나 점차 정규직 인원이 줄어들면서 안정적인 노사관계가 의

---

* 한국은 2019년을 기점으로 출생자보다 사망자가 많은 인구 감소 국가가 됐다.

** 건강, 안전, 환경Health, Safety, Environment의 약자로 기업에서는 주로 안전을 지칭한다.

미가 없어졌고, 총수는 대권을 향한 정치의 꿈을 접었다. 2010년대 말부터 현대중공업이 지역에서 진행했던 사회공헌 사업을 축소하는 것과 울산대학교에 대한 투자를 줄이는 일은 함께 벌어졌다.*

더불어 지역 거점 대학은 아니지만 가장 우수한 자연 계열 학생들이 입학하는 UNIST(울산과학기술원)의 설립도 울산대학교의 쇠락에 기여했다. UNIST에는 울산과학고등학교, 부산과학고등학교, 창원과학고등학교, 한국과학영재학교 출신이 주로 입학한다. 울산의 3대 산업이 대졸 엔지니어 채용을 많이 할 때는 UNIST 출신이 울산에 남는 경우도 있었다. 하지만 이제 대졸 엔지니어들의 일자리가 서울-천안 벨트의 전자 산업이나, 현대자동차 남양연구소나, 판교-강남 테크노밸리로 향하고 있는 지금, UNIST가 지역에서 특별한 역할을 하진 않는다. 기업, 학교, 지역 연구기관이나 정부 연구기관이 함께 하는 프로젝트를 수행하여 기업의 경쟁력을 높이고 창업을 유도해 지역 사회의 혁신을 주도한다는 명분이 있었지만, UNIST는 울주에 떨어져 있는 고립된 섬이 됐다.

전국에서 가장 학구열이 높다는 울산의 학부모들은 기회만 있으면 자녀를 수도권으로 보냈다. 부산으로 보내는 것을 꺼린 지도 한참

---

* 물론 울산대학교 의대는 전국에서 TOP 5 의대이기 때문에 여전히 명문 소리를 듣고 우수한 자연 계열 학생들이 선망한다. 그러나 울산대학교에 입학하는 학생 중 가장 '입시 결과'가 높은 의대생은 예과 중 처음 1년만 마치고 나면 울산을 떠난다. 본과부터는 서울 아산병원에서 수업을 듣기 때문이다. 지역의 의대이지만 지원하는 학생도 지역의 인재라기보다는 전국의 인재이고, 실제로 양성되어 배치되는 곳도 주로 서울의 아산병원이다.

됐다. 무거동의 대학로는 거리두기와 영업시간 제한이 있었던 코로나 19 팬데믹 시절에도 건재했으나 이제 한산하다. 학생들은 학교와 대학가에 머물기보다 집으로 가서 온라인 공무원 강의와 자격증 강의에 집중한다. 이제 울산의 대학에는 인재가 가지 않고, 졸업은 취업을 담보하지 않는다.

현재: 흔들리는 낙관주의

여기서는 현재 울산 사람이 품고 있는 낙관주의를 다룬다.* 낙관주의는 개인의 가치 지향일 수도 있고 집단의 문화적 정향일 수도 있다. 천성일 수도 있고 경험의 누적으로 만들어진 것일 수도 있다. 그럼에도 울산의 낙관주의는 1960년대 이후, 특히 1987년 노동자 대투쟁 이후 생긴 가치 지향이라고 볼 수 있다. 외부의 시선과 울산 시민의 경험 모두가 낙관주의를 누적시키고 강화시켜 왔다. 이러한 낙관주의의 내용과 그 배경을 살펴보기 위해 연구에 참여한 청년들의 목소리를 기록했다.

이러한 낙관주의의 기본에는 '먹고사는 문제' 즉 일과 결혼, 가족 구성에 대한 이야기가 깔려 있다. 그 이야기를 해 보려 한다.

---

* 여기서부터 책의 마지막까지 등장하는 직접 인용은 2020년 연구 과정에서 수행했던 연구 참여자들의 발언을 전한다. 연구 참여자들에 관한 정보는 '부록1 연구조사 방법론 및 연구 참여자 항목' 참조.

"공부 못 하면 공장 가면 되지"

"(남자는) 공부 못 하면 공장 가면 되지"라는 말은 울산에서 익숙한 표현이다. 그 말 속에 숨어 있는 믿음은 지속 가능한 것일까? 본격적인 분석에 앞서 던져 보는 질문이다. 그 믿음을 진단해 보는 것이 이 책의 첫 번째 실마리 풀기 중 하나다.

울산에서 남성의 취업 걱정은 드문 일이었다. 울산 출신 사회학자 엄기호는 공부를 잘하지 못해도 취업을 할 수 있기에 부모는 자녀들에게 구태여 대학 가지 않아도 된다고 말하는 것이 울산의 '건강함'이라는 설명도 했다. 대학에 가야만 출세한다고 가르치는 한국 사회에서 대학에 가지 않아도 된다는 낙관주의는 분명 가치 평가가 필요한 부분이다.

> "네. 부모님도 하다가 안 되면 그냥 부모님… 아버지 빽으로 들어가든지 해라, 그런 식으로 많이 하죠. 아니면 빽이, 아버지가 아니더라도 지인, 아버지 친구의 빽으로 들어오는 편이죠." (조원우)

울산은 생산직 노동자의 도시다. 2020년 12월 기준 제조업 종사자가 29.4퍼센트로 전국에서 가장 많은 편이며, 직군으로 봤을 때도 생산직 인구가 44.7퍼센트로 역시 전국에서 가장 많다. 울산에 사는 사람 중 절반 가까이가 3대 산업인 자동차, 조선, 석유화학 중 한 군데와 연관을 맺고 있는 셈이다.

"공부 못 하면 공장 가면 되지"라는 믿음은 그런 생산직의 수에서 기인한다. 게다가 생산직 임금이 전국에서 최고 규모를 자랑한다. 현대자동차와 현대중공업은 2022년 기준 각각 3만 2000명과 1만 2800명으로 4만 명 넘게 고용하고 있고,[4] 사내 협력사와 사외 협력사까지 포함하면 고용 규모는 부산·울산·경남에서 수십만 명에 육박한다. 졸저 《중공업 가족의 유토피아》에서 다룬 내용이지만 거제도의 조선 산업이 경상남도를 움직인다면,[*] 울산의 3대 산업은 좁게는 부울경 넓게는 전국의 고용을 움직인다.

1970년대 박정희 정권 시절 경제기획원과 과학기술처(현 과학기술정보통신부)는 매년 과학기술 인력 공급 계획을 수립했다. 계획의 이름이 '수요'가 아닌 '공급'이었던 이유는 당시 매년 산업 현장과 연구소(정부출연연구소와 기업연구소)에서 끊임없이 인력난을 호소했기 때문이다. 과학기술 인력이라고 하면 2020년대 현시점에서는 4년제 공과대학 이상을 나온 사람을 의미하지만, 당시만 해도 '기능직(생산직)'을 과학기술 인력 공급 계획에서 관리했다.

1960년대의 수입대체 산업화와 초기 수출주도 성장 전략이 경공업 인력을 필요로 하여 영남권의 경우 부산과 마산을 근거로 젊은 여성 노동력을 필요로 했다면, 1970년대부터 진행된 중화학 공업화는 젊고 당장 기술을 익힐 수 있는 '기능직' 남성 노동자를 호출하기 시작했다. 일감은 늘어나는데 그 일을 할 사람이 부족했던 것이다. 일단 공업 고등학교 졸업자가 현장에 투입됐고, 그래도 인력난이 해결되지 않자 초등학교를 채 마치지 않았더라도 기업이 설치하고 정부가 보조하는

---

[*] 조선 산업은 경상남도의 생산과 고용 관점에서 가장 규모가 큰 제조업이다.

직업훈련원을 통해 용접이나 도장 등 기술을 배우고 취업을 할 수 있었다. 당시 과학기술처의 추산에 따르면 기능직 인력은 매년 최소 2만~3만 명씩 부족한 것으로 보고됐다. 그다음 기술자(대졸)와 기술공(초대졸, 공고 설계직 등)도 크게 부족하기 시작했다. 1950~1960년대에는 서울대학교 공과대학을 포함하여 다양한 학교의 공대를 졸업한 청년의 실업난이 사회적 쟁점이 될 정도로 공학 인력에 대한 노동 시장의 수요가 없었다.[5] 하지만 1970년대 중화학 공업화를 시작하면서부터 설계를 하고 산업 현장을 관리할 수 있는 기술 인력에 대한 수요가 폭발하기 시작했다. 대책을 세우지 않으면 1980년대 내내 십 수만 명이 부족할 수 있다는 전망도 나왔다.

마찬가지로 울산의 3대 산업도 노동력 과부족의 시절을 오랫동안 겪었다. 울산의 제조업 노동자 숫자는 1962년 742명에서 1980년 6만 6529명으로 18년 동안 90배로 급증했다. 2019년에는 17만 명에 이르러 40년 동안 또 3배로 증가했다. 이를 각 산업별로 살펴보자.

울산 3대 산업의 고용 규모

우선 3대 산업 중 조선은 막대한 인력을 요구하는 노동 집약적 산업이다. 현대중공업은 처음 수주한 그리스 리바노스Livanos사의 유조선(애틀랜틱 배런, 애틀랜틱 배러니스)부터 당장 지어야 했고, 농촌이나 도시에서 학력과 상관없이 많은 노동자가 일자리를 찾아 동구 미포동과 전하동, 방어진에 자리를 잡았다. 1990년대 말부터 중국 경제의 팽창으로 인해 물동량이 늘었고, LNG를 에너지원으로 채택하는 상황에서 컨테이너선과 LNG선의 수주가 폭발적으로 늘었다. 한국의 조선 산업은 세계 1위가 됐다. 현대미포조선소와 현대중공업 울산조선소에는 하루 5만 명이 넘는 노동자들이 모였다. 조선 산업의 최고점이라 볼 수 있는 2010년대 초반, 현대미포조선소에서 화학선과 LPG 운반선을 짓고* 현대중공업 울산조선소에서 드릴십**이나 FPSO*** 등 해양 플랜트 건조 작업을 하던 노동자는 4만 명이 넘었다.

울산 북구의 현대자동차는 1968년 10월에 세워져 11월 코티나 1호 차를 생산했고, 1976년 자체 생산 모델인 포니를 생산해 시판하기 시작했다. 그리고 1998년 외환위기가 벌어져 구조조정이 있었지만 그 이후에 현대자동차는 글로벌 TOP 5의 생산량을 자랑하는 대규모 자동차 브랜드로 성장했다. 현대자동차 울산공장은 연간 170만 대의 차량을 생산할 수 있고, 직고용은 5만 2000명에 달한다. 조선업과 마찬가지로 매곡의 오토밸리나 울산 전 지역, 경남의 창원과 김해 그리고 포항과 경주 등에 위치한 자동차 부품 산업의 고용은 전체 16만 명에 이르며 그 중 다수가 현대자동차와 관계를 맺고 있다. 말하자면 영남권 전체에 부품 업체가 위치한 상황이다. 현대자동차 울산공장에는 주말마다 수천 명의 대학생 아르바이트가 조업을 하러 출근해서 차체 조

---

*   배는 '만든다make'라는 동사보다 '짓는다build'라는 동사로 건조 작업을 표현한다.

**   심해에서 원유를 시추할 수 있는 시추선의 일종으로 해양 플랜트 중 유일하게 엔진을 통해 항해가 가능하다.

***   Floating, Production, Storage, and Offloading의 약자로 해상에서 원유를 정제하여 보관 및 가공할 수 있는 해양 플랜트를 뜻한다. 해상 원유정제 공장이라 볼 수 있다.

[도표 1.1] 산업별 종사자 수 변화(1997~2018)

시점	사업체 수(계)					종사자 수(명)				
	전체 산업	제조업	화학산업	자동차산업	조선산업	전체 산업	제조업	화학산업	자동차산업	조선산업
1997	53,680	3,886	141	228	56	318,815	142,186	20,847	43,730	31,242
1998	53,088	3,506	143	194	69	293,005	130,784	18,986	37,665	30,668
1999	55,660	4,006	166	205	135	310,708	134,691	17,875	37,681	32,861
2000	53,044	4,401	172	260	139	334,565	140,337	15,171	40,314	34,818
2001	59,791	4,758	194	252	173	351,460	141,880	17,981	38,220	38,226
2002	4,445	981	152	112	90	185,599	122,894	15,660	36,422	34,080
2003	4,486	962	161	108	78	184,967	120,385	15,947	34,806	33,929
2004	64,715	4,885	202	261	160	378,055	141,522	13,715	39,427	36,522
2005	65,309	5,108	214	285	164	379,842	140,668	16,130	39,274	35,780
2006	65,818	5,027	211	317	183	389,470	142,654	12,288	39,849	39,285
2007	67,169	4,984	205	311	204	406,846	147,532	12,009	44,038	40,530
2008	67,843	4,879	204	308	235	404,866	150,664	12,342	43,325	42,588
2009	68,654	4,875	217	300	249	413,831	149,423	12,218	42,467	42,998
2010	70,746	5,079	238	336	248	434,280	148,160	12,603	42,091	38,576
2011	73,417	5,322	247	382	309	451,987	158,295	14,122	44,793	44,720
2012	74,578	5,669	272	418	330	452,130	159,703	16,428	45,368	37,712
2013	76,993	6,096	283	485	420	488,627	178,722	16,621	45,356	54,385
2014	78,638	6,489	302	508	457	506,899	185,223	16,652	46,185	55,449
2015	80,805	6,870	324	523	511	519,516	184,675	16,343	51,331	49,018
2016	82,948	7,193	300	542	523	523,344	180,111	16,157	50,930	45,493
2017	83,872	7,227	316	545	556	521,482	177,472	16,205	52,168	44,254
2018	85,662	7,299	328	576	512	527,085	175,990	16,732	52,461	40,294

출처: KOSIS(광업제조업조사).

립이나 의장 조립 단계에 필요한 볼트나 너트를 체결하거나 간단한 용접을 한다. 2020년 코로나19로 인해 조업에 제약이 가해질 거라는 예상이 있었고 실제로 일사분기의 실적 저하로 생산량이 줄었다. 하지만 그럼에도 일할 사람을 구하는 공고는 울산 여기저기에 붙어 있고 온라인에서도 쉽게 발견할 수 있다.

남구에 위치한 석유화학 산업 콤비나트*는 1만 6000명 내외를 고용한다. SK이노베이션(구 유공), S-Oil, 한화케미칼, 금호석유화학 같은 대기업부터 대한유화 정도의 중견기업 그리고 300인이 채 안 되는 기업까지 모두 300여 개 회사가 온산산업단지와 울산산업단지를 가득 채우고 있다. 석유화학 산업은 장치 산업인 동시에 자동화가 많이 전개된 산업이라 고용 자체를 대규모로 하지는 않는다. 그러나 설비와 관련하여 플랜트를 개보수하거나 새로 짓게 될 경우 일자리는 지속적으로 창출된다. 울산에서 3대 산업 외에도 건설 플랜트 노동조합이 크게 발달한 이유도 사실은 이러한 플랜트 관련 설치, 해체, 개보수 작업이 흔해 관련된 노동자가 많기 때문이다.**

이런 식으로 3대 산업은 모두 7300여 개 회사에서 18만 명에 가까운 수의 고용을 창출한다. 3대 산업의 공장은 도표 1.2에서처럼 모조

---

* 특정 산업 지구에 벌키(bulky, 대형)한 회사 몇 개가 자리 잡고 있는 것이 아니라, 원유로부터 추출되는 원재료 나프타(납사)에서 원재료를 다양하게 가공하고 최종 제품으로 만들어 내는 각 공정마다 한 회사씩 나눠서 배치한 방식을 콤비나트라 부른다. 같은 석유화학 산업이어도 충남 대산의 롯데케미칼이나 여수의 여천NCC 등은 콤비나트 방식보다 수직 계열화 방식으로 한 회사가 원재료 나프타부터 최종 부산물까지를 생산하는 수직 계열화를 채택하고 있다.

** 건설 플랜트 노동조합의 특징은 지역 노조 형태를 취한다는 것이다. 자세한 이야기는 5장에서 보강한다.

구분	회사명	본사 소재지	사업장 소재지	사업장 형태	유형
현대자동차	현대자동차	서울	울산	공장, 연수원	1
	현대제철	서울	울산	공장	1
	현대모비스	서울	울산	공장, 물류센터	1
	현대위아	창원	울산	공장	1
	현대트랜시스	화성	울산	공장	1
	현대글로비스	서울	울산	물류센터	1
한국조선해양	현대중공업	울산	울산	공장	3
	현대미포조선	울산	울산	공장	3
	현대중공업파워시스템	성남	울산	사무소	1
	현대중공업MOS	울산	–	–	1
	현대중공업스포츠	울산	–	–	1
SK	SK이노베이션	서울	울산	Complex	1
	SK종합화학	서울	울산	공장	1
	SK가스	서울	울산	저장기지	1
	SK루브리컨츠	서울	울산	공장	1
	SK케미칼	서울	울산	공장	1
	SK해운	서울	울산	사무소	1
	SK에너지	서울	울산	공장	1
롯데	롯데케미칼	서울	울산	공장, 영업지점	1
	롯데정밀화학	울산	서울	사무소	2
	한덕화학	서울	울산	공장	1
	롯데피비화학	울산	서울	사무소	2
	아세아아세틸스	울산	울산	공장	3
S-OIL	S-OIL	서울	울산	공장	1
	S-OIL토탈윤활유	서울	울산	공장	1
	동북화학	울산	–	–	3

리 울산에 있다.

산업도시 울산의 임금과 고용 구조

고용된 노동자들의 수만 중요한 것이 아니다. 울산은 2021년 기준 전국 시도 단위 광역자치단체 중 일인당 GRDP가 6만 9133달러로 단연 1등이다. 2위인 충청남도가 5만 7241 달러라는 것을 감안하면 압도적이다. 이러한 지역내총생산은 임금으로도 반영된다. 울산의 월평균 임금은 2020년 기준 343만 8056원으로 서울의 374만 5761원에 이어 전국 2위다. 서울에 고소득 직군인 법조인·회계사·의사·방송인 등의 전문직이 다수 거주하고, 대기업 본사 사무직이 많이 근무한다는 것을 감안할 때 산업도시 울산의 임금은 상당히 높은 수준이다.

이러한 고임금은 울산의 고용 구조와 함께 엮어서 생각해 봐야 한다. 요약하자면 울산은 생산직 노동자들의 임금이 높다. 특히 중화학공업화를 이룬 3대 산업의 생산직 임금이 높다. 울산의 20대 남성의 경우 대학을 다니다가 방학에 아르바이트를 하는 경우가 적지 않다.

> "일단 아시겠지만 현대 계열의 직장이 있고 다른 지역 사람들도 이제 현장직이더라도 울산에 일을 하러 많이 오고 있고 어떻게 보면 연봉이 많은 것도 사실이지만 그거보다는 일자리가 되게 많다고 생각합니다." (조원우)

> (그러면 이제 아까 얘기한 것처럼 현장직 일들을 중공업이나 제철이나 아니면 자동차에서 주로 하고 있는 거예요?)

> "공부를 쫌 게을리했던 친구들은 거의 대부분이 지금 그렇게 하고 있네요. (그러면 벌이는 어느 정도 돼요?) 음… 중공업 다니는 애들은 한 기본 이게 다 틀리긴 한데 한 300 초반? (300 초반?) 네, (그니깐 4000 내외?) 그렇죠, 연봉으로 치면. 네, 그 정도는 되는 거 같아요." (조원우)

4년제 대학을 가지 않고 전문계(실업계)나 인문계 고등학교를 나온 후 바로 취업하거나 아니면 전문대까지 마치고 생산직으로 아르바이트를 하거나 취업을 하려 할 때, 울산의 20대 남성은 힘든 일자리를 마다하지 않는다면 대체로 특근과 초과근무를 다 수행했을 때 300만 원 정도의 소득을 얻을 수 있다.

울산의 집값은 2022년 초까지 진행된 전국적인 부동산 가격 폭등 덕택에 동반하여 상승했지만, 그럼에도 불구하고 주변의 부산 해운대 등에 비해서 낮은 편이고 수도권과 비교하면 매우 저렴한 편이라고 할 수 있다. 그렇기 때문에 적당한 소득이 있는 울산의 20대 남성이 군대 생활을 마치고 취업하여 20대 중후반이 됐을 때 가장 먼저 구매하는 것이 바로 현대자동차 자가용이다. 아버지가 현대자동차 직원일 경우는 15~20퍼센트 이상 할인도 된다. 노동조합은 직원과 직원 가족의 신차 구매 시 할인을 단체협상에 못 박아 놓았다.*

게다가 2010년대 초반까지 울산에서 대기업 정규직 생산직 노동자가 되는 것은 전혀 어려운 일이 아니었다. 1990년대 초중반까지 현대자동차나 현대중공업 생산직 노동자가 되는 길은 공업고등학교를 졸업하거나, 이러한 과정을 마치지 못했을 경우 회사의 직업훈련원을 나오는 것이었다. 몇 주의 과정을 마치고 나면 곧 대기업의 생산직 노동자가 될 수 있었다. 산재가 빈번하고 험한 일이라 꺼리는 경우가 있었을 뿐 생산직 취업 자체는 어려운 일이 아니었다. 노동 수요가 큰 시

* 지속적인 신차 구매로 울산 중고차 시장에는 출고 후 3~4년 지난 현대자동차 승용차가 넘친다.

기에는 중졸 이하의 학력을 가졌더라도 채용되는 경우가 드물지 않았다. 1987년에 현대중공업 노동조합 결성 이후 노동조합 위원장들을 보면 중졸 이하의 학력도 쉽게 찾을 수 있었다. 많이 배우지 못한 농촌과 지방 소도시의 젊은 남성이 일자리를 쉽게 얻을 수 있는 곳이 울산이었다.

"공부 못 하면 공장 가면 되지"라는 믿음은 거저 생긴 것이 아니다. 앞서 말했듯이 1970년대부터 노동력에 대한 지속적인 수요가 있었기 때문이다. 세계 최빈국에서 일인당 국민소득 3만 달러를 넘기며 50년간 빠르게 성장한 한국 자본주의의 팽창 덕택에 고용의 성장 속도가 가팔랐던 것이다. 물론 경제성장으로 일자리가 많다고 임금이 꼭 높은 것은 아니다. 현재 청년들이 말하는 그럭저럭 괜찮은 임금은 1987년 노동자 대투쟁의 결과와 자동차 산업 및 조선 산업의 호황이 맞물려 형성된 것이다. 대기업 노동자의 임금은 1987~1990년에 비약적으로 상승했고, 협조적 노사관계를 택하든(1990~2010년대 초반 현대중공업), 갈등적 노사관계 혹은 담합적 노사관계를 택하든(1995년~현재까지 현대자동차) 임금 상승은 멈추지 않았다. 가장 많은 수의 노동자가 대기업에 고용되어 있으므로 지역의 임금 자체가 오르는 것은 당연하다.

"취업 못 하면 취집 하면 되지"

울산에는 여성 노동자의 역사가 거의 없다. 동시에 여성 일자리에 대한 이야기도 없다. 그저 "취업 안 되면 시집가면" 되지 하는 말만 곳곳에서 들린다. 울산의 여성은 결혼해서 가사 하고 육아 하고 소비 하는 존재인가 하는 의아한 생각마저 들었다. 현재도 그렇고 과거를 뒤져 봐도 여느 지역에서 발견되는 가족의 생계를 책임지던 '여공'의 사연조차 찾을 수 없었다. 애초에 산업도시로서의 시작이 중화학 공업화였기 때문이다.[*]

여성들의 공장 일자리는 애초부터 거의 없었다고 볼 수 있다. 조선 산업 노동 운동의 산증인 중 한 명인 부산 영도의 한진중공업 노동자 김진숙 지도위원이 아주 예외적인 여성 용접사일 뿐, 울산의 3대 산업인 조선, 자동차, 석유화학은 여성을 채용하지 않았다. 정확히 말하자면 생산직 노동자로 채용하지 않았다.

"취업 못 하면 취집 하면 되지"[**]라는 말을 좀 더 음미해 보자. 울산의 일자리 중 여성이 갈 수 있는 자리는 어떤 것이 있을까. 거제와 비슷하게 여성이 선택할 수 있는 일자리는 변호사, 의사, 약사, 간호사 등의 (준)전문직이거나 공무원이나 공공 부문의 임직원, 또는 일반 사무직이다. 그도 아니라면 서비스 산업의 노동자 정도가 가능하다. 즉 '핑크 칼라' 일자리로 요약할 수 있다. 전문직 일자리 중 변호사, 의사, 약사의 숫자는 전국적으로도 많지 않고, 울산에서는 더 적다.

대학을 졸업한 울산 여성이 선택할 수 있는 회사의 일자리는 대개 사무보조직이다. 예컨대 제조 업체의 회계나 경리를 담당하거나 사무보조직으로 취업하는 것이다. 대학을 졸업할 때쯤 지인을 통해서 혹은

---

[*] 본격적인 분석은 9장에서 다룬다.

[**] '시집에 취업한다'의 준말.

취업 포털 등을 활용하여 일자리를 구하고, 3~5년 이내로 근무하고 결혼을 하는 경우가 많다. 울산 여성의 평균 출산 연령은 32.94세이다(출처: 2021년 통계청 인구동향조사). 적당한 사무직 일자리를 찾아서 일하다가 결혼을 하고 아이를 낳는 것. 사실 취업을 못 하더라도 빨리 '취집'을 하는 것도 그리 드문 일이 아니다. '커리어우먼'이 되기 위한 쟁투가 벌어지는 수도권의 20대 여성의 생각이나 행태와는 사뭇 다르다.

그러면 "공부 못 하면 공장 가면 되지"와 "취업 못 하면 취집 하면 되지" 하는 믿음은 여전히 유효할까? 고개를 가로젓는 사람부터 끄덕끄덕하는 사람까지 다양하다. 또 어느 쪽이든 그 믿음은 산업도시 울산에서 살고 일하면서 역사적으로 쌓아 온 것이다. 어느 쪽이라고 진단하기 전에 차분히 산업도시 울산의 역사를 살펴보고 이를 통해 강점이든 약점이든 짚어 보는 작업을 진행해 보자.

2장

미라클 울산,
울산 산업 60년 약사

정부의 공식 기록을 볼 때 산업도시 울산의 시작은 1962년부터라고 할 수 있다. 대한민국이 산업화 이후 60년 만에 세계 최빈국에서 10대 교역량을 자랑하는 '30-50 클럽 국가'*(일인당 GDP 3만 달러, 인구수 5000만 명)에 도달하는 동안[6] 울산은 60년 동안 동아시아에서 가장 발전한 산업도시 중 하나로 성장했다. '어쩌다 부자 동네'가 되어 버린 지금의 울산을 이해하기 위해서는 그 기적의 과정을 파악하는 것이 필수다.

---

* 인구 5000만 명 이상이면서 일인당 국민소득 3만 달러를 넘긴 나라는 미국, 독일, 프랑스, 일본, 영국, 이탈리아, 한국뿐이다.

산업도시 울산의 역사
: 석유 비축기지와 제조업기지의 맹아

울산에 대한 많은 사람의 오해는 울산이 1962년 울산공업지구 지정으로 시작해 1970년대 중화학 공업화로 발전했다고 생각하는 것이다. "장생포에서 고래나 잡던 평화로운 마을을 정부가 지정하여 울산에 온산공단, 울산공단이 생기고 석유화학 콤비나트가 들어섰다. 그 뒤에 정주영 회장이 현대자동차 공장을 세우고 조선소를 세웠다. 그리고 부자 도시가 되었다"라는 식의 설명은 중간 단계가 너무 허술할 뿐 아니라, 그 전사前史를 무시했다는 점에서 옳지 않다. 산업도시 울산을 제대로 이해하려면 중화학 공업화의 출발이 하필 '왜 울산이었는가'부터 알아야 한다.

산업도시 울산의 맹아는 일제 강점기의 석유 비축기지 건설에서 시작된다. 당시 조선총독부의 구상을 들여다보면 '왜 울산이었는가' 하는 질문의 힌트를 얻을 수 있다. 조선총독부가 가장 먼저 고려한 것은 바로 제국주의 일본 전체의 관점에서 바라보는 교통의 요충지로서의 측면이었다.[7]

우선 바다를 생각해 보자. 울산은 역사적으로 일본과의 연결성 안에서 보면 갈등 상황에서는 군사적 요충지로, 평시에는 교역항으로 기능하는 해양 도시였다. 울산은 신라 시대부터 군사적 요충지와 항구 도시의 면모를 갖고 있었다. 이런 면은 모두 일본과 관련 있었다. 일본 규슈九州 나가사키長崎에서 배를 타고 한반도로 진출하다 보면 경주로 가기 위한 관문이 바로 울산이다. 그렇기 때문에 울산은 항구로서 교역을 맡았지만 동시에 관문과 성을 쌓아야 하는 군사적 요충지이기도 했다. 신라는 관문성을, 조선은 병영성과 언양읍성 등을 세워 왜구의 침입에 맞섰다. 현재의 학성동, 북정동, 교동, 옥교동, 성남동 일대는 모두 신라 시대와 조선 시대를 걸쳐 형성된 역사적 구도심이다.

둘째로 철로를 생각해 보자. 울산은 일제 강점기 서울-부산-만주국을 잇는 철로의 연결점이었다. 1921년 불국사부터 울산까지 경동선이 개통됐다. 경동선은 대구부터 경주와 포항을 거쳐 울산과 동래에 이르는 협궤 철도였다. 1935년에는 국유 표준궤 철도인 동해남부선이 개통됐다. 동해남부선은 표준궤 철도였기 때문에 경동선의 협궤 철도와 연결할 수 없었다. 경동선 역이었던 성남동의 울산역이 동해남부선과의 연결을 위해 학성동으로 이전했다. 1936년에는 포항-울산 노선도 표준궤로 개설하여 부산-울산-경주가 모두 표준궤 노선으로 개편됐다.[8] 1941년 동해남부선이 중앙선과 연결됨에 따라 울산에서 부산 및 서울 청량리역까지 연결이 완료됐다. 서울에서 만철(만주철도)을 통해 서쪽으로는 신의주를 거쳐 다롄과 선양·장춘·하얼빈까지 연결됐다는 점을 감안해 볼 때, 당시 부산에서 만주국으로 떠났던 많은 인파 중에 울산 출신의 모습을 떠올릴 수 있다.

마지막으로 항공로다. 1928년 태화강 남단의 삼산평야(현 남구 삼산동)에 비행장이 건설됐고, 1931년에는 일본항공주식회사 울산영업소가 개설됐다. 울산-후쿠오카 간 정기 항공 노선을 비롯해 오사카, 도쿄, 대구로의 비정기 노선이 열렸다. 태평양전쟁이 발발하자 울산의 비행장은 군사 훈련용 비행장으로 바뀌었다.

이 모든 요소를 종합해 산업도시 울산을 구상하도록 했던 선구자는 이케다 스케타다池田佐忠라는 사람[9]이다. 이케다는 부산 지역에서 1920~1930년대 개발 사업을 했던 인물이다. 헌병 중사 출신이라는 특별하지 않은 이력에도 동양척식회사와 정군관政軍官 계와의 인연으로 빠르게 사업의 규모를 확장했다. 부산 남항(현재 남포동 자갈치시장 인근)과 부산 적기항 공사도 착공한 적이 있었다. 그는 1937년부터 울산항 축항 및 인구 50만 공업 도시 계획을 수립했다. 1939년에는 야마구치山口현 유야油谷만과 울산을 연결하는 '유울油蔚 연락항로' 계획을 수립했고, 1941년에는 조선총독부로부터 여천동 등지의 바다 매립 면허를 취득했다. 1942년 12월, 울산개발계획이 조선총독부로부터 최종적으로 허가받았다. 1943년 5월 11일, 지금의 학성공원에서 기공식이 거행됐다. 1945년에는 울산부터 야마구치현 유야만까지 200킬로미터를 7000톤급 연락선으로 연결하는 '제2관부연락선' 계획을 수립하고, 이를 위해 공유수면 매립을 허가받았다.

이처럼 울산은 이케다에 의해 일제 강점기 태평양전쟁을 위한 공업 도시이자 석유 비축기지로서 설계됐다. 울산은 '공업항, 어항, 연락항, 무역항, 공항'의 다섯 가지 키워드로 분류됐다. 다섯 가지 키워드를 엮으면 일본의 태평양전쟁 수행을 위한 '병참기지'로서 울산의 역할이 중시됐음을 알 수 있다. 이케다의 구상 아래 당시 추축국의 일원이었던 일본은 오키나와에서 출발한 전투기의 급유지로 울산을 선택했다. 급유를 한 후 다시 전투기를 띄워 중국 또는 러시아와 교전 지역인 만주와 연해주 등으로 바로 출격할 수 있는 중간 기착지였던 셈이다. 물자는 배를 통해, 인력은 기차를 통해, 전투기는 바다를 통해 움직일 수 있는 울산. 모든 것을 병참기지로서의 기능에 최적화해 설계했다고 말할 수 있다. 울산대 한삼건 교수는 다음처럼 전한다.

> 이케다의 울산 개발은 어디까지나 '대일본제국'을 위한 '병참기지' 건설에 초점이 맞추어져 있었을 뿐 '울산을 위한 계획'은 아니었다. 이 점은 해방 후 1962년에 추진된 박정희 정부의 울산공업센터 계획에서도 동일하게 읽히는 대목이다. 즉 당시 국가재건최고회의는 '겨레의 빈곤 탈출'이라는 혁명정부의 공약을 실천하기 위한 수단으로 울산을 선택했고, 국가적 차원에서 총력을 기울여서 우리나라를 대표하는 국가공업단지로 키워 냈다. (한삼건, 2016:38)

이케다 스케타다의 산업도시 계획은 1945년 8월 15일 일제가 항복하면서 70퍼센트 완공 단계에서 멈추었다. 그러나 일제가 구상했던 석유 비축기지이자 정유 공장의 흔적은 결국 산업도시 울산의 경로에 큰 영향을 끼쳤다.

울산공업센터와 석유화학단지의 탄생

대한민국 사람들이 알고 있는 '그 산업도시 울산'의 시작은 누가 뭐라 해도 1962년 울산공업센터 지정이다. 1961년 5.16 군사 쿠데타로 집권 세력이 된 군사정부는 1962년 1월 13일 경제개발5개년계획을 발표하고, 같은 달 27일 울산을 특정공업지구로 결정 공포했다. 2월엔 울산공업센터 기공식을 거행했다. 6월엔 울산군 울산읍, 방어진읍, 대현면, 하상면, 청량면 두왕리, 범서면 무거리와 다운리, 농소면 송정리와 화봉리를 통합한 지역의 울산시 승격을 발표했다. 이후 뒤에서 다룰 현대자동차와 현대중공업이 진출하여 지금의 울산 3대 산업을 구성했다. 이러한 서사를 단순하게 이해하면 산업도시 울산의 형성이 박정희와 현대그룹이 이룬 성과처럼 보일 수 있다. 하지만 근대적 산업도시 울산은 일제 강점기부터 혹은 그 이전부터 누적된 경로 의존과 다양한 우여곡절 속에서 탄생했다.

정유 공장과 울산공업센터의 선정

울산이 국가의 대규모 공업센터로 낙점된 데에는 크게 세 가지 설이 있다. 첫째는 유리한 입지 요건설, 둘째는 기업인과 박정희의 커넥션설, 셋째는 경로 의존설이다.

입지 요건설: 자연환경과 지리적 위치

공업 지대를 짓기 위해서는 공업용지, 공업용수 그리고 운송 문제가 해결돼야 한다. 입지 요건설은 쉽게 말해 공업용지, 공업용수, 운송 문제에서 손색이 없고, 위치상으로도 가장 좋기에 울산에 대규모 공업지대가 조성됐다는 설이다. 전자는 자연환경의 측면이고 후자는 지리적 위치에 관한 측면이다.

우선 자연환경 측면부터 살펴보자. 울산은 북쪽 서쪽 남쪽이 백두대간의 500~1000미터급 높은 산으로 둘러싸여 있고, 동남쪽으로는 동해로 트여 있다.[10] 산지는 유사시 북한의 공격에서 자연 엄폐되는 조건을 만들어 줄 수 있다. 항구는 수심이 10.9미터 이상으로 대형 선박이 입출항할 수 있고 조수 간만의 차가 0.85미터에 불과해 정박도 용이하다.[11] 산지 안에는 넓게 구릉지가 펼쳐져 600만 평의 공업용지를 구할 수 있다. 또 태화강이 흐르기 때문에 공업용수를 구하는 것 역시 어려움이 없다.

[도표 1.3] 공업 입지 조건의 종합 평가

공업단지	원료	전력	용지	용수	항만	철도	도로	소비지	관련 산업	합계
서울인천	△	○	△	○	○	○	○	◉	◉	10.0
비인	△		☆	○	○	△	△	△	△	6.0
평북삼척	○	△	△	△	△	○	○		○	6.0
군산	△	△	○	△	○	○	○	○	△	7.0
목포	△		○	×		○	○	△		3.0
여수	△	△	△	×	○	○	○	○	△	5.0
삼천포	△	△	○	△	○	○	○	△	△	6.5
진해	△	△	○	△	◉	○	△	○	○	7.5
부산	△	○	△	○	◉	◉	○	○	◉	12.0
울산	△	○	◉	◉	◉	☆	○	○	△	11.5
포항	△	○	☆	☆	◉	○	○	○	△	10.0
대전	×	○	○	△	×	◉	◉	☆	○	7.5
마산	△	○	○	△	○	○	○	◉	☆	9.5
대구	×	○	○	◉	×	◉	◉	◉	◉	10.0
충주	×	○	○	○	×	○	○	△	△	4.0

자료: 국토개발연구원(1979), 울산상공회의소, 1981, 《울산의 성장과정과 지역적 특성》에서 재인용.

주: ×는 극히 불리(-1.0), △는 본격적 건설은 해결 가능(0.5), ○는 상당한 건설로 해결 가능(1.0), ☆는 상당한 건설을 요하나 극히 유리(1.5), ◉는 기시설로 충분하거나 특히 좋은 조건(2.0).

1979년 국토개발연구원(현 국토연구원)의 평가는 이러한 사실을 뒷받침한다.

국토개발연구원은 원료, 전력, 용지, 용수, 항만, 철도, 도로, 소비지, 관련 산업 등 아홉 가지 기준을 통해 15개 도시를 평가한다(도표 1.3 참조). 부산이나 대구 등의 대도시가 인프라가 좋다는 것, 그리고 높은 평가를 받은 포항에 이후 포항제철(현 포스코)이 건설됐다는 점 등을 고려하면 이러한 입지 평가는 전반적으로 타당해 보인다. 하지만 반대되는 예도 존재한다. 현재 GS칼텍스, LG화학과 여천NCC 등이 들어선 여수나 한동안 현대중공업조선소와 GM 공장, 그 외에도 두산인프라코어 건설기계 공장이 있었던 군산 같은 경우가 그렇다. 이들은 각각 5점과 7점을 받았으나 공업단지로 개발됐다. 그 도시들은 어떻게 공업단지로 개발되고 산업도시로 발전할 수 있었을까? 전국적으로 산업단지(일명 산단) 붐이 불었던 1978년에 공업단지로 조성된 군산이야 논외로 치더라도, 울산보다 조금 뒤늦은 1967년부터 논의가 되어 입주한 여수는 좀 다른 배경이 있었다. 즉 '호남 푸대접'에 대한 시정을 요구했던 당시 신민당의 김대중 의원을 필두로 한 호남 정치인들의 목소리가 반영됐다고 볼 수 있다.[12] 울산이 공업 입지 종합 평가에서 앞섰던 것은 명확하지만, 입지 요건이 공업단지를 결정하는 유일한 척도는 아님을 이 표가 말해 준다. '다른 무엇'을 고려해야 한다는 뜻이다.

커넥션설: 대기업과 정권의 이해관계

두 번째 설은 기업인과 박정희 군사정부의 커넥션설이다. 재벌 대자본의 이해관계에 울산이 부합했기 때문에 기업가가 울산을 추천했다는 것이다. 우리는 앞에서 말한 '다른 무엇'을 보통 정치와 경제의 연결 즉 정경유착으로 생각하기 쉽다. 한편으로는 수긍할 만한 주장이나 좀 더 넓게 보면 지역 사회나 초국적 기업 등 다양한 이해당사자의 관계망(네트워크)을 고려해야 할 때도 있다. 입지를 넘어선 그 무엇으로서 커넥션은 어떤 영향을 끼쳤을까?

5.16 군사 쿠데타가 벌어진 이후 쿠데타 세력이 처음 했던 일 중 하나가 기업인을 부정 축재자 명목으로 가둔 것이다. 당시 삼성 이병철, 삼양사 김연수 등 부정 축재자로 몰린 많은 기업인은 군사정권 초기 부정 축재의 죄를 경감받을 수 있는 대책을 내놓아야 했다. 그들은 '경제재건촉진회'를 창립했다. 이들의 대책이 바로 공장 헌납이었다. 자신들이 기업을 경영하면서 형성한 노하우 혹은 암묵지tacit knowledge를 통해 대규모 공장을 건설하여 경제개발에 기여한다는 논리였다. 자금은 기업인이 외자를 유치하고 정부가 내자를 동원하는 것으로 협상했고 결과는 성공적이었다. 경제재건촉진회 이병철과 대한조선공사 남궁련 사장 등은 1961년 11월 2일 미국과 유럽으로 외자 유치를 위해 66일간의 출장을 갔다. 돌아온 경제재건촉진회는 대규모 공업센터를 짓겠다는 구상을 발표했다.[13] "이병철은 세계적 규모의 비료 공장을, 남궁련은 정유 공장 건설을" 추진하겠다는 구상이었다.[14]

이들 기업인은 각각 울산에 이해관계를 갖고 있었다. 남궁련은 1958년 일제가 짓다 만 울산 정유 공장 복구 사업에 진출한 적이 있었다. 김연수는 1954년 울산에 제당 공장을, 1957년에는 자연 한천 및 인조 얼음 공장을 준공했다. 인조 얼음 공장은 1962년 당시 160여 명의 노동자가 근무할 정도여서 울산에서 가장 큰 규모였다(장병익, 2007:33).[15] 이 과정에서 남궁련이 울산 정유 공장 복구 사업을 하면서 알게 된 일본 병참기지화 계획안을 박정희 의장에게 제공했다는 설도 있다.[16] 이러한 재벌의 행위를 종합하면, 재벌 사업가의 이해관계에 울산이 부합했기 때문에 기업가들이 추천했다는 논리가 된다.

그러나 재벌 기업가가 구상을 밝히더라도 결국엔 국가의 발전 계획과 연동돼야 하므로 정부 승인이 필요하다. 일단 짧은 시간에 성과를 내서 보여 줘야 하는 쿠데타 정부에게는 시간이 많지 않았다. 실제 진행 속도를 봐도 그렇다. 1962년 1월 4일 울산공업센터 지정 가능성에 대한 토의와 조사단이 결성되고 나서 3일 후인 7일부터 14일까지 바로 현지 조사가 이루어진다. 1월 10일에는 '경제재건촉진회'를 모태로 탄생한 한국경제인협회가 울산을 공업센터로 지정해 달라는 건의를 했고, 13일에 제1차 경제개발5개년계획이 발표된다. 그리고 25일에 울산특정공업지구 의결주문이 따르고 27일에 울산특정공업지구가 결정되어 31일에 공포된다. 2월 3일에 기공식이 거행되고, 2월 7일에는 정부의 울산개발위원회 울산개발계획본부가, 3월 7일에는 울산특별건설국이 설치된다. 두 달 만에 전국에서 가장 큰 공업센터가 구축된 것이다. 그 계획과 결정까지 단 한 달이 걸렸다(한삼건, 2016:19).

이런 속도전에서 국가의 리더십이나 관료의 역량을 생각해 보는 일은 자연스럽다. 우선 군사정부의 리더 박정희의 개인적 결단력을 떠올릴 수 있겠다. 쿠데타를 일으킨 배짱으로 명운을 건 승부를 했다고 해석할 수 있다. 한삼건은 배짱의 이면에 당시 국가재건최고회의 재건기획분과위원회 위원으로 추대된 안경모가 있었다고 전한다. 안경모는 일제 강점기에 울산개발계획의 인허가 담당자였다. 앞서 언급한 이케다의 계획을 잘 알고 구체적으로 그 구상을 검토해 본 안경모가 있었기 때문에 박정희가 울산을 선택할 수 있었다는 것이다.

2월 3일 기공식에서 박정희가 낭독한 치사문을 보자.

4천 년 빈곤의 역사를 씻고 민족 숙원의 부귀를 마련하기 위하여 우리는 이곳 울산을 찾아 여기에 신생 공업 도시를 건설하기로 하였습니다. '루르'의 기적을 초월하고 신라의 영성을 재현하려는 이 민족적 욕구를 이곳 울산에서 실현하려는 것이니 이것은 민족 재흥의 터전을 닦는 것이며 국가 백년대계의 보고를 마련하는 것이며 자손만대의 번영을 약속하는 민족적 궐기인 것입니다. 제2차 산업의 우렁찬 건설의 수레소리가 동해를 진동하고 공업생산의 검은 연기가 대기 속에 뻗어나가는 그날엔, 국가 민족의 희망과 발전이 눈앞에 도래하였음을 알 수 있을 것입니다.

빈곤에 허덕이는 겨레 여러분!

5.16 혁명의 진의는 어떤 정권에 대한 야욕이나 정체의 변조에도 그 목적이 있었던 것은 아니었으며 오로지 이 겨레로부터 빈곤을 구축하고 자손만대를 위한 영원한 민족적 번영과 복지를 마련할 경제재건을 성취해야겠다는 숭고한 사명감에서 궐기했던 것입니다. 이 울산 공업 도시의 건설이야말로 혁명정부의 총력을 다할 상징적 웅도이며 그 성패는 민족 부귀의 판가름이 될 것이니 온 국민은 새로운 각성과 분발과 협동으로서 이

세기적 과업의 성공적 완수를 위하여 분기노력해 주시기 바라마지 않습니다.

　국가재건최고회의 의장 육군대장 박정희"

"빈곤을 구축하고 자손만대를 위한 영원한 민족적 번영과 복지를 마련할 경제재건을 성취"하겠다는 박정희의 비장한 결단 뒤에는 경제인들의 이해관계와, 실제 실무자로서 일제 강점기 병참기지 계획을 검토했던 안경모의 구상이 있었다. 그런데 안경모의 구상은 왜 박정희에게 매력적으로 보였고 속도전으로 일을 추진하게 만들었을까? 핵심은 바로 정유 공장이다.

경로 의존설: 정유 공장을 시작으로 석유화학단지까지

경로 의존설은 울산 유류 보급기지로부터 정유 공장 건설이 시작되면서 석유화학 등 연관 산업에 대한 투자가 쉬워짐으로써 울산에 공업센터가 세워지고, 그 바탕에서 중화학 공업화의 핵심 산업도시가 됐다는 설이다.

해방 이후 1960년대까지 한국은 만성적으로 석유가 부족했다. 원래 정유 공장은 원산에 있었다. 울산의 정유 공장은 앞서 언급한 것처럼 공정의 70퍼센트에서 공사가 멈춰 버렸다. 해방 직후에는 석유 재고가 상당량 있었지만 귀국하는 일본인에게 매각하거나 도난당해 이미 미군정 때부터 석유가 부족한 상태였다. 1948년 대한민국 건국 이후에도 석유 문제는 해소되지 않았다. 1948년 12월 14일 '석유 정제 급

통제에 관한 건의안'이 국회에서 통과될 정도였다. 한국의 석유는 많은 양을 미국의 배급에 의존했고 늘 부족했다. 1949년 당시 휘발유 한 드럼에 6만 원이었는데, 당시 이승만 대통령 월급이 5만 원이었다.[18] 정부는 1949년 6월부터 울산 정유 공장 복구 작업을 준비하기 시작했고, 12월 17일에 착공식을 거행했다. 그러나 1950년 6.25 전쟁이 벌어지면서 공장 건설 계획에 제동이 걸렸다. 울산항에 UN군 유류 보급기지가 자리 잡게 됐고, 공장 부지는 미군에게 징발당했다. 1948년에는 한미석유류협정을 체결했는데, 골자는 대한석유주식회사Korea Oil Storage Corporation(KOSCO)를 창설하는 것이었다. KOSCO에 석유류를 공급하는 것은 미국의 텍사스, 스탠다드, 라이징 선이라는 메이저 오일 회사였다(김민호·김동완, 2014:146).

한국 정부와 미국 정부는 KOSCO 창설 뒤에도 지속적인 분쟁을 겪었다. 바로 석유의 수입, 저장, 배급, 판매의 유통 경로를 미국계 정유 회사에 모두 맡겨 시장을 지배당할 수 있다는 점 때문이었다. 동시에 1953년 미국은 전쟁 중 무상으로 공급하던 물자를 유상으로 전환한다고 결정했다. 원유 가격이 뛰자 유상 원조품인 유가 인상으로 인플레이션이 발생했다. 이러한 상황에서 한국 정부는 울산 정유 공장 복구를 적극적으로 고려할 수밖에 없었다. 1955년 3월 25일 국무회의에서 이승만 대통령은 울산 정유소의 신속한 수리 운영 및 유조선 구입 준비를 지시한다.

울산 정유 공장의 복구 기획은 이승만 정부에서 시작됐지만 실제 복구 사업은 5.16 쿠데타 이후로 미뤄졌다(김민호·김동완, 2014:147). 공장 복구에 따르는 재원 확보가 어려웠기 때문이다. 1962년 7월 11일 대한석유공사(유공)를 창립하고, 7월 24일 대한석유공사법이 제정·공포됐다. 1963년 미국의 걸프 오일이 나서면서 그제야 공사가 재개됐고, 그해 12월 울산 정유 공장이 준공됐다.* 이처럼 경로 의존설은 산업의 젖줄인 정유 공장의 준공, 정유 공장의 부산물로 생겨나는 석유화학단지의 건설로 산업도시 울산이 출발했다는 해석이다.

입지 요건설은 울산이 가지고 있었던 인프라와 지형적 요건 등 객관적 요소에 초점을 둔 관점이고, 커넥션설은 당시 투자와 사업을 추진할 수 있던 여력과 역량을 지녔던 기업가들의 속내와 정치적 결정에 집중한 설명이다. 즉 울산이 산업도시로서 타진될 수 있었던 원인을 직간접적으로 보여 준다는 장점이 있다. 경로 의존설은 우발적이든 의도적이든 산업의 기초 인프라가 설치되면서 국가와 산업계에 의해 전략적으로 집중 투자가 이루어지고, 그에 따른 상승 작용으로 투자-재투자가 반복되는 메커니즘을 설명한다. 특히 산업화 초기 국토 전반에 균형발전을 꾀하기보다는 한정된 자원을 활용하고 집중 투자해 규모의 경제 효과를 누리려 했던, 즉 '전략적 산업 정책'을 펼쳤던 박정희 정부의 사정을 고려한다면 경로 의존성은 불가피했다. 향후 산업도시의 궤적

* 김민호·김동완(2014)은 정유 공장 설립이 다음의 결과라고 해석한다. 첫째 미국의 대한 원조 전략이 원조에서 차관 위주로 바뀌면서 자조 능력을 중시하는 분위기로 변했다. 둘째 한국전쟁에 참전한 밴 플리트 장군이 연결해 준 걸프 오일의 참여가 적극성을 띠었고, 마지막으로 울산공업센터의 성공에 이해관계가 있었던 재벌의 움직임이 만들어 낸 결과라는 것이다.

을 일정 수준 유추할 수 있다는 점에서도 경로 의존설은 장점이 있다.*

따라서 이 중 한 가지를 이유를 꼽는 것은 무리다. 입지 요건과 당시 기업가들의 이해관계가 상호작용을 일으키면서 울산에서 공업센터가 시작됐고, 공업센터라는 기반을 활용해야 했기에 경로 의존이 작동하면서 중화학 공업화가 전개됐다는 것이 합당한 해석이다.

중화학 공업화와 현대그룹

산업도시 울산의 태동에서 석유 비축기지, 정유 공장, 비료 공장의 이야기가 한 축을 이뤘다면, 다른 한 축으로 반드시 다뤄야 할 이야기가 바로 현대現代, Hyundai 그룹이다.

현대는 한국 사람이라면 누구나 아는 기업이다. 아산 정주영 신화 또한 익숙하다. 정주영은 강원도 통천에서 자라 공식적인 교육을 통한 배움 없이 돈을 벌겠다고 혈혈단신으로 상경했다. 그는 쌀집에서 일하면서 주변 사람에게 근면함을 인정받고 독학으로 회계와 부기를 익혔다. 정주영은 사업을 벌이겠다는 의지로 쌀집에서부터 모아 둔 돈과 그의 눈썰미를 믿었던 거부들에게 투자를 받고 사업을 일구어 한국 산업화 과정에서 가장 눈에 띄는 벤처 자본가로 떠올랐다. 한국전쟁 이후 시작한 자동차공업사가 화재로 전소됐지만 다시 재기하고, 베트남

---

*   다만 경로 의존설은 '점진주의적' 성격이 있기 때문에 '격변'에 의해 다른 지역에 광범위한 투자가 벌어지는 상황이 올 경우 해석에 약점을 노출하기도 한다.

과 중동 건설공사에서 역경을 이겨 낸 입지전적 활약상은 인구에 회자되고 위인전에까지 기록됐다.

산업도시 울산의 관점에서 현대를 다루기 위해서는 2개의 산업 즉 조선 해양 플랜트를 만드는 현대중공업과 현대자동차의 역사부터 살펴봐야 한다.

현대중공업의 역사와 성공 요인

우선 현대중공업부터 보자. 널리 알려진 대로 간략히 요약하자면, 중화학 공업화를 추진하던 박정희가 정주영에게 조선업을 시작해 볼 것을 권유(혹은 압박)하자 자본도 기술도 없던 정주영이 전 세계를 헤매다가 그리스 리바노스사의 유조선 2척을 수주하고, 그 수주 계약서를 가지고 영국 바클레이Barclay 은행에서 차관을 받아 조선소 부지를 조성하면서 동시에 선박을 건조했다는 이야기다. 실제로 선박 수주는 1970년 12월, 조선소 부지 조성 사업은 1971년 4월, 조선소 기공식은 1972년 3월이었다. 1973년 3월 선박 건조가 시작됐는데 1974년에야 1~2도크가 완공됐다. 일정에 맞추기 위해 도크 완성 전에 탑재할 블록을 동시에 맨바닥yard에서 만들어야 했다. 심지어 배를 지을 생산직 인력도 선박 건조가 시작되는 시점에 훈련원 1기생이 간신히 수료함으로써 준비가 됐다. 병행 혹은 병렬parallel 공정으로 조선소 건설, 선박 건조, 건조 인력 양성을 한 번에 해낸 것이다. 그리고 1년 8개월 만인 1974년 11월에 첫 번째 선박을 선주에게 인도했다. 선박 건조 경험이 없는 현대가 순식간에 글로벌 시장에서 최상위권 조선사로 자리 잡았다.

정주영의 표현에 따르면 건설업에서의 경험을 통해 얻은 통찰이 조선업을 일구는 데 큰 도움이 됐다고 한다.

제가 조선소를 짓겠다고 하자 회사 내에서도 "우리가 무슨 경험이 있다고 조선소를 만드느냐"고 얘기하는 사람들이 많이 있었습니다. 그러나 제 생각은 달랐습니다. 조선업이라는 것이 철판으로 큰 덩치의 탱크를 만들어 바다 위에 띄우고 중력에 의한 추진력으로 달리는 것밖에 더 있느냐고 생각한 것입니다. 비록 우리가 조선업에 대한 경험은 없지만 발전소나 정유 공장 등을 많이 해 봐서 어떤 형태든 철판에 대한 설계나 용접은 자신이 있고 내연기관을 장착시키는 일도 아무것도 아니라는 생각이 들었습니다. 배를 큰 탱크로 보고 그 탱크 속에 엔진을 붙이면 된다고 생각한 것입니다. 정유 공장을 세울 때처럼 탱크를 도면대로 구부려서 용접을 하면 되고, 속의 기계도 우리가 건물을 지을 때 냉온방 장치 다 따로 넣듯이 선박의 기계 도면대로 제자리에 설치해서 끼우면 된다는 발상으로 조선업을 시작한 것입니다. 아마 조선업자는 이런 발상을 하지 못할 것입니다. 건설업자니까 그렇게 아주 쉽게 생각을 해냈던 것입니다. 그리고 우리는 그동안 산업 플랜트를 하면서 많은 기술을 습득했고 기계, 강전, 약전 등 어떤 계통이든지 각급 기술자가 다 있었기 때문에 선박이 아무리 어렵다 하더라도 다 해낼 수가 있다고 생각했습니다. 조금 덩치가 크다고 해서 제조라는 말 대신 건조shipbuilding라고 하는 것이지 사실 만드는 모든 과정은 건축과 비슷한 것입니다. (정주영, 1997:28-29)

1980년대부터 울산 현대조선소는 수주량이나 건조량에서 세계 1위 조선소의 위치를 점하는 해가 늘었고, 1990년대를 거치면서 부인할 수 없는 세계 1위 조선소가 됐다.

이러한 현대중공업의 성공 요인을 보는 세 가지 시각이 있다.

먼저 박정희 정부의 중화학 공업화 정책 즉 테크노크라트(기술관료)의 혜안 때문이라는 시각이다. 상공부 장관 오원철로 대표되는 테크노크라트가 철강, 조선, 비철금속, 기계, 전자, 화학 공업이라는 '미래 먹거리'를 잘 설정하고, 정책 금융을 통해 저리 대출 및 해외 차관을 육성했기 때문에 그중 한 산업을 담당했던 현대가 조선업에서 승승장구할 수 있었다는 말이다.[19] 그러나 발전국가의 시각은 산업을 운영했던 일련의 환경 중 아주 협소한 '배경'만을 설명한다. 일단 국내의 다양한 이해관계자들이 바라봤던 조선업의 상태, 국제적으로 얽혀 있는 선박 및 해운 시장의 행위자들을 제외한다는 문제가 있다.

국제적 관점에서 보자면 정유 공장 건설에 이어서 조선소 건조에서도 난항에 빠져 있던 정주영에게 해운 업계의 다양한 사람을 연결해주었던 밴 플리트 같은 인물이 그렇다.[20] 국내적 관점에서도 문제다. 조선업을 정주영이 처음 시작한 게 아니었기 때문이다. 예컨대 1960년대 국내의 가장 큰 조선소는 국영 대한조선공사(현 한진중공업)였다. 앞서 비료 공장 이야기에도 등장하던 남궁련이 바로 대한조선공사 경영인이었다. 그러나 당시 대한조선공사는 내수용 선박을 짓던 회사였고, 기술력 부족으로 수출용 선박을 건조하지 못했다. 대한조선공사는 내수용 선박 위주임에도 경영 상태가 좋지 못했다. 국내 해운사들이 새로 배를 짓기보다는 일본 등에서 매각하는 중고 선박을 구매하려고 해 가격 경쟁력을 갖추기 어려웠기 때문이다. 국영기업이기 때문에 도산하지는 않았으나 경영 위기가 올 때마다 정부의 공적 자금을 받을 수밖에 없었으니 정부 관점에서는 골칫덩이였다. 박정희 정부에서 재정과 경제기획을 추진하던 경제기획원은 경영 상태를 개선하지 못하는 대한조선공사의 사례를 알고 있었기 때문에 수출을 위한 조선소를 짓겠다는 발상 자체에 부정적이었다.[21] 달리 말해 국가 주도의 산업 정책으로 현대중공업을 일궜다는 첫 번째 시각만으로 전체 그림을 그리기에 부족하다는 말이다.

두 번째 시각은 정주영이라는 불세출의 산업 자본가를 위시한 현대그룹의 공이라는 해석이다. 차관을 따내기 위해 영국에 찾아가 바클레이 은행장 앞에서 동전에 새겨진 거북선을 보여 주며 기술력에 대한 확신을 심어 준다거나, 선박 건조 과정을 건설과 비슷하게 파악해 공법을 단순화하고 건설업에서 얻은 통찰을 조선 공법에도 반영할 수 있도록 했다는 예시를 들 수 있다. 그러나 이러한 경영자나 현대그룹의 공만으로 설명할 수 없는 일도 많다.

애초 현대조선소의 초대 조선 소장은 덴마크 오덴세 조선소 출신의 엔지니어였다. 1970년대 당시 덴마크 조선소는 기본설계 → 상세설계 → 생산설계로 이어지는 단계 중 처음 선박의 구상 단계인 기본설계와 구역을 나누는 상세설계에 강점이 있었고, 실제 작업자들에게 필요한 도면을 그려 내는 생산설계는 잘 수행하지 못했다. 덴마크 조선소는 후행 설계부터 최종 건조까지의 과정을 큰 단위로는 관리할 수 있었으나, 일본처럼 미세 작업 관리를 하지는 못했던 것이다. 정주영은 기본설계와 상세설계 도면을 유럽에서 사오고 그 뒤의 과정은 기존까지 건설업에서 했던 공법을 도면의 주인인 유럽의 공정 전문가를 영입해 적용하면 다 될 줄 알았다가 된서리를 맞았다. 결국 선박 건조의 세밀한 부분을 배우기 위해 처음에는 영국 스코틀랜드 글래스고로 엔지니어 인력을 파견 보내 교육시키고[22], 다른 한편으로는 일본 가와사키 조선소의 공법을 배우고 '베껴 오는' 방식으로 조선 기술의 수준을 높였다(박기주 외, 2014:432-433).

다음으로 이 과정에서 나타나는 시행착오를 어떠한 방식으로 푸는지를 살펴보자. 장기 관점에서는 국가가 지원금을 주고 기업이 책임지고 양성하는 '직업훈련소'라는 제도적 쟁점과 맞닿고, 단기 관점에서는 기지를 통해 난관을 돌파했던 현장의 엔지니어와 노동자의 '기민함'에 대해 예찬하게 된다. 더불어 리바노스에서 수주한 첫 번째 유조선 건조 과정에서 노동자 수십 명이 중대 재해를 입어 목숨을 잃게 되는데, 많은 이들의 헌신과 희생을 배제하고서 현대중공업의 성공을 설명할 수는 없다.

여기서 현대중공업의 성공을 보는 세 번째 시각이 도출된다. 즉 중공업 안팎의 여러 사람이 이루어 낸 성공이라는 견해다. 이역만리 스코틀랜드까지 찾아가서 선박 건조 기술을 익혀 오고, 일본에 건너가 도면 작성법과 설계 기술을 배우기 위해 끊임없이 일본인 엔지니어들에게 묻고 되묻고 다시 확인한 이들의 공로다. 유럽식과 일본식 선박 건조 기술을 혼합해서 그 나름의 현대중공업 스타일의 건조 기술로 창안해 낸 엔지니어들의 노고가 있었다는 뜻이다. 또 고소(높은 곳) 작업에 꼭 필요한 발판도 제대로 구축되지 않은 현장에서 밧줄에 몸을 의지하여 작업했던 노동자들의 헌신도 있었다. 먹을 것이 부족하고 인구는 폭발적으로 늘어나 일할 곳을 찾아야만 했던 1970~1990년대의 젊은 이들이 현대중공업의 성공을 일궈 낸 또 하나의 힘이었다.

현대중공업은 그러한 과정을 거쳐 1980년대를 지나며 선박 생산 설계를 넘어 상세설계와 기본설계를 자체 수행할 수 있는 역량을 갖추었고, 엔진 등 주요 부품과 장비를 국산화해 냈다. 1990년대 후반 LNG선 건조를 해낼 당시에는 90퍼센트가 넘는 국산화와 원가 절감, 고품질 모두를 달성해 내서 세계 최고 조선소가 됐다.

현대자동차의 성공 요인

현대자동차의 성공도 같은 시각에서 살펴볼 수 있다. 한편에는 중화학 공업화와 국산차 개발에 대한 정책의 지원이 있었다. 다른 한편에는 정주영이 해방 직후 정비소 시절부터 간직해 온 자동차 산업에 진출하려는 집념이 있었고, 정세영의 내연기관 엔진 국산화에 대한 신념이 있었다. 그러나 최종적으로는 현장에서 어떻게 해서든 기술적 혹은 공학적 문제를 풀어내기 위해서 애썼던 작업자들의 노력이 있었다. 현대자동차 공장을 살펴보던 외국인 엔지니어는 이 상황을 다음과 같이 전한다.

기계가 고장 났다고 해서 나와 팀이 되어 늘 함께 다니는 정비공과 같이 달려갑니다. 그러면 운전공이 기다렸다는 듯이 그 정비공에게 무엇이라 소리 지르며 이야기해요. 그러다가는 나무 꼬챙이를 하나 집어 들고 콘크리트 바닥에 쭈그리고 앉아, 그어지지도 않는 바닥에 무엇인가 그어 가며 소리 질러요. 그러면 정비공이 그 막대기를 뺏어 그도 바닥에 보이지 않는 선을 그으며 같이 소리 질러요. 처음에 저는 둘이 싸우는 줄 알았어요. 그래, 둘을 뜯어말리려고 정비공에게 그만하라니까 손을 툭툭 털고 일어나는 것이었어요. 왜 그러느냐고 물으니까 낫싱 낫싱Nothing, nothing, 내가 할 수 있어 하며 기계를 손질하기 시작하는 겁니다. 보니까 그 얼마 전에 다른 기계에서 한 번 경험한 일이 있는 고장이었어요. 정비공이 일하는 옆에서 운전공도 같이 거들어 주더군요. (강명한, 1984:87-88)

'눈 떠보니 부자 도시' 울산

울산의 노동자들이 1980~1990년대에 쓴 글을 읽다 보면 어디에서나 '위험한 작업장', '비인간적인 부당한 대우', '얼마 되지 않는 벌이'라는 언급이 나온다.

Q: 그럼 1987년 이전에 임금 인상이 있을 때는 어떻게 알려줬습니까?
A: 그때는 팀장, 반장들한테 잘 보인 사람은, 뭐 가령 많이 올려 주면 15원 올려 주고, 그다음에 보면은 10원 올려 주고, 5원 올려 주고 이렇게…
(김호연·양상현·현재열, 2007:35)

외부에서 보기에 울산은 그저 부자 도시일 뿐이다. 하지만 당사자인 울산 노동자들은 1987년 노동자 대투쟁처럼 현장에서 겪은 부당함에 대해 투쟁한 기억이 크다. 그들의 기억은 처음 울산에 일하러 왔을 때의 순간을 잊지 못한다. '이촌향도'. 촌에서 나고 자란 사람들이 돈벌이를 위해 고향을 떠났다. 거대한 무리의 사람들이 돈벌이를 위해 서울로 향할 때, 또 못지않은 사람들이 울산, 포항, 창원, 거제, 구미 등 산업도시로 떠났다. 이들 중 일부는 기계공고나 특성화 공고 등 고등학교에서 기술을 익혀서 온 남성 기술자들이었다면, 더 많은 사람은 특별한 기술이나 내세울 학력도 없이 그저 '건강한 몸뚱아리'만 있는 사람들이었다. 직업훈련소에서 합숙하며 마킹(강재에 용접할 자리를 표시하는 일), 용접, 도장 등을 배우고, 일자리를 얻어서는 울산 북구나 동구 어딘가의 '벌집' 혹은 '하꼬방'에 보금자리를 얻었다. 석유화학단지는 회사를 세우던 당시부터 노동자들에게 사택을 제공했고, 중공업 역시 직영 노동자들에게 일정한 사택이나 조합아파트를 일찍부터 공급했다. 하지만 가장 많은 노동자가 근무하는 자동차의 경우는 그러한 주거복지를 빠르게 제공하지 않았다. 많은 울산 노동자의 기억에는 박봉, 열악한 근무환경, 신혼집을 구하지 못해서 발을 동동거렸던 경험이 누적되어 있다.[23]

그 사이 1990년대를 지나면서 수출주도 산업인 울산의 3대 산업이 호황을 맞고, 1987년 노동자 대투쟁 이후 임금과 복리후생 여건이 급격히 개선되면서 울산의 노동자들은 '바깥의 눈'으로 봤을 때는 그저 '부자 동네 사람'이 돼 버렸다. '벼락부자'라는 말은 '로또' 같은 복권에 의존하거나 요행으로 돈을 번 사람이란 뜻이다. 하지만 울산의 노동자들은 주어진 환경에서 장시간 노동을 하며 노동조합에 기대어 자신의 삶을 개선해 나가는 싸움을 했을 뿐이다. 이를 통해 자신들의 생활 수준을 높였던 것이기 때문에 울산 사람들에게는 '눈 떠보니 부자'라는 말이 좀 더 어울릴 수 있다. 1등 '부자 도시' 울산에 대한 외지인과 울산 노동자들의 시선은 엇갈린다.

울산이 부자라고 소문 나게 된 것은 아무래도 IMF 사태가 벌어졌던 1990년대 말부터라고 할 수 있다. 명예퇴직이나 정리해고가 사회에 암울한 기운을 드리우던 시기에 울산의 조선 산업은 10년 초호황기(슈퍼사이클)의 초입에 있었다. "개도 만 원짜리를 물고 다닌다"는 말을 울산과 거제가 서로 자기네 상징이라고 내세우던 시절이다. 현대자동차는 1998년 정리해고 사태가 있었지만 2000년대에 들어서면서 '생산량 기준 글로벌 Top 5'로 올라섰다. 정유와 석유화학 산업은 늘 부유했다. 유가가 올라가든 내려가든 정유와 석유화학 산업은 서로 앞서거니 뒤서거니 고임금과 높은 수준의 복리후생을 노동자들에게 제공했다. 잘나가는 3대 산업이 한국 경제의 주력 산업으로 자리 잡는 동안 울산은 '부자 도시'의 입지를 다져 나갔다. 2017년 서울에게 1위를 빼앗기기 전까지 울산은 근 20년 동안 한국에서 일인당 GRDP 기준 1위를 놓치지 않았다.

이런 모든 점을 고려할 때 울산의 역사를 미라클이라고 표현하지 않을 수 없다. 우연과 필연, 기획자와 실행자 모두의 노력이 있었다. 일제 강점기 석유 비축을 위한 기지로 출발해, 그 밑천으로 정유 공장을 짓기 위해 군사정부와 기업가들의 고려로 공업센터로 지정됐다. 눈이 밝은 정부의 기술관료가 중화학 요충지로 울산을 꼽았다. 그렇지만 그걸 실제로 실행했던 1970년대의 모험 자본가 정주영의 현대가 있었고, 잠을 설치면서 눈썰미를 가지고 도면과 기술을 베껴 오던 엔지니어들이 있었다. 최종적으로 저임금을 받으며 열악한 안전 요건 속에서 위험을 무릅쓰며 배를 짓고 자동차를 만들어 냈던 울산의 노동자들이 있었다. 만화《드래곤볼》의 원기옥처럼 모두의 정성이 모여 노동자 도시이자 부자 동네 울산의 기적을 써낸 것이다.

2부

대한민국
제조업의
심장박동이
꺼져 간다

3장

한국 경제의
특수성과 제조업

제조업 강국 대한민국

한국은 제조업으로 지탱되는 국가다. 국가 이미지나 숫자로도 바로 드러난다. OECD 자료에 따르면 2020년 기준 한국은 국민총생산(GDP)의 27.1퍼센트를 제조업을 통해 벌었는데, 한국보다 GDP 중 제조업 비중이 높은 국가는 아일랜드(36.6퍼센트)밖에 없다. 고용 면에서 보면 그 특징이 더 도드라진다.[1] 세계은행의 산업별 고용률 자료를 참고해 보면, 2019년 기준 한국은 총 고용에서 제조업이 25퍼센트를 담당한다. 국제노동기구(ILO) 기준으로 OECD 국가 중에서 한국보다 제조업 고용 비중이 더 높은 나라는 독일(27퍼센트)이나 이탈리아(26퍼센트) 정도다. 코로나19로 인해 세계 경제가 움츠러든 2020~2021년 기간 동안 방역에서 선방해 공장 가동을 멈추지 않았던 한국의 제조업 비중은 GDP로 보든 고용으로 보든 더 높아질 수도 있다.[2]

제조업 국가 대한민국은 눈으로도 확인할 수 있다. 서울이나 분당, 일산 같은 수도권 신도시에 사는 사람들은 공장이 어디에 있냐고 물을 수도 있겠지만 실제로는 지천이 공업 지대다. 서울에서 경부고속도로를 타고 남쪽으로 내려가면 수원, 평택으로 시작하는 산업 벨트가 나온다. 수도권의 상습 정체 구간으로 악명 높은 서부간선도로를 타고 내려가다 보면 독산, 소하, 시흥, 안양 모두가 공단 지역이다. 4호선 도시철도를 타고 남쪽으로 평촌만 지나면 곧 군포산업단지나 안산의 반월국가산업단지까지 공단 지대가 펼쳐진다. 1호선 경인선을 탄다면? 서울만 빠져나가면 부천에 거대한 산단이 있고, 인천에 도착하면 작업복을 입고 출퇴근길에 쏟아져 나오는 남동공단과 부평 GM대우자동차 노동자들을 발견할 수 있다.

당장 코로나19 팬데믹이 전 세계를 휩쓸던 상황을 생각해 보자. 2020년 3~4월에 잠시 벌어졌던 KF 94, KF 80, KF AD 등 마스크 부족 상황이 있었다. 이를 어떻게 극복했을까? 삼성전자 스마트 공장 지원센터의 엔지니어들이 마스크 제조 업체의 생산설비를 점검해서 최적화했고, 곧 생산 물량이 폭발적으로 늘어나서 공급 부족을 해소했다. 대기업의 생산기술 노하우로 문제를 해결할 수 있었던 것이다.[*3] 이는

---

* 실제로 울산에서는 공장장 이상 기술 임원들의 퇴직자 모임인 NCNNew Challenge Network이 2008년에 출범해 중소기업과 제조 스타트업 등에 기술 지원을 제공하고

제조업 강국이기 때문에 가능했던 일이다.

　제조업과 사람들의 일상이 어떤 방식으로 연결되는지를 이해하는 것은 그리 어려운 일이 아니다. 어떤 도시에 공장이나 조선소를 지어서 사람을 고용하면 그 사람들의 소비를 위해 음식점과 대형 마트가 들어서고, 인구와 구매력이 일정 규모를 넘어서면 백화점이 생긴다. 그러나 대형 마트를 짓는다고 공장이 들어서지는 않는다. 마르크스 식으로 말하자면 공장에 기초한 '산업 자본'이 있어야 '유통'의 영역이 성립된다. 현재 서울에는 공장*이 거의 없다. 그럼에도 불구하고 상업 지구는 글로벌 시장에서도 최고 수준에 이를 정도로 크게 형성되어 있다. 어떻게 가능한 일일까?

　우선 도식적으로 말하자면 전국의 산업도시에서 생산을 통해 발생한 구매력과 부가 산업화 초기부터 서울로 모여 축적되면서 가능했다. 여수의 석유화학공단 노동자가 월급을 받아 광주터미널 앞의 백화점에서 쇼핑을 하고, 거제의 노동자 가족이 차를 몰고 거가대교를 건너 부산 센텀시티에서 쇼핑을 한다. 표면적으로는 대도시의 화려한 외관이 조명을 받지만 그 기저의 원초적 부는 산업도시의 제조업이 만들어 내는 셈이다.

　둘째로 역사적으로 한국의 발전한 대도시는 많은 경우 산업도시로 시작했거나 영향을 받았다. 1990년대까지만 해도 서울, 부산, 대구

있다. 기술 전수는 기량이 뛰어난 엔지니어들의 공적 역할이라 볼 수 있다.

＊　물론 서울에도 공장이 많이 있었다. 전태일을 떠올리게 하는 동대문의 봉제 공장 외에도 영등포와 구로디지털단지나 가산디지털단지가 모두 공단 지역이었다.

는 대도시의 화려한 외관과 공단이 공존하던 도시였다. 전태일과 평화 시장 여공들을 떠올려 보자. 동대문구-중랑구의 봉제 공장과 세운상가 주변 공구 상가, 성수동의 가죽 공장 같은 '마치코바'(소공장)는 서울, 부산, 대구 할 것 없이 도심과 주택가를 가로지르며 위치했다. 더불어 정부가 대규모 산단을 시내에 설치하기도 했다. 구로공단의 역사가 한 예다. 박정희 정부는 1964년 '수출공업단지개발조성법'을 제정하고, 1967년 한국 수출산업공업단지 제1단지를 열었다. 바로 구로공단의 출발이다.[4] 3단지까지 완공됐을 때 면적은 200만 제곱미터에 달했고, 1978년 기준 11만 4000명의 노동자가 일했다.[5] 1980년대 서울의 변두리인 중랑구 면목동에 있던 내 본가에는 항상 공장 다니는 '누나'들이 세를 살았다. 동대문만 떠올리기 쉽지만 여기저기에 있는 소공장부터 공단에 취업하는 경우가 흔했다. 도시계획 관점에서 경공업이나 전자 산업 등의 공단을 교외로 옮기고, 울산의 경우처럼 지방에 대규모 산업도시를 조성해 공장을 지으면서 대도시 주민의 눈에 잘 띄지 않았던 것뿐이다.

몇 년 전까지 화두가 됐던 '젠트리피케이션'의 경우처럼 도심의 공업 지대가 쇠퇴하고 나서 탈공업화 과정에서 상업지로 조성되는 사례는 많다. 지금은 '패션 피플'과 예술가들의 성지처럼 불리는 뉴욕의 브루클린 같은 곳이 전형적 사례다. 코로나19 백신 때문에 더 익숙해진 화이자Pfizer가 브루클린에 본공장을 갖고 있었다. 브루클린의 사례야말로 탈공업화 이후 전형적인 도심 공업 지역이 문화예술 산업으로 전환된 경우다.[6]

[도표 2.1] 서울, 부산, 대구 산업 종사자 규모별 사업체 수와 종사자 수(2006~2020)

시점	서울			부산			대구		
	전체 산업	제조업	제조업 비중	전체 산업	제조업	제조업 비중	전체 산업	제조업	제조업 비중
2006	3,894,666	307,385	7.9%	1,147,243	195,728	17.1%	721,257	148,995	20.7%
2007	4,005,831	297,545	7.4%	1,157,853	197,315	17.0%	732,128	148,642	20.3%
2008	4,079,277	279,250	6.8%	1,165,574	194,276	16.7%	739,022	145,660	19.7%
2009	4,177,336	266,767	6.4%	1,182,236	192,595	16.3%	755,886	147,999	19.3%
2010	4,487,357	264,281	5.9%	1,204,764	197,697	16.4%	786,487	155,548	19.8%
2011	4,498,312	268,430	6.0%	1,231,887	202,545	16.4%	809,381	161,698	20.0%
2012	4,514,393	277,232	6.1%	1,275,945	209,619	16.4%	833,833	168,321	20.2%
2013	4,585,090	266,641	5.8%	1,297,862	213,846	16.5%	849,628	173,573	20.4%
2014	4,739,883	276,287	5.8%	1,325,781	220,257	16.6%	866,593	176,125	20.3%
2015	5,108,828	293,173	5.7%	1,371,843	227,632	16.6%	895,517	178,781	20.0%
2016	5,079,451	278,773	5.5%	1,408,615	224,205	15.9%	929,078	179,927	19.4%
2017	5,119,913	277,920	5.4%	1,424,317	219,037	15.4%	943,170	179,147	19.0%
2018	5,210,936	266,500	5.1%	1,442,115	216,091	15.0%	967,206	176,508	18.2%
2019	5,226,997	265,273	5.1%	1,465,433	214,649	14.6%	967,934	174,311	18.0%
2020	5,044,552	245,843	4.9%	1,364,302	202,308	14.8%	893,590	161,744	18.1%

출처: "시도·산업·종사자 규모별 사업체 수, 종사자 수('06~)", 《통계청》, 〈사업체노동실태현황〉, 2006~2020.

비중이 축소되고 있긴 하지만 제조업에서 일하는 사람이 서울에서는 여전히 5퍼센트에 달하고, 부산이나 대구에서는 15~20퍼센트 수준이다. 역사적 관점에서 제조업이 많은 대도시의 초기 자본을 축적했다는 점, 그리고 지금도 많은 도시에서 제조업을 통해 고용을 창출하고 소비 여력을 만들고 있다는 점은 부인할 수 없는 사실이다(도표 2.1 참조).

제조업 위기론
: '수급 사이클론'과 '탈추격' 담론을 넘어서

한국의 제조업이 어렵다는 이야기는 미디어에 심심찮게 나오는 주제다. 최근의 예를 들어보자. 2020년 코로나19 때문에 공급망이 무너져 전기자동차나 반도체 생산이 안 된다고 했다. 2021년부터는 시중에 풀린 유동성 때문에 인플레이션이 발생해 국내 제조 업체가 써야 하는 원자재 값이 상승해 어려움이 늘었다고 했다. 2022년에는 러시아의 우크라이나 침공으로 원유가와 가스 가격이 폭등해 이 또한 기업에 원가 측면에서 압박을 준다고 했다.[7]

반대로 소비 측면의 위기를 지적하는 경우도 있다. 디플레이션 즉 불황기가 도래하면 그렇다. 소비자심리지수Consumer Sentiment Index(CSI) 등을 들며 미국이나 국내 소비 심리가 위축됐다며 제조업이 어렵다는 주장을 할 때도 많다.[8] 경제에 관심이 있거나 자산 투자를 하는 사람은 보통 이런 주제에 관심을 기울인다. 이 같은 제조업 위기론을 '수급 사이클론'이라 할 수 있다.

그런데 잘 살펴보면 이러한 수급 사이클론은 대개 시장의 수요-공급 측면에서 발생하는 순환에 대해서만 묻는다. 1장에서 언급했듯이 '호황 사이클'이 오면 상황이 개선되고 '불황 사이클'이 오면 어려움에 처할 것이므로 지금이 사이클의 어디쯤인지가 쟁점이 된다. 울산처럼 '주식회사 대한민국'이 다양한 산업군의 포트폴리오를 갖고 있고 사이클 속에서 현 위치가 다르기만 하면, 역설적으로 별문제가 없다는 논리를 제공하기도 한다.

'탈추격' 혁신 담론은 시장의 수급 사이클을 중심에 놓은 위기론보다는 훨씬 진전된 형태다. 기술과 혁신의 문제의식을 담았기 때문이다. 이 담론은 다음과 같이 요약할 수 있다. 역사적으로 대한민국의 제조업은 산업화 시기부터 당시의 제조 선진국인 미국, 독일, 일본 등에서 도면을 베끼거나 완제품을 분해하고 다시 조립해 원리를 익히는 역설계reverse-engineering 같은 방식으로 기술을 따라잡으며 이 자리까지 왔다. 그런데 한국의 제조업이 기본설계 역량이나 원천 기술이 없다 보니 여전히 양산을 위한 사고나 소재·부품·장비(일명 소부장) 하도급 업체를 쥐어짜는 방식으로만 산업을 영위하려 해서 혁신의 한계에 부딪힌다. 이대로라면 한국의 제조업이 고부가가치를 창출하는 제조 선진국의 원천 기술을 따라잡지 못하고 중국을 위시한 개발도상국의 저렴한 원가 경쟁에 쫓기는 신세를 면할 수 없다는 주장이다. 즉 '샌드위치 위기론'과 같은 맥락이다. 같은 측면에서 소부장을 국내 '강소기업'이 생산하는 게 아니라 제조 선진국에서 수입해 오는 현실도 문제가 된다. 그러므로 앞으로 창의적인 '최초의 질문'을 갖고 기본설계를 해내면서 '빠른 추격자fast-follower'에서 '최초의 선도자first mover'로 변화해야만 한다는 충고가 따라붙는다.[9]

탈추격 담론 역시 생각보다 현실적이진 않다. 요컨대 경제지리를 전혀 고려하지 않고 있다. 제조업 경쟁력이나 혁신 문제에서 생산 과정, 산업과 기업 간 연결망, 그리고 지역 사회에서 제조업의 중요성을 결합해서 사고하지 못한다는 것이다. 실제로 삼성전자나 현대자동차,

포스코, 현대중공업 등의 제조 대기업은 '최초의 질문'과 함께 세계 시장에서 이미 '최초의 선도자' 위치에 서 있다. 당연히 기본설계도 수행할 수 있다. 심지어 최초의 선도자 기업에 소부장을 제공하는 기업들 중 1차 협력 업체의 역량도 점차 세계 최고 수준에 이르고 있다. 연구개발도 세계 최고 수준이다.[10] 대한민국의 GDP 대비 연구개발 투자 비율도 세계 1등이다.* 제조 대기업이 주도하는 경제에서 그들의 경쟁력 자체는 문제 없으므로 문제제기의 방향이 틀릴 때가 많다. 그런 차원에서 한국 제조업 담론에서 누락돼 있으나 앞으로 핵심으로 삼아야 할 것은 소부장 중소기업이나 제조 스타트업이 돼야 한다.

그러나 위기를 극복하기 위해 '혁신 기술'을 개발하거나 소부장 기업을 키워야 한다는 사고에 구체성이 떨어지는 경우가 많다. 전국 어디에 본사·연구소·공장이 입지해 있는지, 산업 내 연결망이 어떤지, 혁신이나 생산성 향상을 위해 기업이나 산업 단위 어느 수준에서 무엇을 어떻게 하는지, 노사관계는 어떻게 풀고 산업과 기업 내부 인력은 어떻게 교류하는지, 지역 사회와 어떻게 결속되어 있는지 등의 경제지리 차원의 구체적 질문이 빠져 있다. 또 빠르게 재편되고 있는 글로벌 가치사슬global value chain의 문제를 혁신 문제와 함께 살피지 못하기 일쑤다. 더불어 제품을 만드는 생산의 문제나 혁신 기술을 실제로 현장에

---

* 윤석열 정부는 2024년 국가 R&D 예산을 2023년 대비 14.7퍼센트 삭감했다. 국가 R&D 예산을 정부가 삭감한 것은 1990년대 이래 최초다. 달리 말해, IMF 외환위기나 글로벌 금융위기 시기에도 삭감하지 않았던 국가 R&D 예산을 삭감한 것이다. 그 결과를 지금 예견하기는 어렵다. (출처: 《아시아경제》 2023년 12월 21일 자. https://n.news.naver.com/mnews/article/277/0005358362?sid=105)

'어떻게' 안착시키느냐의 쟁점도 생략한다. 당연히 노사관계도 그저 '노조가 문제' 혹은 '재벌의 탐욕'이라는 피상적 수준으로 다뤄진다. 이러니 문제를 제대로 풀기 어렵다.

지자체의 렌즈와 대기업의 렌즈
: 두 가지 렌즈로 본 경제 발전 도식

제조업의 경제지리와 산업 내 연결망이 만들어 내는 결속을 이해하지 못하면, 제조업 정책과 기업 전략은 서로 유기적이지 않고 겉돌기 마련이다. 전형적인 예를 살펴보자.

수도권을 포함한 전국의 지자체는 산단 유치를 강력하게 희망하고 중앙정부는 이에 호응한다. 현재 정부가 권역별로 배당하고 있는 IT(정보기술), NT(나노기술), BT(바이오기술) 등 하이테크 클러스터라면 금상첨화이지만 그게 아니더라도 급한 대로 공장을 지을 수 있는 산단을 유치하려 한다. 공장을 지으면 생산직 고용을 창출할 수 있다. 이를 통해 소비와 인구를 부양하고 지역을 활성화시킨다는 것이 지자체의 전략이다. 산단 인허가를 해 주는 중앙정부는 지역 활성화와 제조업 생산의 힘으로 국내 경기를 북돋우고 궁극적으로 국가 경쟁력도 높이려는 청사진을 그린다. 하지만 결국 제조 대기업의 하위 단계 하청이나 모듈 생산 공장이 산단에 입주하고, 단기 계약직 '뜨내기' 노동자나 저렴한 인건비를 맞추기 위해 이주 노동자를 고용하는 상황이 된다.

불안정한 저임금 일자리만 양산되는 셈이다. 일정한 수준으로 경기가 살아날 순 있지만 모든 지자체가 그토록 모시려고 애쓰는 청년과 여성을 불러 모으는 유인이 되지는 못한다. 지역에 남아 있는 청년들은 공장에 가느니 배달이나 쿠팡 등의 물류센터 상하차 작업 등 플랫폼 노동을 선택하고 만다.[11] 여성 일자리는 아예 생겨나지도 않는다. 이런 식으로는 산단을 잘 키워 단단한 산업도시로 육성하려는 계획이 이뤄지기 어렵다.

제조 대기업은 연구개발을 통한 고부가가치 상품 개발에 집중하면서 고도의 생산설비를 확충하기 위한 투자를 진행한다. 그 과정에서 우선 고학력 인력을 채용하려 한다. 또 고부가가치 상품을 양산하거나 납기에 맞춰서 최적으로 생산할 수 있는 주문형 시스템을 구축해 산업 경쟁력을 확보하는 것을 목표로 삼는다. 이 상황에서 신고전파 경제학자가 설정하는 경로대로 간다면 '낙수 효과trickle-down effect'로 인해 하도급 협력사, 지역 상공업자 그리고 소비자에게 소득이 돌아갈 것이다. 또 고부가가치 제품을 통해 제조 대기업과 그 생태계 안의 기업이 고도화되는 것도 분명하다. 낙수 효과와 제조 대기업 생태계의 고도화가 결과적으로 국가 경쟁력을 향상시킨다는 것이 대기업이 홍보하는 내용이다.

이러한 제조 대기업의 그림도 여러 측면에서 제대로 작동하지 않는 건 마찬가지다. 일단 생산 공정을 현장에 적용하기 위해서는 제품에 대한 지식과 신기술뿐 아니라 현장을 잘 아는 엔지니어가 필요하다. 그런데 고학력의 엔지니어는 현장이 있는 비수도권의 지방 공장 근무를 기피한다. 또 현장을 잘 아는 엔지니어를 지방 공장에 배치한다 하더라도 현장의 미세한 상황은 결국 숙련 노동자의 손길이 있어야 통제할 수 있다. 심지어 자신들의 현장 문제를 풀어서 고부가가치 제품을 최종 조립 단계로 생산해 낼 수 있다 하더라도, 앞서 언급한 지자체의 산단 지정 경쟁이 불러오는 문제는 해결되지 않은 채 고스란히 남는다. 애초 제조 대기업의 모공장mother factory만 개선될 뿐 몇 단계를 거친 하도급 기업의 환경이나 임금 수준이 좋아지기는 어렵다. 또 모공장이 산업도시에 있다 하더라도 본사 소재지는 서울이라 소득의 '역외 유출'이 벌어지는 경우도 흔하다. 제품 만들어 벌어들이는 돈을 서울 본사로 바치는 셈이다.[12] 게다가 한국의 노사관계는 대개 적대적이다. 이런 상황에서 제조 대기업은 노사관계를 유연하게 푸는 대신 20년 넘게 높은 수준의 자동화와 로봇 도입으로 생산직 숙련 노동자를 우회하는 방법을 찾아왔다. 결국 신규 산단이 입주하는 지역뿐 아니라 기존 모공장이 위치한 산업도시에서도 정규직 생산직 채용이 줄어들 수 있다.

요컨대 지자체와 제조 대기업, 두 렌즈를 통해 도출되는 해법은 제조업 국가 대한민국에서 급한 대로 임시변통의 저임금 일자리는 만들어 낼 수 있고 이미 만들고 있다. 또 제조 대기업의 경쟁력을 일정 부분 올릴 수도 있다. 그러나 지자체와 제조 대기업의 논의에서 빠진 핵심 고리가 있다. 바로 노동자의 숙련도다. 지금까지 산업도시가 번성할 수 있었던 것은 숙련 노동자가 좋은 대우를 받았던 상황에 기초하기 때문이다. 그런데 지자체나 제조 대기업은 이 문제를 회피하거나 오히려 거꾸로 가는 상황이다.

1960년대 경제개발계획 수립 이후 많은 경우 제조업 노동 정책과 기업 전략은 저학력 고숙련의 생산직 노동자의 자리를 만드는 데 초점을 맞췄다. 노동자를 제대로 훈련시키는 것이 기업의 관심사를 넘어 국가적 의제였다. 생산성을 높이고 품질을 향상시키는 주체로서 생산직 노동자의 숙련이 매우 중요했던 것이다. 이를 위해 정부가 제조 대기업에 '직업훈련소'를 짓게 만들고 노동자들에게 기술 교육을 시켰다. 동시에 적당한 학력의 사무직을 뽑아 생산관리를 하고 경영지원 업무를 수행해 기업이 운영될 수 있었다.

그런데 최근 상황은 제조 대기업이 생산직 노동자의 숙련을 우회하거나 배제하는 방향으로 재편하고 있다. 생산직 노동자들 대신 고학력의 대졸 엔지니어를 많이 뽑아 그들의 숙련도를 높이는 것이 제조 대기업의 관심사다. 저학력이지만 고숙련 공정을 담당했던 정규 생산직 노동자의 자리가 자동화와 로봇에 의해서나 혹은 비정규직 노동자나 저임금-저숙련 하청 노동자로 대체됐다. 중숙련 업무인 사무직 자리는 신규 채용 대신 '경력직 같은 신입'이나 경력직을 통해 충원되거나, 전직을 바라는 엔지니어에게 돌아간다. 특히 산업도시에서는 사무직을 정규직으로 뽑지 않으려는 경향마저 있다.

결국 숙련을 우회하는 지자체와 제조 대기업의 논의는 좋은 일자리를 만들지 못하는 방향으로 겉도는 중이다.

산업도시 울산이 안고 있는 난제들

산업도시 울산은 현재 어떤 딜레마에 처해 있을까? 첫째는 대한민국 제조업의 고부가가치를 만들어 내는 기획 및 연구개발 기능이 줄면서, 제조업의 모든 기능을 갖고 있던 산업도시에서 '생산기지'로 전락하고 있다는 것이다. 둘째는 많은 기업이 고숙련 노동자를 필요로 하는 대신에 하청 노동자를 광범위하게 활용함에 따라, 원가 절감 압박과 위험에 대한 책임을 떠안으며 산업도시로서 연명하고 있다는 것이다. 더 심각한 문제는 아직은 연명할 수 있으니 이런 점을 제대로 진단하지 못한 채 시간만 보내고 있다는 것이다. 이는 비단 울산만의 문제가 아니다. 창원, 거제, 군산 등 모든 산업도시의 제조업이 공통으로 겪는 일이다.

사실 불황기에는 세계 많은 산업도시가 쇠락을 경험했다. 영국 북잉글랜드의 맨체스터와 리버풀, 스코틀랜드의 글래스고, 미국 북부의 러스트 벨트Rust Belt 등 선진 자본주의 국가의 산업도시 대부분이 위기 상황에서 쇠락하며 왕년의 영화를 쉽게 되찾지 못했다. 왜 그랬을까? 일본의 이마바리나 기타큐슈 같은 산업도시에서 왜 이주 노동자와 노인만 생산직으로 고용하면서 공장을 운영하고 있을까? 울산의 제조업 내 위상이 바뀌고 다수의 정규 생산직이 정년퇴직을 하고 나서 더는 정규직을 뽑지 않는 상황이라면, 울산의 3대 산업 현장과 도시는 어떠한 운명을 맞게 될까? 더불어 산업도시가 하청 생산기지로 전락하는 상황에서 수출 제조업에 의존하는 제조업 국가 대한민국은 문제가 없을까? 자동화와 하청 생산 체제를 통한 원가 절감으로 계속 경쟁력을 가질 수 있을까? 산업도시와 그 지역 노동자는 어떻게 될까?

이를 이해하기 위해 4장부터 좀 더 이론적 차원에서 문제를 짚어 보려 한다. 공간 분업과 숙련은 산업도시 울산과 한국 제조업 노동자의 위상을 이해하기 위한 핵심 키워드다. 공간 분업이라는 관점을 통해 산업도시 울산의 위상이 어떻게 바뀌어 가는지, 숙련이 여기에 어떻게 결부돼 있는지 함께 살피려 한다. 지역 간 공간 분업, 엔지니어와 생산직 노동자와의 직종별 분업, 마지막으로 원청과 하청의 분업 구조를 경제지리학과 이중 노동 시장 이론의 틀을 통해 살펴보자.

4장

제조업 발전의 중심에서
말단 생산기지로 추락하는 울산

제조업 없는 울산은 생각하기 어렵다. 수많은 사람이 공장과 조선업체에서 일하기 위해 수십 년 동안 울산을 찾았다. 그렇다면 울산 없는 제조업은 어떨까? 예전에는 불가능했지만 이제는 가능해지고 있다. 이게 무슨 뜻일까? 지금까지 울산의 자신감 중 하나는 울산 없이 한국 제조업이 굴러가지 않는다는 것이었다. 하지만 그 자신감의 기반이 허물어지고 있다.

울산이 담당하는 3대 산업의 '두뇌', 즉 구상 기능을 담당하는 연구소와 엔지니어링 센터가 대부분 수도권으로 이전했고 나머지 부분도 상경을 기다리고 있다. 더 우수한 두뇌를 얻기 위해서다. 이제 울산은 산업도시에서 생산기지로 추락하는 중이다. 심지어 '몸통' 즉 실행 기능을 하는 공장마저 새로 지을 경우 입지로 수도권을 고려한다. 제조업체는 업의 본질을 '지식 기반 산업'이라고 말한다. 생산기지로서 울산의 위상이 점차 떨어진다는 말이다.

이 장에서는 울산이 대한민국 제조업에서 중요한 역할을 지속할 수 있을지에 대해 살핀다. 이를 위해 울산의 3대 산업이 놓인 위치와 제조업 생태계를 진단해 보려 한다. 한쪽에서는 산업도시 울산이 지금까지 하던 대로 '열심히' 하거나 혹은 정부의 '큰 지원'만 있다면 앞으로도 지속 가능한 도시가 될 거라고 한다. 또 충분한 지원만 있다면 내생적 즉 자체 역량을 최대한 활용한 성장과 발전이 가능하다고 한다. 이는 울산의 관료와 시민 사회, 기업인이 입을 모아 하는 말이다. 이 장은 그런 생각에 반론을 제기한다.

지역의 혁신을 연구해 온 학자들이나 글로벌 경제의 분업 체계를 연구한 이들은 그저 '노력'만 해서는 쉽지 않다고 한다.* 우선 울산 제조업의 국내 위상이 변화하는 것을 면밀히 파악해야 새로운 대응이 가능하다. 그냥 공장이 잘 돌아가거나 설비투자만으로 위상 변화를 만들 수 없기 때문이다. 울산은 지금 생산기지로 고착화되는 상황이다. 둘째로 이런 상황을 타개하기 위해서는 국내뿐 아니라 글로벌 경제 내의 위상을 바꿔야 한다. '동아시아의 실리콘밸리'가 되는 식으로 말이다. 그러기 위해서는 다른 나라나 다른 지역과 교차하는 연결망 창출이 필요하다. 국경을 넘어선 협력과 생태계 창출 과정이 뒤따라야 한다. 국

---

* Dicken(2015), 정준호(2021) 참조.

내외의 기반이 조성될 때 뜻밖의 소득serendipity으로 유니콘 기업이 탄생하거나 '핫플레이스'가 등장할 수 있다. 지금처럼 해서는 안 되는 이유다.

그렇다면 산업도시 울산이 혁신과 전환을 하지 못하는 건 무엇 때문일까? 이를 설명하기 위한 이론이 '구상과 실행의 분리'와 '공간 분업론'이다.

엔지니어 김 씨는 자전거로 현장에 갈 수 있을까 : 구상과 실행의 분리

연구개발과 설계가 생산 현장과 분리되면 현장은 의미를 잃는다. 적대적 노사관계에서 자동화가 끝없이 전개되면 노동자의 숙련과 역할은 점차 사라진다. '구상과 실행의 분리'가 뜻하는 것을 요약하면 그렇다. 제조업에서 연구개발, 제품 개발, 설계 등 구상 기능은 이전보다 훨씬 중요해졌다. 그에 비해 실행을 담당하는 공장과 조선소, 그리고 공장과 조선소에서 일하는 생산직 노동자의 역할은 줄었다. 더불어 도시라는 관점에서 구상 기능을 담당하는 연구소가 생산 현장을 보유한 울산에서 점차 멀어져 수도권으로 향하고 있다. 제조업 내부에서 울산의 역할이 줄어들고 언제든지 대체 가능한 존재가 됐다는 말이다.

'구상과 실행의 분리'는 미국의 정치경제학자 해리 브래버먼Harry Braverman이 만든 말이다. 브래버먼은 어릴 때 뉴욕의 금속 주물 공장에서 현장 노동자로 일을 했는데, 당시는 수공업이 공장제 공업으로 변하던 무렵이었다. 금속 세공의 공정은 구리나 은 등의 금속 원료를 열로 가공하여 모양을 만들고 사상finishing, 仕上*을 하는 순서로 진행됐다. 장인은 혼자서 이 모든 작업을 계획하고 자신의 도구와 장비로 스스로 만들어 냈다. 당시는 세공 장인이 반지와 목걸이를 만들어 시장에 파는 일까지 혼자 담당하던 수공업 공방이 여전히 많았다. 하지만 브래버먼이 경험한 금속 주물 공장은 달랐다. 노동자들은 각자 맡은 작업을 자기 자리에서만 수행했기 때문에 한 가지 공정만 알 뿐 전체 작업을 알지는 못했다. 여기까지는 애덤 스미스의《국부론》1편이나 카를 마르크스가《자본론》1권 3~4편에서 했던 자본주의 생산의 분업과 노동 과정에 대한 설명과 크게 차이가 없다.[13]

브래버먼은 공장을 관찰하다가 수공업 공방과는 다른 공장의 운영 원리를 포착해 냈다. 첫 번째는 도구를 표준화한 것이다. 그전까지는 모든 노동자가 자신의 공구와 도구를 가지고 다니면서 맡은 일을 했는데, 이제는 회사에서 만든 표준 도구를 사용했기 때문에 노동자가 만드는 오차가 최소화됐다. 또 도구를 고치기도 쉬워졌다. 두 번째는 노동자가 하루에 해야 할 일을 세밀하게 적은 작업지시서가 있다는 것이다. 처음 공장에 온 노동자의 교육은 표준 절차대로 하는 게 원칙이었다. 예컨대 "금속을 세척하거나 화로에서 가열할 때의 온도는 몇 도, 시간은 몇 초 또는 몇 분" 등이다. 작업의 준비 과정까지 상세히 기록하

---

*　제품 표면에 삐죽하게 튀어나오거나 너덜너덜해진 모양 등을 제거하는 공정.

여 노동자가 숙지하게 만들었다. 심지어 노동자가 형틀을 만들 때의 동작까지 몇 단계로 분절해서 정리했다. 교육을 받고 작업지시서에 숙달된 노동자는 자기 작업에 대해 작업지시서대로 진행하는 기계가 돼야 했다. 교육을 받은 노동자는 모든 작업을 '자의적으로' 해선 안 된다는 것이다. 이러한 표준화된 도구, 세밀한 지시사항에 기초한 작업 절차의 편성은 19세기 말부터 제조업 공장에 불어닥친 프레더릭 테일러 Frederick W. Taylor의 '과학적 관리'에 기초했다.[14]

노동자가 작업 동작을 표준화된 절차대로 주어진 시간 안에 수행하면서 생긴 문제는 먼저 일이 지루하고 괴로워지며 숙련이 사라진다

[그림 2.1] 표준화된 도구, 세밀한 지시사항 등 과학적 관리에 기초한 작업장

출처: https://ryanmansci.wordpress.com/2017/07/20/frederick-taylor-and-scientific-management/

는 것이었다. 노련하게 제품을 만들기 위해서는 각자가 맡은 동작에서 자기 손에 익숙한 방식으로 숙달돼야 하는데, 이런 숙련 형성이 작업 절차에 의해 무력화됐다. 노동자는 그저 시키는 대로 분절된 동작을 따라서 할 따름이고 일할 때 경쾌한 리듬이 사라졌다.

두 번째는 노동자가 전체 공정을 이해하지 못해 맡은 부분의 일은 잘 하지만 혼자서는 제품을 만들 수 없는 사람이 돼 버렸다. 온종일 볼 트와 너트를 체결하지만 자동차를 만들 수 없는 노동자가 된 것이다. 자동차를 만들 수 있는 매뉴얼, 자동차의 원리를 아는 사람은 소수의 엔지니어뿐이었다. 브래버먼은 제품 개발과 설계(기본, 상세, 생산)를 하 는 소수 엔지니어의 기능을 '구상'이라 하고, 설계에 따라 각자 맡은 영 역만 작업하는 노동자의 기능을 '실행'이라 했다. '구상과 실행의 분리' 는 엔지니어가 노동자에게 일방적으로 작업을 지시하고, 노동자의 공 정에 대한 품질이나 자주 관리가 사라졌음을 의미한다. 이는 또 노동 자와 엔지니어가 생산 과정에서 함께 의논하는 과정이 줄어들었다는 것을 의미하기도 한다.[*15]

한국에서도 1980년대에서 1990년대에 많은 사회과학자(주로 산업 사회학자)가 '구상과 실행의 분리'라는 관점, 그리고 동작 연구라는 관 점에서 제조업을 이해하기 위해 공장에 들어가 탐구를 시작했다. 기업 내부에서는 산업공학자가 이런 구상과 실행의 분리를 설계하고 그 성

---

[*] 물론 이론적으로는 많은 노동자가 구상에서 배제된 채 파편화된 실행 단계의 노 동을 수행한다고 알려져 있었지만, 실제로는 부서 이동이나 다양한 생산기술을 습득 하여 전체 공정의 이해도를 높인 노동자도 다수 존재한다.

과를 평가했는데, 그들의 작업을 '인간공학ergonomics'이라 불렀다. 한편에서는 회사나 정부출연연구기관 혹은 생산 컨설팅 기업에 소속된 산업공학자가 현대자동차처럼 컨베이어 벨트에서 속도*를 높이기 위해 생산 라인을 설계했다. 다른 한편에서는 사회과학자가 그러한 생산 라인의 설계가 장기적으로 노동자에게 미칠 영향을 분석하고 비판하는 작업을 했다.**

구상과 실행의 분리는 회사 안에서 보자면 사무실office의 사무직과 기술직, 그리고 공장이나 조선소의 생산직 간의 멀어진 거리로 묘사될 수도 있다. 드라마 〈미생〉에 등장하는 사무직 한석율처럼, "현장이지 말입니다" 하면서 노동자의 관점에서 사고하는 사람도 있겠지만, 많은 경우 사무실에 있는 사람은 제 나름대로 생산 현장을 상상하지만 현장에 있는 생산직 노동자가 겪는 상황에 대해서 둔감하거나 무관심하게 된다. 생산직 역시 마찬가지다. 그리고 둔감함과 무관심은 서로의 감정적 거리도 멀어지게 한다. 1987년 노동자 대투쟁 당시 이러한 괴리감이 울분으로 폭발한 것도 사실이다.

생산직도 사무직도 사람이다. 그래도 '뜻이 있는' 많은 기업은 이러한 거리를 줄이기 위해 다각도로 노력해 왔다. 선두주자는 일본이다.

---

* 자동차 공장에서는 UPHUnit Per Hour가 시간당 차량생산대수로 표현된다.

** 국가별·지역별·산업별로 표준 작업 절차나 자동화를 도입하는 방식은 모두 다르다. 각 수준별 합의에 따라서 노동자의 자율성을 보존하는 방식으로도, 노동자를 완전히 배제하는 방향으로도 전개될 수 있다. 관련 논의는 마이클 부라보이,《생산의 정치》, 정범진 옮김, 박종철출판사, 1999 참조.

일본에서는 사무직/기술직 엔지니어와 생산직의 괴리감과 심리적·물리적 거리를 좁히기 위해서 신입 사무직/기술직 직원이 대리를 달기 전 사원 시절에 '생산기사'라는 이름으로 현장 근무를 하는 게 하나의 전통이었다. 또 다기능공 제도도 도입했다. 한편으로는 휴가나 천재지변, 파업 상황에 유연하게 대응하기 위해서이고, 다른 한편으로는 공정 간 전환 배치에 대비하기 위해 노동자 한 명이 다양한 기능을 익힐 수 있도록 한 것이다.* 제조업 생산 공정에서 자주 언급하는 '도요타식 생산방식'의 근간에는 사무직(생산기사)의 현장 근무와 다기능공 제도 등이 포함되어 있는 셈이다.

그렇다면 한국은 어떤가? 일본과도 다르고 미국이나 영국, 독일과도 다른 '한국식 생산방식'을 따른다. 좌표를 그린다면 일본-독일과 미국-영국 사이에 위치한다. 미국은 엔지니어를 생산직과 완전히 분리해서 회사의 경영 방침을 현장에 실현하는 사람으로 만들었다. 자동화, 로봇의 설치, 동선 설계 등 생산방식 실험을 엔지니어가 독립적으로 수행한다. 따라서 대졸 엔지니어가 하는 일과 고졸 생산직이 하는 일이 겹치지 않는다. 독일은 엔지니어의 경우에도 생산직처럼 도제 과정을 통해 육성된 비중이 적지 않다. 또 생산직 중에도 대학에 진학해 공학을 공부하고 엔지니어가 되는 경우도 많다. 결국 서로 현장 경험과 공학 지식을 공유하는 일이 적지 않고, 많은 일이 협의로 진행되는 경우가 흔하다. 일본과 독일이 생산직 노동자와 엔지니어의 괴리감

---

*　때때로 동일한 동작이 주는 근골격계 예방을 명분으로 삼기도 한다.

을 줄이기 위한 제도와 정치가 발달한 편이라면, 미국이 반대편에 서 있는 셈이다. 한국식 생산방식은 일본이나 독일과 유사하게 애초 고졸 엔지니어도 많았고, 생산직과 엔지니어의 협업이 많았던 작업장의 역사가 있다. 하지만 1987년 이후 노사관계가 적대적으로 변함에 따라 사측이 미국식 경영 방식을 적용해 오고 있다. 자동화와 로봇 도입을 밀어붙이고 생산 현장에서 가능하면 노동자의 숙련에 기반을 둔 개입을 줄이는 방향으로 애썼다. 물론 산업에 따라 일정한 차이는 있다.[16]

초기의 구상과 실행의 분리는 공장과 설계 사무실이 함께 있어야 한다는 전제가 있었다. 그 안에서 일하는 사람들이 심리적으로 서로 거리가 멀다 하더라도 최소한 물리적으로 같은 공장 부지나 산업단지 안에 자리 잡는다는 가정을 깔고 있었다. 설계 사무실에서 자기들끼리 일하더라도 공장에서 뭘 만들다가 혹은 조선소에서 뭘 짓다가 문제가 생기면 전화 한 통화로 바로 올 수 있는 거리를 상정했다. 회사 안에서 자전거로 10분이면 갈 수 있는 거리에 설계 사무실이나 엔지니어 센터가 위치해 있다고 생각하면 될 것 같다.

좀 더 나아가 보자. 중화학 공업화 이후 좀 더 멀게는 울산공업센터 지정 이후 50년간 한국은 공간 분업의 확대와 전환이라는 과정을 겪고 있다. '공간 분업'은 구상과 실행의 분리를 지리적으로 확장한 개념이다. 영국의 경제지리학자 도린 매시Doreen Massey는 영국의 사례 연구를 통해 공간 분업 개념을 보여 주며 스타가 됐다.[17] 매시는 설계 사무실과 공장의 구분을 좀 더 넓게 봐서 구상 기능을 하는 지역과 생산 지역이 분리된다고 말했다. 제품을 기획하고 자금을 관리하고 영업을 하는 등 구상 기능을 하는 지역은 메트로폴리탄 도심으로 가고, 생산을 담당하는 공장은 산업도시로 가는 것이 자본주의 생산 체제의 운영 방식, 즉 생산방식이 됐다는 것이다. 매시는 이를 '노동의 공간 분업spatial divisions of labor'이라는 말로 표현했다. 카를 마르크스와 애덤 스미스의 '노동의 분업division of labor'이라는 개념을 공간과 지리적 차원까지 확장해 구체화한 것이다.

> 경제 부문에서는 넓은 의미에서의 생산의 공간적 형태가 재조직화되었다. 다양한 형태의 분점 양성, 생산 조직에서 본사의 분리, R&D 기능의 입지 분리 및 전문적인 생산자 서비스의 수용 등과 같은 변화는 하나같이 경제 기능의 공간 조직에 주목했고 각 기능을 연계하는 사회적 관계의 공간적 확장을 모색한 것이다. 경제 공간은 생산관계의 지리적 조직화로 구성되어 있다고 이해될 수 있다. (도린 매시, 2015:69-70)

근대 방직 산업과 기계 산업의 메카였던 영국 맨체스터 지역에는 원래 공장과 설계실이 함께 있었다. 하지만 본사와 설계실이 20세기 중반을 거치면서 금융과 정치의 중심인 런던으로 향하고 노동자가 일하는 생산 공장은 맨체스터에 남았다. 1970~1980년대의 불황과 마거릿 대처 시절의 강경한 대辣 노조 정책 앞에서 산업도시 맨체스터의 공장은 점차 쇠퇴했다. 제조 업체 본사에서는 생산 거점을 인건비가 싼 아시아나 아프리카, 인도 등으로 옮긴다고 선언했다. 글로벌 도시 런던에서 근무하는 엔지니어는 전 세계 지도를 펼쳐 놓고 오직 최적의 이윤과 전사적으로 설정하는 '지속 가능한 경영'만을 염두에 두고 다양한 구상을 세웠다. 모공장母工場인 맨체스터 공장은 그들 시야에서 사라졌다. 사무실에 앉아 있는 엔지니어가 생산 현장 노동자의 관점을 크게 고려하지 않게 되는 것처럼 말이다.

천안 분계선을 아시나요
: 한국조선해양 판교연구소와 남양연구소

공간 분업론을 한국에 구체적으로 적용하면 현재의 한국 제조업 상황도 분석할 수 있다. 처음에는 공장과 조선소 야드 근처에 있던 연구개발이나 기획 기능이 모두 수도권으로 이동한다. 제조업 근무를 희망하는 공학도가 지방 근무를 꺼리고, 회사도 인재 풀을 확보하고 금융 지원을 수월하게 받기 위해 본사와 엔지니어링 센터를 수도권으로 배치하는 것이다. 이런 상황에서 아쉬운 점은 산업도시가 관성적으로 수도권 엔지니어에게 화만 내거나, 아니면 무신경하게 별일이 아닌 양 무시하는 태도다.

생산 현장과 연구개발이 한곳에

1990년대까지 한국의 제조 대기업은 생산 현장과 본사를 같은 지역에 두었다. 현대중공업 조선소가 울산에 있으니 본사도 울산에 입지하고, 두산중공업은 공장이 창원에 있으니 본사도 창원에 있는 식이다.《중공업 가족의 유토피아》의 주인공인 대우조선해양(현 한화오션) 같은 경우도 1973년부터 2006년까지 거제도 옥포에 본사가 있었다. 대부분의 제조업 회사도 마찬가지였다. 물론 많은 기업이 서울에 건물을 보유하고 있었고 사무실로 썼다. 그러한 사무실에는 "현대중공업 서울사무소" 같은 식으로 이름이 붙었다. 조선 산업은 대표적으로 본사가 산업도시에 있었다. 조선 3사 공히 그랬다.

제조업 관점에서 공간 분업의 본질적 부분은 제품설계와 연구개발 그리고 생산 부문의 (심리적 물리적 조직적) 거리 조정이다. 초창기 제조 업체는 생산 현장 부근에 신제품을 제작하고 시험하는 기능을 갖고 있었다. 현대자동차에서 자체 모델과 엔진을 개발했던 초창기 엔지니어 가운데 한 명인 강명한은 엔지니어와 현장 생산직과의 관계가 얼마나 밀접했는지를 잘 보여 준다.

기계가 설치되고 생산이 시작되면 현장 작업자들이 당신들에게 뭔가 의견을 이야기할 때가 있을 것이다. 그들의 이야기는 대학을 나온 여러분의 논리나 언어가 아닌 이야기다. 그러나 그것을 흘려보내지 말고 잘 들어 여러분의 논리로 생각을 해보라. 당신들이 아무리 현장에 오래 나가 있다고 한들 그들만큼은 오래 있을 수 없다. 그들은 하루 여덟 시간, 꼬박 기계와 같이 살아서 기계 숨소리도 들을 수 있는 사람들이다. 그들이 잘못 판단할 때도 있지만 그들의 이야기를 분석해 보면 의외로 중대한 사실을 발견할 때가 많다. (강명한, 1986:65)

강명한은 자체 엔진과 차체를 설계하고 개발하는 엔지니어가 현장의 생산직 노동자의 기계 '숨소리' 이야기를 들으면서 중대한 사실을 발견해야 한다고 역설한다.

"이제 겨우 내연기관 이론을 공부하는 중인데, 설계를 어떻게 합니까?"

"아니야, 설계를 하면서 공부하는 것이 엔진을 이해하는 데 훨씬 도움이 될 걸세. 내가 다녀 본 자동차 회사의 엔진 연구소마다 같은 이야기던데, 처음에는 늘 엔진을 만지는 튜너tuner들이 기본 모델을 만든다는 거야. 그것을 개량해서 실용화하는 것은 엔지니어들의 일이지. 각 부분을 실험하고 이론적으로 따지고 계산하고 배기가스를 연구하고 하는 일은 말이야. 당신들도 우선은 튜너가 되어 엔진을 만들어 보는 것이 좋아. 지금은 엔진을 설계하는 데 무엇이 중요하고 어디를 더 공부해야 하는지도 모를 것 아니야?"

"그건 그렇지요. 책을 보다 보면 다른 데서 인용한 부분이 많고, 인용한 책을 읽다 보면 또 인용한 부분이 나오고 하여, 이론적으로 다 이해하는 데도 상당한 기간이 필요할 것 같습니다. 우선 이론적으로 좀 알아야지 엔진을 설계할 수 있을 것 아닙니까?"

"처음 엔진을 개발한 사람들이 이론을 공부하고 엔진을 발명했나? 먼저 만들어 놓고 이론적으로 설명했고, 그 이론을 전개하여 다른 가능성을 알아내고 그것으로 보다 나은 엔진을 만들고 한 것이 아닌가? 기술은 절대로 비약할 수는 없고 한 단씩 쌓아가야 하는 것이 아니겠어? 그 기간을 단축하여 빨리 앞선 이를 쫓아갈 생각을 해야 되지, 처음부터 완벽한 것을

만들려고 하면 될 것 같아도 안 되고 말지." (강명한, 1986:187)

"설계를 직접 해 보면서, 현장에서 만들면서 이론을 숙지해야 한다. 이론에 통달한 후 만드는 것이 아니다." 이것이 한국 엔지니어 즉 'K-엔지니어'의 숙명과 같은 것이었다. 이는 당시 한국 제조업의 상황을 이해해야 좀 더 입체적으로 파악할 수 있다.

울산의 3대 산업을 포함해 한국의 제조업은 단계별로 차근차근 축적해 온 것이 아니라, 현대자동차처럼 완성품을 가져와 분해한 후 조립하는 역설계를 했다. 혹은 해외의 제품 생산을 반제품Semi Knock-Down 상태로 수주해 와 국내 공장에서 조립하면서 제품을 이해했다. 그러면서 그 부품의 원리를 파악하고 개발해 내고 이를 표준화한 후 국내 중소기업에 맡겨 국산화를 이룩했다. 생산 도면을 빠르게 파악하고, 자동화율을 높이기 위해 일본이나 독일의 공작기계를 수입해 최종 완성 단계에서 원가를 줄이는 모델이다. 이러한 한국의 제조업 성공 방식을 조립형 공업화 모델이라고 한다.[18] 한국은 후발 공업 국가이고 스스로 만든 제조업의 전통이 없었다. 무無에서 유有를 창조해야 했다. 엔지니어는 독일, 일본, 미국을 돌아다니며 기술과 도면을 베껴 오거나 '훔쳐 오고' 그것을 국내 생산 현장에 맞게 변형했다. 학교의 공과 교육은 초창기 축적된 산업계의 지식이 없었기 때문에 배우는 이론도 공론에 그쳤다. 원래 공과대학을 나온 엔지니어는 학교에서 배운 이론을 통해 설계 방법을 익히고, 설계 방법을 익힌 후 도면을 그리고, 도면을 그린 후 생산 현장에 탑재할 거라는 연역적 방법을 정석으로 생각한다.

현대자동차의 예시처럼 도면, 완제품 개발의 아이디어, 부품 국산화의 의견 모두 생산 현장에서 나오는 상황에서 엔지니어는 현장과 멀리 떨어질 수 없었다. "공대 나오면 지방 근무를 해야 한다"는 말이나, 병역특례 때문에 산업도시에 왔다가 정착해 버렸다는 시니어 엔지니어의 후일담은 모두 산업화 초창기 해외의 선진 공업국을 '추격'하기 위해서 분투했던 배경이 깔려 있다. 엔지니어와 생산직 작업자가 현장에서 합심했던 순간이 있었던 것이다.

그런데 1990년대를 지나면서 두 가지 층위에서 구상과 실행의 지리적 분리를 추동하는 일이 벌어졌다. 우선 제조 대기업은 적대적 노사관계 때문에 파업이나 다양한 쟁의에서도 생산량과 생산성을 유지하기 위해 노동자의 숙련에 의존하지 않는 체제를 만들어 내기 시작했다. 5장에서 상세히 설명하겠지만 1987년 이후 노사관계가 적대적으로 흐르면서 기업은 노동자와 엔지니어가 현장에서 협업하기보다, 엔지니어가 현장에서 노동자와 일상을 공유하지 않는 생산방식을 채택했다. 기술직 엔지니어가 현장 노동자에게 '의식화'될 우려도 있었다. 앞서 브래버먼이 도구를 표준화하고 작업지시서를 통해 노동자의 동작을 표준화하는 방식으로 노동 과정이 변화한다고 설명했다. 현대자동차는 점차 IT 기반 공정 관리 기술과 NC가공 기계 도입을 극대화하여 자동화를 촉진시키고 로봇 도입을 진행했다. 노동자가 반복 작업을 덜 맡아 개개인은 편했지만 현장에서 노동자의 중요성은 점차 줄어들었다. 이른바 '숙련 절약형 혁신'이라고 표현하는 것이다. 노동자는 지금까지 하던 단순 작업을 하고 그중 표준화할 수 있는 것은 모두 자동화해 버리고, 노동자가 수행하는 단순 작업 중에도 표준적 동작으로 요약할 수 있는 것은 산업용 로봇을 개발해 대체하기 시작했다.

NC 자동기계가 도입되기 전에는 조립은 주로 단순한 기계와 손작업이 일반적이었고 그 현장에는 몇천 명의 작업자들이 컨베이어 벨트를 따라 손 아니면 간단한 도구로 하나하나씩 부품을 조립하는 모습이 조립 공장의 일반적 모습이었다. 거기서는 나름대로의 숙련이 형성되었지만 현장에 NC 자동기계가 도입되자 조립 공장의 모습은 크게 변했다. 이 기계의 도입에 의해 인간의 손으로는 불가능한 속도로 섬세한 데까지 고도의 균질성을 가진 조립이 가능해졌다. 숙련을 절약하면서 정밀한 상품을 생산할 수 있게 되었다.[19]

적지 않은 수의 대졸 엔지니어가 연구소에서 로봇을 개발하고 NC 가공 기계에 기반을 두고 자동화를 연구하기 시작했다. 조선소에서도 용접 등을 자동화하기 위한 연구가 이어졌다. 조선업 전문가였던 현대중공업 민계식 전 회장은 아예 로봇 연구를 자신의 주 업무로 삼기도 했다.

기업 연구소 바람과 엔지니어의 수도권 선호

두 번째 요인은 서울에서 대학을 나온 인재가 점차 지방의 산업 현장 근무를 꺼리게 됐다는 데 있다. 여기에도 두 가지 맥락이 있다. 먼저 1980년대 전두환 정부의 '기술 드라이브' 정책 때부터 시작된 기업 연구소 바람이다. 1970년대까지 기업은 생산 현장 바깥에 따로 중앙연구소를 잘 짓지 않았다. 기업이 맞닥뜨린 고도의 기술적 과제는 정부가 서울 홍릉에 설립한 KIST를 통해 정부출연연구소와 기업이 함께 풀곤 했다. 기업은 현안이 아닌 이론적 연구 과제에 몰두하는 고학력 엔지니어를 내부적으로 보유하지 않았다는 것이다.

그러다가 '기술 드라이브' 정책을 추진하며 연구개발 투자에 세액 공제를 하고, 소재·부품·장비 등의 국산화와 원천 기술 확보를 유도하면서부터 기업이 중앙연구소를 짓기 시작했다. 중앙연구소는 원래 금성사(현 LG전자)처럼 현장과 가까운 경남 창원 같은 곳에 지었다가 점차 연구소 입지가 서울 수도권이나 대전의 대덕연구단지처럼 수도권에 가까운 곳으로 옮기게 됐다.* 예컨대 SK이노베이션의 주요 현장은 울산 남구에 있지만 SK이노베이션의 환경과학기술원이 대전 유성구에 있는 것처럼 말이다. 더불어 예전 같으면 수도권 근무를 기대하지 않고 산업도시로 내려왔던 엔지니어도 많은 기업 연구소가 북상함에 따라 점차 수도권 근무를 선호하게 됐다. 2000년대 무렵 유행했던 말이 '천안 분계선'이다. 우수한 엔지니어가 천안 이남으로 내려오지 않는다는 말이다.[20]

기업 연구소가 수도권으로 이전한 후 연구소와 밀접한 설계 부문 등이 수도권으로 따라 올라가는 경향은 1990년대부터 2010년대까지 20여 년에 걸쳐 강화됐다. 현대자동차는 울산에 있던 연구소를 1990

---

* 대덕연구단지는 정부가 막대한 자원을 투입했고 수도권은 기업이 우수한 인재 확보를 위해 스스로 자원을 투입했다.

년대 경기도 용인 마북연구소를 거쳐 기아자동차 연구소까지 통합해 2003년 경기도 화성의 남양연구소로 이전했다. 마북연구소는 엔진 연구 위주였고 울산연구소는 설계·시작·시험평가 위주의 연구소로 각각은 분업 관계에 있었다. 각 단계의 연구개발에 참여해야 할 부품사도 전국의 다양한 장소에 산개해 있었다. 그러나 남양연구소의 확대 이전으로 대다수 부품사가 원청과의 연구개발을 함께 수행하기 위해 수도권으로 향할 수밖에 없었다.

2001년, 울산 3대 산업과 동반하는 부품 생태계를 조성해 보려는 오토밸리 계획이 울산시와 산업연구원의 보고서를 통해 발표됐다. 오토밸리 조성으로 넓은 부지가 확보됐지만 결과적으로 혁신 역량과 (원천) 기술 역량을 뒷받침할 연구 역량을 확보하는 데 어려움을 겪었다. 2020년 현재 오토밸리는 자동차 부품 업체의 시험 평가장 기능은 수행하지만, 실제 새로운 부품을 개발하거나 설계하는 역할은 하지 못한다. 울산의 자동차 산업을 연구해 온 조형제[21]는 부품 업체가 원청과의 긴밀한 협조를 위해 수도권으로 따라가거나, 저렴한 부지와 노동력의 이점을 살려 남거나, 부문을 쪼개서 수도권과 울산에 분산하는 경우 중 하나를 선택했다고 전한다. 그러나 그러한 논의가 전개된 지 20년이 지난 지금 더 많은 중소기업이 수도권으로 향했음은 주지의 사실이다.

그런데 구상 기능과 실행 기능이 이렇게 지리적으로 떨어져 있어도 될까? 회사의 판단만 듣자면 자동차 산업은 큰 문제가 없다. 하지만 조선 산업 전문가는 이런저런 어려움을 지적한다. 바로 엔지니어의 역할 차이 때문이다. 자동차 산업에서 엔지니어의 역할과 조선업에서 엔지니어의 역할은 다르다. 현대자동차에서는 경기도 화성시에 위치한 남양연구소 엔지니어가 시작차試作車 센터에서 파일럿카(시작차)를 완성하고 시험 주행을 한 다음, 그것을 울산공장의 생산기술본부 생산기술팀이 생산할 수 있게 라인을 설치한다. 그렇기 때문에 생산기술팀을 제외하면 연구소 인원은 주로 수도권의 연구소에 있는 게 맞고, 생산기술팀 엔지니어의 생산 라인 설치 단계가 진행될 때 출장이나 파견을 가서 협업하는 것이 연구소 엔지니어의 일이 된다. 급하면 시뮬레이션을 통해 온라인으로 문제를 해결할 수도 있다.[*]

그러나 조선소는 다르다. 조선 산업은 현장에서 혁신이 벌어지는 대표적 산업이다.[22] 주문주와 엔지니어, PMProject Manager, EMEngineering Manager[**], 선급 등 이해당사자가 선박이나 해양 플랜트 건조 과정에서 끊임없이 협의를 한다. 엔지니어는 수정이 필요할 때마다 도면에 표시된 배관이나 케이블, 장비의 위치와 설치 방식과 건조 방법을 변경한다. 엔지니어와 현장 작업자에게 긴급하게 주어지는 문제를 함께 풀어내는 것이 관건이다. 따라서 생산관리 엔지니어뿐 아니라 설계 엔지니어, 생산기술연구소의 연구개발 엔지니어 모두가 현장 근처에서 상시 대기하고 있어야 하는 게 정석이다.

---

[*]   물론 현장에서는 완성차가 나올 때 마감 작업에서 현장 작업자의 숙련이 생각보다 중요한 것임을 지적하기도 한다. 그럼에도 그 정도는 감수할 수 있고 기술적으로 해결할 수 있다는 게 회사의 주장이다.

[**]   PM은 보통 사업관리 담당 직원(사무직)이고, EM은 엔지니어 중 중재나 관리 업무를 담당하는 이들이다.

그러나 2019년 현대중공업은 중간 지주회사인 한국조선해양을 설립하고 대우조선해양을 인수해 그 자회사로 편입하기로 결정하면서 한국조선해양의 연구소와 엔지니어링 센터를 판교에 짓고 본사를 그곳으로 옮기기로 정한다. 설계 엔지니어 중 생산과 밀접해야 하는 생산설계 엔지니어는 남지만 기본설계와 상세설계 엔지니어 다수의 기본 근무지가 판교가 된 셈이다.

이제는 울산의 조선소도 유수의 공과대학을 나온 엔지니어가 근무하는 주요 장소가 아니다. 현대중공업 노동조합(금속노조 현대중공업지회)이 본사 이전과 연구소 이전에 극렬하게 반대할 수밖에 없었던 이유도 여기에 있다. 원격으로 온전한 업무 수행이 어렵다면 판교 소재의 설계 엔지니어와 연구개발 엔지니어는 울산의 현장에서 부를 때마다 한 주에도 며칠씩 출장을 가는 생활을 해야 한다. 그러나 현장의 문제를 해결하기 위해 수도권 근무자를 울산의 조선소로 다시 배치할 수 있을까. 한 번 결정하고 나면 바꾸는 건 쉽지 않은 문제다.

생산마저 수도권으로 가고 있다
: 공간 분업 시즌 2

이제는 공장도 수도권으로 옮겨 가고 있다. 퍽 이례적인 일이다. 1970년대 이후 20~30년 동안 서울은 총량 규제를 통해 영등포, 구로, 가리봉과 같은 수출자유지역이나 국가산업단지를 축소하고, 수도권과 비수도권이 경쟁할 경우 비수도권에 공장을 짓도록 유도했다. 그러다 2000년대 들어 김대중-노무현 정부부터 방침에 예외를 허용했다. 2004년 LG필립스(현 LG디스플레이)가 경기도 파주에 공장을 착공했다. 개성공단 특수와 외자 유치 때문에 예외적으로 허용된 일이었다. 점차 예외가 늘어갔다. 평택과 화성을 거쳐 안산까지 서산-당진과 도시 연담화conurbation*가 진행돼 수도권 산업단지가 팽창했다.

2019년 SK하이닉스 공장 유치전은 공장마저 수도권이 유리하다는 것을 각인시키는 상징성이 있었다. 공장이 수도권으로 가면 생산직 일자리와 생산관리를 담당하는 지역 공대 출신 엔지니어 일자리마저 뺏기게 된다. 2019년까지 SK하이닉스 차세대 공장으로 거론되던 곳은 경상북도 구미다. 구미는 애초 삼성전자와 LG전자가 들어서 있고, 1970년대 중화학 공업화 당시부터 전자 산업의 부지로 낙점됐던 곳이다. 2장에서 보았듯이 1960년대 울산공업센터가 '알박기'를 하듯 중화학공업 부지로 울산이 자리매김한 것처럼 말이다. 구미는 가장 많은 조건을 내걸었지만 결국 SK하이닉스는 경기도 용인을 선택했다. SK하이닉스 측의 주장이 시사하는 바가 크다. SK하이닉스는 "반도체 산업은 지식 기반 산업이다. 우수한 인재를 유치하기 위해서는 용인에 입지해야 한다"라고 밝혔다. 반도체 산업은 자동차와 유사하게 개발이 끝난 후 양산이 진행되고 나면 공장은 생산 거점으로서의 기능만 한

---

* 중심 도시의 팽창과 시가市街가 확산됨으로 인해 주변 중소 도시의 시가지와 서로 달라붙어 거대 도시가 형성되는 현상을 의미한다. 출처: 서울특별시 도시계획국(2016).

다. 그런 의미에서 보면 연구개발과 제품설계를 수도권에서 하더라도 생산을 구태여 수도권에서 할 필요가 없는 산업이라고도 볼 수 있다. 그러나 SK하이닉스는 용인을 택했다. 산업화 시대에 국토 개발 관점에서 정부가 전력을 다해 특정 산업의 '최적 입지'로 선포했던 곳들이 수도권을 선호하는 '우수 인재 확보'라는 논리 앞에서 입지의 장점을 잃어버리고 공장을 뺏긴 것이다.

마찬가지로 지식 기반 사회 또는 디지털로의 전환 앞에서 1960년대 공업센터를 유치했던 울산의 공장이 지닌 입지적 이점은 쉽게 허물어질 수 있다. 생산 거점으로부터 연구소와 엔지니어링 센터가 분리되는 것이 공간 분업의 1단계였다면, 생산 거점마저 메트로폴리탄 시티로 향하게 되는 2단계를 겪게 되는 셈이다. 울산은 1단계의 분업으로 우수한 인재를 잃고 나서 이제 2단계 분업으로 안정적인 생산직 일자리마저 뺏길 위험에 처했다.

인재 공급의 문제
: 울산 시민, 대학, 산업체의 기대가 엇갈리다

지역에 우수한 대학이 있고 그 대학이 배출하는 우수한 인재가 그곳에 정착하고 싶어 하면 구태여 수도권에서 인재를 모셔 오기 위해 고생할 필요가 없다. 또 수도권에 연구소를 짓고 공장을 지을 이유도 없다. 지역 대학이 연구를 수행할 역량이 크다면 산학연 프로젝트가 활성화되고 연구개발의 메카로 자리 잡을 수도 있다. 문제는 지역 대학이 제 역할을 수행하지 못하는 게 현실이다. 그 이유를 UNIST(울산과학기술원) 유치 사례로 되짚어 보자.

울산 시민이 바랐던 거점 국립종합대학

애초 울산 시민이 바랐던 것은 산업계가 원한 인재 공급 관점과는 달랐다. 울산 시민은 울산에 거점 종합국립대학을 설립하고 높은 문화 수준을 갖춘 도시가 되기를 바랐다. 하지만 정치적 의사결정 과정에서 과학기술원 체제*에 편입되는 연구중심 대학의 설립으로 귀결됐다.

먼저 울산 시민의 유치 과정을 살펴보자. 1997년 광역시 승격 이후 울산 시민은 국립대학 유치 의사를 밝히기 시작했다. 4년제 대학인 울산대학교가 3000명, 2~3년제 대학으로서 울산과기대학(현 울산과학대학교)이 2600명, 춘해대학(현 춘해보건대학교)이 1120명, 울산기능대학(현 폴리텍대학 울산캠퍼스)이 330명 정도만 신입생을 뽑는 상황에서 지역 대학이 높은 교육열을 담을 수 없었던 것이다. 많은 수험생이 동남권(특히 부산)의 지역 대학으로 입학하거나, 성적이 우수할 경우 서울로 향했다. 여론조사 결과도 울산이 교육 도시가 되길 바랐다. 2002년 울산의 시민단체인 울산사랑운동추진위원회는 시민들에게 울산의 바람

---

* 한국과학기술원(KAIST), 울산과학기술원(UNIST), 대구경북과학기술원(DGIST), 광주과학기술원(GIST) 등 과학기술정보통신부가 관장하는 고급 과학기술 인력 양성을 위한 4개 고등교육기관 체제를 의미한다.

직한 발전 방향을 물은 적이 있다.* 설문조사 결과 시민·출향인·전문가는 우수한 교육시설을 갖추고 높은 문화 수준을 지닌 도시가 되기를 바랐다.

이런 울산 시민의 바람은 산업계의 이해관계에 밀렸다. 울산국립종합대학 설립안은 2003년 국회에서 '국립대학법인 울산과학기술대학교 설립·운영에 관한 법률'이 통과됨에 따라 특수법인 울산과학기술대학교(이하 울산과기대) 설립으로 귀결됐다. 학부생과 대학원생을 합쳐 5000명 규모에 "자동차·조선·석유화학 중심지 울산의 산업 전략에 부합하도록 이공계 및 기술경영계 학사조직 편제를 갖추고 산·학·연 협력 특성화 모델로 키운다는 방침"이었다.[23]

문제는 울산과기대가 울산 시민의 희망사항에도 부합하지 못하고, 지역의 산업 수요와도 동떨어진 방식으로 자리 잡았다는 데 있다. 울산과기대는 울산에 있지만 전국적인 고급 과학기술 인력 양성을 위한 기관으로 출발했고 그 궤적의 영향을 받았다. 울산과기대(현 UNIST)의 초대 총장으로 임명된 조무제 경상대학교 교수는 사천 출신의 생화학자로 유전공학 및 분자생물학을 전공한 사람이었다. 그

* 출처: 고영삼, "울산지역 국립종합대학의 필요성과 추진방안", 한국지방정부학회 학술대회자료집, 2003, 57-74에서 재인용.

구분	1위	2위	3위
시민	환경이 쾌적한 도시(18%)	우수한 교육시설 도시(13%)	높은 문화 수준 도시(11%)
출향인	환경이 쾌적한 도시(31%)	동해안 지역을 잘 활용한 해양 도시(19%)	우수한 교육시설 도시(15%) 교통 여건이 우수한 도시(15%)
전문가	산업도시(23%)	환경이 쾌적한 도시(21%)	높은 문화 수준 도시(17%)

는 울산과기대의 목표를 카이스트나 포스텍과 견줄 수 있는 '세계 최고 명문대학'으로 설정했다. 그리고 우수한 교수진을 확보하기 위해 1960~1970년대 KIST나 KAIS(카이스트의 전신) 설립 당시 그랬던 것처럼 미국을 다니면서 UC버클리, 스탠퍼드, 조지아공대, 하버드대학 등에서 연구하고 있는 우수한 한인 과학자를 수소문해서 찾아다녔고, 울산과기대 교수로 지원할 것을 설득했다.* 그 결과 2009년 개교 전까지 586명이 교원에 지원했고 이 중 47명을 교수로 임용했다. 울산시와는 MOU(양해각서)를 통해 매년 100억 원씩 15년간 1500억 원의 대학 발전기금을 조성하고, 울주군도 매년 50억 원씩 10년간 500억 원의 발전기금을 조성하기로 했다. 당시 울산시 국회의원이 314억 원의 예산을 확보하여 첨단 연구장비를 구입하는 데에도 성공한다. 조무제 총장은 우수한 학생을 모집하기 위해 전국의 명문고나 우수한 고등학교를 다니면서 학생과 학부모를 상대로 설명회를 진행하기도 했다. 우수한 입학생 유치를 위해 1000명의 할당된 정원이 있었지만 500명만 뽑기로 했다. '융합 학문 특성화 대학', '창의적 인재 양성', '글로벌 대학'이라는 3대 키워드가 정해 놓은 정체성을 만들어야 하는 간절한 필요에 서였을 것이다.[24]

설립 후 오래지 않아 UNIST는 다양한 평가기관에서 이공계 '연구 중심 대학'으로서 동남권에서 최고의 자리를 차지하게 됐다. 조무제

---

* 이러한 예화는 카이스트나 KIST를 세울 때 해외 과학기술자를 대전과 홍릉에 영입하기 위해 했던 노력과 다르지 않다. 관련해서 육성으로 듣는 경제기적 편찬위원회(2013) 참조.

[도표 2.2] 10년간 국내 13개 대학 논문 수와 CNCI 평균 1 이상 순위*

논문 수(단위: 편) ※10년간 합계, CNCI 평균 1 이상인 국내 13개 대학 기준		CNCI ※10년간 평균	
❶ 서울대	9만 5499	❶ UNIST	1,5618
❷ 연세대	5만 8930	❷ 성균관대	1,3800
❸ 성균관대	5만 216	❸ 서울대	1,3362
❹ 고려대	4만 8186	❹ 세종대	1,3013
❺ 카이스트	3만 4525	❺ 울산대	1,2713
❻ 한양대	3만 3471	❻ 서울시립대	1,2589
❼ 경희대	3만 355	❼ 포스텍	1,2208
❽ 울산대	2만 2909	❽ 카이스트	1,2157
❾ 포스텍	1만 8581	❾ 연세대	1,1878
❿ 가천대	1만 855	❿ 고려대	1,0978
⓫ 세종대	8730	⓫ 경희대	1,0369
⓬ UNIST	8694	⓬ 가천대	1,0204
⓭ 서울시립대	5421	⓭ 한양대	1,0168

* 논문 양은 서울대 최다, 논문 질은 UNIST 최고.

총장의 바람은 성공적으로 이뤄졌다. 2020년 7월, UNIST는 네덜란드 라이덴대학이 논문의 피인용도를 기준으로 대학을 평가하는 '2020 라이덴랭킹'에서 국내 1위를 차지했다. 작은 규모의 학교임에도 불구하고 전체 논문 수는 전국 10위권을 유지하며, CNCI(분야별 피인용 영향력 지수)로 보면 국내 평가에서도 1위를 기록하고 있다(도표 2.2 참조).[25]

UNIST는 이런 과정을 거쳐 훌륭한 연구중심 대학교가 됐다. 그런데 UNIST가 울산 시민이 바라고 산업도시 울산에 필요했던 대학일까? 지역 주민이 바랐던 것은 지역에 뿌리를 둔 국립종합대학이다. UNIST 설립 과정에서 시민 53만 명이 서명하면서 바랐던 것은 앞선 설문조사의 내용처럼 지역의 문화와 교육 수준을 전반적으로 높여 주는 '지역 인프라로서의 대학'이었다. 앞의 고영삼 울산발전연구원 연구기획실장의 연구 자료에도 나오지만 지역의 고등학생이 대학 진학 시 타지역으로의 유출을 막는 것도 설립 목적 중 하나였다. 울산에서 UNIST에 대한 관심이 크지 않은 데는 이러한 시민의 바람과 달랐던 점이 작용한다.

또 울산의 산업에 이공계 특성화 대학인 UNIST가 어떤 기여를 하느냐도 중요하다. 이공계 대학이 산업에 기여하는 바는 크게 보면 학생을 교육시켜 우수한 인재를 기업에 취업시키는 일, 산학연 과제를 통해 특허를 취득하는 등 공동 연구개발을 해서 기업의 기술적 어려움을 함께 풀어내는 일 등일 것이다. 요컨대 울산의 제조업과 함께 기초 연구와 응용 연구를 하거나 좋은 인재를 울산 3대 산업에 공급하는 일이다. 그러나 그러한 역할 역시 제대로 수행되지 못하고 있다.

시민의 기대도 산업의 이익에도 부합하지 않는 대학

우선 UNIST는 3대 산업에 적절한 인력을 공급하지 못한다. 지역의 3대 산업 중 UNIST와 계약학과를 체결한 기업이 없다.* 그나마 2019년 삼성전자와 반도체 계약학과 설립 체결을 시도했으나 실패했다. 현대자동차는 현재 고려대, 연세대, 한양대, 카이스트와만 자동차 관련 계약학과를 운영하고 있다.[26] 지역 내 산업 수요에 맞게 3대 산업에 속한 기업과 컨소시엄을 만들고 채용 등을 설계할 수 있을 것 같지만 그러한 움직임이 아직 없다. 일단 노동 시장 수요자 관점에서는 홍

---

* 2022년 현재 계약학과는 SK이노베이션의 배터리를 담당하는 SK온과 함께한 대학원의 e-SKB 프로그램뿐이다.

미가 있을 것 같지만 지역을 한계 지을 경우 현대자동차 울산공장, 한 국조선해양 현대중공업 울산조선소가 근무지가 될 것이다. 이때 노동 시장에 나가게 될 UNIST 재학생의 수요가 있을지는 불분명하다.

그나마 지역 사회와의 공동 연구개발인 산학연 프로젝트 관점에 서는 UNIST가 일정 부분 기여한다고 평가할 수 있다. UNIST는 2016 년부터 학교 차원에서 지역 기업과 협력하기 위한 허브로서 기업혁신 센터를 운영했다. 또 기업과 교수 간의 일대일 매칭을 통해 연구 정보 를 공유하며 기술 교류와 협력을 강화하는 시도를 했다. 사업화가 유 망한 기술이나 기업이 필요로 하는 기술을 발굴하는 작업도 거쳤다. 더불어 2021년부터는 "울산형 글로컬 혁신 클러스터Glocal C-Innostry 조 성"을 기치로 울산 울주 강소연구개발특구센터 INNOPOLIS를 언 양읍에 3제곱킬로미터의 규모로 열었다. 지역의 산업계와 UNIST 의 노력으로 과학기술정보통신부의 특구 모델이 현실화된 것이다. UNIST가 연구개발을 맡고, 반천산업단지와 하이테크밸리 산업단 지가 배후 공간으로 창업, 생산, 기술이전, 기술 사업화를 담당한다. INNOPOLIS는 UNIST가 본격적으로 지역 수요에 따른 연구개발을 진행하고, 이를 넘어서 연구개발과 창업, 생산, 기술이전, 기술 사업화 를 통해 전국적인 클러스터로서 울산이 자리 잡게 하는 이중의 과업을 수행하는 중이다. 현재 INNOPOLIS는 배터리 소재 산업을 비롯해 13 개의 연구소 기업을 창업시킨 상태다.[27]

둘째로 학교가 교수들에게 지역 사회와의 연계 활동에 큰 인센티 브를 주지 않고, 교수들이 울산에 애정을 느끼기 어려운 상황도 문제다. UNIST의 방향성이 교수에게 동기부여가 될 만큼 인센티브를 제공했는지가 불명확하기 때문이다. UNIST의 교수는 전국에서 일인당 가장 많은 논문을 쓰고 등재된 논문이 국내에서 가장 많은 피인용수를 기록하는 집단이다. UNIST 전임 교원의 평균 연령이 2022년 기준 45.3세로 다른 대학이 평균 연령 50세를 훌쩍 넘는 것에 비해서 훨씬 젊다.[28] UNIST는 또 지역의 국립대가 아니라 편제상 과학기술원(이하 과기원) 체제에 들어가 카이스트(한국과학기술원), DGIST(대구경북과학기술원), GIST(광주과학기술원)와 함께 과학기술정보통신부의 지휘를 받는다.

과기원 체제가 교수들에게 요구하는 것은 수월성 즉 탁월함이다. 탁월함을 입증하기 위해서는 글로벌 TOP 저널에 논문을 투고하고 많은 피인용수를 확보해야 한다. 젊은 전임교원으로 뽑힌 후 그들은 영어로 강의를 하고 글로벌 TOP 저널에 열심히 투고하면서 '스펙'을 쌓는다. 그렇게 몇 년 지나고 나면 UNIST를 떠나기 마련이다. 엔지니어가 수도권으로 떠나는 이유와 유사하다. 정주 여건 때문이기도 하고, 서울 명문대에 지원해 수도권의 연구개발 생태계에서 역할을 하고 싶기 때문이기도 하다. 지역 사회나 지역 산업이 요구하는 연구를 수행할 수도 있겠지만 결국 연구 경험이 '포트폴리오'로 누적되면, UNIST 교수들 역시 수도권으로 향한다. 대학원생들 역시 UNIST에서 박사 과정을 하기보다는 유학을 가거나, 유학 가지 않더라도 많은 TOP 저널 논문 등재 건수를 가지고 수도권 대학으로 향하기 일쑤다.

울산의 산업 이익이라는 관점에서 UNIST의 바람직한 모습은 지역의 우수한 이과 고등학생이 입학해 대학원까지 지역의 산업과 연계된 과제를 연구하고, 지역의 3대 산업 중 한 곳에 취업하거나 지역의 인프라 안에서 스타트업 창업을 하여 유니콘 기업으로 성장하는 것일 테다. 그러나 현실은 교수나 학생 모두 울산에 정착하지 못하고 서울로 가기 위한 교두보 역할에 그치고 있다.

이러한 문제가 UNIST와 과기원 체제의 모순이라며 대학 탓만 할 수는 없다. UNIST가 지역 사회의 기업과 협력하기 위한 전제가 충족되지 않기 때문이다.

산업체의 연구 수행 역량이 없다

울산에는 제조업의 위상을 고려할 때 산업체와 정부출연연구소의 연구 역량이 턱없이 부족하다. 공간 분업 과정을 통해 3대 산업의 대기업 연구소가 2000년대 초반부터 대거 수도권으로 이주했기 때문이다. 대기업 원청뿐 아니라 부품이나 소재 회사조차 원청과의 실시간 협업을 위해 수도권으로 향했다. 2004년 사업이 승인되어 2005년 문을 연 울산 테크노파크는 기업의 연구를 지원하고 산학연 연계를 돕는 기관이지만, 자체로 연구를 수행할 역량은 거의 없다. 2015년 준공되어 운영 중인 울산 테크노파크 그린카기술센터 정도가 제한적인 연구개발이 가능한 상황이다. 정부출연연구기관인 화학연구원이 울산에 연구본부를 내려보냈지만 아직 시너지를 말하기에는 미미한 상태다. 최근 전기차 전장 장비의 발전에 따른 정밀화학 분야 수요가 있지만 아직은 구상 단계다.

지역 혁신을 언급할 때 '산'업계와 '학'계와 정부나 지자체 '연'구소가 이른바 트리플 힐릭스Triple Helix(대학, 기업, 지자체의 삼중 나선) 협업을 하면서 혁신을 이끌어 낸다고 하는데, 울산에는 산업계와 정부 지자체의 연구소 역량이 미비하다. 따라서 새로운 창업과 기존 산업의 중흥 혹은 혁신이 벌어지기 어렵다. 정책 지원을 통해 당장 효과를 낼 수 있는 분야를 떠올리자면 자동차와 관련된 기계연구원이나 석유화학 및 소재 분야와 시너지를 낼 수 있는 재료연구원 등의 입주를 생각할 수 있다. 조선 산업과 연관된 선박해양플랜트연구소가 입주하는 것도 가능하다. 그러나 기계연구원과 선박해양플랜트연구소는 박정희 정권 시절 대덕단지에 입주했다. 그나마 재료연구원이 창원에 있는 게 도움이 되는 정도다.

기업의 연구소가 떠나고 설계센터가 떠나고 공장도 떠나게 됐다. 다시 활기를 불어넣어 줄 지역 혁신 체제도 산업체 연구소의 이전과 정부 연구소의 미비 속에서 제대로 갖춰져 있지 않다. 대학의 교원과 학생은 모두 이직과 취업을 통해 울산을 떠나려 한다. 대학에 대한 질문은 결국 지역의 근원적 모순을 묻게 한다.

우수한 엔지니어가 울산에 정착할까
: 수시 채용과 역량 문제

울산대학교나 다른 부산·울산·경남 소재 대학을 나온 청년을 정책적으로 많이 뽑는다고 모든 딜레마를 해결할 수 있는 것도 아니다. 3대 산업의 수시 채용 결과에 대한 업계의 해석이 그렇다. 현대자동차그룹은 2019년부터 대졸 공채를 폐지했다. 한편에서는 계열사별 수요에 따른 수시 채용으로 전환하기 위해서였고, 다른 한편에서는 사업장별 채용을 진행하기 위해서였다. 울산공장 생산 부문 담당자는 인터뷰를 통해 그룹 공채를 해서 우수한 성적의 신입사원을 울산공장으로 배치하면, 2~3년 근무하고 퇴사하는 경우가 많았다고 한다. 그래서 수시 채용의 이유 중 하나는 부산·울산·경남과 대구·경북 지역의 대학을 나온 신입사원을 뽑음으로써 엔지니어의 정착을 유도하기 위해서였다고 전한다. 실제로 수시 채용을 해서 지역별로 뽑았던 엔지니어의 만족도가 높아 이탈에 대한 우려를 덜 수 있으리라 판단했다는 것이다. 최근 공공 부문에서는 지역별 할당제(쿼터)를 두고 지역 출신을 일정 부분 이상 채용하는 것이 하나의 규칙이 됐다. 현대자동차도 그러한 측면을 고려하는 것이다.

사실 그 이전에도 현대자동차그룹은 지원자의 지역과 출신학교를 안배했다. 예컨대 합격자 중 서울대·연세대·고려대 출신을 15~20퍼센트로 제한하고, 비수도권 대학에서 10~15퍼센트를 뽑고 서울대·연세대·고려대 외 수도권 대학 출신을 10~15퍼센트 뽑는 식이었다. 물론 연구개발 같은 경우는 세부 전공과 직무 분야가 합당해야 한다. 따라서 현대자동차와 산학연 프로젝트를 했거나 관련 분야에서 선도적 연구를 하는 연구실 출신이어야 하므로 명문대 비중이 높다. 현대중공업의 경우도 빅3(대우조선해양·삼성중공업·현대중공업) 중 다른 두 회사가 신입사원을 뽑는 관행과 유사하게 지역과 학교를 안배해 채용했다. 그러한 관행에서 좀 더 나아가 지역에서는 현장에 필요한 인원을 지역 출신 신입사원으로 채우겠다는 게 현대자동차의 구상이었다.

5년 정도 시간이 지난 지금 인사 담당자는 수시 채용이 직원의 정착률을 높였으므로 한편으로는 성공적이라고 말한다. 거제의 한화오션 같은 경우에도 생산관리나 설계직의 많은 엔지니어가 동남권의 조선해양공학과나 전기전자나 기계공학과를 졸업한 경우가 많다. 실제로 그들의 이탈은 많지 않다. 거제도의 두 조선소가 부산·울산·경남 지역에서 가장 괜찮은 직장 중 하나이기 때문이다. 2015~2016년 조선 산업 구조조정이 한창인 상황에서도 이들은 퇴사보다는 그대로 회사에 머물기를 택했다. 현대자동차라면 두말할 나위가 없을 것이다. 그런데 생산 부문 담당자는 다른 한편으로 우려를 표했다. 인문사회 계열이나 상경 계열과는 달리 UNIST가 아닌 울산대나 동남권 대학을 나온 이공계 출신 엔지니어의 경우 '기본기'에서 차이가 난다고 전한다.[*] 예컨대 역학(물리학)과 수학 역량이 그 기본기다. 어느 정도 정형화된 일을 빠르게, 싹싹하게, 열심히, 노련하게 처리할 수 있는 능력은 지역의 인재가 더 우수할 수 있다. 하지만 어려운 과제를 궁리하고 해결해야 하는 일에서는 현업의 우려가 있다고 전했다.

울산의 제조 업체는 고용 안정성이 있는 지역 대학 출신 엔지니어와 잠재력이 크고 기본기가 좋은 수도권 출신 엔지니어를 놓고 매번 갈

---

[*] 이러한 언급은 필자가 한국노동연구원과 진행했던 기계 산업 엔지니어 연구에서도 중견·중소기업 엔지니어 담당 임원들에게 들었던 이야기다.

팡질팡하고 있다. 이 주제는 좀 더 심층적으로 생각해 볼 문제여서 한 장을 할애해 6장에서 다룰 예정이다.

1960~1970년대를 이끌었던 엔지니어의 모습은 기계공고* 출신의 '작업장 엔지니어workplace engineer'였다. 엔지니어의 자질 중 잠재력보다 성실성이 더 중요했던 시기다. 주로 공고나 좀 더 공부했다면 전문대에서 설계나 가공(공작) 등을 배운 후 기술직**으로 회사에 입사해 도면을 그리고 자재 관련 기술을 선배 어깨 너머로 배우고 숙련을 익혔던 이들이 바로 작업장 엔지니어다.²⁹ 이들은 1980~1990년대에 애매한 직군에 있다가 적지 않은 수가 사무직이나 사무기술직으로 전환하게 된다. 작업장 엔지니어가 일을 하고 또 일을 배우는 방식은 현장에서 현물을 보고 현상을 파악하는 '삼현주의'(현장, 현물, 현상)였다. 엔지니어들은 손과 몸으로 일했다. 또 선배의 작업과 앞선 나라의 현장을 보며 눈썰미로 많은 노하우를 터득했다. 앞서 언급했던 해외의 경쟁사 제품을 가져와서 분해한 후 재조립하면서 그것을 도면에 기록하는 역설계가 전형적이었다. 이것이 현장에서의 암묵지를 통한 엔지니어들의 숙련 축적 방식이었다. 이런 방식은 조선 산업에서는 꽤 오래 유지됐고, 자동차 산업에서도 많은 부분 필수적이었다. 현대의 창업주인 정주영이 자주 했다는 말이 있다. "책임자, 해 봤어?"라는 말과 "실패에

---

* 국립 기계공고, 특성화 기계공고, 일반공고 등 다양한 형태의 공고가 있었지만 통칭한다.

** 현대자동차에서는 생산직을 기술직이라는 이름으로 분류하나 이 책에서 기술직은 엔지니어를 의미한다.

대해 채근하지 않는다"는 원칙이다. 바로 시행착오를 통한 경험 지식의 누적을 중시하는 기풍이다.

그런데 이제는 엔지니어링의 잠재력과 기본기의 중요성이 더 커지고 있다. 선배에게 노하우를 전수받는 도제 방식만 가지고 울산 3대 산업의 엔지니어 역할을 해낼 수 없다. 이제 조선소에서는 줄자와 모눈종이로 설계를 하는 게 아니다. 모든 제품설계를 CAD Computer Aided Design 프로그램으로 수행하고, 생산관리의 많은 것은 센서를 거쳐 생산실행시스템인 MES Manufacturing Execution System 와 전사자원계획시스템인 ERP Enterprise Resource Planning 등을 통해 데이터 기반으로 진행된다. 더나아가 4차 산업혁명이 강조되는 지금 IIoT나 디지털 트윈 등 스마트팩토리로 통칭되는 데이터 기반 공정 운영*과 자동화, 로봇의 활용, 현장의 3D/4D 구현은 훨씬 더 심화되는 상황이다. 현장에서 그나마 가장 '인간적'인 방식의 일은 조선소나 자동차 공장이나 석유화학 공장이나 공히 노무관리다. 하지만 노무관리자는 엔지니어가 아니다. 달리말하면 엔지니어로서의 역할을 수행하기 위해서는 다양한 물리적 화학적 수치를 해석하고, 기하학적 공간에 역학적 지식을 활용해 제품을 물성까지 고려하여 배치하거나 소재와 부품 사용 시 그 영향력이 얼마

---

* IIoT는 산업용 사물인터넷Industrial Internet of Things의 약자이고, 디지털 트윈digital twin은 수집된 데이터를 통해 사이버 공간에 선박이나 자동차 등 공장의 제작품이나 공장 자체를 구현하고 그 안에서의 작업이 실제에 다시 피드백되는 기술을 통칭한다. 스마트 팩토리는 IIoT와 디지털 트윈, 빅데이터 학습을 통한 AI 알고리즘, 클라우드 컴퓨팅 등을 총체적으로 활용하는 디지털 전환이 구현된 작업장을 뜻한다.

나 되는지 계산할 수 있어야 한다.* 많은 일이 기초적인 공학 지식과 자연과학 지식에 기대게 됐다는 것이다. 공과대학 출신 대졸 사원을 뽑았던 것도 과학적 관리와 최적화, 공학적 사고를 할 필요가 생겼기 때문이다. 이러한 기초적인 공학 지식, 자연과학 지식, 공학적 사고의 수준이 인문사회 계열과는 결이 다르게 대학에 따라 차이가 생길 수 있다는 것이다.

각 지역 공과대학은 입학생 수준에 맞는 수업을 할 수밖에 없다. 또 성적 처리도 취업에 걸림돌이 되지 않을 정도의 '적당한 학점'(학점 인플레)을 줄 수밖에 없는 게 현실이다. 그러다 보면 적절한 업무를 수행할 수 있을 만큼의 기초 지식을 대학에서 쌓지 않은 채 현업에 진출하는 경우도 생긴다. 물론 그러한 차이를 걸러내지 못할 정도로 울산 3대 산업 대기업의 채용 시스템이 허술하지는 않다. 적절한 역량을 갖추어야 채용되는 것은 분명하지만 기업 관점에서 '탁월한' 혹은 '우수한' 인재만 채용해 왔다는 믿음에 균열이 생긴 것도 사실이다.

울산대학교를 비롯한 지역 대학은 '우수한 인재의 요람'이라는 이상에서 멀어져 버렸다. 국가의 필요에 의해 만든 과학기술 연구대학인 UNIST는 정책적으로 지역의 산업 수요에 맞는 역할을 수행하려 하지만, 교원이나 학생 모두 지역에서 미래를 그리기보다는 수도권으로의

---

* 물론 엔지니어의 역량중 물리적 화학적 특성과 공정에 대한 지식(도메인 지식)이 중요한지(Orr, 1996), 도면 설계 능력이 중요한지(Buciarelli, 1994), 조율 역량(Furguson, 1992), 수치 해석과 컴퓨터 프로그래밍 등 전산 역량(Barley, 1997: Zuboff, 1988)이 더 중요한지 하는 문제는 학계에서도 논쟁거리다.

이직과 취업을 희망한다. 울산 3대 산업의 핵심인 생산 부문에서도 지역 대학 출신 공학도를 채용하기 위해 다양한 제도를 운용하지만 인력의 안정성과 업무 능력의 우수성 사이에서 고민하고 있다. 하지만 변화된 업무 환경은 예전보다 엔지니어의 탁월함이 훨씬 더 중요해진 게 현실이다.

5장

울산 노동자가
국민의 눈에서 사라진 이유

한국 사람들 중 울산 어디에서 자동차를 만들고 배를 짓는지는 몰라도 '귀족노조'라는 말은 들어본 적 있을 것이다. 울산의 현대자동차와 현대중공업 노동조합을 흔히 일컫는 표현이기 때문이다. '공정'의 가치를 옹호하는 사람이라면 귀족노조에 대해 실력도 없으면서 이기적이고 자신들의 지대만 추구하는 집단으로 매도할지도 모른다.

국민이 생각하는 귀족노조의 대표가 바로 울산의 현대자동차 노동조합*이다. 귀족노조에 대한 한국 사회의 통념에 따르면 먼저 귀족

---

* 현대자동차 노동조합은 산별노조인 금속노조에 가입되어 있기 때문에 정확한 명칭은 민주노총 산하 전국금속노동조합 현대자동차지부가 맞다. 단, 노동조합 투표로 금속노조를 탈퇴할 경우 다시 지부 대신 현대자동차 노동조합으로 바뀔 수 있다.

노조는 떼를 써서 자신들의 이익만을 수호한다. 자녀를 짬짜미로 채용하고, 임금 인상을 위해서 수단과 방법을 가리지 않으며 회사와 싸우고, 고용 안정과 상위 10퍼센트의 고소득을 올리면서도 약자인 척한다. 또 귀족노조는 회사의 생산성을 떨어뜨리고 산업 경쟁력을 추락시킨 주범이다. 사회적으로 상상할 수 있는 온갖 악의 범주를 다 뒤집어쓴 셈이다. 사실 파업하는 노동자, 노동조합을 조직하는 노동자에 대한 비난은 노동조합을 처음 만들던 시기에도 있었다. 그러나 울산 노동자들이 1987년 노동자 대투쟁을 할 때나, 그 이후 1991년 골리앗 투쟁을 할 때만 해도 회사와 정부와 보수언론이 비난하더라도 노동자를 지지하는 우군이 사회 곳곳에 있었다. 하지만 2000년대를 지나면서 현대자동차를 위시한 울산 대기업 노동자의 파업에 더 이상 연대의 시선이 별로 보이지 않는다.

이 장은 작업장 민주주의, 전투적 조합주의, 담합적 노사관계라는 키워드를 통해 울산 노동자가 국민의 관심에서 잊히거나 귀족노조라는 이름의 천덕꾸러기로 취급받게 된 과정을 평가해 보려 한다. 왜 울산 노동자는 천덕꾸러기가 됐을까? 그들의 문제는 무엇인가? 왜 현대자동차는 현장에서 작업하는 생산직 노동자의 숙련 대신 엔지니어의 탁월성에 의존하게 됐을까? 달리 말해 회사가 정규직 생산직 노동자 대신 비정규직을 뽑고, 로봇과 자동화 설비를 계속 추가하려는 배경을 확인하려는 것이다.

1987년엔 노동자가 파업에 나설 수밖에 없었던 상황이다. 최소한의 기본권 존중과 생계를 위한 벌이에 불만이 쌓여 있었다. 하지만 파업과 회사와의 대립 과정에서 누적된 '오래된 습관'이 현재를 지배하고 있고, 이런 관성이 사회적 고립을 자초했다. 현재 울산의 노사관계가 얼마나 답답한지 이해하기 위해서, 또 고립을 끊어 내고 연대하기 위해서도 초기 울산 노동 운동의 역사를 간략히 정리해 보려고 한다. 먼저 그 과정에서 나온 세 가지 관성을 이해할 필요가 있다. 즉 노동조합이 스스로를 늘 약자로 생각하는 관성과 적대적 노사관계 속에서 전투적 투쟁을 선호하는 관성이다. 더불어 투쟁의 목표가 회사와의 이익 공유라는 경제 투쟁의 관성이다. 그 결과 중산층 이상의 부자로 살고 있다는 것이 부정적 인상을 더욱 강화한다. 궁극적으론 노사관계에서 이 세 가지 관성이 켜켜이 쌓인 결과가 바로 정규직을 뽑지 않는 울산의 고용 구조다.

설움에 사무쳐 파업을 시작하고 거리로 나온 골리앗 노동자들

자동차든 조선이든 왕년의 노동자들을 만나서 가장 많이 듣는 이야기는 설움이었다. 폭언을 하는 관리자와 긴 머리를 깎겠다며 덤비는 관리자에 대한 이야기는 마치 고등학교 학생주임이나 교도소 간수 경험담 같았다. 이제는 벌이가 좋지 않냐며, 보너스도 있고 노동조합도 있고 복지도 좋지 않냐고 물으면 끄덕이기는 하지만 다시 예전의 설움 이야기로 돌아가는 경우가 적지 않다. 지금의 귀족노조를 이해하려면 먼저 그들의 설움을 알아야 한다. 왜 노동자는 설움에 사무쳐 노동조합을 조직하고 그리도 싸웠을까?

울산은 1987년 이전엔 노동조합을 조직한 기록이 없다. 1987년 현대엔진을 시작으로 촉발된 울산의 노동 운동이 거제, 마산, 창원 그리고 수도권의 노동 운동과 달랐던 점은 노동조합을 운동권 출신인 '학출 노동자'(대학생 출신 노동자)들이 아니라 현장 노동자들이 직접 조직했다는 것이다. 1970년대 전태일 열사가 분신을 한 이래로 노동 운동은 서울의 동대문 봉제 공장, 구로공단, 영등포 등에서 시작해 서부간선도로와 경인선을 따라 부천, 부평, 인천 등 수도권 전체로 확산했다. 정치인 심상정, 김문수 등이 바로 이 시절에 대학을 다니다가 현장으로 투신한 '학출 노동자'의 대표적인 경우다. 수도권뿐 아니라 수출자유지대가 있는 마산의 경공업 노동자와 중화학공업이 있는 창원의 노동자는 1980년대 내내 노동조합 조직을 꾸리고 있었다. 문재인 정부에서 경제사회노동위원장을 맡았던 당시 통일중공업(현 S&T중공업) 문성현 같은 경우가 대표적이다.*

* 한국학을 연구하는 호주의 김형아 교수의 표현에 따르면, 한국의 노동 운동을 이끈 이들은 크게 보아 세 가지 출신이라고 한다. 첫째는 대학을 졸업한 '학출 노동자들'이다. 이들은 대학에서 마르크스주의나 민중신학 등 변혁의 이념을 배운 후 그것을 실천하기 위해 공장에 투신했다. 노동조합 조직을 통해 노동자들을 의식화해 남한 사회에서 혁명의 주체가 되게 하는 것을 목표로 했다. 둘째는 '골리앗 노동자들'이다. 골리앗 노동자란 말은 1990년대 투쟁 과정에서 골리앗 크레인에 올라가 파업을 주도했던 노동자들이라는 말이다. 이들은 가난한 농어촌에서 자라 일자리를 찾아 공장으로 향했다. 대개 학력은 높지 않았고, 정부와 대기업이 만든 직업훈련소에서 몇 주간 훈련을 받고 현장에 자리 잡았다. 이들의 임금은 공고를 졸업한 사람들에 비해

울산의 노동 운동은 골리앗 노동자와 공고 출신 노동자의 자발적인 움직임이었지 학출 노동자 주도로 노동조합을 조직했다고 보기는 어렵다. 당시 산업 선교를 하던 기독교 계통의 도시산업선교회 등을 찾아다니며 스스로 노동조합의 필요성을 느끼고 노동 운동을 기획했던 몇몇 노동자가 있지만, 누군가에게 '의식화'되어 조직화한 경우는 거의 없었다. 실제로 파업 주동자 중에 학출 노동자도 없었다. 애초에 노동조합이 출범하게 된 이유가 '외부의 선동'보다는 관리자에게 비인간적 대접을 받고 위험한 노동을 한다는 불만이 폭발한 데 있었다. 울산의 노동조합은 그야말로 노동자들의 자주적 결사였다.

현대엔진에서 시작한 노동조합 설립 바람은 현대중공업과 동구 미포나 북구 양정 주변에 있는 현대그룹 관련 회사로 확산됐다. 1987년 7월부터 9월까지 울산에 있는 현대그룹 노동자들은 모두 노동조합을 조직하고, 그 노동조합은 이후 현총련(현대그룹노동조합총연맹)으로 발전해 간다.

노동자들의 첫 번째 요구는 두발 단속 철폐였고 그다음이 임금 인

적고, 학력이 높지 않은 것에 대한 부당한 처우를 많이 경험한다. 머리가 길다고 강제로 깎는다거나 관리자가 욕을 하면서 무시하는 것에 대한 반감이 컸다. 그러한 분노가 노동조합 참여의 동력이 됐다. 셋째는 '공고 출신 노동자들'이다. 이들 역시 가난한 집에서 태어났지만 머리가 좋아 대학 대신 국립 공고나 특성화 공고 등에 장학생으로 들어간 사람들이다. 이들은 기능 올림픽에 입상하거나, 그에 못지않은 기술을 학교에 다닐 때부터 치열하게 익혔다. 골리앗 노동자들과 달랐던 점은 자신이 나온 학교에 대한 자부심이 있고, 자신의 기술에 대한 믿음이 있었다. 그렇기 때문에 자신들의 네트워크를 적극적으로 만들면서 제 몫을 하려 했다.

구분	기본급	통상급(A)	월할고정상여(B)	월급여(A+B)
1988년	229,446원	270,960원	145,480원	416,440원
1997년	844,581원	997,844원	632,155원	1,629,999원
증가율	368%	368%	435%	391%

자료: 현대자동차노동조합, 《사업보고》, 각 연도 조합원 임금현황 자료에서 계산.

* 1987년 당시 현대중공업의 기능직 노동자 평균 임금은 295,170원으로 동년의 전 산업 평균 임금 386,536원이나 제조업 평균 임금 328,696원에 비해 크게 낮은 수준이었다(현대중공업 노동조합, 《1987년 사업보고서》). 이러한 점에서 1980년대까지만 하더라도 조선 산업의 원청과 사내 하청 모두 열악한 노동조건에도 불구하고 임금 수준이 '하향 평준화'된 상태였기 때문에 원하청 간 임금 격차가 없었거나 오히려 사내 하청의 임금이 더 높았던 것으로 알려져 있다.

[그림 2.2] 1987년 노동자 대투쟁 당시 현대중공업 시위 모습(사진: 울산노동역사관1987)

출처: 유형근(2014), 노동조합 임금 정책의 점진적 변형: 자동차 산업을 중심으로, 한국사회학, 48.4: 23-56, 36p.; 박종식(2013), 내부노동 시장의 변화와 사내 하청 확산 메커니즘: 조선 산업 사례를 중심으로, 금속연구원 이슈페이퍼 2013-10, 2p.

상이었다. 인간다운 대우를 해 달라는 것, 요즘 말로 하면 직장 민주주의 혹은 일터 민주주의를 위한 투박한 목소리였다.

당시 현대그룹의 정주영 회장은 삼성그룹의 이병철 회장과 마찬가지로 "눈에 흙이 들어가기 전에는 노조는 안 된다"는 태도였다. 어느 기업을 막론하고 노동조합을 만들려고 하면 탄압하는 것이 일상이었다. 인사·노무를 담당하는 중간관리자나 때때로 외부에서 깡패까지 동원해 만든 '구사대'가 무력 진압을 하기 일쑤였다. 현대중공업에선 1987년 노동자가 차에 깔리고 1988년에는 식칼 테러를 당하는 일까지 있었다.* 울산 동구와 북구에 밀집한 모든 작업장에서 노동자들이 분노로 일어났다. 이를 통제할 수 없었던 현대그룹은 결국 노동조합을 인정하게 된다.

그때 현대중공업 노동조합 운동을 했던 사람들은 아직도 무용담을 말한다. 1987년 8월 18일에는 중장비를 이끌고 울산공설운동장까지, 9월 2일에는 조선소에서 트랜스포터transporter**에 샌딩 머신을 탑재해 울산 시청까지 밀고 나가던 이야기들이다. 당시 경찰은 노동자들을 막지 못했다. 샌딩 머신에서 나오는 쇠구슬을 1미터 이내에서 맞으면 살이 뚫릴 정도로 치명적인 데다가 트랜스포터는 탱크보다 거대했기 때문이다. 이런 물리력이 아니더라도 아내와 자녀들까지 데리고 나온 노동자들의 기세를 막는 것은 어려운 일이었다.

아, 사람으로는 뚫지 못할 거 같아서요. 그래서 인자 장비를 갖고 나온 거거든요. 그래서 그 남목 정도 가니까 끝이 안 보이더라고요. 그 맨 앞에

---

* 노동자 대투쟁 이후에도 노사 간 물리적 충돌로 폭력 사태가 일어나는 경우가 드물지 않았다.

** 무거운 블록을 옮기기 위해 고안된 특수차.

큰 지게차 이렇게 나가고, 트랜스포터는 중간 정도 나갔죠. 속도가 아주 늦거든요. 그래서 우리가 성내삼거리, 인자 그때부터는 경찰이 아예 없더라고요. 어디에도 없더라고요. 그, 처음 그 현대강관에서, 미포에서는 합류했나 안 했나 기억이 없는데, 하여튼 강관에서 합류하고, 가는 도중에 현대자동차에서도 합류하고 현대정공 이래 죽 합류해서, 우리가 시청 앞에 가서 이렇게 가서 주위에서 이렇게 에워쌌죠. 에워싸고 그래서 저도 인자, 위에는 인자, 어떻게 막 노동자들은 인자 주위에 가 갔고 막걸리도 먹고 그랬다 그러던데, 우리는 시청 바로 앞에 선봉대라서 거기만 쭉 앉아 있었죠. 그래 지도부가 갔다와서 '운동장으로 가자' 그래서 다시 운동장까지 왔었죠. 그 이후에 시청이 불타고 막 그렇게 했다 그러더라고요. 그런 건 모르죠. (현재열 외, 강성만 인터뷰, 2007:63)

이렇듯 사무치는 설움을 안고 조직한 골리앗 노동자들의 노동조합이 샌딩 머신과 트랜스포터를 끌고 울산 시내로 나왔을 때는 누구도 막을 수 없었다. 자동차 노동자들이 생산 라인을 세웠을 때도 마찬가지다. 이처럼 사측과 치열하게 싸우며 해방구를 만들어 냈던 노동자들은 무엇을 쟁취했을까?

먼저 노동조합은 사내 하청 노동을 폐지했다. 노동 문제에 관심 있는 사람이 아니라면 한국에서 익숙한 서사는 "IMF 구제금융 이후 비정규직이 늘어나고 하청 노동이 늘어났다"는 것이다. 하지만 이 말은 사실이 아니다. 한국에서 하청 노동은 대한민국 건국 이래 산업화의 역사와 함께 쭉 있었다. 1973년 현대중공업에서는 '위임 관리제'라는 것이 있었다.* 위임 관리제는 건설업의 도급 관리 방식에서 온 것이다. 원청 관리자가 직접 공정과 인력 관리를 수행하는 것이 아니라, 공정 업무를 잘하는 조장이나 반장으로 하여금 소사장이라 하여 공정 관리 와 인력 관리를 위탁하는 것이다. 그래서 당시 현대중공업에는 4960 명의 정규직 생산직 노동자와 1981명의 견습공이 있었는데, 견습공은 현대중공업 소속이 아니라 소사장들의 회사 소속으로 편입됐다. 그리 고 견습공 중 일부가 심사를 거쳐 정규직으로 전환됐다.** 1974년 견 습공들은 심사 탈락에 대한 불만을 이유로 공장을 점거하고 생산을 거 부하며 사무실에 불을 질렀다. 이 때문에 노동자 20명이 구속되기도 했다.[30] 이에 놀란 현대중공업 본사는 해명 광고를 신문에 게재하면서 긴급하게 대응했다. 하지만 당시 야당이었던 신민당의 실태 조사 후 노동청에서 시정 명령을 내렸고, 1975년부로 위임 관리제가 폐지됐 다. 그렇다고 모두가 정규직이 된 게 아니라 오히려 사내 하청이 본격 적으로 시작됐다. 사내 하청은 전문 업자가 직업훈련을 마친 노동자를 직접 고용하고 관리하고 작업지시를 내린다. 이들 업체는 원청 야드나 공장 안에 입주하는 방식으로 이뤄진다. 우리가 알고 있는 그 '하청' 혹 은 '외주'가 바로 이 사내 하청 노동이다.

1987년 노동조합이 결성되고 현대중공업을 비롯한 울산의 노동

---

* 위임 관리제에 대한 설명은 전문가 인터뷰(한국노동연구원 박종식 박사)와 졸고 《중공업 가족의 유토피아》에 의존한다.

** 필자의 아버지도 미포조선소에서 정규직 시험을 봤으나 용접 화상으로 인해 일 시적으로 눈이 보이지 않아 탈락했다.

조합은 '사내 하청 전원 직영화'를 요구했고 회사는 이를 수용했다. 자동차 공장의 경우는 1980년대엔 사내 하청이 존재하지 않았다. 노조가 사내 하청 노동자의 증가를 묵인하거나, 원청 정규직 노동자가 어려운 공정을 사내 하청 노동자에게 떠넘기는 현재 실태를 생각하면 당시 '사내 하청 전원 직영화'는 매우 선진적이고 전향적인 요구사항이었다. 당시 투쟁을 전개했던 노동조합의 구성원들이 모든 노동자가 동등하고 평등하다는 의식이 있었다고 볼 수 있다.

필자는 전작《중공업 가족의 유토피아》에서 거제의 조선소 사람들을 '중공업 가족'이라고 표현했다. 중공업 가족이 되기 위한 조건은 모두 정규직이면서 비슷한 곳에 살고(사택 또는 주택조합 아파트) 하루에 세 끼를 함께하는 것이었다. 울산 노동자들의 파업은 3대 산업의 노동자를 '중공업 가족'마냥 한 식구로 엮어 주는 계기가 됐다.

둘째로 파업을 통해 노동자들이 처음 요구했던 두발 단속이나 복장 단속 등 신체에 대한 구속을 철폐했다. 이런 조치는 비단 작업복을 입고 출퇴근을 하느냐 마느냐의 문제뿐 아니라 다양한 것을 의미한다. 1987년 이전까지 중공업이나 자동차의 노동자는 관리자에게 폭언과 폭행을 당하는 경우가 다반사였다. 이런저런 일로 억눌려 있던 노동자들에게 폭압적인 관리직과 반장이나 조장 등의 언사는 분노의 원인이 됐다. 남구와 온산 석유화학단지도 한국노총 소속인 노동조합이 민주노조로 바뀔까 봐 노심초사하기 시작했고, 현대의 임금 인상과 복리후생 강화가 다른 회사의 협상 기준으로 등장했다.

셋째로 신체에 대한 구속에서 더 나아간 중요 쟁점은 바로 노동자들의 시간을 지켜 내는 것이었다. 신체를 구속하는 것은 출퇴근 시간이나 휴식 시간과도 이어졌다. 예컨대 조선소의 법적 근로시간은 오전 8시부터 시작이지만 노동자들은 7시면 출근을 한다(양승훈, 2019). 아침을 함께 먹고 담배를 피우며 수다를 좀 떨다가 체조를 한 뒤 현장에 투입된다. 8시는 작업의 시작 시간일 뿐 노동자들은 7시 50분이면 배에 승선해 작업 준비를 마쳐야 한다. 퇴근 전에는 이른 퇴근을 방지하기 위해서 '석회' 혹은 '퇴근 회의'를 진행한다. 5시 50분이나 6시 50분에 진행되는데, 그때 10분 정도 회의를 마치고 퇴근 시간이 돼서야 노동자들은 샤워를 하고 옷을 갈아입고 퇴근할 수 있다.

> (그러면 작업을 일찍 마쳐도 못 나가게 하기 위해 퇴근 회의를 했다는 겁니까?)
> 예. 먼저 가는 사람이 있다거나, 아니면 목욕탕에 먼저 들어간다거나, 요런 게 있기 때문에 퇴근 회의를 했었어요. 지금은 뭐 시간 요런 거 뭐 방지하는 방법, 요런 거는, 그 시간 차이는 거의 없어져서 원점으로 돌아왔어요. 87년 이전으로 다시 돌아왔는데 인자, 보다 더 직접적인가 아니면 자율적으로 하게 만드는가 이거예요. 강압적인 방법이 좀 다르죠.[31]

노동자들은 출퇴근 시간을 법적 기준에 맞게 준수하라며 사측을 압박했다. 이제 아침 8시에 회사 입구를 통과하는 노동자들이 있었고, 6시에 회사 정문으로 오토바이를 끌고 나와 퇴근하는 노동자들도 생겼다. 울산 3대 산업의 회사들, 특히 현대그룹의 자동차와 중공업은 1987년 이후 예전과 같은 강압적인 현장관리나 생산관리, 노무관리를 행할 수 없게 됐다.

노동조합 운동은 일차적으로 회사로 하여금 협조적 노사관계와 1990년대에 수행된 기업문화 운동의 필요성을 인식하도록 했다. 노동자들 스스로 회사의 비전과 자신의 비전을 일치시킬 수 있도록 동기부여를 했으며, 반장이나 조장 위주에서 노동자에게 좀 더 많은 권한을 주는 세련된 방식의 노무관리가 유행하게 됐다. 물론 그런 변화의 와중에 대의원 선거나 위원장 선거에 개입하고 있었다는 증언이 나오기는 했다. 하지만 이제는 노조를 파괴하는 것보다는 노동조합과 좀 더 협조적 관계를 맺거나, 협조적이지 않은 노동조합에 맞서는 대처법이 더 중요했다. 실제로 1990년대는 그러한 시도가 본격적으로 이루어지기 시작했다.

5공화국과 6공화국 초기 전두환 노태우 정부는 습관처럼 정치적으로 불순한 목적을 가진 세력이 파업을 유도한다고 언론 플레이를 하곤 했다. 하지만 울산 중공업 노동자의 파업은 다른 지역과 달리 정치적 변혁과는 애초 연관이 크지 않았다. 유형근이 작성한 도표 2.4는 1987년부터 2010년까지 울산 지역 노동자들의 저항을 정리한 것이다. 노동자들의 저항은 1987년 170건가량으로 치솟아 올랐다가 일정 부분 쟁의가 정리되는 1988년에는 좀 잦아들었다. 그러다가 1989년 골리앗 투쟁이 진행되는 시기 참여 인원과 빈도가 늘어난다. 그러나 1990년대에는 1993년 정도를 제외하면 중후반까지 수그러든다. 기업문화 전략과 노무관리가 정착되고, 또 현대중공업에서 1990년대 초중반부터 협조적 노사관계가 이뤄졌기 때문이기도 하다. 1997년과

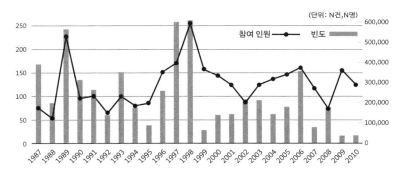

[도표 2.4] 울산 지역 노동자 저항 행동의 사건 빈도와 참여 인원 추이

출처: 유형근(2022).

1998년에는 저항이 다시 늘어나는데, 그것은 뒤에서 다룰 현대자동차의 구조조정이 벌어졌기 때문이다. 그 이후 2006년과 2008년에 저항이 늘어났다. 이는 건설 플랜트 노동조합의 결성 및 파업과 2008년 글로벌 금융위기의 파급으로 해석할 수 있다. 2000년대를 거치면서 울산의 3대 산업 노동자들은 전면적 파업이나 변혁을 목적으로 하는 쟁의와는 거리를 두게 된다.

1987년부터 골리앗 노동자들로 하여금 파업에 나서게 하는 설움의 정서는 정당한 것이고 엄청난 폭발력을 지녔다. 가장 열악한 환경에서 위험하고 어렵게 일하는 노동자들이 고부가가치 제품을 만들고 있었기 때문이다. 그래서 울산 시민이 지지했고 국민도 파업의 정당성을 인정했다. 그 과정에서 사내 하청 노동자를 정규직으로 전환하고, 신체의 구속을 폐지하고, 시간에 대한 노동자들의 자율성을 확보하는 등 일터 민주주의를 구현할 수 있었다.

그러나 근로 여건과 임금, 복리후생이 개선되는 와중에도 울산 3대 산업 노동자들은 그 설움의 정서에서 벗어나지 못했다. 작업장 바깥으로 나가면 지역 사회에서 번듯한 직장에 다니는 중산층 시민이었지만, 작업장에 들어오면 경험으로 체득한 회사에 대한 불신을 떨치지 못했다. 여전히 스스로를 싸워서 무엇이든 더 얻어 내야 하는 약자로만 생각했다. 투쟁으로 만들어 낸 성과가 자부심이 됐지만 그 자부심만으로 허기를 채우지 못했던 것이다. 연대의 구호는 있으나 비정규직과 하청 노동자 그리고 지역 청년을 포함한 연대의 실천이 이루어지지 않은 채 시간이 지나갔다.

담합적 노사관계를 이해해야

"현대자동차 노동조합은 회사가 어려운데도 왜 라인을 세우고 파업할까?" "정규직 노조는 하청 노동자나 협력사에 대해 왜 무감할까?" 이런 질문은 적대적 구도를 보이지만 사실은 공존하는 담합적 노사관계를 이해해야 알 수 있다. 이를 이해하려면 현대자동차 노동자가 겪었던 1997~1998년의 정리해고 경험을 살펴봐야 한다.

정리해고 경험과 전투적 조합주의로의 전환

1997년, 30대 이상의 한국인이라면 모두 다 기억하는 IMF(국제통화기금) 외환위기가 일어난다. 일본의 단기 자금을 빌려 장기 대출을 해

주던 종금사의 대출 연장을 일본계 채권자가 거절하면서 발생한 종금사 사태로 급속한 신용 경색이 왔다. 자기자본보다 훨씬 많은 빚을 내서 사업을 했던 대기업들, 예컨대 한보철강의 부도로부터 시작해 재계의 수위에 있던 대기업이 차례로 무너졌다. 기업이 무너지니 해외 자본의 이탈이 시작됐다. 해외 자본의 이탈로 환율이 치솟는 와중에 외환 보유고는 1997년 가을을 지나기 전에 바닥을 드러냈다.[32] 정부는 IMF에 구제금융을 요청했고 IMF는 다양한 '정책 패키지'를 통해 한국 경제의 신자유주의 구조조정을 요구했다. 그해 겨울이었다.[33]

당시 외환위기는 국내의 거의 모든 회사와 노동자에게 직격탄이 됐다. IMF와의 합의에는 경영상 긴요한 상황일 경우 정리해고가 가능하다는 문구가 있었다. 사실 1996년부터 1997년까지 민주노조 운동은 노동법 개정안에서 정리해고 부분을 빼기 위해 투쟁을 전개했고 결국 유보시켰다. 3개월 동안 3422개 노조 387만 8211명이 거리로 나왔고, 163개 노조 18만 4498명이 파업에 참여했다. 결국 노동법 개정안은 파기됐다.[*][34]

사실 IMF는 자본시장 개방은 강하게 주장했지만 정리해고까지 정부가 받아들일 것으로 여기지 않았다. 하지만 외환 지원이 다급했던 상황에서 노동 운동에 적대적인 당시 정부 여당(민주자유당)과 조건이 무엇이든 받아들여야만 했던 대통령 당선자(국민회의 김대중 당선자)의 의중이 정리해고까지 수용하는 쪽으로 기울었다.[35] 어쨌거나 외환위

---

[*] 그 과정에서 민주노조 운동이 새로 조직된 민주노총 중심의 운동으로 정리되기도 했다. 민주노총의 창립은 1995년 11월이다. 참조: http://nodong.org/about_kctu

기 앞에서 정리해고는 다시 살아났다.

당시 정리해고는 노동자를 향한 엄포만이 아니어서 실제로 도산한 회사가 많았다. 경영상 긴요한 상황이라는 이유로 1997~1998년 동안 정리해고와 명예퇴직이 진행된 회사들이 속출했던 것이다.

울산의 경우 다른 지역과 달리 분위기가 묘하게 흘러갔고 그 영향은 지금까지도 남아 있다. 우선 조선 산업은 당시 물동량이 폭발하는 상황이었기 때문에 구조조정의 여파를 모조리 피해 갈 수 있었다. 환율이 800원일 때 자재를 사서 배를 지었는데 배를 팔 때는 환율이 2000원 가까이 올라, 애초 이익률을 10퍼센트로 잡았을 경우 25퍼센트의 수익을 달성하는 식이었다. "개도 만 원짜리를 물고 다닌다"는 말이 울산 동구와 거제도 등에서 나오던 때가 역설적으로 이 IMF 외환위기 시절이었다. 남구의 정유나 석유화학의 경우는 원래 유가 변화와 석유화학 제품의 가격 부침에 따라 경기가 들쭉날쭉한 편이었다. 또 애초에 고용을 많이 하는 편이 아니었기 때문에 고용 위기가 발생하지 않았다.

문제는 현대자동차였다. 최근에야 글로벌 시장에서 최상위권의 자동차 생산과 판매를 담당하지만, 1990년대 후반의 현대자동차는 여전히 국내 판매 비중이 적지 않아서 외환위기로 인한 경기침체에 직격탄을 맞을 수밖에 없었다. 사측은 매출 저하에 구조조정의 필요성을 제기했다. 1998년 5월 19일 사측은 노동조합에 고용 조정안을 통보하며 생산량 감소에 따라 유휴인력 1만 5031명 중 8189명을 정리해고하고, 나머지 6842명은 계속 고용하되 연간 인건비와 복리후생비를 삭감하겠다고 밝혔다.[36] 노동조합은 곧바로 쟁의에 돌입했다. 쟁의는 노사 간 합의로 해결하지 못하고, 결국 노무현 당시 국민회의 부총재가 제안한 정부의 합동 중재단을 거쳐 합의에 이른다.

최종적으로 정몽구 현대자동차그룹 회장과 김광식 현대자동차 노동조합 위원장이 1538명의 정리해고 대상자 중 277명만 해고하고, 나머지 1261명을 12개월+6개월(교육)=18개월 무급휴직을 하기로 합의했다. 임금 보전을 위해 현대자동차 사측과 정부의 고용안정기금 및 노조가 임금의 2퍼센트씩 내놓아 기금도 마련했다. 무급휴직자 1261명은 대부분 18개월이 아니라 1년이 좀 지나서 경영 정상화 시점에 다 현장에 복귀했다.[37]

당시의 고용 조정은 정부가 3자 개입을 해서 회사 측과 노동자들을 설득해서 이룬 제한적 성과였다. 그러나 제한적 성과만으로는 회사와 노조 모두에게 남은 깊은 상처를 치유하지 못했다. 이는 두고두고 노사 양측에 강한 트라우마를 남겼고 서로의 전략을 전환하는 계기가 됐다.

먼저 노동조합과 회사가 갖고 있던 목표가 변했다. 당시 노동조합 김광식 집행부는 해고 대신 노동 시간 단축을 통한 고통 분담을 주장했으나 회사는 이를 받아들이지 않았다. 노동자들은 동료가 해고당하는 모습을 목격할 수밖에 없었다. 그러다 보니 경영 위기가 왔을 때는 언제든지 해고당할 수 있다는 공포 속에서 "있을 때 조금이라도 더 벌자"는 신념 체계를 형성했다. 더불어 일종의 트라우마에 따른 교섭 전략이 탄생했다. 투쟁적으로 경제적 이윤을 챙기려는 노동조합의 전투적 조합주의 전략이었다. 그에 비해 회사는 더 이상 생산직 노동자를 생산성 향상의 파트너로 삼지 않는 기조를 강화했다.

현대자동차 정리해고 사태는 울산의 '남성 생계 부양자 경제'의 신화가 다시금 민낯을 드러내는 계기가 됐다. 이른바 '밥꽃양' 사태다. 정리해고 대상자 선정에 난항을 겪자 협상 카드로 식당 여성 노동자 300명이 지목됐고 그들은 남성 고용 보호를 위해 해고당했다. '남성 생계 부양자 정규직 노동자'를 지키기 위해 '여성 비정규직 노동자'의 해고를 거래한 것이다.

'노동자 도시' 울산 앞에 들어가야 하는 세 가지

울산은 1987년의 노동자 대투쟁과 1990년의 골리앗 투쟁, 그리고 한국 노동 운동의 현재를 만든 현대자동차 노동조합의 1998년 정리해고 반대 파업을 거치면서 '노동자의 도시'라는 별칭을 얻게 됐다. 수많은 노동자가 투쟁을 통해 고소득을 올리며 도시를 대표하는 존재로 살아간다는 의미다. 그런데 '노동자'라는 말 앞에는 몇 가지 괄호가 있어야 한다.

'중공업 가족 프로젝트'는 애초에 배제와 포섭을 전제로 한 프로젝트였다. 이 프로젝트는 거제로 이주한 정규직들이 회사 공동체의 이름으로 가족을 형성함으로써 타향살이의 외로움을 극복하고, 결혼과 출산을 통해 직계가족을 구성하면서 절정에 이르렀다. 하지만 중공업 가족은 하청 노동자들을 배제했고, 여성들과 딸들의 공간을 결혼 생활의 영역에 한정 지었다. 무엇보다도 중공업 가족은 그들과 전혀 다른 세계관을 가진 젊은 세

대들에게 그 약점을 남김없이 드러냈다. (양승훈, 2019:113)

'중공업 가족'처럼 울산의 노동자는 공동체의 이름으로 연대를 구하고 외로움도 극복했다. 또 1980~1990년대 많은 수가 결혼을 하고 아이를 낳고 키우면서 직계 가족을 구성했다. 처음에는 벌집에서 시작해 결혼을 하고 사택에 살다가 18평, 24평, 32평으로 점차 평수를 넓혀 갔다. 아이들이 성장하자 회사는 복지로 자녀의 대학 학비까지 책임지기 시작했다. 이러한 방식으로 울산 노동자들의 서사가 완성돼 갔다.

여기서 제일 먼저 있어야 하는 괄호는 '정규직'이다. 고소득을 올리는 울산의 노동자가 되기 위해서는 정규직이어야 했다. 과거에는 정규직 혹은 직영이라고 해도 기술을 가지고 높은 일당을 받던 조선소의 경우 고기량 물량팀에 비해 임금이 적었다. 임금 인상이 본격화되기 전까지 현대자동차 공장의 많은 노동자는 영화 〈모던 타임즈〉의 찰리 채플린처럼 끊임없이 단조로운 작업을 하는 사람에 불과했다. 그러나 점차 사내 하도급이 늘어나고 회사가 정규직을 채용하지 않게 된 순간부터 정규직은 특권이 됐다.

두 번째 괄호는 '남성'이다. 울산에 남성이 아닌 여성 노동자의 자리는 거의 없다. 최근 사내 하청에서 일하던 여성 생산직 노동자가 법원에서 전환 명령을 받아 현대자동차 생산직이 됐다는 경우 정도를 제외하면 생산직 노동자 중 여성은 희귀하다. 석유화학이나 정유 산업에서는 화학약품으로 인한 유해 물질 때문에 위험해서 회피했고, 중공업에서는 무거운 것 만지니까 회피했고, 자동차에서는 뽑지 않았기 때문에 회피됐다.* 여성의 일자리는 공장이 아니고 조선소가 아니었다. 여성은 사무실의 '보조적' 역할이 주된 것이었다.

> "비중까지는 몰라도 엄청 낮다. 요즘에는 대졸 여직원들이 들어오고, 주로 고졸의 경리, 서무 업무를 하는 인원이 많다. 다른 업무도 뽑기는 하는데, 본사에서도 찾아보기는 어려워, 마케팅 부서에 가면 많은데, 남양의 연구개발 하는 곳이나 하청에서 정규직으로 넘어온 사람 중에는 여성 직원도 있는데, 그래도 적은 편이고." (현대자동차 간부 인터뷰)

여직원은 수도권의 현대기아차 남양연구소나 강남 양재의 본사에 가야 볼 수 있는 존재다. 페미니스트는 "남성이 스펙이다"라는 말을 하는데 울산의 노동 시장은 이를 더욱 극명하게 보여 준다.

마지막 괄호는 '특정 시점(1970~1990년대)에 입사한' 노동자일 것이다. 공장과 조선소가 세워지고 한창 인력이 필요하던 시기에 일자리를 찾아왔고, 힘들게 싸워 자신의 권리와 임금을 쟁취했던 노동자의 모습은 그 자체로 숭고하다. 문제는 다음 세대에게 울산은 매력적인 정규직 일자리가 없다는 것이다. 그나마 선배와 같은 마음으로 제조업에 진입하려 해도 질 좋은 일자리를 보장하지 않는 도시로 변해 간다는 데 있다. 울산은 50년간의 발전으로 '한몫 잡으면' 떠나려는 도시는 아

---

* 미국 GM 공장이었다가 중국 기업이 인수해 자동차 앞유리를 만드는 공장으로 변모한 이야기를 다룬 넷플릭스 다큐멘터리 〈아메리칸 팩토리〉를 보면, 자동차 공장에서 일하던 많은 여성 생산직 노동자들을 발견할 수 있다.

니게 됐다. 하지만 서울처럼 다양성과 화려함으로 청년에게 어필하는
도시도 아니다. 울산의 일자리는 대공장 정규직만 된다면 중산층을 보
장하지만 그 자리는 2000년대를 지나면서 극소수에게만 허용됐고 그
문은 점차 좁아지고 있다.

달리 말해 울산의 노동 계급 중산층 신화는 '정규직', '남성', '특정
시점'이 한 가정의 생계 부양자를 맡으면서 만들어 왔다. 원청 정규직
노동자들끼리는 고소득을 올리며 서로 평등해 보이지만, 그 이면은
'괄호 바깥'의 사람들을 배제하고 희생시키는 평등이었다. 이것이 바
로 그들의 '진보적' 구호가 지역 사회에 큰 울림이 없는 이유다.

울산 노동자의 선택과 트릴레마*
: 미래 고용 없음

울산의 노동 운동, 그리고 울산을 벤치마킹한 금속노조로 대표되
는 제조 대기업의 노동 운동은 임금 평준화와 임금 극대화를 목표로 삼
았고 이를 성공적으로 달성했다. 그런데 그들의 누적된 성공이 미래의
고용을 막는 결과를 낳았다. 원청 노동자들끼리는 평등하고 다른 지역
이나 다른 산업에 비해 높은 임금과 복리후생을 얻었지만 미래 자녀 세
대의 신규 고용은 없애 버렸다. 신규 고용 축소는 IMF 외환위기, 신자

---

* Trilemma. 셋 중 둘밖에 선택할 수 없는 딜레마.

유주의 세계화, 정부의 정책 변화, 기업의 전략 변화 등 수많은 외부 요인으로부터 찾을 수 있지만, 그럼에도 노동 운동의 선택이라는 내부 요인이 지대한 영향을 끼쳤다는 것은 부인할 수 없는 사실이다. 그 선택을 분석해 보자.

유형근에 따르면 이론적으로 볼 때 노동조합은 임금과 관련해서는 세 가지 목표 중 두 가지만 한 번에 달성할 수 있다. 그 세 가지는 임금 평준화, 임금 극대화 그리고 고용 창출이다.

우선 임금의 평등성을 검토해 보자. 임금 인상에는 두 가지 방식이 있다. 정률로 임금을 올리는 것과 정액으로 임금을 올리는 것이다. 둘 다 임금을 올리는 것이니 차이가 없지 않냐고 반문할 수 있지만 다르다. 예컨대 노동자 임금이 3만 원일 경우와 5만 원일 경우 임금을 10퍼센트씩 올릴 때와 5000원씩 올릴 때를 가정해 보자(도표 2.5, 2.6 참조).

정률 인상은 '복리'의 임금 격차 확대 효과를 낳는다. 초봉에서 차이가 나면 해가 갈수록 차이가 벌어질 수밖에 없는 구조다. 실제로 1980년대에는 공고 출신과 직업훈련소 출신의 임금 격차가 적지 않았다. 회사는 숙련 혹은 기량에 따른 임금을 주려 했기 때문에 정률 인상을 주장했고, 노동조합은 임금 격차를 줄이기 위해 정액 인상을 고집했다.* 세상에 100 대 0은 없는 법이다. 1987~1988년 현대자동차 노사는 정액으로 임금을 인상하고, 1989년부터는 7 대 3에서 5 대 5 비율

---

* 최근 벌어지는 많은 기업의 임금 인상 협상도 비슷한 논점으로 정의된다. 통상 임금을 정액으로 올릴 것인가, 정률로 올릴 것인가 하는 문제다. 노동조합은 정액을, 회사는 정률을 선호한다.

[도표 2.5] 정률 인상

연차	1	2	3	4	5	6	6년차 차액
A	30,000	33,000	36,300	39,930	43,923	48,315	32,210
B	50,000	55,000	60,500	66,550	73,205	80,525	

[도표 2.6] 정액 인상

연차	1	2	3	4	5	6	6년차 차액
A	30,000	35,000	40,000	45,000	50,000	55,000	20,000
B	50,000	55,000	60,500	65,000	70,000	75,000	

로 정액과 정률 인상 비율을 조정했다. 1987년부터 1994년까지 현대자동차 임금은 약 4배로 올랐다. 기존 노사협의회에서 임금 인상폭이 3~7퍼센트였던 점을 감안한다면 폭발적 수준이었다.

현대자동차 노동조합과 현대중공업 노동조합은 정액 임금 인상을 관철해 조합원 내부의 임금 격차를 줄였다. 현대자동차 노동조합은 숙련을 높이고 다기능을 수행할 수 있는 노동자의 직무 교육을 거부했다. 또 현대자동차와 현대중공업 공히 현장 책임자(조장, 반장, 직장)의 호봉 부여나 인센티브 제공 등 개인 성과급적 요소를 폐지함으로써 내부적인 임금 평준화를 달성했다.[38] 물론 이러한 임금 평준화는 철저히 내부자들만의 것이었다. 사내 하청 노동자나 사외 부품 협력사의 노동자 임금과 평준화시키려는 노력은 없었거나 부족했다.

둘째로 임금 극대화 전략도 성공했다. 노동조합은 생계 임금에서 가족 임금으로, 나중에는 회사의 성과를 공유하는 차원에서 임금 인상을 주장했고 성공했다. 삶의 질이라는 차원에서 노동자들은 최소한의 생계를 넘어 4인 가족을 부양하는 수준의 임금을 받았고, 가족 부양의 요소에는 문화비와 사교육, 소비, 아파트 매매 후 원리금 대출 상환까지를 포함하는 다양한 형태의 항목을 늘려 갔다. 2000년대에 이르자 이제 어떠한 항목에서도 고임금을 받게 되자 도입한 것이 성과 연계형 임금이었다. 현대자동차가 경영 실적이 우수했으니 그에 따라 노동자에게 임금도 충분히 줘야 한다는 논리였다. 동시에 조합원은 아니지만 정규직인 현대자동차 관리직이나 엔지니어의 임금 수준도 노조의 강력한 교섭력 때문에 함께 올랐다. 현대자동차는 어느새 한국에서 가장 높은 연봉을 받는 회사가 됐다. 허허벌판에 와서 하루 종일 일만 하고 박봉을 받았다는 1970년대의 서사는 폐기해야 했다.

마지막으로 고용 창출이라는 관점에서 보면 노동조합의 임금 정책은 결과적으로 실패했고 앞으로 나아질 기미도 보이지 않는다. 앞서 언급한 것처럼 회사는 정규직 노동자를 뽑을 유인을 급격하게 상실했다. 생산직 고유의 숙련은 대립적 혹은 담합적 노사관계 속에서 축적되지 않았다. 노동자들은 잔업과 특근을 해서 임금을 많이 받고 싶어 하지만 그들의 작업은 단순했다. 같은 시간 사내 하청 노동자는 정규직의 절반에도 미치지 못하는 임금을 받았다. 동일노동 동일임금 원칙은 정규직 노동조합이 열심히 쌓아 온 교섭력의 차이로 완벽하게 깨졌다.

현대자동차 울산공장은 2010년대부터 정규직 생산직 신입사원을 채용하지 않는다. 물론 정규직 생산직 인원을 아예 뽑지 않은 것은 아니다. 사내 하청으로 일하던 노동자가 법원에서 '불법 파견'으로 인정

되면서 그들이 차례대로 정규직으로 전환되고 있기 때문이다.*[39]

"뭐, 대학 가지 말고 그냥 취업해라, 내가 뭐 자동차에 넣어줄 순 없다, 그니까 뭐 제가 아버지는 그런 활동가로서의 이게 있어서, 나는 그런 비리는 못 저지르는데 그래도 뭐 1, 2차 하청 정도는 너가 들어갈 수 있지 않겠냐, 뭐 이런 건 있었죠." (최성윤)

울산 토박이들은 현대자동차 생산직 취업의 문턱이 높지 않았던 시절을 술회한다. 그 시절엔 1장에서 다룬 것처럼 공부 못 하면 공장 가면 된다는 식의 이야기가 흔했다. 하지만 2000년대부터 부적 정규직 입사가 어려워졌고, 2010년대가 되면 '전환' 가능성이 있는 하청 업체 등의 회사 정도가 그나마 갈 만한 경우가 됐다. 또 2010년대 초반에는 연일 뉴스에서 귀족노조의 고용 세습에 대한 비판이 줄을 이었다. 애초 고용 세습은 정규직 노동자가 산재 등으로 인해 업무를 수행하기 어려울 때 자녀를 채용하는 것과 신입사원 채용 시 직원 가족에게 가산점을 주는 것이었다. 그러나 이제 '디테일'은 사라지고 1억 연봉을 받는 자리를 승계한다는 말만 남았다. 사실 사내 하청 노동자의 수가 늘어나고 정규직 조합원과 임금 등에서 차별이 큰 상황에서 그런 비난을 받는 것은 일정 부분 불가피하다.

* 현대자동차는 2023년 2월 2일 10년 만에 생산직 공개채용을 발표했다. 현대자동차 노사는 '미래 자동차 산업 경쟁력 확보'와 '직원 고용 안정'을 위해 700명 채용에 합의했다.

1987년 현대중공업 노동자를 연대하게 만들었던 것은 '인간적 대우'라는 전태일의 꿈과 크게 차이가 없었다. 이제 인간적 대우가 더 이상 쟁점이 되지 않은 상황에서 노동자는 자연스레 회사와 이익을 공유하고 번듯한 대기업에 다니는 만큼 더 많은 복지를 누리기를 바라게 됐다. 강경하고 전투적인 노조의 기풍은 투쟁의 목표를 실천하는 과정에서 노동조합을 작업장 바깥세상으로부터 고립시켰다. 상황이 변했는데 방향 전환을 하지 못했던 것이다.

이제 생애주기 관점에서 현대자동차 노동자는 아직 취업하지 못한 자녀가 취업할 때까지 일하고 싶어 정년 연장을 외친다.[40] 현대중공업 노동자 역시 구조조정 시기에 떨어진 임금을 회복하기 위해 목소리를 내고 있다. 그러나 같은 시간 사측은 그들의 요구를 '적당히' 들어주면서 미래의 정규직 채용에 대한 희망을 접게 만들고 있다. 아버지들이 싸움으로 쟁취한 '노동 계급 중산층'은 한 세대로 끝날 위기에 처했다. 노동 계급 중산층이 되기 위한 입장권인 정규직 생산직의 문이 닫히고 있기 때문이다.

이러한 '고용 절벽'은 숙련 노동력에 대한 수요가 줄었기 때문에 발생했다. 이는 생산직 노동자의 숙련에 기대지 않는 생산방식이 자리잡았다는 데 기인한다. 산업도시 울산의 재생산 문제를 묻기 위해서도, 정규직 생산직 신규 채용에 대해 묻기 위해서도, 정규직 생산직 노동자가 필요 없는 상황을 만들어 내는 현대자동차의 생산방식에 대해 질문을 던져야 한다.

6장

정규직을 뽑지 않는
엔지니어의 공장

울산의 대공장은 더 이상 정규직 생산직을 뽑지 않는다. 울산 시민들이 공히 알고 있지만 입 밖으로 잘 꺼내지는 않는 이야기다. 2010년 대를 지나며 어느새 자녀 세대는 3대 산업 원청 대신 현대자동차 1차 협력사, 조선소 사내 하청 일자리만 갈 수 있다는 것을 알게 됐다.

그런데 5장에서 언급한 것처럼 기존의 원청 정규직 노동자는 조합원 간의 임금 격차를 줄이고, 임금 자체도 지속적으로 높여 생계 임금이 아닌 중산층 이상의 소득을 올렸다. 1987년 대투쟁 이후 울산의 원청 정규직 노동자의 처우는 어떤 기준을 들어도 좋아졌다. 하지만 '좋은 일자리'를 자녀 세대는 누릴 수 없게 됐다. 어디서부터 잘못된 것일까? 전투적이고 적대적인 노사관계에서 문제를 찾는 건 어렵지 않다.

그런데 노동자와 적대적이면 제조 업체가 신규 채용을 안 하는 것으로 문제를 해결할 수 있을까?

우선 변화에서 답을 찾을 수 있다. 이젠 예전만큼 생산직 노동자가 필요하지 않다. 왜 그럴까? 노동자가 회사를 상대로 스스로를 지켜 낼 수 있는 가장 중요한 방패인 숙련에 대해 회사가 저평가할 수 있게 됐다. 달리 말해 노동자의 숙련이 별로 필요하지 않은 무숙련 작업장이 출현한 것이다.

회사는 노동자의 숙련이 중요하지 않은 환경에서 광범위하게 사내 하청과 아웃소싱 노동자를 활용할 수 있게 됐다. 그러자 이전까지는 당당히 목소리를 낼 수 있었던 씩씩한 노동자의 모습 대신, 그림자처럼 존재가 희미해진 노동자만 남기 시작했다.

무숙련 작업장의 출현과 정규직 노동자

갈등이 극에 달한 울산의 노사관계가 1980년대와 1990년대를 지배했다. 1980년대부터 1990년대 초반에는 현대중공업의 노사관계가, 1990년대 중반을 지나서부터는 현대자동차의 노사관계가 그랬다. 이런 노사관계를 타개하기 위한 노력은 노동자만 한 것이 아니라 회사도 했다. 회사들은 1987년 이후 한편에서는 이윤을 회복하기 위해, 다른 한편에서는 조직화되어 있는 노동자들과의 관계에서 우위를 점하기 위해 다양한 전술을 모색하기 시작했다.

한국의 제조 대기업 역사에서 1990년대는 기업문화 운동과 신경영 전략의 시기로 볼 수 있다.[41] 대기업은 1987년 이전처럼 "눈에 흙이 들어가도 노조는 안 된다"는 원칙을 기조로 노동조합과 강대강으로 대립하는 대신에 새로운 방식으로 노동자를 관리하려 했다.

회사는 종업원을 '가족'으로 부르며 한 가족이 되기 위한 다양한 이벤트와 교육, 조직 문화 활동을 통해 정체성 만들기를 시작했다. '삼성 가족', '현대 가족', '대우 가족', 'LG 가족' 등의 상징이 미디어와 기업의 사보 및 방송을 통해서 쏟아져 나왔다. 회장과 사장이 현장으로 내려와서 노동자들과 함께 운동을 하거나 술을 한 잔씩 돌리며 회식을 했고, 노동자 가족을 초청해 야유회를 하기도 했다.

대우그룹은 전국의 사업장에 직원과 직원 가족을 함께 보내는 '패밀리 트레이닝'이라는 프로그램을 진행하며 '희망 90s'라는 운동을 전개했다. 가족은 거제도 옥포에서 회사가 대절한 관광버스를 타고 서울에 있는 본사를 구경하고 전국에 있는 사업장을 견학했다. 남편이나 아빠가 일하는 회사가 한국에서 얼마나 크고 중요하고 좋은 회사인지를 체험하면서 회사에 대한 신뢰를 조금씩이나마 쌓아 갔다.

기업문화 활동은 한마음 한뜻으로 회사의 위기를 극복하자며 노동자가 거부하기 힘든 목표를 부과했다. 예전 같으면 강압적 관리로 노동자의 일거수일투족, 심지어 두발까지 통제하며 오로지 일을 '빡세게' 시키는 데 회사 관리력의 모든 에너지를 쏟았다면, 이제는 '부드러운' 통치로 넘어가게 된 것이다.

생산성 향상을 위한 사전 작업자 회의(TBM), 시간 지키기* 등 노동자의 헌신과 높은 임금 및 복리후생을 교환하는 것, 이것이 기업문화 활동이 궁극적으로 노리는 것이었다. 울산 3대 산업 노사관계는 기업문화 활동의 부드러운 관리 속에서 협조적 관계(생산 동맹)로 전환할 때가 있었다. 그럼에도 회사는 재무 실적이 좋지 않거나 특정 문제가 발생해 노사관계가 갈등 상황으로 치달을 수도 있다는 위협 요인을 안고 있었다. 재무 실적 악화는 원가 절감의 기조 속에서 기업문화 활동에 지출을 줄이게 만들기도 했으니 말이다. 하지만 회사의 관리 방식이 바뀌었다고 본질적 문제가 해소된 것은 아니었다. 제조 대기업은 점차 노동자들의 '손'에서 벗어나 기술직 엔지니어가 통제하는 '기술'에 더 많이 투자하며 생산성을 높이는 시도를 시작했다. 1990년대는 그 시작이었다. 2020년대에 이르러서는 그 단계가 한창 무르익어 한국적 제조 방식을 대표하는 하나의 흐름이 됐다.

---

* 회사와 노동자가 생각하는 출근 시간은 개념이 다르다. 노동자 관점에서 정시 출근은 출근 시간에 회사 정문을 통과하는 것이고, 회사 관점의 근무 시작은 작업 개시다. 작업 준비 시간이나 청소 등을 위해서는 노동자가 정해진 출근 시간보다 일찍 현장에 도착해 장비와 공구를 예열하거나 준비해야 하고 안전 장구도 착용해야 한다. 또 자신의 하루 작업을 미리 배당받고 전체 공정에 대한 브리핑도 들어야 한다. 휴식 시간, 점심시간, 퇴근 시간에 대해서도 마찬가지로 정시에 대한 개념이 다르다. 회사는 시간 지키기를 강조하며 이런 점에 대해 노동자의 헌신을 요구해 왔고, 이러한 체제가 30년에 걸쳐 정착돼 왔다. 양승훈(2019) 참조.

현대자동차의 기민한 생산방식[*]

생산성을 높이고자 하는 시도는 종래의 생산방식을 전환하려는 시도로 드러난다. 그 사례를 현대자동차를 통해 살펴보자.

현대자동차 울산공장에는 5개의 공장이 있다. 각각의 공장에는 담당 차종이 있다. 1공장에서는 전기차 아이오닉 5와 코나, 벨로스터를, 2공장에서는 투싼과 펠리세이드를, 3공장에서는 아반떼와 전기차 아이오닉을, 4공장에서는 스타렉스와 포터를, 5공장에서는 제네시스 G70부터 G90까지를 만든다.[42] 예전 같으면 펠리세이드를 만드는 2공장 노동자는 펠리세이드를 만들기 위해 필요한 차체 조립이나 의장 조립 등의 역할을 맡았고, 컨베이어 벨트가 이동하여 자신의 순번이 오면 그에 맞춰 자신에게 주어진 작업을 했다. 차체를 조립하는 노동자는 볼트를 체결하다가 잘 안 되면 공구를 들고 와서 볼트가 잘 들어갈 수 있게 미세하게 연결부의 강판 이음매를 조정하거나 깎거나 뚫는 등의 작업을 하면서 자기 구역을 책임졌다. 이런 방식을 노동자 자주 관리라고 한다. 즉 자기 구역에서 나온 문제를 스스로 해결하고 관리하여 품질에 책임을 진다는 말이다. 조선소에서는 설계 엔지니어가 그린 도면을 생산 현장에서 실제로 구현하려 할 때 잘 되지 않으면 숙련공 생산직 노동자가 "너는 종이배 짓냐?"며 엔지니어를 견책하고 자신이

[*] '기민한 생산방식'은 현대자동차 연구에 30년 이상을 천착해 온 조형제 울산대 교수의 고유한 개념이다. 상세한 논의는 조형제, 《현대자동차의 기민한 생산방식》, 한울, 2016; Hyung Je Jo · Jun Ho Jeong · Chulsik Kim, *Agile Against Lean*, Palgrave Macmillan, 2023 참조.

생각하는 방식으로 도면을 수정해 용접을 하고 도장을 하고 배관을 붙였다고 한다. 1980년대까지의 자동차 공장 역시 노동자의 경험에 바탕을 둔 직관적인 임기응변 능력과 창의성을 발휘해 자신의 공정을 책임지던 시절이라고 볼 수 있다. 그 시절의 생생한 풍경은 2장에서 강명한의 인터뷰로 확인했다.

자동차를 만들다가 문제가 생겼을 때 어떻게든 해결하기 위해 소리 질러가며 수단과 방법을 가리지 않고 덤벼들었던 집중력. 그런 것이 바로 산업화 초창기 세대 생산직 노동자가 일하는 방식이었다. 또 이런 일도 있었다고 한다.

현대자동차에서는 많은 개선이 이루어졌는데 그 중에서 특기할 일은 미쓰비시 자동차의 간부가 놀랐던 일이다. 그것은 커넥팅 로드 대단부의 브로칭 공정에서 한 사람이 붙어 30초에 하나씩 장착하던 공작물을 자동으로 장착하게 한 장치이다. 이런 장치는 미쓰비시 자동차에서도 만들려고 애를 써 본 적이 있었는데 투자액이 너무 커져서 중지했다고 한다. 그러나 현대자동차의 작업자들은 고철을 주워 간단한 방식으로 그런 장치를 자기들 손으로 만들었다. (강명한, 2002:81)

이런 증언은 생산직 노동자의 높은 숙련 수준을 방증한다. 초창기 현대자동차의 '작업 조직' 관점에서 보면 현장에 있는 생산직 노동자는 자신의 작업을 최대한 간편하고 효율적으로 처리하기 위해 치공구를 직접 만들어서 사용했다. 이처럼 노동자들의 높은 숙련 수준은 초기 현대자동차의 강점이었던 것은 분명하다. 그러나 노사관계가 적대적으로 변화하는 과정에서 이러한 전통이 점차 사라졌다. 노동자는 권리를 쟁취해 가는 상황에서 '가외'로 하는 일을 원치 않게 됐고, 차를 만드는 주인의식이 어느 순간 희석돼 갔다.

현대자동차가 차를 만드는 방식을 '기민한 생산방식'이라고 했다.[43] 기민한 생산방식은 생산직 노동자 작업 조직이 만들어 낼 수 있는 숙련을 활용하는 대신에 엔지니어들 주도로 생산기술을 발전시켜 만든 일련의 생산 체제다. 기민한 생산방식을 이해하기 위해 우선 생산방식이라는 말을 이해해야 한다. 생산방식은 좁게 보면 "생산 현장에서 기술적 요소와 인적 요소가 하나의 시스템으로 조직화된 것을 의미한다."[44] 즉 생산방식은 원자재를 투입해 완제품을 생산하는 데 사용되는 생산기술production technology과 생산 과정에서 노동자의 작업이 이루어지는 노동 편성의 구체적 형태인 작업 조직work organization을 결합한 개념이다(조형제, 2005:12-13).

좀 더 넓게 보자면 생산방식은 "기업 활동의 가치사슬에 경영 자원을 배치하고 관리하는 것을 통해 드러나는 특정 제조 업체의 일관된 특징을 지칭"하는 말이다.[45] 생산방식이란 말이 초창기에는 공장에서 생산을 조직하는 엔지니어의 기술과 이에 대응하여 실제 제품을 만들어 내는 노동자의 조직 형태를 의미하는 것이었다면, 나중에는 선행하는 엔지니어의 몫이 커짐으로써 연구개발과 설계, 마케팅까지 고려한 좀 더 넓은 개념이 됐다. 즉 고객의 요구에 맞추거나 고객의 욕구를 창출하기 위해 제품을 개발하고 설계하는 일련의 경영 활동 및 엔지니어의 생산기술과 작업 조직이 연결된 총체적인 생산의 방식이라고 통칭할 수 있다.

생산기술로 대표되는 것은 자동화와 모듈화, 정보통신기술(ICT)의 도입을 들 수 있다. 우선 자동화는 로봇을 생각해 보면 쉽게 이해할 수 있다. 노동자가 반복 작업하는 동작을 포착해 로봇에게 맡기는 것이다. 동작이 단순할수록 로봇이 포착해서 따라 하기 쉽다. 예컨대 직선으로 똑같은 두께의 차체 용접을 해야 할 때는 사람의 일을 로봇이 쉽게 대체할 수 있다. 용접 작업보다 훨씬 더 복잡하고 미묘한 인간의 언어를 챗GPT 같은 AI 기반 서비스가 흉내 내게 됐다는 점을 고려한다면, 로봇의 작업 대체는 크게 어려운 일이 아니다.

두 번째는 모듈화다. 1990년대까지 자동차 공장이 외부에서 조달하는 것은 생산을 위한 장비와 제작을 위한 강판이나 부품 등이었다. 그리고 도장, 의장 조립, 차체 조립 등의 공정은 처음부터 끝까지 공장 안에서 모두 이뤄졌다. 강판이 시작점에 들어가면 최종점에서 차가 나오는 것이었다. 그러나 1990년대 후반부터 모듈화가 진행되기 시작했다. 모듈화는 쉽게 말하면 부품과 자재를 조립해서 덩어리(모듈)로 만드는 과정을 외부에 맡기는 것이다. 완성차 공장에서는 모듈 몇 개를 조립하고 최종 도장을 하는 정도의 작업만 맡게 된다. 최적의 생산을 위한 조치다. 모듈화는 완성차 공장의 동선을 최적화시켜 빠르고 유연한 생산을 할 수 있도록 돕는다.* 또한 현대자동차의 모듈화는 원가를

* 반대로 조선소의 경우 야드 활용의 최적화를 위해 사외로 블록 제작을 외주화하기 시작했다. 울산 남부 해안가로부터 시작해 거제, 창원을 거쳐 영암까지 사외 블록

절감하기 위한 수단이다. 완성차 공장에서 일하는 정규직의 인건비가 높기 때문에 외부의 저렴한 인건비(하청 노동자)를 활용하기 위한 수단이라는 말이다. 대립적 노사관계가 모듈화와 상관관계가 있음을 쉽게 이해할 수 있다.

마지막으로 1980년대부터 정보통신기술이 도입됐다. 정보통신기술의 도입은 우선 자재 입고를 원활하게 하기 위해서였다. 일본 도요타의 자재 조달 시스템을 JIT라고 한다. Just In Time, 즉 제품 생산에 필요한 적기에 자재가 입고된다는 말이다. 예컨대 도요타 프리우스 한 대를 만들기 위해 필요한 자재들이 있을 때, 완성차 공장의 작업자가 요청하면 컨베이어 벨트에서 차체가 흘러가는 흐름에 따라 작업하는 노동자 옆에 자재가 제때 오게끔 예측해서 부품 협력사가 자재를 공급하는 것이다.* 바로 앞에서 언급한 모듈의 입고 순서를 엉키지 않게 만드는 것도 적기 입고의 개념으로 볼 수 있다. 완성차 공장의 요청과 협력사의 납기를 최적화하기 위해서는 생산 흐름에 맞춰 자재 흐름이 '동기화synchronize'돼야 한다. 이를 위해 필요한 것이 정보통신 시스템이다. 이 시스템은 일차적으로 현재 생산 상황을 협력 업체와 공유하면서 완성차 생산에 차질이 없게끔 도와준다. 또 정보통신 시스템은

제작 업체가 2000년대를 전후해 늘어났다. 조선소의 사외 블록 제작 역시 모듈화의 일환으로 볼 수 있다.

* 경영학자들은 도요타 자동차의 JIT 시스템에 대해 완성차 공장에서는 공정을 최적화하지만, 협력사 입장에서는 바깥에 자재차가 대기하면서 기다리는 '비효율'이 발생하기 때문에 사실 온전한 형태는 아니라고 주장하기도 한다.

한 라인에서 다양한 차종을 생산할 수 있는 유연 생산 체제Flexible Manu-facturing System(FMS)를 가능케 했다. 이를 혼류 생산이라고도 부른다. 예 컨대 i40을 만들던 공장에서 i30에 고객 수요가 많아질 때 일시적으로 i30과 i40을 번갈아 생산할 수 있게 하는 시스템이다. 생산해야 하는 차량이 바뀔 때 전산화된 회사의 생산 시스템이 작업자에게 현재 작업 하는 차종이 무엇이며, 그에 따라서 바뀌는 작업이 무엇인지를 인지할 수 있게 한다.

자동화, 모듈화, 정보통신기술의 도입은 생산 현장을 어떻게 바꿨 을까? 좀 더 구조화해서 살펴보자. 어떤 제조업 조직이 제품의 품질을 개선하고 갈등 상황에서 선택할 수 있는 생산방식은 기술과 조직의 측 면을 고려할 때 네 가지 범주로 묶어 볼 수 있다.

생산방식을 선택하는 것은 오너나 경영진의 의사결정으로 단번에 정해지는 것이 아니다. 장기간에 걸쳐 기술과 관련된 개발과 조치가 누적돼 기술의 측면을 결정하고, 노사관계와 노동자가 생산에 임하는 방식, 조직의 학습 등의 측면이 쌓여 최종적으로 정해진다. 직관적으 로 보기에도 가장 이상적 모델은 IV 유형에 표현된 것처럼 생산직 노 동자가 조직 차원의 혁신에 열심히 참여하고, 기술적으로도 혁신이 벌 어지는 것이다. 특정한 생산기술이 도입될 때 생산직 노동자가 자신에 게 미칠 수 있는 영향을 엔지니어를 통해 듣고, 스스로 제 몫을 할 수 있 게끔 기술과 노동 방식을 토론하면서 조정하고 협상한다. 협상 후에는 서로 교섭을 통해 약속한 수준에서 기술이 도입되고 노동자는 제 몫을 해낸다. 최종적으로는 생산성이 향상된 부분에 대한 기여를 고려해 임

	조직 유지	조직 혁신
기술 유지	현상유지 (I 유형 - 영국)	숙련 주도형 (장인형 조직, III 유형 - 스웨덴 볼보)
기술 혁신	기술 주도형 (숙련 절약형 기술 진보, II 유형 - 한국)	선순환 구조 (IV 유형 - 독일)

출처: 조형제(2005)에 기초해 재구성.

금 인상을 하거나, 이윤이 늘어난 만큼 더 채용하거나, 노동자를 교육하거나 기술에 더 투자하는 방식 등을 교섭을 통해 결정한다. 이때 어느 쪽에 치우치지 않도록 원만히 교섭하는 것이 가장 중요하다. IV 유형의 대표 사례인 독일 자동차 업계의 노사관계는 기술과 조직의 문제를 조율해 온 역사가 깊다.[46]

이에 비해 현대자동차, 좀 더 넓게는 한국의 제조 업체는 II 유형으로 생산방식이 구성됐다. 노사 간 극도의 불신이 생산직을 배제한 채 엔지니어링에 기반을 둔 혁신을 강제한 것이다. 요컨대 모듈화, 자동화, 정보통신기술의 도입 등이 노동자를 배제하기 위한 수단으로 도입됐다. 모듈화를 통해 싼 하청 업체의 노동력으로 인건비를 절감하고, 자동화를 통해 노동자의 숙련을 높이기보다는 단조로운 작업 중 기계가 대체할 수 없는 작업만 노동자에게 남겼다. 인간과의 커뮤니케이션보다는 물류의 센서 간 커뮤니케이션만 높이는 방식으로 생산기술의 혁신이 주도된 것이다.

이즈음에서 원래 그런 게 아니냐고 물어볼 수 있지만 원래 그렇지는 않다. 스웨덴의 볼보나 북유럽의 자동차 공장이 채택한 III 유형이 그렇다. 노동자가 생산성을 높이기 위해 스스로 작업 방식을 개선하고, 컨베이어 방식 대신 유연 차체 라인Flexible Body Line(FBL)에서 작업을 시작한다. 각각의 작업자가 선반 위에서 컨베이어를 타고 자기 순번에 오는 부품을 조립하는 게 아니라, 여러 작업자가 팀으로 모여 모든 차체 공정을 작업실처럼 구성된 공간에서 완성하는 방식이다.[47] 자재나 부품 등은 차체 조립에 필요한 만큼 작업자가 쌓아 둔다(도표 2.7 참조).

노동 분업이 주는 효율성을 생각하면 좀 더딘 방식이다. 하지만 팀원이 서로 차량의 완성도를 검토하고 품질 인증을 하는 '자주 품질 관리'를 수행하기 때문에 고객이 더 만족할 수 있는 형태다. 또 다양한 차종을 노동자가 학습해서 만들어 낼 수 있다는 점에서 여러 차종과 차체 공정 전반에 대한 이해도, 다양한 작업을 수행할 수 있는 다기능성 모두를 만족시킬 수 있는 방식이다. 컨베이어 벨트에서 밀려오는 반복 작업을 하는 것과는 완전히 다른 형태다.

현대에도 몇 차례 분기점이 되는 일이 있었다. 현대자동차는 생산직 노동자의 참여를 높이고 숙련을 활용하기 위한 실험을 했다. 1990년대 현대자동차는 유연 차체 라인을 울산 2공장에 설치한 적이 있었으나 실험이 실패했다. 다양한 차종을 설치하기 위한 노동자의 숙련 형성에 실패하고, '휴먼 에러'가 발생할 수 있는 작업에 로봇이 들어갔다. 또 자주 품질 관리를 위해서는 노동자가 품질 관리를 할 수 있는 숙련을 축적해야 했지만, 그 대신 별도로 채용된 엔지니어가 QC(품질 관리) 직무를 담당했다. 결국 차체 조립 작업 중 장비가 고장 나면 버튼을 눌러 키퍼반, 개선반, 지그정비반 소속 담당자에게 장비의 응급조치와

[그림 2.3] 포드자동차 생산 라인

[그림 2.4] 현대자동차 생산 라인(사진: 연합뉴스)

[그림 2.5] 볼보자동차 작업장(사진: 게티이미지)

정비를 맡겼다. 노동자는 새로운 직무를 배우는 것을 꺼렸고, 현재의 라인이 아닌 다른 라인에 가서 작업하는 것을 싫어했다. 회사는 구태여 노동조합과 갈등을 빚으며 직무 교육을 시키거나 전환 배치를 강제하지 않았다. 이런 현상 유지 상태가 지속됐다.

그 사이 현대자동차는 동유럽과 미국, 중국에 진출하면서 다양한 생산방식을 실험했다. JIT라는 자재 입고 방식과 도요타의 생산방식인 린 생산Lean Production이다. 린 생산은 생산 현장을 중심으로 낭비를 최소화하면서 고객의 수요에 유연하게 대응하는 생산방식을 추구한다. 그러나 현대자동차는 앞서 언급한 이중의 실패, 즉 노동자의 저항과 회사의 체념 두 가지 때문에 린 생산 적용에 실패한다. 결국 현대는 최대로 생산할 수 있는 라인 시스템을 그대로 활용하고, 노동자의 저숙련이 빚어 내는 '휴먼 에러'를 최소화하기 위해 로봇 도입과 자동화율을 극대화하기 시작했다. 노동조합은 숙련에 따른 보상의 차별화가 노동자들 내부의 분열을 일으킨다는 이유로, 또 회사는 정규직 노동자에 대한 깊어진 불신을 이유로 나아간 결과였다.[48] 또 하나 특기할 점은 현대자동차가 생산직 노동자의 숙련 대신 공과대학을 나온 엔지니어의 숙련을 최대한 활용하는 식으로 생산방식을 진화시켜 왔다는 것이다.

린 생산방식이 자원의 효율적 활용에 초점을 맞춘 관리 기술이라고 한다면, 현대의 기민한 생산방식은 예측 불가능한 복합적 환경에서 성공에 초점을 맞춘 총체적 전략이다. 두 생산방식은 모두 환경 변화에 대응하는 유연성을 핵심 요소로 한다. 그러나 기민함이 요구되는 급변하는 환경에서 린 생산방식의 유연성은 저하될 수 있다. 린 생산방식이 안정된 환경에서 효율적 관리를 통해 사전에 낭비 요소를 줄이는 것이라면, 기민한 생산방식은 급변하는 환경에서 신속한 대응 능력에 초점을 둔 것이다(조형제, 2016:19).

이런 기민한 생산방식이 전개되면서 생산직 노동자의 피땀으로 자동차를 생산해 내던 공장의 이미지는 전반적으로 변한다. 기존에 생산직 노동자들이 담당하고 숙련을 축적했던 일들이 외주화됐기 때문이다. 노동자 관점에서 요약하자면 노동자의 숙련을 필요로 하지 않는 작업장이라는 뜻에서 '무숙련 작업장'이라고 할 수 있다. 더 중요한 것은 기민한 생산방식이 전개되던 2000년대부터 지금까지 현대자동차가 연간 생산량 기준 글로벌 Top 5에 등극하고, 재무 성과 면에서나 브랜드 가치 부문에서나 승승장구했다는 점이다. 노동자를 배제한 성공이 누적되는 동안 노동자의 숙련이 저평가되는 것은 너무나 당연한 일이다.

무숙련 작업장과 정규직 노동자의 가치

숙련은 노동자의 협상 도구였다. 파업 상황을 생각해 보자. 단체교섭이 시작됐다가 교섭이 결렬되고 정규직 노동자가 생산 라인을 세운다. 회사는 대체 인력을 긴급하게 투입한다. 이때의 지렛대가 바로 숙련이다. 대체 인력이 생산을 담당하던 정규직 노동자와 똑같은 성과를 낼 수 있다면, 단기적으로 파업의 효과는 그저 대체 인력을 충원하는 사이에 발생하는 생산의 손실 정도다. 현대자동차 같은 경우 생산직 노동자의 임금이 한국의 전체 제조 업체에서 가장 높은 수준이기에 실제로는 더 싼 인건비를 지급하는 것만으로 끝날 수도 있다.

파업의 효과가 나려면 파업으로 인한 생산 손실이 발생해야 한다. 손실이 발생하지 않으면 회사 측은 파업 자체를 두려워하지 않게 된다. 현대자동차에서는 파업으로 인해 2006년에는 200,000일, 2012년에도 230,000일 손실이 발생했다. 한국 전체에서 벌어진 노동 손실의 15.2퍼센트에 이른다. 하지만 현대자동차는 2003년부터 2012년까지 1년 평균 128,000일의 근로 손실을 경험했지만 그 사이에 글로벌 TOP 5에 등극했다. 신문과 방송에서는 파업으로 인해 치명적인 생산 손실이 발생해 경쟁력에 큰 누수가 생겼다고 주장하지만, 실제로는 파업으로 인한 손실이 그렇게 파괴적이지 않았음이 드러났다. 그렇다면 이러한 손실을 어떻게 대체하게 될까?(도표 2.8 참조)

바로 잔업과 특근이다. 쟁의 기간 중 노사 간 임금 협상을 비롯한 단체협상에서는 손실 물량을 메울 잔업과 특근 시간에 대한 협상 또한 따라온다. 노동자는 기본급보다 잔업 및 특근비 시급이 훨씬 더 높기 때문에 잔업과 특근을 많이 따오는 것을 노동조합의 능력으로 여기기도 한다.

'뻥 파업'이라는 말이 있다. 노동조합이 쟁의 선언을 하기는 하지만 실제로 파업의 강도가 높다기보다, 엄포일 때가 많다는 말이다. 회사가 임금 인상률을 제시하면 늘 하던 방식대로 파업을 하고, 그 이후에 실랑이가 오가지만 결국에는 타결된다. 이런 모든 과정을 서로 인지하고 있을 때가 많다. 이런 양상을 '담합적 노사관계'의 특징이라고 표현하기도 한다.[49]

구분	2003	2004	2005	2006	2007	2008	2009	2010	2011	2012	2003~2012
근로손실일수 (천일, A)	1,299	1,199	848	1,201	536	809	627	511	429	933	839.2
파업 성향	90.2	80.5	55.8	77.2	33.6	49.9	38.1	30.1	24.7	52.7	52.2
현대·기아차 파업 (천일, B)	429	281	332	517	133	116	183	24	0	361	238
현대·기아차 비중 (B/A, %)	33.0	23.4	39.2	43.0	24.7	14.4	29.1	4.7	0.0	38.7	28.3
현대차 파업 (천일, C)	278	167	200	284	30	86	0	0	0	230	128
현대차 파업 비중 (C/A, %)	21.4	13.9	23.6	23.6	5.6	10.7	0.0	0.0	0.0	24.6	15.2

출처: 박태주(2014:60).   * 파업 통계에서 정치 파업은 제외되고 야근 및 특근 거부는 포함된다.

그런데 특근과 잔업을 추가하면 생산 손실을 만회할 수 있다는 말은, 그 노동의 성격이 장시간 노동을 통해 일정 부분 집중력을 상실한 상황에서도 수행할 수 있다는 말이기도 하다. 즉 생산직 정규직의 노동이 단순하며 특별한 숙련을 요구하지 않는다는 말의 방증이다.

논에 모심는 아지매를 데리고 와서 바로 현장에 투입해도 차 만드는 데는 아무 이상이 없습니다. (박태주, 2014:89)

실제로 울산의 많은 (남성) 대학생이 주말 아르바이트로 현대자동차 울산공장에서 일하는 경우가 적지 않다. 아르바이트가 쉬운 이유는 가서 쉽게 배울 수 있기 때문이다. 현대자동차는 생산직 직원의 직무 역량을 강화하는 시도를 하지 않는다. 정규 교육은 이른바 '의식 교육'

에 그친다. 단순 작업은 단조롭고 오래 할 경우 노동 강도가 세지고 근골격계 질환을 유발하기 마련이다. 일을 좀 더 창의적으로 하면서 자체의 '보람'을 찾는 길과, 단조로운 노동을 더 간편하게 할 수 있도록 직무를 단순화시키는 길 중에서 현대자동차 울산공장이 선택한 길은 후자였다. 결과적으로 현대자동차 울산공장의 노동자는 교대근무를 하며 포드주의적 작업장의 '구상'과 '실행'이 완전히 분리된 공간에서 단조로운 작업을 하는 부속품에서 벗어나지 못했다. 1987년 노동자 대투쟁에 참여했던 자동차 사람들의 인터뷰가 인상적이다.

> 실제 뭐 그때만 해도, 저희들 때만 해도 자동차 이거는 들어오려고 하면, 생산직 들어오려고 하면 크게 어렵지도 않고, 그냥 뭐 신체 건강하고 뭐 했었어요 했는데, 뭐 자동차보다는 그 당시만 해도 석유화학단지라든지 이쪽에 이런 데가 엄청 좋았죠. (조성재·박준식 외, 2013)

자동차의 한 노동자는 중공업의 조선소 일은 머리를 쓰는 일인 데 비해 자동차는 너무 단순한 일만 하기 때문에 머리가 나빠지고 부품 같다는 생각이 들었다고 한다. 그래서 조선소로 일자리를 옮겼다고 말한다. 이처럼 현대자동차의 노동 운동은 작업장 자체를 바꾸기보다 작업장을 통해서 '벌이'와 '복리후생'을 늘리는 데 집중했다.

그렇다고 일방적으로 노동 운동을 규탄할 수는 없다. 노동 운동이 지속적으로 특근과 잔업 확보, 기본급 인상을 통한 임금 인상과 복리후생에 집중할 수밖에 없었던 것은 1997~1998년의 정리해고 경험 때문이다. "언제든 잘릴 수 있으니 기회만 되면 최대한 벌자"라는 생각이 원청 정규직 조합원의 뇌리에 박혔다. 현대자동차 노사는 약속을 참 많이 했다. 2000년대에 들어서면서 지속 고용 보장 합의를 작성했다. 당시 조합원들에 대한 구조조정을 최대한 막기 위한 약속이었다. 또 노동조합은 해외 공장을 지을 때도, 국내 다른 지역에 공장을 지을 때도 울산공장 조합원의 고용 보장을 요구했다. 달리 말하면 현대자동차 노동자들은 기회가 있을 때마다 사측과 서약을 하지 않으면 스스로의 고용을 지킬 수 없다고 생각해 왔다는 뜻이기도 하다.

원청과 하청의 분리는 어떤 해악을 남겼는가

울산에는 노동자 일반의 이익이란 게 없다. 원청 정규직과 하청 비정규직이 명확하게 분리돼 있기 때문이다. 이른바 노동 시장의 이중 구조다. 하청 비정규직은 원청 정규직이 될 수 없다. 똑같은 일을 해도 하청 노동자가 적게 벌고, 오랜 시간 일해도 하청 노동자의 임금은 크게 늘지 않는다. 조선소에서는 하청 노동자가 가장 힘들고 어렵고 위험한 일을 한다. 경영상 위기가 왔을 때 '유연성' 확보를 위해 가장 먼저 정리되는 노동자는 하청 비정규직 노동자다. 울산의 3대 산업 원청 노동조합은 하청 조합원을 받아들이고는 있지만 그들의 이익은 '표면상'으로만 대변할 뿐이다. 민주노총과 금속노조와 함께 활동할 때는 전체 노동 계급의 이익을 대변하고 임금 단체협상에서 '하청 노동자 처우'

를 안건으로 올린다. 하지만 협상 과정에서 우선순위가 밀리는 일은 다반사다. 또 정리해고 상황이나 하청 노동자의 단체행동이 있을 때는 미온적으로 대응한다. 원청 노사관계가 적대적인 것 같지만 하청의 희생 앞에서는 같은 편임이 분명해 보인다.

역설적이게도 1987년 현대중공업과 현대자동차 노동조합의 사측에 대한 요구사항 중에 큰 비중을 차지한 것이 '사내 하청의 철폐'였다. 이는 불평등에 대한 강력한 시정의 메시지였다. 그때까지 현대중공업은 '위임 관리제'를 통해 10~20퍼센트가량의 사내 하청 노동자를 하도급 형태의 견습공이라는 이름으로 고용해 왔다. 그 외에도 미포와 양정에 있는 많은 현대그룹 제조 업체가 사내 하청 노동자를 고용했다. 노동조합의 사내 하청 철폐 요구는 거세었고, 모든 노동자가 원청이나 하청이나 할 것 없이 노동자 대투쟁에 참여했다. 하지만 1990년대를 거치면서 하청 노동자의 수가 지속적으로 늘어나고, 2020년 기준 중공업에서 다수는 하청 노동자가 차지한다. 현대자동차 울산공장에는 정규직이 여전히 다수를 점하고 있다. 하지만 모듈을 만드는 등의 작업을 하는 N차 협력사에서 일하는 노동자는 신분도 불안하고 상대적으로나 절대적으로 불평등에 노출돼 있다. 그럼에도 주말이면 아르바이트를 하러 온 하청 노동자가 공정을 맡는다. 하청 노동자의 비중이 줄어들지 않고 있는 것이다.

도대체 무엇이 하청을 광범위하게 활용하게 만들었을까? 어떤 기제에서 원하청이 '분리'되고 분절된 채 유지되고 있을까? 원하청의 분리가 만들어 내는 문제는 무엇일까? 이런 질문에 답하는 과정에서 우리는 울산이 만들어 낸 노동 시장의 원형을 통해 한국 제조업 노동 시장의 현재를 이해할 수 있다.

현대자동차 노조의 선택: 갈림길이 된 1998년

현대자동차의 1998년 정리해고 사태 이후 정규직 노동자가 느낀 것은 언제든지 해고당할 수 있다는 공포였다. 그리고 그 공포가 하청 노동자 양산이라는 역설적 결과를 만들어 냈다. 현대자동차 노동자는 1만 명이 넘는 동료가 직장을 떠나는 것을 지켜봐야 했다.[*] 울산은 남자 혼자 벌어서 네 식구를 먹여 살리는 남성 생계 부양자 경제로 운영되는 도시의 전형이다. 정규직 노동자 개인이 해고당하거나 희망퇴직에 노출될 경우 가족의 경제는 파탄 난다. 임금뿐 아니라 학자금 지원과 주택담보대출 등 회사의 지원이 모두 끊어지기 때문이다. 더불어 집안에는 가장 한 명을 제외하면 임금 노동을 하는 가구가 드물다. 특히 생산직 가구는 많은 경우 남성 외벌이 가구다.

1990년대에는 현대자동차 및 현대중공업에 다니는 남편을 둔 여성은 고작 10퍼센트 내외로만 취업을 한 상태였다(유형근, 2012). 2016년에도 울산의 맞벌이 비율은 37.6퍼센트로 7개 광역시 중 최저 수준이었다. 달리 말하면 울산의 기혼여성은 결혼하자마자 90퍼센트 가까운 사람이 자신의 경력을 단절하고 가사와 육아에 전념한다는 것이다. 물론 여기에는 2013년까지 주야 2교대로 진행된 노동 형태 때문이기

---

[*]   물론 인력 중 대다수는 1년 내에 복귀한다(조형제 인터뷰).

도 하다. 가족 생계를 책임지는 남편의 숙면과 생체 리듬을 깨뜨리지 않으려는 배려, 중산층 여성으로서 규범이 생겨난 것 등 가정 내의 의사결정이나 문화적 규범 등에 따른 요인도 포함된다.[50] 그러나 여성이 맞벌이에 참여하지 않았던 이유는 결국 여성이 일할 만한 마땅한 일자리가 울산에 없어서였다.* 그렇기 때문에 울산에서 대기업 정규직으로 일하는 남편은 해고당하면 안 된다(도표 2.9 참조).

문제는 이러한 고용 불안에 대한 정규직 노동자의 공포가 다른 한편에서는 '외부자'를 착취하는 방식으로 적극 전환됐다는 것이다. 현대자동차 노사는 2000년 고용 보장 협약을 체결하면서 16.9퍼센트를 넘지 않는 수준에서 사내 하청 노동자를 고용하는 것으로 정했다.** 협약의 핵심은 물량이 늘어날 때 정규직을 신규 채용할 수 없을 경우 그 인원만큼 사내 하청을 뽑는 건 노동조합이 승인한다는 것이었다. 앞서 언급했듯이 사측이 생산직 정규직 인원을 채용할 계획이 별로 없으므로, 위의 협약은 사내 하청을 지속적으로 운영하겠다는 노사 합의나 마찬가지였다. 노동조합의 사내 하청 허용은 생산 물량이 줄어들었을 때 조합원을 해고하는 대신 사내 하청 노동자를 해고해도 된다는 동의였다. 그리고 현대자동차는 애초 협약에서 정한 비율인 16.9퍼센트를 넘기며 2004년에는 33퍼센트, 2010년에도 25퍼센트 수준으로 하청 노동자를 활용했다.[51]

* 이에 대한 이야기는 9장에서 자세히 다룬다.
** 흥미로운 것은 16.9퍼센트가 1997년 8월의 사내 하청 비율에서 도출되었다는 것이다.

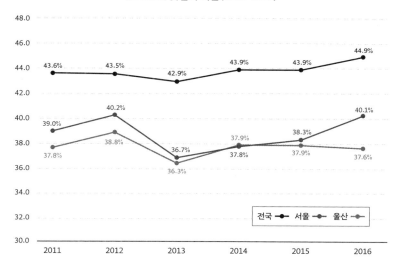

[도표 2.9] 맞벌이 비율(2011~2016)

전국 / 서울 / 울산

출처: 유형근(2022).

N차 벤더와 불균등한 이익 분배

작업장 바깥으로 나가면 울산의 3대 산업은 N차 벤더에 대한 불균
등한 이익 배분이라는 문제에 부딪힌다. 3대 산업은 이른바 '소부장'이
라 불리는 소재·부품·장비 클러스터를 영호남 전체에 보유하고 있다.
조선 산업을 영위하는 현대중공업 같은 경우 관련 강재 및 형강재, 배관
재, 철의장재 등 다양한 자재와 부품 업체가 부산·울산·경남에 넓게 포
진해 있다. 현대자동차는 울산 주변의 매곡산단과 효문산단 그리고 경
주-포항-대구를 중심으로 218개의 부품 업체와 계약 관계를 맺고 있
고, 종사자 수로는 울산 내부 산업단지에만 5000여 명에 이른다. 자동
차 부품 업계 평균 임금은 3290만~5110만 원의 구간에 위치해 있다.

울산 자동차 부품 산업의 특징은 영세하고 미래가 잘 보이지 않는 다는 데 있다. 대부분 100인 미만의 소규모 사업체(84.4퍼센트)이며, 차체 부품(17.2퍼센트)과 제동장치 부품(4.8퍼센트)을 제하면 부가가치액 대비 연구개발의 비중이 4퍼센트에 채 미치지 못한다. 이는 원청인 현대자동차가 OEM 혹은 ODM 형태*로 발주 내는 제품 이외에 새로운 제품을 개발해 판로를 넓히기 어렵다는 말이다. 오로지 현대자동차의 구매력에만 의존해야 하는 상황이 많다는 것이다.** 더불어 완성차에 들어가는 핵심 부품 중 많은 경우 현대모비스가 생산하는데, 현대모비스는 정규직 고용보다 훨씬 많은 수를 사내 하청이나 외부에 N차 하청 회사를 운영한다.

새로운 제품 개발을 통한 판로 개척이 어려운 자동차 부품 회사가 원청에 의존적이 되는 것은 너무나 자연스럽다. 현대자동차를 관찰해 온 다수의 연구자에 따르면 현대자동차의 노사 협상에서 임금 인상이 결정되면, 딱 '그만큼' 자동차 부품 업체에 원가 절감cost reduction이 부과 된다. 원청의 하청에 대한 '단가 후려치기'는 일시적인 이벤트가 아니

---

* OEMOriginal Equipment Manufacturing은 고객사가 원하는 제품을 지정한 방식으로 지정된 재료를 가지고 장비Equipment만 자신들 것으로 생산해 고객사 이름으로 판매하는 '주문자 상표 부착 생산'을 의미한다. ODMOriginal Design Manufacturing은 '제조사 개발 생산'이라 부르며 최종 브랜드는 OEM과 마찬가지로 고객사 이름으로 발행하지만, 생산 업체 자체 기술을 통해 설계하고 생산한다는 차이가 있다.

** 정의선 현대자동차그룹 회장은 현대자동차 부품 업체에 글로벌 자동차 브랜드에도 납품을 하면서 경쟁력을 강화하라는 메시지를 몇 차례 전달했으나, 기술력의 문제와 다양한 이해관계가 얽혀 아직까지 실현되는 경우는 드물다.

라, 총 원가 관점에서 원청 정규직 노동자의 임금 몫이 올라가는 만큼 조정되는 연례행사가 됐다. 이와 함께 앞에서 현대자동차가 모듈화를 운영하는 중요 이유 중 하나로 대립적 노사관계를 들면서, 임금을 제어하기 힘들기 때문에 하청을 통해 저렴한 인건비를 활용한다고 했다. 현대모비스는 현대자동차의 모듈화를 담당하며 인건비 절감의 큰 역할을 해내고 있다. 모비스의 하청 회사에서 '현대 마크'를 달고 일하는 노동자가 겪는 차별과 저임금을 미루어 짐작해 볼 수 있는 부분이다.

사내 하청과 위험의 분배: 조선소의 경우

2016년 《현대조선 잔혹사》[52]라는 책이 나왔다. 울산 현대중공업 조선소에 '위장 취업'을 했던 기자의 체험을 담은 르포였다. 책은 하청 노동자가 얼마나 차별을 받고 위험한 곳에서 일하는지를 생생히 드러냈다. 특히 크고 작은 산재가 발생했을 때 원청이 산재로 인정해 산재 보험료를 받을 수 있도록 하는 것이 아니라, 압박을 통해 '공상'* 처리하는 방식을 보여 주기도 했다.

'위험의 외주화'라는 개념이 있다. 위험 작업을 같은 공장이나 조선소 안에서 사내 하청 노동자에게 넘기거나 외부 공장에 넘기는 일을 의미한다. 조선 산업은 1987년의 대투쟁으로 사내 하청 노동자가 사라졌으나 1990년대부터 다시 늘어났다. 조선 산업은 자동차 산업에 비해 노동자의 손끝 숙련이 중요하다. 또 자동화되지 않는 공정이 많기

---

* 회사가 치료비를 적정한 선에서 지불하고 산재보험에 청구하지 않게 하는 방식. 산재 기록을 늘리지 않으려는 방편이다.

때문에 정규직 생산직 노동자를 일정 규모로 뽑을 수밖에 없다. 단, 수주 산업이기 때문에 경기 흐름이나 유가 등의 변동에 따라 일량과 물량이 오락가락^fluctuating해서 고용 조절이 필요하다. 1990년대 중반이 되면서 조선 산업이 호황기에 들어서자 현대중공업은 수주량과 수주 금액에서 다시 세계 1위 조선소로 자리 잡았다. 처음에는 벌크선과 소형 컨테이너선, 유조선 등을 통해 일감을 채웠고, 1990년대 후반을 지나면서는 한국 조선 산업의 히트 상품이 된 대형 컨테이너선(10,000TEU* 이상)과 LNG선의 선박 수주가 급증했다. 그때 현대중공업을 포함한 조선 산업의 원청은 새로 정규직 노동자를 대규모로 뽑기보다는 사내 하청을 활용하기 시작했다.

사내 하청을 활용하기 위해서는 사내 하청 관리 노하우가 필요하다. 조선 산업 전문가인 박종식 박사(한국노동연구원)에 따르면, 1987년 이전까지 조선 산업의 관리자는 노동자의 작업 방식을 완전히 파악하지 못했다. 일량과 물량을 던져 주면 노련한 사내 하청의 소사장이나 조장 반장이 알아서 숙련공과 견습공을 조직해 선박 건조를 진행했다. 마치 1960년대 이전 영국과 비슷했다.

현대중공업은 1972년 조선소를 설립할 때부터 일본의 생산설계 기법을 도입하고, 유럽의 선체설계를 파악하기 위해 오덴세 조선소 출신을 조선 소장으로 임명하는 등 기술에 많은 투자를 했다. 하지만 생산에 대한 지배력을 높이는 데는 이른바 '축적의 시간'이 필요했다.

* TEU(twenty-foot equivalent unit)는 20피트(6.096m) 길이의 컨테이너 크기를 부르는 단위다.

1990년대에 이르러서야 생산 관리자와 엔지니어가 생산 과정에 대한 지배, 좀 더 구체적으로는 일량과 작업 물량을 산정하기 위한 품셈을 정교하게 가다듬고 정확하게 지시를 줄 수 있을 만큼 공정 파악을 마쳤다고 한다. 생산 관리자는 차근차근 사내 하청 물량을 늘리면서 그들을 관리할 수 있는 수준까지 관리력을 높이기 시작했다. LNG 선박 수주가 '대박'이 났던 2000년대 초반, 이제 사내 하청을 통한 생산의 최적화가 완료된 시점이 됐다. 이는 다른 한편에서 보면 위험 관리도 일정 수준에 올랐다는 말과 같다. 많은 산업 재해, 특히 조선소의 중대 재해는 아직 숙련되지 않은 노동자에게 일어나곤 한다. 물샐틈없이 관리가 돼야 안전하고 생산성도 올라간다.

2000년대 후반이 되어 해양 플랜트 수주가 본격적으로 진행되기 시작했다.《중공업 가족의 유토피아》에서도 밝혔지만 조선 3사는 2014년부터 2018년까지 해양 플랜트 수주로 인해 엄청난 수업료를 치러야 했다. 최초에 견적설계 단계에서 일량과 물량에 대한 산정을 잘못했던 것이다. 애초 작업자 10명이 3일에 수행할 수 있다고 생각한 일이 100명이 일주일 동안 해도 모자라는 일인 경우가 허다했다. 또 해외에서 입고되는 자재에 대한 검증이 기본설계 단계에서 충분히 되지 않아 자재나 장비에서 결품*이 나고 다시 주문을 해서 배로 지구 반 바퀴를 돌아오는 데 몇 달이 걸리는 경우도 있었다. 결국 공정이 지연되고 많은 사람이 투입되기 시작했다. 공정 흐름이 순탄하다면 10명이

---

*   작동하지 않거나 손상 등 문제가 발생한 경우다.

했을 일을 100명이 하는데, 공정마다 그런 일이 발생하니 각 플랜트 건조 공사에 들어가는 인원은 몇 배, 몇십 배로 늘어났다. 일의 순서는 꼬였고, 안 그래도 배관과 케이블 그리고 많은 인원이 엉켜 있는 작업 구역이 점점 더 위험해졌다. 선박 건조 단계에서 축적했다는 생산 관리의 노하우가 무너지기 시작했다. 조선소는 공정 지연과 유가 하락으로 인해 발주처가 선박 인도를 거부하는 일까지 겹쳐 이중으로 엄청난 재무적 손실을 겪었다.

2000년대를 지났을 때 모든 조선소의 주력 공정은 다 하청 노동자들 몫이 됐다. 1990년대부터 정규직 채용을 일정 부분 줄이고 사내 하청 노동자를 활용하기 시작해 누적된 결과다. 2010년대가 됐을 때 왕년의 '골리앗 노동자'와 기계공고 출신 생산직 노동자의 나이가 모두 50대를 훌쩍 넘었다. 용접, 도장, 사상, 취부, 포설, 결선 등 조선소에서 가장 많이 하는 일은 산재가 나지 않더라도 노동자 다수가 근골격계 질환을 앓기 마련이다. 용접 자격증의 등급이 올라가는 것은 편안하지 않은 자세나 특수한 재료를 사용할 때인데, 그 말은 숙련된 용접공 노동자일수록 근골격계 질환을 겪기 쉽다는 말이다. 신체가 노화되면 위험하거나 불편한 작업을 하기 어려워지거나 하기 싫어지는 것은 인지상정이다. 그러면서 나이 든 생산직 노동자의 적지 않은 수가 생산 지원직으로 전환되는 경우가 많았다. 공구를 들고 용접을 하던 노동자가 공구를 나눠주는 역할로 업무가 바뀐 것이다. 고용이 보장돼 있는 조합원의 빈자리를 사내 하청 노동자가 채우기 시작했고, 당연히 사내하청 노동자의 비중이 그만큼 더 올라갔다. 또 직영 정규직 노동자는 위험한 순서대로 공정을 사내 하청으로 넘기기 시작했다. 처음에는 특수도장이, 나중에는 외업*의 많은 부분을 사내 하청에 넘겼다. 조선소의 가장 핵심적인 손끝 숙련이 용접인데, 용접을 너무나 쉽게 사내 하청 노동자에게 넘겨 버렸다는 점은 특기할 만하다. 높은 곳에서의 작업(고소 작업)도 넘어가고, 점차 '위험의 외주화'라는 말에 걸맞게 위험 작업이 사내 하청에 전가됐다.** 지속적인 하청 비율의 확대는 오히려 1987년부터 1990년대 초반까지 10년의 기간이 예외였다. 회사는 언제든 하청을 쓰려고 한 게 아닌가 하고 한탄해야 할 정도였다.

그럼에도 2000년대까지만 해도 직업훈련소를 나와 사내 하청 업체에 취업해 위험한 작업을 맡고 기술력을 축적하다 보면 정규직으로 전환될 기회가 생기기도 했다. 실제로 직업훈련소에서 기술을 익혀 취업한 10~20퍼센트 정도의 노동자가 직영 정규직으로 전환됐다. 그러나 2010년대 해양 플랜트로 인한 어려움이 왔을 때, 많은 사내 하청 업체가 해양 플랜트 물량이 줄어듦과 동시에 도산했고, 사내 하청 노동자는 일자리를 잃었다. 단순한 해고가 아니고 폐업이었고, 유가 상승으로 해양 물량이 줄어드는 것을 직접 목격했기 때문에 위장 폐업이라고 할 수도 없었다. 전국에서 일자리를 찾아 떠돌다 마지막 일터로 조

---

* 지붕이 없는 곳에서 하는 작업. 조선소에서는 도크, 안벽 등에서의 작업을 의미한다.

** 해양 플랜트 공정 지연이 지속되어 공정 만회를 위해 더 많은 노동력이 필요하자, 아예 조선 산업과 관련 경험이 없는 노동자를 인력 업체를 통해 '아웃소싱' 해서 채용하는 일까지 벌어진다.

선소를 찾았던 사람들은 다시 일자리를 찾아 떠날 수밖에 없었다. '위험의 외주화'는 애초 고용 조절의 목적이라는 사내 하청의 본분에 따라 '해고의 외주화'로 전환됐다. 현대중공업은 정규직 조합원에게도 희망퇴직을 진행했지만 해고된 것은 결국 사내 하청 노동자였다.

2021년 1월 중대재해기업처벌법이 입법됐다. 앞으로 5인 이하 작업장을 제외한 50인 이하 작업장은 2024년부터, 나머지 대형 작업장에서는 곧바로 중대 재해가 일어났을 시 최대 10억 원 이하의 벌금과 1년 이하의 징역이 책임자에게 부과될 수 있다. 하청 사업체에서 중대 재해가 일어나더라도 원청의 관리 책임이 있다면 원청도 처벌법의 대상이다. 지금까지 울산의 현대중공업을 포함한 조선 산업은 위험한 작업을 사내 하청에 떠넘기며 산재 발생을 기록하지 않아서 '무재해 ○○○○○○시간'을 달성해 왔다. 울산의 청년과 일자리를 찾는 이들은 모두 이런 상황을 잘 파악하고 있다. 위험을 원하청이 적절하게 재분배하지 않는 이상 조선소는 시간이 갈수록 점점 더 기피 대상의 일자리가 될 것이다.

7장

생산성 동맹의 파열,
하청 구조로 연명하는 울산

적대적 노사관계 속에서 노동과 자본은 각자의 길을 갔다. 울산의 대기업 원청 노동조합은 좀 더 높은 임금과 수당, 복지, 정년보장 및 정년연장을 쟁취하는 데 몰두했다. 회사는 적대적 노사관계를 장기적으로 회피하고 생산성을 높이기 위해 노동자의 숙련에 기대지 않는 방향을 찾았다. 결국 함께 최적의 해법을 찾는 노사 공생 체제는 형성되지 못했다. 1987년 이후 40년 채 되지 않아 현대자동차는 완성차 시장에서 판매량 기준 세계 3위 자동차 회사[53]가 됐고, 현대중공업은 부동의 세계 1위 조선 업체가 됐다. 하지만 노사관계는 여전히 시한폭탄이다. 이 장에서는 이런 상황 변화가 회사 울타리를 벗어나 산업도시 울산에 미칠 영향을 살펴보려 한다. 공장은 정규직을 뽑지 않고 인구는 감소한다. 미래가 아니라 이미 도래해 있는 현재인 셈이다.

잠시 영국 산업도시의 사례를 살펴보자. 1960~1980년대 영국에서는 한국의 1987년처럼 노사 간 갈등이 첨예했다. 파업과 노사 간 갈등이 극에 달해 '산업 전쟁'의 주역으로 불렸던 지역이 바로 북부 잉글랜드의 맨체스터, 리버풀, 요크, 셰필드, 더럼 등지와 조선소가 많았던 스코틀랜드의 글래스고였다. 탄광촌 노동자의 자녀 빌리가 국립 발레단 무용수로 거듭나는 스토리의 영화 〈빌리 엘리어트〉의 배경 더럼처럼, 그때의 영국 풍경은 많은 영화의 소재가 됐다.

당시 파업은 걷잡을 수 없었다. 일을 파괴한다는 의미의 문자 그대로의 파업이 많았다. 노동자는 기계를 세우고 공구를 내려놓고 연좌하여 공장과 작업장 입구를 폐쇄했다. 그들이 작업의 많은 것을 장악하고 있었기 때문에 가능한 일이었다. 노동자는 한편으로는 숙련을 장악했고, 다른 한편으로는 일하는 프로세스를 장악했다. 경영진과 엔지니어의 기술력만으로 공장을 꾸릴 수는 없다. 게다가 당시 영국은 대체로 직종별 노동조합이라 노동조합을 우회해서 작업자를 모을 수도 없었다.[54]

일본이 조선 산업을 제패하던 시기가 바로 영국이 기나긴 파업에 노출되던 시기와 겹친다. 당시 일본에는 있고 영국에는 없는 게 있었고, 이런 차이가 산업의 흥망성쇠에 큰 영향을 미쳤다. 일본에는 엔지니어가 그린 생산설계 도면이 있었고 영국에는 생산설계 도면이 없었다. 영국 조선소는 상세설계 도면을 엔지니어가 제작해 현장에 나눠주면 숙련 노동자가 작업 방식에 대해 자주 관리 관점에서 토론하고 결정했다.

그에 비해 일본 나가사키에 위치한 미쓰비시 조선소에서는 표준화된 생산설계 도면과 작업지시서를 반장이 나눠주면 그에 맞춰 노동자가 정해진 구역의 용접을 하고 자재를 표준 경로대로 지게차로 날랐다.

앞서 브래버먼의 이야기처럼 '구상과 실행의 분리'를 위해 중요한 것은 작업 절차의 표준화다. 표준화되어 있지 않으면 노동자는 모든 작업을 자기에게 익숙한 방식으로 수행하고, 노동자들끼리 일하는 '비非 FM 프로토콜'이 생긴다. 관리자와 경영진은 제품의 높은 품질과 낮은 비용, 빠른 납기를 바라지만 그 모든 것이 노동자 손에 맡겨진다. 관리자와 경영진이 직접 배를 짓거나 자동차를 만들 수 없기 때문이다.

영국의 노동자는 자재의 활용과 재활용, 품질 관리, 조업 속도 모두 스스로 정하며 노동자 자주 관리를 실천했다. 영국은 노동자의 입김이 아주 셌다. 그들은 새로 들어오는 예비 신입사원인 견습공(도제)을 어떻게 교육할지, 몇 명을 뽑을지도 결정하려 들었다. 견습공이 너무 많이 들어와 임금 수준을 떨어뜨릴 것 같으면 아예 채용을 주저하기도 했다.[55] 심지어 노동조합도 기업별 노조가 아니라, 직종별 노조였기 때문에 임금 협상이나 노동 조건에 대한 단체협상도 모든 직종과 회사가 각각 수행해야 했다. 예컨대 오늘은 배관공 노동조합과 협상하고, 내일은 리벳공 조합과 협상하고, 그다음은 전장 설치공 조합과 협상하는 식이다. 전장 설치공 조합과의 협상 결과를 빌미로 다시 배관공 노동조합과 협상을 해야 하는 경우도 다반사였다. 그러니 의사결정이나 노사 간 협상이 빨리 이뤄질 수 없었다.

1970년대 세계 최대 조선 산업 클러스터 중 하나였던 스코틀랜드 글래스고의 클라이드 강변 조선소 파업은 큰 파장을 몰고 왔다. 비틀스의 멤버였던 존 레논 등 세계적 슈퍼스타들이 연대를 표명하며 지지하던 큰 파업이었지만, 결과적으로 노동 운동의 가장 큰 패배이자 영국 산업의 관점에서는 조선 산업이 회복할 수 없는 치명타를 맞는 계기가 됐다. 결국 조선 산업의 패권이 일본으로 넘어갔다. 그 이후 산업혁명을 일으켰던 영국의 제조업은 조선 산업 외에도 자동차, 컴퓨터, 철강 등 대부분을 미국과 일본에 패권을 넘겨주었다. 코로나19 백신을 개발해 한국에 납품한 아스트라제네카 같은 몇몇 거대 제약 회사와 제약 스타트업 등이 있기는 하지만, 세계인은 더 이상 생산이란 관점에서 영국을 제조업 국가로 생각하지 않는다. 코로나19 팬데믹 상황에서 마스크 제작에 어려움을 겪은 것만 봐도 알 수 있다.

영국의 산업도시 이야기를 한 것은 우리의 제조업과 비교하기 위해서다. 울산의 자동차 산업을 필두로 한 한국의 제조업은 영국처럼 분쟁하는 것에서 그치지 않고 새로운 생산양식을 도입하는 것으로 제조업을 선도했다. 제조 공정 과정에서 가능하면 생산직 노동자에게 기대지 않는 방법을 모색하면서 진화해 가는 것이었다. 그런데 이 방법 외에 다른 길은 없었을까?

먼저 철강 산업의 예를 살펴보자. 철강 산업은 생산성 동맹이 무너진 지금의 상황이 불가피한 게 아님을 이해하는 데 도움이 될 것이다. 둘째로 다른 길을 깊이 모색하지 않음으로써 발생한 울산의 노동 시장 문제를 사회학적 관점에서 살핌으로써 산업도시에서 '생산도시'로 전락해 가는 울산의 현재를 면밀히 분석해 볼 수 있다.

생산성 동맹을 맺은 노사관계,
왜 울산에서는 불가능한가

이 책에서 이상적으로 생각하는 노사관계는 생산성 동맹이다. 회사는 노동자에게 정당한 임금과 복리후생으로 보상하고, 노동자는 숙련을 높이고 회사의 생산성을 높이기 위해 매진하는 것이다. 그런데 울산의 3대 산업은 생산성 동맹의 관계에 있지 않다. 그 이유가 무엇일까? 우선 포스코의 사례를 살펴보고, 한국 자본주의가 맺어 온 노사관계를 역사적 맥락에서 검토해 보려 한다.

포항의 포스코를 연구한 사회학자 송호근은 포스코의 조직 문화를 생산성 동맹의 모범 사례로 꼽는다.[56] 생산성을 높이기 위해 노사가 협력해 가능한 한 모든 것을 하는 같은 편이라는 의식이다. 생산성 동맹을 상징하는 말이 바로 포스코 직원에게 아직도 전설처럼 전해 내려오는 이른바 '영일만 우향우' 정신이다.

일단 정해진 공기 목표를 맞춰야 한다. 그러지 못하면 모두 우향우 해서 영일만에 빠져 죽는다는 것. 죽음도 불사한 작업, 조상이 치른 식민지 고통을 보상하는 청구권 자금을 허투루 쓸 수 없다는 역사적 사명감의 발로다. 돌관작업은 우향우 정신을 실행하는 수단이다. 공기를 맞추지 못하면 자금 훼손이 발생해 원가상승과 경쟁력 하락을 초래한다. 무슨 일이 있어도 공기는 단축해야 한다! (송호근, 2018:86)

그리고 이러한 정신의 합의가 생기면 그 자체가 생산성 동맹이 된다고 전한다.

사회적 합의가 실행되자 파업이 줄고 직무 헌신도가 높아졌다. 고임금 기업의 노동자들은 임대아파트나 여타의 복지 혜택으로 양보한 임금만큼 보상을 받았고, 저임금 노동자들은 소득이 높아져 불평등 격차가 줄었다. 작업 현장에서 노동자들이 임금 인상을 위해 투쟁할 여지가 축소되었으며, 생산성 향상을 위한 노력에 십시일반 관심이 모였다. 노동자들은 생산성 증대에 복무했고, 경영진은 복지 혜택과 고용 안정으로 보답했다. 경제 성장률이 고공행진을 했다. 생산성 동맹이란 이런 것이다. (136)

포스코 노사는 상후하박*의 임금 구조를 깨기 위해 임금이 높은 노동자에게는 임금 인상 대신 복지 혜택을 주고, 임금이 낮은 노동자는 임금을 올리는 방식을 채택했다. 그리고 모든 노동자가 생산성 향상을 위해 작은 노력과 관심을 보태며 애썼다. 사실 이러한 방식의 서사는 결과론일 때가 많다. 분쟁이 없고 모두가 한마음이라는 것 자체가 투쟁과 분쟁을 통해 형성된 일종의 균형점일 때가 많다. 혹은 투쟁과 분쟁을 막기 위해 회사가 먼저 나선 것일 수도 있다. 포스코 박태준 회장이 사택부터 조성하며 임직원 복리후생에 최우선을 둔 이유를 단순히

* 상층부 노동자는 임금을 많이 받고 하층부 노동자는 임금을 적게 받는 구조다. 반대말이 하후상박으로, 하층부 노동자가 임금을 많이 받고 상층부 노동자가 임금을 적게 받는 구조다.

선각자적 태도가 아니라 다른 식으로 읽을 수도 있다는 말이다. 실제로 갈등이 벌어져 조정이 필요할 때 노사가 이를 잘 수행하는 것은 노사 간 균형점과 신뢰를 만들어 내는 데 도움이 된다. 포스코가 주는 교훈은 분명하다. 노동자와 사용자가 반드시 대립적 노사관계만 형성하는 건 아니라는 사실이다. 여기에는 임금이나 복리후생, 생산성에 따른 인센티브 등이 영향을 끼친다.*

현대자동차와 현대중공업, 포스코의 사례를 함께 살펴보면 노사관계가 어떠한 역사적 궤적을 거치며 형성됐는지를 이해할 수 있다. 생산성 동맹은 노사관계가 신뢰에 기반을 두고 있을 때 가능하다. 포스코의 생산성 동맹은 노사관계에 따라 노동자의 임금이나 복지뿐 아니라 생산성 관점에서 노동자의 숙련 형성 자체가 영향받을 수 있음을 시사한다. 노사관계의 신뢰는 역사적으로 발생했던 노사 분규와 갈등을 어떻게 조율하느냐에 달려 있다. 생산성 동맹은 노사관계만의 문제는 아니다. 좀 더 넓게 보면 국가가 노사관계에 어떠한 방식의 인센티브를 주거나 강제하는지에 따라서도 영향을 받는다.

'자본주의의 다양성variety of capitalism'이나 '국가 혁신 체제론national innovation system'의 관점으로 연구하는 정치학·경제학·사회학 분과의 사회과학자들은 이러한 생산방식이 형성되어 온 궤적을 살핀다. 이들은

---

* 　포스코의 노사관계에도 변화가 감지된다. 금속노조 소속인 사내 하청 노동자들이 2022년 7월 8일 법원 판결의 결과 정규직으로 전환됐기 때문이다. 향후 금속노조와 포스코 사측과의 관계가 어떻게 형성될지는 살펴볼 일이다. 관련하여 《한겨레》 2022년 7월 28일 자, "'하청 노동자' 손 들어준 대법원…"포스코 소속 맞다"".

정부가 산업계 및 노동계와 교섭하는 방식도 큰 영향을 끼친다고 주장한다. 정치학자 캐슬린 씰렌은 노사관계의 역사에 따라 숙련 형성 체제가 바뀐다고 말한다.[57] 이를 '숙련의 정치경제'라고 할 수 있다. 일본 같은 나라는 기업이 생산직 노동자의 숙련을 높이기 위해 노력하고, 독일 같은 나라는 노사정 협의를 통해 표준을 지정하고 공통의 교육 프로그램을 만든다. 미국은 생산직의 숙련을 최소화하고 대학의 전문성 교육에 더 관심을 기울인다. 그런데 이러한 숙련 형성 체제라는 것 자체가 노사관계를 만들어 왔던 역사의 영향을 받는다는 것이다.

예컨대 현대자동차와 현대중공업 사례를 보자. 이들 회사는 노동자의 임금을 개별 사업장 내에서 노동조합과 회사 측이 교섭한다. 그러나 독일에서는 산별노조, 정부의 임금결정위원회, 경영자총연합회(이하 경총)가 참여해 산업별로 교섭한다. 스웨덴의 경우 산별 협상 대신 중앙 교섭을 한다. 우리로 치면 민주노총 격인 노총이 노동자 대표로 들어간다. 독일이나 스웨덴에서는 개별 노동조합이 교섭의 전권을 위임하고, 각 사업장별 임금 협상 폭은 대체로 ±1퍼센트 수준에 그친다. 하청 노동자도 당연히 그 영향을 받는다. BMW를 다니든 폭스바겐을 다니든 임금 차이는 크지 않다. 독일의 경우 개별 사업장 단위에서는 회사 측과 직장협의회가 모여서 생산성 목표와 교육 및 훈련에 대한 논의를 진행한다. 회사의 노동조합이 하는 일보다 직장협의회가 하는 일이 더 크다.

이러한 독일 산별 교섭과 스웨덴 중앙 교섭은 노사관계의 역사이기도 하지만, 정부가 어떠한 방식으로 제도를 만들어서 산업과 노동에 개입했는지에 따라 크게 결정됐다. 더불어 중앙 교섭과 산별 교섭이 주요하게 다루는 것은 임금 외에도 숙련의 문제가 있다. 노동자의 일자리를 지켜 주는 것이 노동자의 숙련이고, 숙련의 표준을 확립하고 향상시키기 위해 노사정이 모여 머리를 맞대고 끊임없이 궁리한다. 경기가 오르락내리락하고 AI나 자동화가 전개되는 외부 사정이 있지만, 이러한 변화를 고려해 결과적으로 기업 측면에서는 생산성을 높여 경쟁력을 확보하고 노동자의 좋은 일자리를 만드는 것이 정치의 영역이라는 것이다. 이를 이해당사자stakeholder들의 거버넌스governance 혹은 협치라고 표현하기도 한다.

그런데 주식회사의 주인은 주주인데 왜 주주shareholder가 아니라 이해당사자라고 표현할까. 기업이 책임져야 할 것은 주주이고, 사실상 노사관계는 '외생적' 비용으로만 판단하는 것이 한국이나 영미식 자본주의의 사고다. 하지만 생산 현장은 단순히 지시하고 따르는 곳이 아니다. 노동자와 관리자 그리고 회사가 교섭하는 장소이기 때문에 이해당사자의 협치라고 부르는 것이다.

한국 정부는 울산에서 노동조합이 대거 결성되던 1987년 이전부터 IMF 외환위기를 마주한 1997~1998년까지 노동조합을 포함한 3자 협상(노사정)을 하지 않았다. 투쟁하는 노동조합을 탄압하는 것에 열중하며 교섭의 대상으로 인정하지 않았던 것이다. 정부는 재벌 대기업(전경련)이나 경총과만 산업과 노동 문제를 결정하고 노동자에게 부과했을 뿐이다. 김대중 정부 이후 3자 대화는 대통령 직속 '노사정위원회'부터 '경제사회노동위원회'까지 이어졌지만 실질적 교섭이 이루어지진 않았다. 이러다 보니 기업별 노사관계에서 임금은 교섭되지만 하청 노동자가 빠지게 됐다. 게다가 노사관계가 적대적이어서 교육훈련을 노동자에게 '부과되는 일'로 느끼며 '착취'의 관점에서 바라보았다. 또 정부의 교육훈련 지원을 일정 부분 받더라도 고도화된 수준의 교육훈련은 투자를 요하기 때문에 회사 또한 회피했다. 결국 생산성 동맹의 형성 자체가 지연됐다.

조형제에 따르면 현대자동차 사측 역시 노동자의 숙련 향상을 동반하는 생산성 동맹을 형성하기 위해 노력한 적이 있었다. 1998년 정리해고 사태의 내홍을 겪은 후 회사는 기술교육경로 프로그램Training Road Map(TRM)을 추진했다. 생산직 노동자가 자기계발을 통해 '자동차 기술 전문가'로 성장할 수 있는 프로그램이었다. 현장에서 암묵지를 전수하는 OJT와 지식을 직접 배우는 Off-JT를 통해 생산직 노동자의 숙련을 강화할 수 있는 경로를 제안한 것이다.[58] 그러나 이러한 시도는 경영 위기와 경영진이 교체되는 과정에서 필요성이 사라져 무산되고 만다. 적대적 노사관계가 개선되지 않았던 점도 영향을 미쳤다.

사측은 그저 노동자와 전면전을 피하면서 설비를 자동화하고 정보통신 장비를 늘리고 조직을 재편하면서 생산 합리화를 수행했다. 노동조합은 생산 합리화에 따라 생산 속도가 빨라지는 것만 문제 삼았다. 하지만 생산 합리화가 기대하는 결과는 지난 장에서 살펴봤던 노동자의 숙련이 필요 없는 작업장이다. 숙련이 사라진 작업장만 가득한 지역을 무엇이라 하겠는가. 이런 산업도시는 그저 제품만 찍어 내고 연구개발이나 현장의 혁신이 벌어지지 않는 단순한 '생산도시'라 불러야 한다.

생산기지로서의 울산,
과연 지속 가능한가

생산기지로 전락하고 있는 울산은 지속 가능하지 않다. 일단 가장 큰 부가가치를 만드는 3대 산업에서 정규직을 거의 뽑지 않으니 청년은 울산의 공장을 더 이상 찾지 않는다. 아버지 세대의 고임금과 복리 후생을 경험한 청년 세대는 현재의 비정규직 하청 노동을 감내하기 힘들다. 덩달아 정규직에 기초한 노동자 가족의 남성 생계 부양자 경제가 작동하지 않으면 여성도 지역을 떠난다. 지역의 인구가 줄고 특히 청년 인구가 줄어드니 도시의 활력이 떨어질 수밖에 없다.

울산은 전국에서 임금 노동자 비율이 2019년 기준 81.79퍼센트로 가장 높은 도시다. 전국 평균이 75.36퍼센트라는 것을 감안하면 6퍼센트 넘게 높은 수준이다(도표 2.10 참조). 임금 노동자 중 고용 계약 기간이 1년 이상인 상용직 비중은 72퍼센트에 달한다. 또 2018년 기준 3대

[도표 2.10] 울산과 전국의 종사상 지위별 비율 비교(단위: 천 명)

시도별	종사상 지위별	1999년	2004년	2009년	2014년	2019년
계	계	20,291	22,682	23,688	25,897	27,123
	비임금 근로자	7,628	7,746	7,102	6,939	6,683
	임금 근로자 비율	62.41%	65.85%	70.02%	73.21%	75.36%
울산광역시	계	415	482	514	556	571
	비임금 근로자	107	101	108	103	104
	임금 근로자 비율	73.98%	79.05%	78.99%	81.47%	81.79%

출처: KOSIS(경제활동조사).

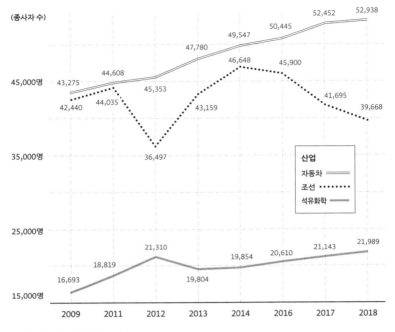

[도표 2.11] 울산 3대 산업 종사자 수

(종사자 수)

산업
자동차
조선
석유화학

출처: KOSIS(사업체노동실태현황).

산업의 종사자 수가 약 11만 4000명으로 전체 임금 노동자의 25퍼센트 이상을 점한다(도표 2.11 참조). 3대 산업의 부품 하청 업체까지 고려한다면 다수의 노동자가 3대 산업으로 먹고산다. 직업으로 봤을 때 울산에 있는 전체 직업 중 생산직이 37.6퍼센트에 달하며, 산업별 취업 구조로 볼 때도 35퍼센트가 광공업(제조업) 분야에서 일한다(도표 2.12, 2.13 참조).

이런 구조로 볼 때 생산직 중산층 노동자의 비전이 사라진다는 것은 생각보다 심각한 문제다. 울산은 오랫동안 전국에서 서울 다음으로

[도표 2.12] 울산의 직업별 취업자 분포(단위: 천 명)

직업	2005년	2010년	2013년
합계	493(100%)	534(100%)	546(100%)
관리자	15(3.0%)	9(1.8%)	6(1.1%)
전문가 및 관련 종사자	58(11.8%)	86(16.1%)	92(16.8%)
사무 종사자	72(14.6%)	86(16.1%)	80(14.6%)
서비스 종사자	50(10.1%)	52(9.7%)	42(7.7%)
판매 종사자	43(8.8%)	55(10.4%)	57(10.4%)
농림어업 종사자	18(3.6%)	10(19%)	7(1.3%)
기능원 및 관련 기능 종사자	69(14.0%)	72(13.5%)	90(16.5%)
장치, 기계조작 및 조립 종사자	110(22.3%)	101(18.9%)	115(21.1%)
단순노무 종사자	58(11.7%)	62(11.7%)	58(10.6%)

출처: KOSIS(경제활동조사).

[도표 2.13] 울산의 산업별 취업 구조(단위: 천 명)

산업별	2010년 종사자 수(구성비)	2013년 종사자 수(구성비)
전 산업	534(100%)	546(100%)
농업, 임업 및 어업	10(1.9%)	6(1.2%)
광공업(제조업)	157(29.5%)	191(35.0%)
사회간접자본 및 기타 서비스업	366(68.6%)	348(63.8%)
건설업	40(7.5%)	36(6.6%)
사업·개인·공공서비스 및 기타	179(33.6%)	169(30.9%)
전기·운수·통신·금융	42(7.9%)	46(8.4%)
도소매·숙박·음식업	105(19.6%)	98(18.0%)

출처: KOSIS(경제활동조사).

임금이 높았던 제2위 소득 도시다. 또 일인당 GRDP 1위 자리를 지켰던 근간은 생산직 노동자가 공장과 조선소에 가서 노동을 한 데 있었다. 아직 정년보장, 연공급의 수혜와 노동조합의 교섭력에 의해 고임금을 받는 정규직 노동자가 많다는 말이다. 그러나 같은 시간 최저임금~300만 원 이내의 임금을 받으면서 같은 공장, 같은 조선소에서 일하는 젊은이가 있다. 그들의 임금은 원하청 이중 구조 속에서 올라가지 않는다.

생산직 일자리의 질이 나빠지더라도 제조업의 구상 기능을 함께 보유하고 있다면 대안을 찾을 수 있다. 하지만 울산은 앞서 언급한 대로 연구개발 기능을 상실하고 생산기지의 역할만 강화되는 상황이다. 즉 3대 산업 연구소가 이전하고 고학력 엔지니어가 떠나 생산도시로 전락하고 있다는 말이다. 그런 울산의 상태를 알 수 있는 산업자원통상부 제공 '산업기술인력실태조사'를 살펴보자. 2012년부터 2020년까지 추세적으로 3대 산업에 종사하는 기술 인력 중 자연계와 공학계 인력의 비율이 감소하는 것을 볼 수 있다. 자동차 산업에서 2016~2017년 일시적으로 자연계와 공학계 인력 비중이 늘어나는 것을 제외하면, 울산 3대 산업은 조선·자동차·석유화학 할 것 없이 기술 인력이 줄어들고 있다(도표 2.14 참조). 달리 말하면 울산은 고졸자의 일자리를 열화시키고, 이공계를 나온 대졸자의 일자리가 줄어드는 도시로 바뀌고 있다. 이런 상황에서 앞으로 다가오는 울산광역시의 미래는 어떨까? 인구를 살펴보면 많은 게 보인다.

산업도시 울산의 인구 감소 문제

2015년은 울산의 역사에서 여러모로 되짚어 볼 필요가 있는 해다. 울산의 인구가 줄어들기 시작한 첫해이기 때문이다. 울산은 1997년

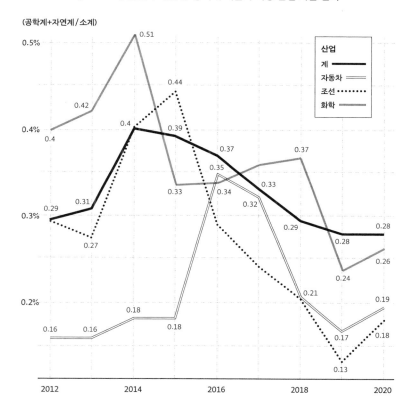

[도표 2.14] 울산의 자연계+공학계 대졸자 이상 산업 기술 인력

(공학계+자연계 / 소계)

산업
계
자동차
조선
화학

0.5%
0.51
0.42
0.44
0.4%
0.4
0.4
0.39
0.37
0.37
0.35
0.33
0.34
0.33
0.32
0.3%
0.29
0.31
0.29
0.28
0.28
0.27
0.26
0.24
0.21
0.2%
0.18
0.19
0.18
0.17
0.18
0.16
0.16
0.13

2012   2014   2016   2018   2020

광역시로 승격한 이후 지속적으로 인구가 상승했다.

인구 상승은 크게 보면 두 가지 요인이다. 첫째는 인구가 유입되는 것이다. 둘째는 출생인구가 사망인구보다 높게 유지되는 것이다. 인구 유입은 일하러 오든가, 배우러 오든가, 결혼 하러 울산으로 오는 사람의 숫자가 같은 이유로 나가는 숫자보다 많을 때 발생한다. 일, 학습, 결혼 이주의 경우를 통해 인구 유출입 상황을 진단해 볼 수 있고, 출생률을 통해서 도시의 고령화와 미래를 예측해 볼 수 있다.

인구 유출입 상황을 살펴보자. 이 자료는 2001년부터 2019년까지 울산의 전출입 기록을 통해 10대부터 열 살 단위로 관외 유출입을 정리한 것이다(도표 2.15 참조).

그래프를 보면 몇 가지 패턴을 알 수 있다. 2000년대 초반(2001~2005)까지만 해도 40대를 제외한 모든 세대에서 성별을 가리지 않고 울산으로 유입됐다는 것이다. 2001~2002년의 40대 인구 유출은 부산, 양산 방면으로의 이주이거나 기업의 구조조정(명예퇴직)에 근거한 것일 수 있다. 2008년에는 모든 세대에서 유출이 발생했다. 이사를 제외하면 많은 경우 글로벌 금융위기로 인한 제조 업체의 물량과 일량이 줄어들어 노동 이주를 왔던 인구가 빠져나가는 것이었다고 볼 수 있다.

흥미로운 점은 2005년을 지나며 10대와 20대의 유출이 지속적으로 보고된다는 것이다. 10대와 20대의 유출 중 많은 부분은 진학으로 설명할 수 있다. 마침 2000년대는 대학 진학률이 70퍼센트를 넘기고 85퍼센트까지 치솟던 시절이다. 그 사이 2000년대를 거치며 3대 산업은 직원의 대학생 자녀 입학금과 등록금을 전액 지원하기 시작했다. 도표 2.16은 현대자동차의 사내 복지 관련 단체협약 내용이다. 높은 임금을 받는 조합원 아빠가 학비까지 회사에서 지원받게 됐으니, 자녀들의 선택 폭이 넓어진 것은 주지의 사실이다.

19년간(2001~2019) 이주를 통해 10대~20대 초반 세대가 가장 많이 전출한 곳은 경북 경주와 경남 양산을 제외하면 부산의 부산진구(동의대학교), 남구(경성대학교, 부경대학교), 금정구(부산대학교) 등 대학

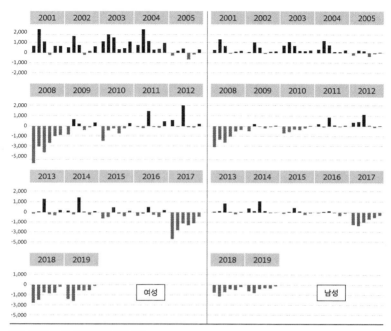

출처: 통계청 마이크로데이터를 직접 가공.

이 위치한 곳이다. 서울시 관악구가 나오는 것을 봐도 그렇다. 관악구는 서울대학교가 위치해 있고, 중앙대-숭실대가 인접해 있으며, 서울에서 가장 저렴한 원룸촌이 형성된 대학가다. 즉 2000년대 초중반부터 울산 지역의 대학 진학률이 올라가면서 청년의 유출이 급격히 진행됐다고 볼 수 있다. 더불어 공무원 시험이나 고시를 보기 위해 청년이 떠났다고도 해석할 수 있다(도표 2.17, 2.18 참조).

그 이후 20대 남성 여성 인구 유입이 모두 늘어난 해는 2009년, 2012년, 2013년밖에 없고 그마저 조선 산업의 해양 플랜트 특수로 인해 신규 채용이 늘어난 것으로 해석해야 한다. 즉 울산의 생산도시적 성격이 바뀌었던 것은 아니라는 말이다. 노동자의 숙련과 회사의 처우를 교환하는 생산성 동맹은 이미 와해된 상태였다. 정규직이라는 안전판이 없는 상황에서 생산직 노동자는 밀물처럼 들어왔다가 썰물처럼 떠나고 쫓겨났다.

[도표 2.16] 현대자동차 사내 복지 관련 단체협약 내용

연도	주요 내용
1988	- 조합원 주거 지원금 추후 노사 합의 결정 - 3년 이상 근속 조합원 2자녀 중고등학교 등록금 100% 지급 - 업무상 상병으로 요양 중인 조합원 생계 보조금으로 통상 임금의 40% 매월 추가 지급
1990	- 조합원 주거 지원금 적립: 92년까지 총 100억 원 - 회사분양주택 건립: 93년 상반기까지 총 4827세대 건립 - 자녀 장학금 지원: 중고교 100%, 전문대 및 대학 입학금 50% - 업무상 질병으로 요양 중인 조합원 생계 보조금 평균 임금 30% 매월 추가 지급(기존은 통상 임금의 40%)
1993	- 전문대 및 대학교 입학금 100% 지급(기존 50%) - 업무상 재해로 성형수술 필요 시 2회까지 지원 - 보철보조기 치료 종결시 1회 지원 - 단체보험 가입: 상해사망, 질병사망, 후유장해 - 의료비 지원: 사고당 28만 원 한도, 입원 보조금 1일 5000원 - 퇴직금 중도 정산제: 5년 이상 근속자 중 무주택자
1995	- 조합원 자녀 중고교 등록금의 100%(3자녀), 대학교 등록금의 50%(2자녀) 지원 - 만 40세 이상 조합원 중 본인이 원할 경우 1년 1회 종합정밀 건강진단을 받도록 하고, 검진 비용의 50%를 회사가 부담
1997	- 조합원 전 자녀 중고교 등록금 100%, 대학교 매 1학기 등록금 100%, 매 2학기 등록금 50%(2자녀) 지원 - 노후생활 안정을 위하여 개인 연금 월 2만 원 10년간 불입 - 입원 진료 시 월 10만 원 초과분의 본인 부담금 전액 지원(1000만 원 한도) - 외래 진료 시 월 10만 원 초과분의 본인 부담금 전액 지원, 가족은 반액 지원
2001	- 종합정밀 건강진단 조합원 가족(부모, 배우자, 배우자 부모) 중 1인 추가, 검진 비용의 50% 회사 부담
2003	- 조합원 자녀 중고교 전 자녀, 대학교는 2자녀에 한하여 입학금과 등록금 전액 지급 - 조합원 자녀 취학 전 1년간 분기별 10만 원씩 유아 교육비 지원 - 외래 진료 본인 부담금 조합원은 전액, 가족은 반액 지원 - 조합원 전원 초음파 검진 1년 1회 실시

자료: 현대자동차 단체협약, 각 연도.

2008년 글로벌 금융위기로 인해 선박 수주가 줄어들자 조선 3사는 미래 먹거리로 해양 플랜트를 선택했다. 해양 플랜트는 바다에서 원유 탐사를 하는 시추선(고정식 플랫폼, 리그선, 드릴십)과 원유 정제 설비(FPSO 등)를 뜻한다. 해양 플랜트는 예전에도 조선 3사가 공히 수주하던 제품이었다. 하지만 급격한 유가 상승으로 해상에서 유전을 개발

[도표 2.17] 여성의 유출 지역

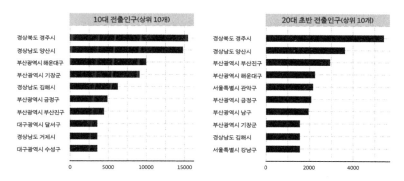

[도표 2.18] 남성의 유출 지역

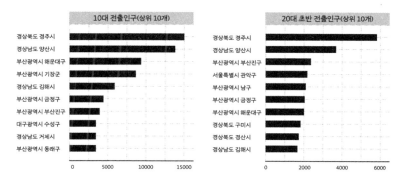

해 생산해도 원가 경쟁력이 생기자 엑손 모빌, BP 등 민간 오일 메이저와 국영 에너지 회사가 너도나도 진출하게 됐던 상황이다. 해양 플랜트는 엔지니어 관점에서 내부의 구조가 선박에 비해 복잡했기에 새롭게 설계해야 할 부분도, 시운전과 설치 등을 위해서 필요한 인력도 많았다. 대졸 공채 직원을 조선 3사가 '입도선매' 하듯이 대규모로 채용했던 시절이 2000년대 중후반~2010년대 초반이다.

한편 해양 플랜트 건조 작업을 위해 조선소에는 수만 명의 하청 노동자가 들어오기 시작했다. 처음에는 사내 하청 도급 회사의 상용공과 베테랑으로 구성된 물량팀이 주된 인력이었지만, 이후 2010년대 초반을 거치면서 공정 지연이 계속되자 공정 만회를 위해 다양한 형태의 인력 아웃소싱을 통해 더 많은 인력을 구하기 시작했다. 조선 3사 야드에는 수만 명의 하청 노동자가 출근해 작업했다. 그러나 많은 수의 노동자가 중대재해를 무릅쓰고 '돌관(돌파 관철) 작업'을 거듭하며 밤 새워 일했지만, 결국 조선 3사는 손실을 만회하지 못했다. 중공업의 손실이 거듭되자 2014년을 전후해 현대중공업에서 구조조정이 시작됐고, 2016년에는 울산뿐 아니라 경남 거제의 조선소에서도 대규모 인적 구조조정이 단행됐다. 대우조선해양에는 공적자금이 두 차례에 걸쳐 투입됐고, 2000명 넘는 정규직과 수만 명의 사내 하청 노동자가 폐업, 도산, 해고로 인해 일자리를 잃었다. 조선업 전체 노동자 20만 명 중 11만명이 일자리를 잃었다.

울산의 인구가 줄어들기 시작한 2015년은 조선업을 필두로 한 제조업 구조조정의 한복판에 있는 해다. 특히 인적 구조조정을 하는 가운데 대졸 신입사원 공채와 경력직 채용 모두 완전히 멈췄다. 대졸 정규직 채용을 통한 20대의 유입 역시 멈췄다고 해석할 수 있다. 기술 인력과 생산직 노동자를 가장 많이 고용하는 산업 중 하나인 조선 산업에서 가장 많이 인력 구조조정을 단행했으니 고용 충격은 상당한 것이었다. 또 이를 막을 수 있는 방패는 어디에도 없었다. 노동조합도 지자체도 이들을 지켜 내지 못했다. 사후 조치로 울산 동구를 고용 위기 지구로 선포하고 퇴사자 재교육과 직업 알선을 활성화하는 정도였다.

한 가지 더 자료를 살펴보며 해석할 것이 있다면 2010년대 초반까지의 여성 인구 유입이다. 남성 20~30대 인구의 유출입이 들쭉날쭉하는 가운데 여성의 인구 유입이 지속되던 시기가 2010년대 초반까지 있었다. 이를 어떻게 봐야 할까? 9장에서 풀이하겠지만 울산 남성의 고임금에 기대어 비교적 일찍 결혼하는 분위기와 함께 해석해야 한다. 남성이 혼자 벌어 4인 가구 부양이 가능한 경제, 즉 '1인 남성 생계 부양자 가족' 하에서 여성이 부울경 지역의 서비스 산업이나 사무보조직 등에 진출해 있다가 울산의 남성과 결혼하는 상황을 생각해 보면 될 것이다. 그만큼 3대 산업의 경기가 좋던 시절이었다.

정리하자면 2015년을 지나면서부터 모든 세대의 인구가 줄어들었다. 특기할 것은 청년 인구 유출이다. 관외 진학을 통한 기본적인 청년 이탈에다가 산업 침체에 따른 일자리 요인까지 겹치면서 울산의 청년 인구가 지속적으로 떨어졌다.

노동 운동의 메카였던 울산은 굳건한 노사관계 아래 구축하는 생산성 동맹을 창출하지 못했다. 회사는 언제든지 노동자를 대체할 수 있는 기술에 투자했고, 당장의 노사 분규를 막기 위해 유화적 조치를 취하며 갈등을 지연시켰다. 일시적인 산업 특수의 상황에서 대졸 공채로 청년 공학도를 채용하고 공정 만회를 위해 수많은 생산직 노동자를 고용했지만, 산업에 위기가 닥쳤을 때 이들은 모두 떠나거나 쫓겨날 수밖에 없었다. 단단한 울타리가 없었기 때문이다. 정규직 생산직에게는 노동조합이라는 울타리가 있다. 하지만 장기적 관점에서 숙련 형성과 생산성 향상에 대한 약속을 서로 하지 않는 이상 회사는 정규직 생산직 채용을 극도로 꺼린다. 현재의 노동조합이 세운 울타리는 울타리 바깥의 사람에게는 '격차'와 '차별'로 느껴질 뿐이다. 더불어 여성으로 하여금 오로지 생계 부양자 '남편의 벌이'에 기대고 스스로 전일제 일자리를 찾기 힘든 울산의 고용 사정은 중장기적으로 여성 유출을 걱정해야 하는 상황이다. 모든 일이 연쇄적으로 벌어지고 있다.

3부

산업
가부장제의
그림자와
중산층의 꿈

3부는 산업 가부장제라는 말로 산업도시 울산의 재생산 문제를 살핀다. 이 말은 한국 산업도시의 미래가 있느냐 하는 질문과도 같다. 기계와 장치 산업 기반의 제조업을 영위하며 경제를 운영하는 포항, 창원, 거제, 광양, 여수, 목포, 군산 등 모든 산업도시의 미래에 대한 물음이다.

우선 산업 가부장제부터 살펴보자. 한국 사회에서 가부장제라는 말은 민주화 이후부터 일상어로 등장했다. 처음에는 '가부장'으로서의 남편-아버지의 이미지가 심상화가 되었고, 그 이후에는 남성이 지배적 권위를 갖게 만드는 시스템으로서의 '가부장제'가 인식 체계 안에 들어왔다. 예컨대 1992년 전국적 인기를 누렸던 드라마 〈사랑이 뭐길래〉의 '대발이 아버지'의 가부장성이 희화화되면서 당대 사람들로 하여금 시대착오적이란 생각을 갖게 만들었다.

개념적으로 보면 가부장제는 가장인 남성이 강력한 권한을 가족 구성원에게 행사하는 가족 형태이자, 가장이 가정을 통솔하고 지배하는 것을 지지하는 사회적 네트워크와 지배 체제를 의미한다.[1] 가부장제는 여성 노동의 평가절하, 가사 노동과 육아 노동의 무급화, 모성의 강조, 남성이 주로 수행하는 임금 노동의 고평가 등을 통해서 작동한다. 가부장제의 시작은 가족이다. 그 가족 모형을 사회로 확장해 가부장 사회 또는 가부장 체제라고 표현하며 그 특징을 설명할 수 있다. 가부장제의 출발점이 부계 가족 모형에서 왔다는 점은 분명하다. 예컨대 주자학의 세계관과 종친을 중심으로 형성된 안동의 종갓집 등을 보면서 가부장적 가족이라고 하고, 그들의 행태와 말하는 방식을 답습할 때 가부장적 태도라고 한다.

산업 가부장제라는 말은 낯선 말*이고, 기존의 가부장제와는 좀 다른 개념으로 정의할 수 있다. 산업 가부장제는 특정 산업이 지배하고 있는 지역에서의 불균등한 성별 분업 구조가 만들어 내는 가부장제를 의미한다. 한편에서는 전통적 가부장제가 여성의 고학력화와 화이트칼라 및 전문직 노동 시장 참여를 통한 '맞벌이 모델'로 무너지고 있다. 그에 비해 앞서 설명한 공간 분업과 국가의 공간 계획으로 조성된 산업지구에 역사적으로 누적된 가부장제가 바로 산업 가부장제라 할 수 있다.[2]

두 번째로 수도권의 가부장제에 대한 논의는 여성과 남성이 동등한 직업적 목표를 놓고 경쟁하고 이후 동등한 가사 분담 등 분배 문제에서 '불공정'을 중심으로 전개되고 있다. 반면에 산업 가부장제는 애초에 노동 시장 진입부터 여성을 '봉쇄'한다. 지역의 주력 산업인 조선·자동차·석유화학·비철금속 등

---

* 산업 가부장제는 정치학자 이관후 박사와 대화를 하며 착안한 개념이다. 구조화된 노동 시장으로 인한 가부장제의 개념을 알려 준 이관후 박사께 감사드린다. 추후 확장된 산업 가부장제 개념은 양승훈, "산업가부장제: 공간분업과 동남권 여성들의 일자리: 공학 인력을 중심으로", 2022년 비판사회학대회, 2022년 11월 4일 발표문; 양승훈, "산업도시의 정상가족 만들기 프로젝트와 공간분업", 《문학과학》112, 125~143에서 적용되고 확장됐다.

중화학공업이 여성을 채용 단계에서 배제하기 때문이다.

산업 가부장제를 살펴볼 수 있는 핵심 키워드는 청년과 여성의 '커리어'다.* 커리어는 말 그대로 경력을 뜻한다. 사회적 용례를 감안하면 단순한 일이 아닌 노동 시장에서 장기적으로 수행할 수 있는 일을 의미한다. 예컨대 경력이 쌓이거나 역량과 성과가 더 쌓일 때 승진이나 이직을 해서 임금을 더 받을 수 있는 일자리다. '커리어 잡'은 내부 노동 시장 안에서는 승진과 근속을 통해, 외부 노동 시장에서는 이직을 통해 임금과 더 높은 복리후생을 누릴 수 있는 일자리를 뜻한다. 구체적으로 내부 노동 시장은 대기업 정규직 일자리나 공공 부문 일자리를, 외부 노동 시장은 의사·변호사·약사 등 면허로 보장받는 전문직 일자리다. 여성 커리어 잡의 반례로는 '핑크칼라 잡'을 들 수 있다. 요양보호사, 간호조무사, 사회복지사, 한국어교사, 어린이집 교사 등 노동 시장의 수요가 늘 있긴 하나 공급도 많기 때문에 최저임금이나 그보다 약간 나은 수준의 임금을 받는 직종이다. 이직을 하거나 승진을 해도 임금이 오르지 않는 주로 여성 일자리를 뜻한다.

울산에서는 '여성 커리어 잡'의 확보가 어렵다. 임금 노동에서 여성의 몫이 현저하게 부족하기 때문이다. 여성의 '괜찮은' 일자리가 드물고, '남성의' 괜찮은 일자리는 성비 기준 남성 95 대 여성 5로 채용해서 여성의 진입을 봉쇄한다. 그럭저럭 괜찮

---

* 여성 커리어 논의는 클라우디아 골딘,《커리어 그리고 가정》, 김승진 옮김, 생각의 힘, 2021에 기초했다.

은 전문직 일자리의 임금도 울산은 다른 지역에 비해 월등히 적다. 예컨대 변호사부터 방송작가, 어린이집 교사, 간호조무사까지 모두 임금이 낮다.[4] 또 여성의 경력 단절이 일상화돼 있으며 문제시되지 않는다. 울산은 맞벌이보다는 외벌이로 살기에 최적화되어 있다. 그런 면에서 외벌이로 한부모 가정을 이끄는 여성에게 울산은 최악의 거주지다. 울산은 이미 '괜찮은' 일자리를 가지고 있는 타지역 여성이 파트너를 따라 진입하는 순간 경력 단절이 되는 지역이다.

산업 가부장제의 폐단은 비단 여성 노동의 입지를 좁히거나 격하시키는 것에서 그치지 않는다. 청년 일자리 문제에 악영향을 끼치면서 더 큰 문제를 일으킨다. 교육을 통해 맞벌이가 규범이라고 생각하거나, 1인 가구나 비혼 동거 등 다양한 형태의 가족을 상상하는 청년에게 울산의 일자리는 구조적으로 맞지 않는다. 따라서 가족 구성에서도 난점이 드러난다.

8장

청년이 떠나는
생산도시

115만 인구의 광역시 울산에는 청년이 원하는 일자리가 없다. 7장에서 살펴본 것처럼 울산이 제공할 수 있는 일자리는 생산직이 절대다수인데, 생산직 일자리는 대개 비정규직 하청 업체의 자리다. 그나마도 남성들 몫이다. 대학까지 공부한 여성에게 울산은 공무원과 공기업, 교사 일자리를 제외하면 시작부터 커리어를 만들 수 없는 '경력 봉쇄'의 도시다.

울산대를 나온 청년의 일자리, 무엇이 문제인가

울산대학교는 출발이 울산공대였다. 1970년 4월 금오공과대학처럼 4년제 단과대학인 울산공과대학으로 출발해 1985년 3월 1일 4년제 종합대학이 됐다. 울산에서 가장 먼저 생긴 종합대학이자 유일한 4년제 대학이다. 애초 울산대학교는 1968년 '울산공과대학 설립에 관한 제의서'에 기반을 둔 기계, 전기, 화학, 금속 공학의 초급·고급 기술자(엔지니어) 양성을 목표로 삼았다. 1980년에는 대학원을, 1985년에는 사회과학과 인문학을 포함한 종합대학으로 승격했다. 하지만 애초 울산대의 목표는 마치 현재의 UNIST가 그렇듯 우수한 공과대학 인재를 양성해 기업에 공급하는 것이었다. 1969년 대학 설립 인가에 관해 초기 이후락 대통령비서실장 주도로 논의가 진행되다가 실질적인 운영 주체로 현대그룹이 떠오른 것도 그러한 수요 때문이었다. 현대그룹 관점에서 보면 울산공대를 통해 자체적으로 인력 수급을 할 수 있을 거라는 기대가 컸다.

울산대학교는 최고 재벌 중 하나인 현대그룹의 전폭적 지원으로 교육과정이 선도적이었다. 최근의 계약학과처럼 1970년대에 이미 기업체 현업 엔지니어 담당자가 학교에 출강해 학생을 가르치는 산학협동교육제도를 진행했다. NAVER(NHN NEXT) 등의 IT 기업이 자신들이 채용할 학생을 가르치려고 해도 학교 시설을 쓸 수 없자 학원업으로 등록하고 자사 시설에서 학생을 가르치고 있는 2020년대 현재 상황을 보자면, 50년 전 울산대학교의 교육은 상당히 혁신적이었다. 최근의 성균관대학교 자연과학 캠퍼스나 1980년대의 포항공과대학교, 1990년대의 아주대학교를 떠올리면 이해가 쉬울 것이다.

실제로 울산대학교 공과대학 출신은 '잘나갔다'. 1980~1990년대 학번의 공과대학 출신은 부산대학교 기계공학과나 경북대학교 전기전자공학과만큼의 위상으로 기업체에 자리 잡았다.* 울산대 출신을 선호하는 현대자동차, 현대중공업, 그 외 현대 계열사 외에도 구미의 전자 산업, 창원의 기계 산업과 방위 산업, 포항의 제철업, 거제의 조선업 등 다양한 산업에서 울산대 출신은 좋은 대우를 받았다. 1980년대부터 2000년대까지 울산대 출신 문과생의 입지도 나쁘지 않았다. 동남권에 위치한 기업의 다양한 사무직 일자리, 행정 공무원 등의 자리에서 그래도 '괜찮은 포지션'을 점할 수 있었다. 동구 현대중공업이나 북구 현대자동차 그리고 남구 석유화학단지의 재직자 자녀 중 많은 수가 별 고민하지 않고 울산대학교에 지원했다. 지금도 그러한 경향은 남아 있다. 울산대학교는 현재 12개 단과대학, 34개 학부, 59개 전공을 갖추고 학부생만 1만 7000명이 넘는 지역의 큰 대학이다.[5]

그런데 울산대학교의 입지가 예전보다 크게 약해졌고 더 약해지고 있다. 우선 전국적으로 지방 대학교의 위상이 떨어졌다. 2000년대를 거치면서 4년제 지방 대학교는 지방 거점 국립대부터 사립대까지

---

* 1973년부터 당시의 광역시도에는 거점 대학에 특성화 공과대학이 지정되고 설치돼 기업에 우수한 인재를 공급해 왔다. 한국공학한림원,《대전환-한국 산업기술의 대담한 도전》, 지식노마드, 172.

가리지 않고 모두 위상이 추락했다. 이른바 '입결'(입학시험결과) 즉 대학 입학 성적이 폭락하기 시작했다. 전국적인 명문 국립대 중 하나였던 부산대학교와 경북대학교는 서울의 중위권 4년제 대학의 입학 점수에도 미치지 못한다. 지방대에 속한 단위 중 상위권 학생을 뽑을 수 있는 곳은 의과대학뿐이다. 과학기술 연구중심 대학인 카이스트나 포스텍의 경우 전국적으로 최상위권 과학고 학생이나 과학 영재가 진학하는 학교였다. 그러나 이들 대학의 인기와 지원율 역시 서울 소재 최상위권 4년제 대학에 비해 상대적으로 하락했다. 울산대학교 의대는 이른바 'TOP 5' 중 하나에 속하는 아산병원을 보유하고 있지만 아산병원은 서울에 있다. 울산대학교 의과대학에 입학하는 의대생은 1년만 울산에서 예과 교육을 받고 곧 서울로 올라가 버린다. 울산대학교의 연구 역량이나 교수의 교육 역량과 상관없이 울산대학교 학생에 대한 평가가 지속적으로 떨어지고 있다.

그런데 지방대의 위상 하락이라는 사회적 조건의 변화만으로 울산대를 나온 청년의 일자리 문제를 설명할 수는 없다. 좀 더 구체적인 이야기가 필요하다.

청년과 여성이 일하기 가장 나쁜 도시 울산

울산은 전국 광역지자체 중에서 청년이 일하기 가장 나쁜 도시다. 2020년과 2022년 울산시의 청년 실업률은 11.6퍼센트와 7.8퍼센트로 전국에서 가장 상황이 좋지 않다. 2018~2022년 최근 5년간 청년 실업률 평균에서도 울산은 경북의 9.82퍼센트에 이어 9.2퍼센트로 두 번째

시도별	2018	2019	2020	2021	2022	평균
계	9.5	8.9	9.0	7.8	6.4	8.3
서울특별시	10.1	8.8	9.1	9.0	6.8	8.8
부산광역시	9.5	9.1	10.6	7.7	6.8	8.7
대구광역시	12.2	8.3	9.0	7.1	6.9	8.7
인천광역시	9.2	9.0	8.6	7.9	6.7	8.3
광주광역시	8.6	9.7	8.8	7.7	6.5	8.3
대전광역시	10.5	9.6	7.7	6.9	4.4	7.8
울산광역시	9.8	8.8	11.6	8.0	7.8	9.2
세종특별자치시	5.9	8.7	7.7	3.9	3.1	5.9
경기도	9.0	8.7	8.6	7.6	6.1	8.0
강원도	5.2	7.8	8.6	8.1	7.5	7.4
충청북도	7.0	8.0	8.1	6.0	5.5	6.9
충청남도	9.0	8.2	8.5	4.9	5.1	7.1
전라북도	10.0	9.3	9.1	5.9	6.6	8.2
전라남도	10.0	9.9	7.0	6.9	6.3	8.0
경상북도	12.0	11.2	10.5	8.0	7.4	9.8
경상남도	9.6	10.3	10.1	8.5	6.9	9.1
제주도	5.1	5.3	6.8	7.8	5.1	6.0

출처: KOSIS(경제활동인구조사).

로 상황이 나쁘다. 동남권으로 확장해 보면 울산·경남·부산의 청년 실업률은 2등, 3등, 5등이다. 한국의 제조업을 이끌면서 수도권에 맞설 수 있는 유일한 축인 동남권은 도표 3.1에서처럼 5년간 전국에서 하위권을 이루었다.

물론 실업률 통계가 구직 의사가 있어서 적극적으로 취업 활동을 하는 사람들만 고려한다는 점을 감안해야 한다. 이 때문에 실업률과 고용률을 함께 살필 필요가 있다. 청년 고용률은 경제활동가능인구

시도별	2013	2014	2015	2016	2017	2018	2019	2020	2021	2022	평균	순위
서울특별시	42.7	42.9	43.8	44.6	45.3	46.1	47.5	46.6	50.5	51.5	46.2	1
부산광역시	37.3	38.2	38.8	40.3	41.2	40.4	42.9	40.5	41.2	42.0	40.3	8
울산광역시	37.7	38.5	38.3	38.7	40.9	40.4	39.1	37.6	36.5	40.5	38.8	10
경상남도	36.4	36.0	36.9	40.0	39.0	38.7	39.3	37.7	39.4	39.9	38.3	13

출처: KOSIS(경제활동인구조사).

(15~29세) 중 일하는 인구의 비중이다. 그런데 고용률로 보아도 사정은 크게 달라지지 않는다. 울산의 청년 고용률도 2022년 40.5퍼센트로 전국 17개 광역시도 중 11위다. 2018~2022년 10년 평균 순위도 10위에 그친다. 10년 평균 기준으로 울산보다 사정이 나쁜 광역시도는 산업 기반이 없거나 쇠락한 전라북도(34.3퍼센트), 강원도(38.4퍼센트)와 대구(38.4퍼센트), 여수와 광양을 제외하면 권역 내 특별한 일자리가 보이지 않는 전라남도(37.3퍼센트)와 광주(37.3퍼센트), 행정 기능 외 일자리 창출이 아직 본격적으로 되기 어려운 세종시(36.1퍼센트) 정도다. 조선업 구조조정의 여파로 경상남도 역시 청년 고용률이 최하위 수준(38.3퍼센트)인 것도 산업도시 관점에서 시사하는 바가 크다(도표 3.2 참조).

전국의 청년을 빨아들이는 수도권과 비교해 보면 울산의 청년 고용률의 심각성은 두드러진다. 2013년 이후 서울과 경기도의 청년 고용률은 5퍼센트 이상 눈에 띄게 개선됐다. 더불어 2016~2017년을 제외하면 서울, 인천, 경기도는 한결같이 청년 고용률이 가장 높았다. 울산은 2016~2017년까지 잠시 반등했지만 2000년대 초중반의 45퍼센트 이상이던 청년 고용률을 회복하지 못했다. 이후 2018년과 2019년

시도별	2012	2013	2014	2015	2016	2017	2018	2019	2020	2021
전국	28,793	29,849	30,861	32,556	34,042	35,831	36,866	37,274	37,515	40,125
서울특별시	33,312	34,105	35,113	37,236	39,356	41,374	43,664	45,118	46,221	49,648
부산광역시	20,554	21,217	22,467	23,956	24,815	25,650	26,464	27,577	27,204	29,649
대구광역시	18,078	18,946	19,725	20,991	21,602	22,310	23,151	23,883	23,910	25,492
인천광역시	23,770	24,526	26,068	27,798	29,120	30,284	30,194	30,584	30,367	33,287
광주광역시	19,799	20,789	21,944	23,139	24,511	25,240	26,654	27,799	28,433	29,583
대전광역시	21,347	21,793	22,497	24,094	25,606	26,533	27,214	28,561	29,757	31,362
울산광역시	62,242	62,653	60,925	62,605	64,021	65,370	63,793	65,112	60,895	69,133
세종특별자치시	–	55,189	62,944	49,474	42,572	40,043	36,570	35,802	36,473	37,958
경기도	26,007	27,492	28,638	30,748	32,336	35,307	36,821	36,064	36,521	38,720
강원도	22,973	24,094	25,676	26,946	28,328	29,925	30,856	32,192	32,026	33,319
충청북도	29,177	30,507	31,729	34,728	37,273	40,590	43,016	42,704	42,667	45,803
충청남도	44,071	45,550	46,360	48,173	50,264	53,663	53,006	51,874	53,078	57,241
전라북도	22,670	23,876	24,681	25,621	26,089	26,988	27,797	28,835	29,252	30,912
전라남도	36,201	37,264	36,953	38,339	39,824	41,076	42,131	43,402	43,957	49,506
경상북도	35,014	36,533	38,742	38,510	40,040	41,130	40,677	40,082	39,887	42,706
경상남도	30,124	30,416	30,555	32,007	32,758	32,789	32,993	34,040	33,186	33,782
제주특별자치도	23,525	24,491	25,968	28,280	30,284	31,470	30,721	30,792	29,334	29,781

출처: KOSIS(경제활동인구조사).

내리 청년 고용률이 악화돼 40퍼센트 수준을 넘지 못하고 있다. 그나마 부산은 2013년 이후 청년 고용률이 회복하는 추세다. 부산·울산·경남 지역 중에서 경남과 울산의 쇠퇴가 두드러진다고 할 수 있다.

그런데 의아한 일이다. 도표 3.3처럼 울산은 전국에서 일인당 GRDP가 2021년 기준 69,133달러로 1위이고, 근 10년 동안 2014년 단 한 차례를 제외하면 항상 1위를 유지했다. 울산은 가장 수출을 많이

시도별	2013	2014	2015	2016	2017	2018	2019	2020	2021	2022
전국	2,736,921	2,838,343	2,926,186	3,030,286	3,125,273	3,259,281	3,405,769	3,447,287	3,581,564	3,717,328
서울	3,168,798	3,199,814	3,261,561	3,364,470	3,445,867	3,563,940	3,704,202	3,745,761	3,904,436	4,082,853
부산	2,520,222	2,558,970	2,620,611	2,694,140	2,786,616	2,962,069	3,050,186	3,124,238	3,288,414	3,404,468
대구	2,315,945	2,352,273	2,415,995	2,472,297	2,634,209	2,766,527	2,908,433	2,939,627	3,094,138	3,202,101
인천	2,609,457	2,637,047	2,723,424	2,839,944	2,913,439	3,013,149	3,121,843	3,172,498	3,309,353	3,418,862
광주	2,417,477	2,493,312	2,562,254	2,630,845	2,731,776	2,803,147	2,942,622	2,989,188	3,141,221	3,284,566
대전	2,722,674	2,805,150	2,857,131	2,985,356	3,071,837	3,189,820	3,287,005	3,301,865	3,401,031	3,556,267
울산	2,834,007	2,952,210	3,084,932	3,122,883	3,169,771	3,279,013	3,377,777	3,438,056	3,515,389	3,725,381
세종	-	-	-	-	-	-	-	3,423,078	3,530,820	3,685,371
경기	2,735,767	2,784,899	2,853,670	2,970,904	3,102,230	3,236,256	3,384,598	3,467,004	3,611,344	3,751,651
강원	2,437,051	2,483,529	2,569,139	2,727,782	2,804,556	2,931,838	3,049,958	3,053,154	3,166,772	3,285,138
충북	2,513,146	2,535,148	2,631,387	2,774,278	2,888,651	3,035,381	3,142,720	3,203,545	3,313,149	3,439,403
충남	2,734,718	2,841,711	2,937,394	3,073,036	3,139,647	3,246,198	3,372,295	3,397,234	3,564,920	3,669,868
전북	2,406,045	2,462,123	2,547,426	2,616,967	2,750,571	2,901,251	2,992,628	3,028,036	3,082,279	3,192,759
전남	2,723,586	2,780,187	2,856,750	2,938,553	2,996,396	3,145,992	3,235,215	3,252,923	3,352,080	3,445,263
경북	2,617,508	2,703,967	2,776,589	2,916,120	2,986,091	3,151,486	3,262,945	3,318,498	3,452,111	3,563,537
경남	2,612,430	2,678,468	2,765,647	2,889,391	2,943,459	3,054,555	3,190,336	3,206,329	3,399,502	3,560,180
제주	2,217,146	2,244,777	2,293,505	2,389,239	2,456,978	2,584,690	2,710,704	2,726,806	2,906,566	3,036,703

출처: KOSIS(경제활동인구조사).

하고 생산도 가장 많은 도시다. 도표 3.4에 나타나듯 2022년 기준 월평균 임금 수준도 372만 원으로 전국에서 서울과 경기도 다음으로 높은 광역시다. 하지만 2018년에 처음 경기도에 2위 자리를 내주고 나서 이제는 충남·세종이 울산과 경쟁하고 있다.

가장 높은 수준의 GRDP와 임금의 이면에 있는 현실을 파악하기 위해서는 고용 상황을 함께 살펴야 한다. 울산은 실업 인구가 많고 고용을 많이 일으키지 못하는 광역지자체다. 이를 확인하기 위해 실업률

시도별	2013	2014	2015	2016	2017	2018	2019	2020	2021	2022	최근10년	최근5년
전국	71.1	71.7	71.4	71.2	71.2	70.8	70.7	69.8	70.0	71.5	70.9	70.6
서울특별시	70.0	70.6	70.1	69.8	69.5	68.4	68.6	67.8	67.5	68.7	69.1	68.2
부산광역시	66.9	67.8	66.7	66.1	66.7	65.3	65.1	64.3	65.2	66.3	66.0	65.2
대구광역시	67.8	69.3	70.3	69.5	67.6	66.6	67.6	67.2	68.2	69.0	68.3	67.7
인천광역시	72.3	72.2	72.0	72.8	72.4	73.0	72.0	70.8	71.1	72.5	72.1	71.9
광주광역시	67.1	69.2	69.4	68.7	68.3	68.3	68.5	66.9	66.9	67.6	68.1	67.6
대전광역시	68.9	70.5	70.0	69.2	68.8	67.8	69.4	69.9	70.2	71.6	69.6	69.8
울산광역시	76.1	75.5	75.1	73.3	73.0	71.2	70.9	71.0	69.1	70.6	72.6	70.6
세종특별시	–	–	–	–	73.5	74.1	73.7	73.8	73.9	75.7	74.1	74.2
경기도	73.0	73.9	73.2	73.2	73.6	73.3	72.6	71.3	71.9	74.6	73.1	72.7
강원도	66.2	66.5	66.1	66.1	69.0	68.5	69.9	68.4	67.9	67.5	67.6	68.4
충청북도	70.3	72.1	71.9	70.9	71.8	73.9	72.2	72.0	72.1	74.1	72.1	72.9
충청남도	74.9	74.3	74.0	74.1	74.1	74.3	74.1	72.5	72.9	73.9	73.9	73.5
전라북도	70.5	69.9	69.9	70.1	68.9	68.5	68.7	69.1	70.1	69.9	69.6	69.3
전라남도	72.8	72.1	72.6	71.4	70.8	71.3	72.2	72.7	73.1	74.2	72.3	72.7
경상북도	72.9	74.5	74.0	73.9	73.8	72.5	72.2	71.8	71.7	73.0	73.0	72.2
경상남도	72.4	71.5	72.1	72.3	72.5	73.2	72.0	70.8	70.2	70.6	71.8	71.4
제주도	74.2	75.0	76.1	76.0	76.9	75.8	75.4	72.3	73.4	75.5	75.1	74.5

출처: KOSIS(경제활동인구조사).

과 고용률을 보자. 울산의 실업률은 2022년 기준 3.2퍼센트로 전국 17개 광역자치단체 중 4번째로 높다. 최근 10년 평균을 내면 3.5퍼센트로 7번째로 높지만, 최근 5년 평균을 내면 4.0퍼센트로 서울 인천 다음이다. 실업률 관점에서 보면 울산의 지표는 좋지 않다.

실업률과 더불어 일하는 사람들의 추계인 고용률을 보자. 고용률은 취업 의욕이 있는지 없는지와 상관없이 15세 이상 경제활동가능인구 중에 취업한 숫자이므로 얼마나 많은 사람이 일하는지를 정확하게

[도표 3.6] 전국 시도 단위 여성 고용률(단위: %)

시도별	2013	2014	2015	2016	2017	2018	2019	2020	2021	2022	최근10년	최근5년
전국	48.9	49.7	50.1	50.3	50.8	50.9	51.6	50.7	51.2	52.9	50.7	51.5
서울특별시	50.6	51.1	50.7	50.9	51.7	51.6	52.2	51.6	51.8	52.9	51.5	52.0
부산광역시	46.1	46.4	46.6	46.9	46.7	46.8	48.7	47.6	47.9	48.6	47.2	47.9
대구광역시	48.7	48.7	49.2	49.7	50.5	50.3	48.8	46.8	48.9	49.9	49.2	48.9
인천광역시	50.5	50.6	50.6	51.1	51.2	53.0	53.3	52.0	51.7	53.1	51.7	52.6
광주광역시	47.9	49.0	48.2	48.0	50.3	51.0	50.5	50.8	49.8	50.1	49.6	50.4
대전광역시	46.5	48.2	49.7	50.6	49.4	49.9	50.5	51.7	51.8	51.9	50.0	51.2
울산광역시	41.3	40.2	42.2	44.0	46.0	46.3	46.8	44.7	45.7	47.1	44.4	46.1
세종특별시	–	–	–	–	49.1	49.7	51.4	51.6	51.3	52.1	50.9	51.2
경기도	47.7	49.5	50.3	50.3	50.9	50.8	51.3	49.3	50.4	53.3	50.4	51.0
강원도	46.8	47.7	50.0	50.6	53.3	53.1	54.9	53.5	55.2	56.4	52.2	54.6
충청북도	49.8	52.1	52.9	53.2	53.3	52.6	53.5	54.3	54.5	55.5	53.2	54.1
충청남도	50.3	50.3	50.4	49.1	50.3	52.6	52.9	52.0	52.8	54.2	51.5	52.9
전라북도	47.4	47.2	48.9	50.1	48.8	48.5	50.4	51.1	52.6	54.8	50.0	51.5
전라남도	53.0	52.7	53.4	54.2	53.6	53.8	54.8	55.1	56.1	58.3	54.5	55.6
경상북도	51.6	52.3	51.1	51.2	51.3	50.9	51.2	50.5	50.3	52.7	51.3	51.1
경상남도	48.4	49.0	49.1	48.9	49.3	49.6	50.5	50.4	51.0	51.4	49.8	50.6
제주도	59.0	59.8	61.2	62.8	65.0	61.2	61.6	62.0	61.5	64.4	61.9	62.1

출처: KOSIS(경제활동인구조사).

파악할 수 있다. 전체 고용률 관점에서 울산은 2022년 59.2퍼센트로 하위권인 뒤에서 4등이다. 인구 대비 일하지 않는 숫자가 전국에서 네 번째로 많다는 뜻이다. 최근 10년간 뒤에서 네 번째, 5년으로 보면 뒤에서 세 번째다. 이러한 일하지 않는 인구는 어디에서 나왔을까?

남성 기준으로만 하면 도표 3.5에 보이듯 울산은 2022년 기준 전국 17개 시도에서 고용률 70.6퍼센트로 중하위권인 하위 8위에 속한다. 최근 10년간은 상위 6위, 최근 5년간은 하위 8위다. 울산의 낮은 남성 고용률은 최근 5년간 조선 산업 구조조정 등으로 고용 사정이 나빠진 것에 영향을 받았을 것이다. 하지만 좀 더 근본적으로 울산의 고용률을 떨어뜨리는 요소는 바로 여성과 청년의 고용률 저조다.

울산의 2022년 여성 고용률은 47.1퍼센트로 전국 최저다(도표 3.6 참조). 최근 10년과 최근 5년도 각각 44.4퍼센트, 46.1퍼센트로 단연 전국 최저다. 10년간 울산은 단 한 번도 여성 고용률 차원에서 전국 최저 수준을 면하지 못했다. 3부 시작에서 살펴봤던 가부장제의 기준으로 볼 때, 가장 보수적이고 가부장적 정서가 강한 지역인 대구 경북보다 여성의 노동 시장 진입을 허용하지 않았다. 산업 가부장제의 틀로 봤을 때 여성에 대한 '경력 봉쇄'가 가장 심각하게 벌어지는 지역이 울산이다. 그럼에도 소득 차원에서 대기업 정규직으로 내부 노동 시장 안에 있던 '인사이더'이자 가정에서는 생계 부양자였던 남성의 고소득으로 여성의 낮은 노동 시장 참여가 무마돼 왔다.

그러나 청년층의 고용 상황을 보면 '미래'가 없음을 더욱더 직감할 수 있다. 연령대별로 수도권(서울, 경기)이나 동남권(부산, 경남)의 다른 도시와 비교했을 때 울산의 40대 고용률은 견조한 수준이다. 30대도 비교적 괜찮은 수준이라 할 수 있다. 하지만 울산의 20~29세 청년 고용률은 20년 동안 계속 하락해 왔다. 청년들에게 적절한 일자리가 생기지 않으며 미래 전망이 불투명한 것이다(도표 3.7 참조).

고용 지표를 살펴봤을 때 두 가지 분석을 해 볼 수 있다. 첫째로 울산의 고용은 남성 고용에서 창출되며 여성의 고용은 부족하다. 여성 고용률은 전국 최하위다. 둘째로 울산의 고용은 연령이 높은 사람의

[도표 3.7] 연령 계층별 고용률(단위 : %)

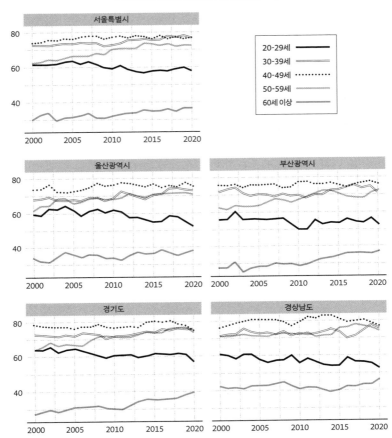

일자리는 많고, 청년 고용은 부족하다. 정리하자면 여성 노동의 활용이 낮고 청년 일자리 창출에 어려움을 겪는 상황이 울산의 고용률을 갉아먹고 미래에 대한 불안을 높이고 있다. 그렇다면 왜 여성 노동 참여와 청년 일자리 창출에 어려움을 겪는 것일까? 7장에서 정리했던 요인을 다시 검토해 볼 필요가 있다.

공부를 많이 시키는 울산, 사무직을 뽑지 않는 울산

울산의 2016~2019학년도 대학 진학률은 평균 86.7퍼센트로 경북과 전남 정도를 제외하면 전국 최고 수준이다(도표 3.8 참조).* 고등학교 졸업 시 재수 등을 선택함에 따라 특정 지역의 진학률이 '실제'보다 낮게 나올 수는 있다. 그래서 취업률과 기타 비율을 확인해야 하는데, 울산은 2019년 취업률에서 서울의 1.6퍼센트보다 낮은 0.6퍼센트에 그친다. 또 재수를 포함한 기타가 서울의 경우 38.7퍼센트일 때 울산은 12.8퍼센트로 현저하게 낮다. 달리 말해 울산의 고등학교 졸업생은 재수를 하거나 취업을 하지 않고 대체로 대학에 바로 진학한다.**

대학 진학률이 높은 이유는 앞에서 본 대기업의 대학 학자금 지원이 배경일 수 있다. 울산의 3대 산업 원청과 사내 하청 상용직의 경우 최소 두 자녀의 대학 등록금을 지원한다. 그러니 여건만 되면 대학에 안 보낼 이유가 없다. 소득이 높은 것도 이유일 것이다. 전국에서 두세 번째로 임금 소득이 높은 지역이 울산이다. 마지막으로 1980년대의 노동 운동사가 보여 주듯이 가난 때문에 공부를 많이 하지 못하고 생산 현장에 와서 고생했던 자신의 모습을 돌아보며 자녀는 '기름밥' 먹지 않고 좀 더 나은 직업을 갖도록 뒷받침하겠다는 평범한 부모의 마음도

---

* 진학률을 평가할 때 고려해야 할 지점은 진학률이 낮으면 대학을 가지 않는 것이라고 단순하게 말할 수 없다는 점이다. 서울 같은 경우 대학 진학률이 60퍼센트 수준인데, 이는 대학을 안 보내는 것보다는 재수를 선택하는 학생의 수가 적지 않다는 것을 의미하기도 한다.

** 물론 반수(재학 중 수능 응시)의 비중은 본 자료로 해석하기 어렵다.

시도별	2019년 진학률	2019년 취업률	기타	2018년 진학률	2017년 진학률	2016년 진학률
서울	59.8	1.6	38.7	60.5	60.6	61.1
부산	82.7	0.2	17.1	83.9	83.4	83.3
대구	83.1	0.5	16.4	82.9	82.9	82.9
인천	77.8	2.5	19.7	77.8	76.3	76.8
광주	83.6	1.3	15.1	84.1	83.8	85.2
대전	81.8	1.1	17.1	82.0	81.2	83.4
울산	86.6	0.6	12.8	86.8	86.7	86.5
세종	77.6	1.3	21.1	82.5	84.7	78.7
경기	72.1	3.1	24.8	72.9	72.8	73.9
강원	84.4	3.2	12.4	85.4	84.8	86.8
충북	85.0	2.3	12.7	87.2	86.0	87.1
충남	83.1	2.7	14.2	82.4	81.6	81.4
전북	84.5	1.1	14.4	84.0	84.6	84.8
전남	85.8	2.0	12.2	86.9	86.8	88.4
경북	88.4	1.1	10.5	89.4	89.7	89.9
경남	85.7	1.1	13.2	86.9	85.6	86.2
제주	79.3	0.8	19.9	78.5	80.1	84.3
전국	76.5	1.9	21.6	77.2	76.9	77.6

출처: KOSIS(경제활동인구조사).

[도표 3.9] 서울시와 울산시 노동자의 학력 분포

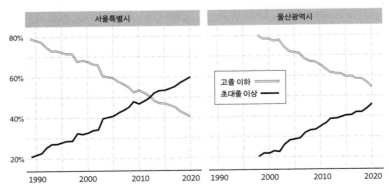

출처: KOSIS(경제활동인구조사).

무시할 수 없다. 평균 학력으로 여전히 고졸 이하가 많은 지역이기 때문에 자녀에게 배움의 부족까지 대물림하지 않겠다는 생각이 대학 진학률을 높인다는 해석도 가능한 것이다.

서울에서는 2013년부터 대졸자 이상이 경제활동인구 중 50퍼센트인 과반수를 넘기기 시작했다. 서울의 고학력자 추세는 도표 3.9에서처럼 1990년대 이래로 단 한 번도 변동이 없다. 울산도 자녀들의 높은 대학 진학률을 기반으로 올라가는 추세라 볼 수 있으나 절대 비율로는 서울의 추세보다 10년 정도 뒤처진다. 그러나 2000년을 기준으로 보면 서울은 대졸자 수가 2배가 된 반면에 울산은 2.5배가 됐다. 울산에서 서울 수도권보다 훨씬 더 가파른 속도로 대졸자가 늘고 있다는 말이다. 그렇다면 늘어나는 대졸자를 지역의 노동 시장이 흡수할 수 있는지가 문제다. 흡수할 수 있다면 청년 고용률이 올라가고 지역의 청년 유출을 막을 수 있다.

울산은 화이트칼라를 뜻하는 사무직, 관리직, 전문직의 비중이 꾸준히 늘어나는 추세이긴 하지만 30퍼센트 초반에 그친다. 동시에 블루칼라로 분류할 수 있는 기능원, 조립원의 비중이 30퍼센트가 넘는다. 화이트칼라와 블루칼라의 비율로 보자면 서울은 4 대 1, 울산은 1 대 1인 셈이다. 서울은 지속적으로 화이트칼라 일자리의 수와 비중 모두 뚜렷하게 늘어나고 있다. 그에 비하면 울산은 여전히 블루칼라의 비중이 엄청나게 높은 노동자 도시의 속성이 변하지 않았음을 알 수 있다.

동시에 서울에서는 서비스 판매 종사자의 비중이 지속적으로 떨어지고 있는 데 반해, 울산은 20퍼센트 선으로 완만하게 올라가고 있다. 이는 서울의 서비스 산업이 고도화되어 사무직과 관리직의 비중이 늘어나는 동안, 울산의 서비스 산업은 영세한 수준에서 발전하지 못했다는 말이다. 울산은 2015년 이후 서비스 판매 종사자가 늘어났다. 2015년에 조선업 구조조정으로 4만~5만 명의 노동자가 울산에서 일자리를 잃었다는 것을 감안하면, 별 대비 없이 자영업이나 영세 서비스 산업으로 입직하는 경우가 많았음을 짐작할 수 있다. 남성의 경우는 화이트칼라 진입에 실패한 경우와 제조업 구조조정으로 일터에서 밀려난 경우에 서비스 판매 종사자로 진입하고, 여성의 경우 생계 부양자 남성의 일자리가 불안해지거나 실업 상태에 놓이면 서비스 판매 종사자로 진입하게 된다(도표 3.10 참조).[6]

그렇다면 대학 졸업자는 어떤 일자리를 찾을까? 앞서 언급한 화이트칼라 일자리를 찾는다. 공과대학을 나오면 엔지니어 일자리를 찾지만, 이들의 직종 분류도 역시 사무 또는 (준)전문직에 해당되기에 직업

[도표 3.10] 서울과 울산의 직업군별 고용 현황

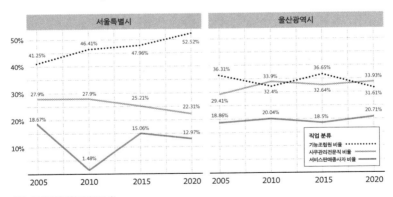

출처: KOSIS(경제활동인구조사).

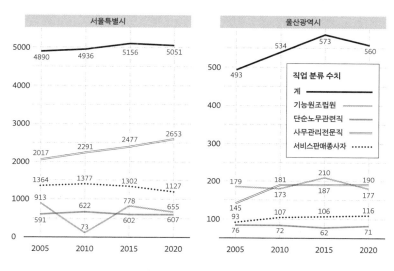

[도표 3.11] 서울과 울산의 직업군별 고용된 인구(단위: 천 명)

출처: KOSIS(경제활동인구조사).

분류 코드로는 화이트칼라가 된다. 화이트칼라가 되길 바라는 것은 임금이 높고, 고용이 안정적이며, 기업의 복리후생이 높은 '괜찮은 일자리'를 찾는 경향 때문이다.[7] 조선소, 공장으로 대표되는 '아빠의 일터'가 아닌, 사무실 근무를 할 수 있는 직장에 대한 울산 청년의 욕구는 대학 진학률 등을 고려할 때 어쩌면 당연한 것일 수 있다.

전체 관점에서 살펴보면 울산의 일자리는 구직자 수와 구인 수를 비교할 때 2010년대 이래로 대개 구인 수가 더 많아 양호한 경우였다. 2013년의 경우 전국적으로 일자리가 부족한 상황에서도 울산의 일자리는 오히려 일자리 부족량이 플러스(+)를 기록하기도 했다(도표 3.12 참조). 그러나 2013년 시점에도 청년 실업률은 6.7퍼센트로 지역 사회

	기본 지표	2000년	2005년	2010년	2013년
서울	구인 규모(A, 건)	301,393	168,713	376,099	372,457
	구직 규모(B, 건)	592,806	374,749	721,074	832,249
	실제 취업자(C, 명)	120,363	103,338	198,633	258,969
	일자리 부족량(A-B, 건)	-291,413	-206,036	-344,975	-459,792
	일자리 충원률(C/A, %)	39.9	61.3	52.8	69.5
	공식 실업률(%)*	5.1	4.8	4.7	4.0
울산	구인 규모(A, 건)	30,269	20,102	48,278	77,822
	구직 규모(B, 건)	59,731	33,839	73,168	67,701
	실제 취업자(C, 명)	15,982	9,202	19,238	43,025
	일자리 부족량(A-B, 건)	-29,462	-13,737	-24,890	+10,121
	일자리 충원률(C/A, %)	52.8	45.9	39.8	55.3
	공식 실업률(%)*	4.2	3.5	3.6	2.1

출처: 이성균(2015:151).　　　　　　　　　　　　　　* 공식 실업률은 통계청 발표(KOSIS)에 의함.

의 큰 문제였다. 즉 청년 실업을 단순히 지역 사회의 일자리 부족만으로 설명할 수 없다는 말이다.

　그렇다면 청년 실업 문제는 어디에서 나올까? 앞서 직업군별 일자리를 좀 더 살펴보면 답이 나온다.

　서울에서는 모든 직업군의 일자리가 구직자에 비해 부족하다. 하지만 총량 관점에서 화이트칼라의 비중이 높기 때문에 전반적으로 화이트칼라 일자리 문제가 도드라지지 않는다. 그런데 울산의 경우 생산 관련 기능직 일자리는 구인난이 벌어질 정도인 데 비해 화이트칼라 일자리는 전혀 개선되지 않는다. 고학력층이 급격하게 늘어가는 가운데 화이트칼라 일자리가 지속적으로 부족하니, 청년 실업률과 고용률 모두 악화되는 것이 당연하다.

[도표 3.13] 서울과 울산의 직업군별 일자리 부족량(2000~2013)*

일자리 부족량		2000년	2005년	2010년	2013년
서울	합계	-291,413	-206,036	-344,975	-459,792
	사무·관리·전문직	-108,701	-122,057	-202,583	-271,744
	사무·관리·관련직	-85,543	-84,482	-120,069	-156,245
	판매·서비스직	3,533	-2,760	-19,933	-37,904
	영업·판매 관련직	11,509	-3,656	10,757	3,112
	생산관련 기능직	-40,361	-41,226	-32,810	-68,096
	단순노무직	-145,884	-39,987	-89,038	-81,356
울산	합계	-29,462	-13,737	-24,890	+10,121
	사무·관리·전문직	-7,147	-6,386	-19,236	-10,557
	사무·관리·관련직	-6,059	-4,519	-13,124	-9,825
	판매·서비스직	-950	-1,357	-3,244	-2,931
	생산 관련 기능직	-4,482	-2,642	1,082	17,134
	기계 관련직	576	977	3,480	4,950
	재료 관련직	1,128	846	265	6,053
	단순 노무직	-16,883	-3,352	-3,490	6,476

출처: 이성균(2015:154). *일자리 부족량은 '구인 규모, 구직 규모'의 결과.

따라서 울산의 일자리 문제의 본질은 총량 부족이 아니라 화이트 칼라 일자리의 부족이라고 정리할 수 있다. 그리고 화이트칼라 일자리 부족은 일시적인 시장 상황에 따라 벌어지는 것이 아니라, 4장에서 분석했던 공간 분업에 의해 점차 생산도시로 전락해 가는 울산의 경로에 의해 발생한 것이다. 이러한 구직 수요와 구인 수요 간의 구조적 격차를 '구조적 미스매치'라 부른다. 울산을 이끄는 3대 산업의 구상 기능이 계속 수도권으로 향하고 있는 지금 기존 대기업 일자리에서 사무직 일자리를 만드는 것은 쉽지 않아 보인다. 그렇다면 이러한 화이트칼라 일자리 부족 상황을 청년은 어떻게 경험하고 있을까?

문과 학생들의 취업 경험

울산의 청년들은 울산의 노동 시장을 몸으로 이해하고 있다. 울산 출신 청년들의 학력은 높아 가지만 화이트칼라 일자리는 부족하고 생산직 일자리만 많다는 사실을 정확히 알고 있다. 더불어 생산직 일자리도 부모 세대나 그들보다 열 살 이상 많은 선배와는 달리 원청 정규직 자리가 없다는 것도 잘 알고 있다.

"그게 그런 거 아니에요? 아는 삼촌들 아는 형들 다 취업해 가지고 어떻게든 먹고사는 거 보니깐 그런 것도 있지 않아요? 엄친아들 어떻게 됐다더라, 관심 없었어요. 그런 거 모르고 자랐어요. 다 수준이 비슷하다 보니깐 '내가 열심히 해야겠다'라는 걸. 옛날에도 공부 열심히 해서 취업하던 아버지 세대들이 아니거든요. 그러다 보니깐 아버지도 공부를 하라고는 하되 강압적으로 하라고 하지는 않아요. 왜냐하면 적당히 취업이 되니깐. 옛날엔 그런 것도 있었어요. 자식들 넣어주는 것.

(지금은 없어요?)

지금은 없어요. 그러니깐 공부 자체를 안 하는 거예요. 그거 가지고도 다른 지역에서 와서 공부 조금만 하면 1등급 받고 졸업하거든요. 그것 때문에 다른 지역에서 이사 오는 친구들도 한 번씩 봤었고요. 내신 따러 오는 친구들도 있었어요." (조환규)

"네, 요새는 자리가 없어요.

(옛날에는 많았어요?)

옛날에는 많았죠. 옛날에는 그냥 들어가서 뭐 쫌만 일하면 직영해 주고." (조원우)

공장 아르바이트[*]

이러한 상황에서 청년들은 어떤 방식으로 노동 시장을 경험할까? 꼭 UNIST가 아니라도 울산대학교에 입학해서 처음부터 공부에 대한 동기부여가 되어 학습에 집중하는 학생들이 있다. 그들은 서울의 대학이나 동남권이나 대구 경북 거점 국립대학교의 학생들처럼 '스펙'을 쌓고 각종 인턴십 경험을 하며 영어 점수와 자격증 취득에 몰두한다. 문제는 그들의 '노오력'만큼 충분한 보상이 지역 사회에서 주어지지 않는다는 것이다. 지역에서 대학을 나와 기대하는 직무와 수준에 맞는 일자리가 턱없이 부족하기 때문이다.

그렇다고 대학교에 들어갔다가 중도에 그만두고 공장 생산직으로 취업했던 옛 선배처럼 할 수는 없다. 청년들은 괜찮은 일자리를 찾지 못한 채 시간을 허비하기 쉽다. 그런 상황에서 부모가 공부는 시킬 수 있어도(금전적으로 뒷바라지는 해 주더라도) 변해 가는 세상에서 수도권처럼 발 빠르게 대응하기에는 정보가 부족하다. 그럼 산업도시의 대학을 다니는 청년은 어떤 일자리 전망이 있을까? 우선 남학생의 경우를 살펴보자.

[*]　　이 절의 논의는 양승훈, "제가 그래도 대학을 나왔는데: 동남권 지방대생의 일 경험과 구직", 《경제와사회》, 통권 제131호, 2021년 9월, 10–54의 내용을 풀어서 정리했다.

울산이나 창원 등 부산·울산·경남 지역에서 4년제 대학교나 전문 대학을 다니는 남학생 중 많은 수가 공장에서 아르바이트를 한다. 다른 지역 같으면 가정 경제에 뭔가 문제가 생기거나 특별한 사연이 있어야 공장에 가게 되지만, 부모 세대가 공장에서 일하는 경우가 다반사이기 때문에 공장 노동에 친숙한 편이다. 게다가 편의점이나 식당, 주점 등에서 하는 아르바이트보다 공장 일은 규칙적인 데다가 벌이가 좋다. 서비스업 계통에서 아르바이트를 하면 한 달에 150만 원을 채 벌기 힘들지만, 공장 아르바이트를 하면 물량이 많아 특근과 잔업까지 할 경우 월 300만 원까지 벌 수 있다. 두 달을 일하면 한 학기 등록금과 생활비를 확보할 수 있다. 그래서 방학이 되면 학생들은 공장 아르바이트를 떠난다.

"처음에는 같이 전역한 친구가 있었는데 공장에 보니까 아는 애들이 좀 있더라고요. 바로 들어갔죠." (김영두)

"공장 들어가려면 알바천국보다는 교차로, 교차로가 최고예요. 인터넷으로도 볼 수 있는데 한 시인가 다섯 시가 되면 초기화가 돼요. 그 시간에 맞춰 기다렸다가 바로 전화 한 번씩 해 보면 되는 거죠." (김영두)

급하게 아르바이트를 구할 때는 '알바천국' 같은 온라인 아르바이트 구직 사이트나, '교차로' 같은 무가지를 활용한다. 하지만 가족·친척·지인·선후배·친구 등을 통해 공장 아르바이트를 구하는 경우도 드물지 않다. 앞서 울산의 생산직 관련해서는 기업의 구인 수가 구직

자보다 많다고 언급한 바 있다. 그런 상황에서 다양한 경로를 통해 공장 일자리를 구하는 것은 자연스럽다.

공장 일을 통해 남학생들은 산재가 빈번한 중공업 사업장의 실태부터 깨우치는 경우가 많다.

> "아버지가 어떻게 일하는지 보려고 스무 살 되자마자 조선소 들어갔죠. 그래 가지고 돈을 벌었죠. 거기서 일을 하고 있는데 옆 사람이 죽었어요. 바로 옆 사람은 아닌데 건너편 사람인데… 어려요. 스무 살밖에 안 된 애인데 엘리베이터 같은 리프트에 압착사고로… 감전되는 사람도 있고 심지어 제 친구 같은 경우에는 7층 높이에서 떨어져 허리뼈가 다 나간 경우도 있고… 그렇게 힘든 걸 알다 보니 조금 더 열심히 하게 되더라고요. 동기부여가 되더라고요." (조환규)

산재는 고숙련자보다는 저숙련자, 원청 노동자보다는 사내 하청 노동자에게 더 빈번하게 일어난다. 압착(협착)으로 인해 사망사고가 나고, 감전당하거나 허리뼈가 부러지는 중대 재해가 벌어지는 와중에 그 책임 소재를 놓고 다투기도 한다. 노동자에게 과실을 뒤집어씌우거나 사장이 산재 처리 대신 '공상 처리'를 강행하는 현장을 보고 한편으로는 '철이 나서' 열심히 살게 만드는 동기부여가 되기도 하지만, 다른 한편으로는 신분처럼 작동하는 정규직-비정규직, 원청-하청의 관계를 몸으로 배우게 된다. 이는 하청일 수밖에 없는 공장 노동자 생활을 기피하게 만드는 원인으로 작용하기도 한다.

"보면 아무리 그런 데라도 낙하산이 있더라고요. 가족의 가족, 누구 아들, 낙하산 빼면 거의 없어요. 공채 넣는 거 아니면 일하다가 전환되는 경우는 거의 없을 것 같아요. 있긴 있겠지만…." (김영두)

"결국에는 고스펙으로 들어가는 본사가 아니면 다 하청인 거죠. 사실은 다 하청 쪽이라서…." (전하영)

대학교 저학년 방학 때, 군대 가기 전과 다녀온 후에 공장 아르바이트를 하고 나면 몇 년의 '짬밥'과 '연륜'이 쌓인다. 그러고 나면 함께 일하던 대학생 아르바이트나 노동자들 외에도 반장이나 조장, 관리자와 관계를 맺는 경우가 많다. 학교 다니다가 방학이 다가오면 '아는 형'들한테 전화가 오고, 학년이 올라가고 취업 걱정을 하게 될 때 또 연락이 온다. 이때 남학생들은 내적 갈등을 겪는다.

"애초에 공장에 취업할 그런 생각은 안 했어요. 2017년도에 … 그때 거기서 일을 하다가 자동화 쪽으로 넘어갔어요. 자동화 자리는 남들이 보통 개인으로 하면, 수동으로 깎으면 2대 정도 맡는데, 거기는 스물 몇 대를 3명이서 맡아요. CNC 절삭기. (…) 그렇게 4개월 일하다가 2017년도 12월? 그때쯤 회사가 뭐라뭐라 하면서, 정직원 그런 이야기가 나왔었죠. 그래서 그때 고민을 했어요. 이 정도 돈이면 정직원 돼서 보너스 받으면 괜찮겠다. 그래서 생각해 보니 이 일을 평생 하지는 못하겠더라구요. 퇴근하면 자느라 바빠서 누굴 제대로 만나지도 못하고. 취업 했다 하면 정직원이 정도인데… 쉽게 뽑는 추세도 아니고. 근데 거의 거기서 일하다가 젊은 형들, 가정 있는 형들 보면… 가정을 이끌어 가기 때문에 다니는데… 그러나 언제 잘릴지 모르는 거죠." (김영두)

청년들은 현대중공업의 사내 하청 업체 비정규직, 현대자동차의 사내 하청 아르바이트, 그 외 자동차·조선·석유화학 회사의 부품·모듈 하청 업체(N차 벤더)에서 아르바이트를 하며 "열심히 살아야겠다"는 다짐과 세상 무섭다는 생각을 하기 시작한다. 또 회사의 본공(상용직·정규직)이나 사무직으로 일하는 '형들'을 보면서도 일이 고되고 늦게까지 일해 잠만 자는 모습, 벌이가 부족해 가정을 꾸리기에 빠듯해하는 모습을 보면서 결국 그 길을 '미래의 진로'로 선택하지 않게 된다.

최근에는 쿠팡·컬리 등 e-커머스 회사의 물류센터가 양산과 김해에 크게 세워져 다양한 형태의 플랫폼 노동이 청년 세대를 유혹한다. 청년들은 공장보다 벌이가 더 좋거나, 시간을 좀 더 유연하게 쓸 수 있는 플랫폼 노동을 선택하는 경우가 많아졌다. 공장 노동은 점점 더 취업에서 '진로'가 되지 않는 것은 물론이고 아르바이트 후보지에서도 빠지게 됐다.

그나마 산업도시 울산과 남성 청년을 강하게 엮어 유대감을 만들어 주던 공장 자체를 기피하게 된다면 그 일은 도대체 누가 하게 될까. 바로 이주 노동자다. 울산의 대공장 사내 하청이나 부품 제작을 담당하는 중소기업이 이주 노동자를 더 채용하게 해 달라고 점점 더 강하게 주장하는 이유다.[8]

학교가 소개해 주는 대졸 일자리: 내일채움공제와 디지털 일자리

부모나 한 세대 위 삼촌이 일하는 현장을 경험하면 할수록 그 길이 미래가 아니라는 생각이 드는 것은 자연스럽다. 예전처럼 별 준비 없이 훈련받는 수준으로는 3대 산업 원청 정규직의 길이 막혀 있다. 즉 가장 많은 일자리인 생산직으로 들어가 열심히 일해도 소득이 제한되어 있다. 하청 협력사에서 좋은 자리는 '친인척'이 하는 것 같고, 막상 그 회사에서 사무직인 정규직이 된다 하더라도 별 비전이 보이지 않는다. "걱정 말고 하고 싶은 거 다 하라"며 적극 밀어주겠다는 부모가 제안할 수 있는 자리도 제한적이다.

동시에 학교도 학생에게 일자리를 제안한다. 교육부는 1998년부터 대학 구조조정을 실시하고 있다. 대학 구조조정은 출생률 저하로 학령 인구가 감소되는 것에 대응해 대학 정원을 감축하고 대학의 질적 수준을 제고하는 것을 목표로 한다. 박근혜 정부의 '대학구조개혁평가'가 문재인 정부 들어와 '대학기본역량진단'으로 바뀌었지만, 신입생 충원율·재학생 충원율·졸업생 취업률로 대표되는 주로 세 가지 정량 지표와 정성 지표를 토대로 대학의 순위를 매기고 그중 열위에 있는 대학에 재정 지원과 학생의 국가 장학금 지원 기회를 통제해 도태시킨다는 점에서는 대동소이하다. 박근혜 정부의 평가가 열위 학교의 폐교를 직접 유도하는 것이라면 문재인 정부의 평가는 제도적 제약만 주고 대학이 시장에서 도태되도록 유도한다는 점만 다르다.

대학 구조조정 핵심 지표 중 대학에 부여된 항목에서 큰 비중을 차지하는 게 졸업생 취업률이다. 졸업생 취업률은 전년도 졸업자의 취업

성과를 평가하는 '상시 취업률', 취업한 졸업생이 1년 동안 계속 취업 상태인지를 평가하는 '유지 취업률' 등이 있다. 전문대학에 비해 4년제 대학에 요구되는 졸업생 취업률이 낮긴 하지만 56퍼센트 이상의 기준을 달성해야 한다는 것은 만만찮다. 2023년 기준 울산의 청년 고용률은 40.3퍼센트다. 15퍼센트의 차이를 메꾸기 위해 대학은 졸업하는 학생들의 취업률을 높이기 위해 분투한다(도표 3.14 참조).

통상 대학이 지원하는 취업과 창업 관련 프로그램은 산학협력단의 사회 맞춤형 산학협력 선도대학(LINC+) 사업단에서 진행한다. LINC+는 기술 자문, 장비 공유, 협의회 운영, 현장 재직자 교육 등을 통해 기업을 지원하는 산학 연계 활동을 운영하지만 결국 학생의 취업 연계를 위한 산학 교육 지원이 주목적이다. LINC+ 사업단은 지역 사회의 다양한 회사와 가족회사 협약(MOU)을 체결하고, 인턴십(현장실

[도표 3.14] 평가지표 및 최소 기준(단위: %)

구분		대학		전문대학	
		일반대학	(종교계·예체능계)	전문대학	(예체능계)
교육 여건	교육비 환원율	127	102	117	94
	전임교원 확보율	68	55	54	44
교육 성과	신입생 충원율	97	78	90	72
	재학생 충원율	86	69	82	66
	졸업생 취업률	56	(제외)	61	(제외)
행·재정 책무성	법인 책무성 (법정부담금 부담률, 법인전입금 비율 중 1)	10	8	5	4
	(별도) 대학 책무성	부정비리 사안 제재, 정원감축 권고 이행 여부 등 패널티			

* 종교계, 예체능 계열 학과 위주로 구성된 대학의 최소 기준은 (전문) 대학 최소 기준의 80% 수준에서 설정.

습) 프로그램을 운영한다. 학생은 신청을 통해 3~4학년이 되면 4~8주, 혹은 학기제 현장실습을 나갈 수 있다. 학생은 4~8주 실습을 나가면 50~100만 원가량 실습비를 받는다. 경남대 등 동남권의 다른 학교는 학기제 현장실습제를 확장시킨 IPPIndustry Professional Practice 일학습 병행제를 채택하여 운영하기도 한다. IPP는 장기 현장실습과 일학습 병행제로 나뉜다. 장기 현장실습은 한 학기 이상(4~6개월 동안) 기업에서 근무하며 실습을 하는 프로그램이고, 일학습 병행제는 기업과 협약을 맺은 IPP 체결학과가 4~6개월 동안 사전교육을 시킨 후 6개월간 기업에서 현장실습을 하는 프로그램이다. 두 프로그램 모두 궁극적으로는 채용 전제형으로 실습 후 취업시키는 것을 목표로 한다. IPP에 참여하는 학생은 등록금은 지불하되 실습비로 월 180만 원가량을 받는다.

학생 개개인이 취업에 압박을 느끼는 동안 학교 내 각 단과대학과 학과도 취업률에 압박을 받는다. 취업률이 지속해서 문제가 있을 경우 학과 구조조정을 하기도 한다. 취업률을 제고하기 위해 학과는 앞에 언급한 다양한 현장실습 프로그램을 학생들에게 권하는 실정이다. 애초 계약학과나 특성화 트랙을 운영하기 좋은 공과대학과 달리 전공 관련 진로가 정해지지 않은 인문사회 계열 단과대학이나 학과는 자체로 취업 창업 프로젝트를 기획해서 운영하곤 한다.

울산대 산학협력단은 2016년 '인문사회 계열 청년 취업 프로젝트'를 진행한 적이 있었다. 프로젝트가 열리고 자동차나 중공업 관련해서 경영 평가가 좋고 기술력을 인정받은 부품 중소기업(강소기업)은 학생들에게 회사를 알리는 '기업 설명회', 취업과 관련되어 질문 응답을 받는 '구인구직 좌담회' 등을 진행했다. 취업 동아리를 만들고 지도교수가 배정돼 취업 능력을 높이는 프로그램도 운영했다. 기업 현장과 유사한 장소에서 교육훈련을 받는 'OJT 경진대회'가 진행되기도 했다. 그 결과는 UBC 울산방송에서 프로그램으로 제작해 방영했다. 또 모든 주체가 참여하는 토크콘서트도 개최했다.[9] 교수가 알음알음으로 회사를 소개해 주는 것이 아니라, 지역 경영자총협의회(경총)와 대학창조일자리센터의 네트워크를 총동원하여 그래도 지역 사회에서 '괜찮은 일자리'를 제안하는 것이었기에 학생들의 만족도가 클 것으로 주최 측은 생각했다. '괜찮은 일자리'가 있지만 정보가 부족해서 학생들이 좋은 기업을 찾지 못하는 일자리 미스매칭이 발생한다는 가정이 있었던 것이다.

조형제·주은수 교수팀은 프로그램에 참여한 95명 중 80명과 참여하지 않은 학생 중 81명에게 사전 사후 2회에 걸쳐 설문조사를 했다(2018). 프로그램의 결과는 부정적이었다.

요약하면 울산대학교 인문사회 계열 학생은 중소기업과 프로그램을 진행한 후 앞서 진단했던 것처럼 현실을 간파하게 됐다. "일자리 자체는 많으나 근로 여건이 맘에 드는 직장은 부족하거나 없다"는 것이다.

프로그램에 참여한 학생들은 처음에는 자신의 스펙(경력 혹은 자격)이 부족해서 울산에서 취업이 어렵다고 여겼고, 참여 후에도 스펙 부족을 호소하는 경우가 많았다(31.3퍼센트→34.7퍼센트). 하지만 중소기업 체험 프로그램 참여 이후 근로 여건(급여) 불일치 때문이라는 인식이 늘었다(12.5퍼센트→20.8퍼센트). 일자리 부족이라고 응답했던 경우

[도표 3.15] 울산 지역 대졸 청년 구직난의 가장 중요한 이유 (사례수: %)

내용	사전조사			사후조사		
	비참여 (N=81)	참여 (N=80)	카이제곱 분석	비참여 (N=90)	참여 (N=72)	카이제곱 분석
일자리-전공 불일치	13 (16.0)	3 (3.8)		10 (11.1)	7 (9.7)	
경력(자격) 부족 또는 불일치	19 (23.5)	25 (31.3)		19 (21.1)	25 (34.7)	
근로 여건(급여) 불일치	14 (17.3)	10 (12.5)	17.56**	14 (15.6)	15 (20.8)	11.08*
정부/대학의 교육-취업 연계프로그램 부족	3 (3.7)	2 (2.5)		2 (2.2)	5 (6.9)	
일자리 정보 부족	4 (4.9)	18 (22.5)		9 (10.0)	6 (8.3)	
일자리 부족	28 (34.6)	22 (27.5)		36 (40.0)	14 (19.4)	

* p<.05, **p<.01.

[도표 3.16] 울산 지역 중소기업이 구인난을 겪고 있는 가장 중요한 이유 (사례수: %)

내용	사전조사			사후조사		
	비참여 (N=81)	참여 (N=80)	카이제곱 분석	비참여 (N=90)	참여 (N=72)	카이제곱 분석
열악한 근무 여건	31 (38.3)	25 (31.3)		39 (43.3)	28 (38.9)	
직무능력을 갖춘 인력 부족	4 (4.9)	7 (8.8)		4 (4.4)	1 (1.4)	
대졸자의 높은 눈높이	29 (35.8)	25 (31.3)		24 (26.7)	25 (34.7)	
장기적 발전 가능성이 낮음	5 (6.2)	3 (3.8)	11.58	3 (3.3)	5 (6.9)	5.26
인력 유치 경쟁이 심하여	5 (6.2)	1 (1.3)		1 (1.1)	1 (1.4)	
사업체 내 문화/복지시설 부족	1 (1.2)	1 (1.3)		2 (2.2)	3 (4.2)	
구직자에 대한 정보 제공 부족	2 (2.5)	10 (12.5)		9 (10.0)	6 (8.3)	
중소기업에 대한 부정적 편견	4 (4.9)	8 (10.0)		8 (8.9)	3 (4.2)	

는 중소기업 체험 이후 그 비중이 줄었다(27.5퍼센트→19.4퍼센트). 즉 학생들은 일자리 자체가 없는 게 아니라, 마땅한 근로 여건을 갖춘 일자리가 없다는 것을 깨닫게 된다(도표 3.15 참조).

학생들은 울산 지역 중소기업의 구인난에 대한 진단에서도 참여 전후 생각이 바뀐다. 정리하자면 사무직이든 생산직이든 중소기업 취업에 대한 회피가 강화됐다. 중소기업을 경험한 이후 열악한 근무 여건을 깨닫게 됐다(31.3퍼센트→38.9퍼센트). 또 장기적 발전 가능성에 대해서도 부정적으로 변했다(3.8퍼센트→6.9퍼센트). 반면에 중소기업에 대한 부정적 편견 때문이라는 생각도 줄었다(10퍼센트→4.2퍼센트). 게다가 중소기업의 구인난이 직무 능력을 갖춘 인력 부족이라는 생각은 오히려 급감한다(8.8퍼센트→1.4퍼센트). 좋은 인력이 들어가더라도 '구제'할 수 없다는 비관적 생각이 강화된 것이다. 앞서 등장했던 대기업 하청 회사 생산직으로 아르바이트를 했던 남학생들의 경험담과 중소기업 소개 프로그램에 참여한 학생들의 생각에 공통점이 있다는 말이다(도표 3.16 참조).

이 프로젝트 설문에서 흥미로운 결과가 두 가지 더 있다. 우선 프로그램에 참여했던 학생이 기대하는 임금이 참여 이전 243만 원에 비해 16만 원 줄어든 227만 원이 됐다. 노동 시장에서 자신의 임금 수준을 인지했다는 뜻으로 이해할 수 있다. 두 번째는 좀 더 중요한 지점이다. 바로 프로젝트에 참여한 학생들의 취업 의향이 낮아졌다는 점이다. 조형제·주은수(2018:105-106)에 의하면 이것은 일반적인 '구직 활동 포기'가 아니라 중소기업이나 급여가 낮은 회사에 급하게 입사하려는 의

욕이 떨어졌다고 해석해야 한다.

2020년 코로나19로 경기가 위축되고 중소기업은 구인난을, 구직자는 취업난을 호소하는 상황이 됐다. 그러자 고용노동부는 '청년 디지털 일자리 사업'과 '청년 일경험 사업'을 추진한다. 청년 디지털 일자리 사업은 5인 이상 중소·중견기업에서 1) 콘텐츠 기획형 2) 빅데이터 활용형 3) 기록물 정보화형 4) 기타 유형의 일자리를 마련해 청년을 6개월 이상 채용할 경우 월 180만 원가량 정부가 지원해 주는 프로그램이다.

청년 일경험 사업은 파트타임으로 15~30시간가량 일자리를 제공할 경우 정부가 지원해 주는 프로그램이다. 2021년 3주기 대학기본역량진단 때문에 취업률 관리에 비상이 걸린 각 대학은(특히 지방대) 두 프로그램을 활용해 2019년 8월 졸업자와 2020년 2월 졸업자를 취업시키기 위해 각고의 노력을 다했다. 그렇게 해서 생기는 일자리는 정부 지원금 180만 원+α 수준의 임금을 구인 공고에 알렸다. 최저임금을 기본급으로 해서 주 40시간씩 한 달 근무를 하면 179만 5000원이 월급이다. 거기에 하루 3시간씩 4일을 시간 외 근무할 경우 특근비를 포함하면 220만 원이 조금 넘는다. 학생들이 청년 디지털 일자리 사업으로도 취업하는 것을 보면, 그들이 기대하는 임금의 눈높이가 사실상 최저임금 수준을 넘지 않는다는 것을 확인할 수 있다. 결국 지역의 일자리 문제가 현실적으로 학생들의 눈높이 문제가 아니라는 것이 드러났다. 2020년 말 청년 디지털 일자리 사업으로 많은 취업이 이뤄졌고, 2021년에도 많은 취업을 유도할 것으로 보인다. 하지만 취업 여부와 무관하게 학교와 고용노동부가 알선할 수 있는 일자리의 '질적' 수준이 궁극적으로 학생들이 원하는 괜찮은 생활 여건과 직업의 미래를 기대하기는 어렵다.

사무직을 지원하는 울산의 대졸 출신 중 26퍼센트는 1년이 지나도 일자리를 구하지 못한다. 6개월 이내에 구하지 못하면 그들이 만족스럽다고 여기는 일자리에 추가적으로 진입하기는 어렵다. 애초 많은 기업이 신입사원보다 30대의 경력직을 선호한다. 전국적으로 '경력직 같은 신입사원'을 바라는 공통적 현상이 있다지만 울산은 좀 더 심각하다.

이런 상황을 고려해 볼 때 울산대 학생의 관점에서 취업 준비가 힘들다고 '지인 찬스'나 '아빠 찬스'로 가까운 공장에 '알음알음' 생산직으로 취업하는 것은 고용 불안과 저임금, 산재 위험까지 고려했을 때 나쁜 선택지다. 또 학교 취업지원센터나 산학협력단, 또는 단과대 등에서 추천하는 지역 중소기업(하청 회사 혹은 부품 협력사)에 취업하는 것도 자신의 기대를 충족시키기 어려운 선택지다. 겪으면 겪을수록 다른 선택지를 모색하는 게 본인에게 유리하다는 것을 울산의 대학생들은 간파한다. 개개인의 관점에서 공과대학을 다닌다면 어렵더라도 스펙을 더 갖춰서 대기업이나 기술 계통 공공 부문에 가는 것이 더 나은 선택이다. 인문사회 계열이라면 일자리가 더 많은 수도권에 지원하든가 아니면 공무원이나 공기업 등 공공 부문에 지원하는 것이 현명한 선택이다.

그리하여 산업도시 울산에서 나고 자라 부모의 지원으로 고학력자가 된 많은 자녀가 기회만 생기면 일자리를 찾아 서울로 떠나기 일쑤다. 그래도 나고 자란 고장에 살겠다는 청년은 공무원 시험 준비를 하거나, 공기업에 입사하기 위해 NCS 문제집을 풀면서 기약 없이 구직 준비를 하게 된다. 아직은 정년을 채우지 않은 부모의 지원을 받으며 아르바이트와 구직 준비를 반복하며 시간을 보낸다.

청년들이 일자리를 찾아 서울로 떠나는 것이 별스럽지 않다고 여길 수도 있다. 하지만 산업도시 울산과 동남권의 창원과 거제에서 청년이 비전을 찾지 못해 서울로 떠나는 일은 그 자체로 대한민국 산업도시 전체의 위기를 상징한다. 수많은 청년이 서울 수도권이 아니어도 성실하게 일하면 살 만한 곳, 국가와 대자본이 수많은 노동력을 흡수하기 위해서 만들었던 곳이 바로 울산으로 대표되는 산업도시였기 때문이다. 청년은 자신들이 배운 것을 발휘할 수 있는 대졸 일자리의 부족 앞에서 울산에 대한 기대를 접고 있다. 산업도시의 미래 전망이 토대부터 흔들리고 있다.

9장

생산도시를
기피하는 여성

산업도시 울산이 어디로 가는지를 물으려면 결국 여성에 대해 이야기해야 한다. 울산의 여성 노동 시장 참여를 살피면 다른 중후장대한 산업이 이끌어 나가는 산업도시의 상황을 이해할 수 있다.

앞서 울산 청년의 일경험과 미스매치를 이야기했다. 그런데 성별을 가리지 않고 오직 청년 범주로만 취업과 노동 시장 문제를 바라보는 것은 별로 유용하지 않다. 물론 일반 청년의 낮은 고용과 높은 실업률을 언급하는 것으로 울산의 노동 시장 문제를 제기할 수 있다. 8장에서 남자 대학생이 방학 때 공장에서 200만~300만 원을 받는 아르바이트를 할 때 동년배 여학생은 대학에서 근로장학생을 하거나 편의점, 식당, 프랜차이즈 화장품 판매 등을 하며 100만 원을 번다. 즉 울산의 여학생은 저숙련 서비스업 일자리에서 아르바이트를 한다. 남학생이 공장에서 NC 공작기계를 다루면 기계 조작의 숙련도를 높이고 심지어 자격증을 취득할 수도 있다. 하지만 여학생의 아르바이트는 '경험'이라는 측면에서 이력서에 한 줄 넣을 수는 있지만 유의미한 경력으로 인정해 주는 경우는 드물다. 아빠의 벌이가 좋으니 그럭저럭 아르바이트를 하지 않고도 학교를 졸업한다고 치자. 그다음엔 어떠한 길을 선택해 노동 시장에 진입할 수 있을까.

95 대 5의 현장

울산에서 가장 안정적으로 돈을 많이 벌 수 있는 길은 3대 산업 대공장에 정규직으로 취업하는 것이다. 현대자동차 임직원의 평균 연봉은 2021년 기준 9600만 원이다. 현대중공업 임직원의 평균 연봉은 2021년 기준 7000만 원이다. 남구 석유화학단지에 위치한 롯데케미칼 임직원의 평균 연봉은 2021년 기준 1억 700만 원이다.[10] 이러한 고임금은 30년 넘게 기업별 임금 단체협상을 통해 쌓아 올린 금자탑이다. 이는 동구와 북구의 임금 수준에 맞춰 남구 석유화학단지에 있는 회사가 계속해서 임금 수준을 높여 왔기에 가능했다. 지금은 원청 정규직이 연공급을 매개로 한 내부 노동 시장에서 훈련, 배치, 승급과 승진, 임금 단체협상을 통해 연봉 인상을 추구하는 시스템이 정립됐다. 즉 승진이나 연봉 인상을 이직과 같은 외부 시장에서 구하지 않는다는 말이다. 하지만 내부 노동 시장이 발달하기 전에는 비슷한 기술이 있으면 이직이 잦았으므로, 석유화학단지의 회사는 쟁의를 막고 이직과 이탈을 방지하기 위해 임금을 맞춰 주었다(도표 3.17~도표 3.21 참조).

생산직과 달리 사무직이 근속 30년을 채우기는 어렵지만, 현대자동차와 현대중공업의 연봉이 대기업 중에서 최상위권인 것은 분명하다. 승진을 거듭해 임원 진급 전 관리직의 마지막 단계인 부장 정도까지 올랐다면 연봉 1억 원이 드물지 않다.

조선소 사내 하청이나 1~2차 부품 협력사 생산직으로 취업하더라도 근속이 쌓이고 기술 숙련이 높아지면 2010년대 조선 산업 구조조정이 벌어지기 전까지는 다른 지역에 비해 비교적 임금이 높았다.* 물론 고임금에는 장시간 노동으로 발생하는 특근비와 초과수당, 위험 노동이라는 특성이 있음을 간과할 수는 없다. 그러나 2014~2018년의 조선 산업 구조조정, 주 52시간제 정착, 최저임금 도입과 주휴수당 폐지 및 정기상여금의 통상 임금 산입 등을 거치면서 임금이 줄었다.**

그렇지만 이러한 외형적인 것만으로는 인구의 절반이 겪는 노동 시장의 상황을 간과하게 된다. 울산에서 돈을 많이 버는 직장 모두에 내재한 문제가 있다. 바로 여성 노동자가 없다는 것이다. 울산의 여성

---

* 2022년부터 조선 산업의 수주가 늘어 조선소 용접공 수요가 많아졌다. 하지만 용접공 처우에서 평택이나 천안 등지의 육상 플랜트가 더 높은 일당을 주고 있어서 조선소를 떠난 용접 노동자가 돌아오지 않는 상황이다.

** 2022년 8월, 51일간 벌어진 대우조선해양 옥포조선소의 사내 하청 노동자의 파업은 사내 하청 노동자의 임금 수준이 예전에 비해 크게 삭감됐음을 드러냈다.

[도표 3.17] 현대중공업 사업보고서(2021년 / 단위: 천 원)

사업부문	성별	직원								소속 외 근로자		
		기간의 정함이 없는 근로자		기간제 근로자		합계	평균 근속 연수	연간 급여 총액	1인 평균 급여액	남	여	계
		전체	(단시간 근로자)	전체	(단시간 근로자)							
조선해양	남	8,374	-	98	-	8,472	2.5	-	-			
	여	264	-	40	-	304	2.3	-	-			
특수선	남	1,192	-	11	-	1,203	2.5	-	-			
	여	28	-	12	-	40	2.0	-	-			
엔진기계	남	1,643	-	-	-	1,643	2.5	-	-	-	52	52
	여	51	-	18	-	69	2.0	-	-			
기타	남	870	-	43	-	913	2.3	-	-			
	여	115	-	52	14	167	1.8	-	-			
합계		12,537	-	274	14	12,811	2.5	903,970,267	70,562			

* 소속 외 근로자는 파견 근로자 기준임.

[도표 3.18] 현대자동차 사업보고서(2021년 / 단위: 백만 원)

사업부문	성별	직원								소속 외 근로자		
		기간의 정함이 없는 근로자		기간제 근로자		합계	평균 근속 연수	연간 급여 총액	1인 평균 급여액	남	여	계
		전체	(단시간 근로자)	전체	(단시간 근로자)							
자동차 부문	남	61,924	-	5,787	-	67,711	19.3	6,552,839	97			
	여	4,078	-	193	2	4,271	13.0	334,364	78	2,535	2,282	4,817
합계		66,002	-	5,980	2	71,982	18.9	6,887,203	96			

* 소속 외 근로자 수는 2021년 말 기준임.

[도표 3.19] SK에너지 사업보고서(2021년 / 단위: 백만 원)

사업부문	성별	직원								소속 외 근로자		
		기간의 정함이 없는 근로자		기간제 근로자		합계	평균 근속 년수	연간 급여 총액	1인 평균 급여액	남	여	계
		전체	(단시간 근로자)	전체	(단시간 근로자)							
전사	남	2,371	-	136	-	2,507	22.13	342,568	136			
	여	171	-	5	-	176	13.67	11,621	70	348	112	460
합계		2,542	-	141	-	2,683	21.58	354,189	131			

* 직원수는 기준일 재직자 기준임(미등기임원은 기간의 정함이 없는 근로자에 포함).

** 급여총액 및 1인 평균 급여액은 소득세법 제20조에 따라 관할 세무서에 제출하는 근로소득지급명세의 근로소득 공제 반영 전 근로소득 기준임.

*** 1인 평균 급여액은 1~12월 월별 평균 급여액의 합으로 산정함.

[도표 3.20] 롯데케미칼 사업보고서(2021년 / 단위: 백만 원)

사업부문	성별	직원								소속 외 근로자		
		기간의 정함이 없는 근로자		기간제 근로자		합계	평균 근속 연수	연간 급여 총액	1인 평균 급여액	남	여	계
		전체	(단시간 근로자)	전체	(단시간 근로자)							
석유화학	남	3,797	-	113	16	3,910	15.4	432,708	113			
	여	697	-	37	12	734	8.4	50,431	71	1,847	137	1,984
합계		4,494	-	150	28	4,644	14.3	483,139	107			

[도표 3.21] S-OIL 사업보고서(2021년 / 단위: 천 원)

사업부문	성별	직원								소속 외 근로자		
		기간의 정함이 없는 근로자		기간제 근로자		합계	평균 근속 연수	연간 급여 총액	1인 평균 급여액	남	여	계
		전체	(단시간 근로자)	전체	(단시간 근로자)							
정유 부문	남	1,372	-	8	-	1,380	20.5	169,324,368	120,716			
	여	65	-	5	-	70	18.2	5,533,758	78,573			
윤활 부문	남	97	-	-	-	97	17.4	11,802,754	118,584			
	여	13	-	1	-	14	12.9	1,070,637	74,372			
석유화학 부문	남	417	1	1	-	418	15.4	47,703,730	113,605	1,248	244	1,492
	여	15	-	3	-	18	6.5	1,105,950	60,207			
기타	남	1,020	-	7	-	1,027	17.8	119,369,646	115,389			
	여	120	-	10	-	130	13.3	10,183,141	78,505			
합계		3,119	1	35		3,154	18.4	366,093,983	114,782			

* 1인 평균 급여액은 사업 연도 개시일로부터 공시서류 작성 기준일까지의 월별 평균 급여액의 합(해당 월의 급여 총액을 해당 월의 평균 근무인원 수로 나눈 값)으로 기재함.

은 안정적인 고임금 직장에서 구조적으로 배제되어 있다. 연구를 위해 만났던 사람들은 모두 3대 산업의 작업장과 여성을 연결하지 못했다. 여성을 동료로 마주해 본 적이 없었기 때문이다. 3대 산업 안에서 여성이 일한 적은 거의 없다. 정확히는 아주 희소하다.

조선업인 현대중공업의 성비는 97 대 3이다. 여성은 3퍼센트에 불과하다. 자동차 산업인 현대자동차의 성비는 94 대 6이다. 조선업과 자동차만 남성이 지배적 사업장인 것은 아니다. 석유화학단지의 롯데케미칼 성비는 85 대 15이다. 정유 업체 SK에너지의 성비는 93 대 7이다. S-OIL도 93 대 7이다. 산업별로 성비에 큰 차이가 없다. 그런데 현대 자동차 공장이나 현대중공업 공장 등의 성비는 앞선 수치보다 더 남성이 많다. 여성 인력은 대개 연구개발 센터나 엔지니어링 센터, 본사에서 근무할 확률이 높기 때문이다. 석유화학의 오퍼레이터 같은 경우도 100에 1~2명 이내로만 여성이 근무하는 것으로 알려져 있다. 전체 관점에서 보면 울산에서 300인 이상 임금 노동자가 근무하는 제조 업체의 성비는 96.4 대 3.6이다.[11]

달리 말하면 산업도시 울산을 좌우하는 3대 산업의 제조 현장은 '남성을 위한 남성에 의한 남성의 작업장'이었다고 요약할 수 있다. 숫자만 놓고 보면 도시 자체가 여성을 일터에 오지 못하도록 봉쇄한다. 울산의 산업이 여성의 진입을 어떻게 봉쇄하는지 좀 더 면밀히 산업과 직군을 고려해서 이야기해 보자.

생산직 일자리에서 배제된 여성

산업으로 보면 울산에 가장 많은 일자리는 누차 강조했지만 3대 산업으로 대표되는 제조업 대공장에서 창출된다. 또 4장에서 분석했듯이 구상과 실행의 지리적 분리 즉 공간 분업으로 인해 생산 기능이 몰려 있는 곳이 울산이다. 생산 기능이 몰려 있으니, 생산직과 그에 덧붙여 생산관리나 다양한 지원직staff이 뒤를 따른다. 일차적으로는 생산직을 대부분 남성이 독점하기 때문에 제조 업체의 남성 초과(이하 남초)

현상이 벌어진다.

　남초 현상을 해석하기 위해 우선 공장 자체가 여성이 근무할 수 없는 작업장인가 여부부터 따져 보자. 여성이 근무할 수 없는 이유는 여러 가지다. 조선소의 경우 무거운 중장비가 오가고, 협착·전도·추락·폭발 등의 중대 재해가 발생하기 쉽다. 처음 조선소에서 근무하는 사람은 수백 톤의 메가 블록을 들어 올리는 골리앗 크레인이나 수십 톤의 중조 소조 블록이나 강재를 싣고 조선소 대로로 움직이는 트랜스포터를 보면 몸이 얼어붙는다. 무지막지한 쇠와 불꽃이 이는 작업장이 남성을 필요로 했거나 반대로 남성이 그러한 작업장을 선호했을 것이다. 조선소의 많은 공정이 기계화와 자동화가 됐다. 하지만 여전히 근력을 요구하는 수작업이 많고, 불꽃과 용접 흄welding fume 냄새가 돌아다니는 작업장의 현장 근무를 많은 여성이 선호하지 않는 것도 사실이다. 우리는 《소금 꽃나무》를 쓴 김진숙 같은 여성 용접 노동자 몇몇을 기억하고 있지만, 그게 일반적이지 않은 경우라는 것 또한 잘 알고 있다. 정유 공장과 석유에서 나프타를 추출하여 다양한 재료로 활용하는 석유화학 공장의 경우, 화학 약품의 유독성 때문에 여성이 근무할 경우 불임이나 생리불순 등을 초래할 수 있다는 다소 의학적 이유도 있다. 정리하자면 물리적, 화학적으로 여성이 생산직으로 근무하기에 위험한 공장이기 때문에 자연스레 남성이 일하게 됐다는 설이다.

　그러나 그러한 '위험'의 가설로 다 설명할 수는 없다. 조선소나 석유화학 공장은 일단 그렇다 치더라도 "밭 매는 아지매가 오더라도"[12] 할 수 있다고 한 자동차 공장의 경우도 남초 작업장이다. 생산 담당 임원에 따르면 사내 하청에서 전환된 몇몇을 제외하면 애초 정규직 생산직 노동자 중에 여성은 없었다. 3장에서 언급한 것처럼 1998년 현대자동차 정리해고 당시에 남성 조합원의 고용을 보장하기 위해 '지렛대' 역할을 떠안은 이들이 바로 식당 여성 노동자였다. 직접 방문했던 독일 슈투트가르트의 벤츠 공장이나, 영상으로 본 미국 GM 공장에는 차체 조립을 하는 여성 노동자가 많았다. 독일인이나 미국인 여성이 한국인 여성과 달라서일까? 21세기에 체격이나 체력 조건으로 서구 여성과 한국 여성을 비교하는 것은 타당해 보이지 않는다.

국내 조선소에서 가장 많은 독성 화학물질을 배출하는 공정 중 하나인 특수도장 작업은 대부분 사내 하청 회사의 여성 노동자가 수행한다. 여성의 섬세함이 요구되는 공정이라 그렇다고 하지만, 1990년대 이전 전부 정규직이 공정을 진행하던 시절에는 특수도장도 남성이 수행했다. 또 자동차 공장에서도 앞서 언급한 대로 여성 노동자가 주말 등에 파트타임으로 생산의 공백을 메우고 있었으나 이들은 정규직으로 채용되지 않았다. 그러니 신체적 조건 등으로 남성의 일과 여성의 일을 나누는 것은 부정확할 수 있다.

신체적 조건의 차이를 감안하더라도 울산의 생산직은 남성 채용의 관행이 크게 작용하고 있는 게 분명하다. 관행이 아니었다면 여성을 채용하려는 시도 정도는 있었을 것이다. 또는 여성이 일하기에 적합한 작업장인지 확인하기 위해 정밀한 신체 조건을 조사했을 테지만 그런 적은 없었다. 사실 지금까지 문제 제기가 제대로 된 적도 없었다. 사소한 이유로는 여성이 남초 직장인 3대 산업의 정규직 생산직 자리

[그림 3.1] GM 공장 여성 노동자(사진: 게티이미지)

[그림 3.2] FIAT 공장 여성 노동자(사진: 게티이미지)

에 적극적으로 구직 의지를 보이지 않았다고 생각해 볼 수 있다. 설령 그렇다 해도 이는 "남성은 임금 노동을 하고 여성은 무불 가사 노동을 한다"는 가부장적 성역할에 기댄 측면이 있으므로 검토해 봐야 할 부분이다.

남성 생계 부양자 경제와 낮은 여성 임금

남성이 남초 작업장에서 일해 온 결과 구축된 '남성 1인 생계 부양자 경제'가 산업도시에서 어떠한 역할을 했는지는 좀 더 설명이 필요하다. 울산은 거제나 포항, 또는 창원과 마찬가지로 남성 한 명이 4인 가족의 생계를 부양하는 경제로 굴러간다. 남성 노동자 한 명이 4인 가족의 생계를 책임져야 했으므로, 5장에서 언급했듯이 생계 부양자 남성의 치열한 임금 인상 투쟁이 전개될 수 있었다. 더불어 임금 인상은 3대 산업 원청 정규직 생산직 노동자들 위주로 전개됐기에 한편에서는 비정규직이나 하청 노동자와의 격차가, 다른 한편에서는 타산업과의 격차가 발생했다. 그 결과 원하청 간 3대 산업과 타산업 사이 월평균 임금 차이가 현격하게 벌어졌다.

울산의 제조업 임금은 전국 대비 33퍼센트가 높지만 전체 서비스 산업의 임금은 전국 평균보다 10퍼센트 낮다. 그중 정보통신업, 금융 및 보험업, 부동산업, 전문·과학 및 기술 서비스업, 사업시설관리·사업지원 및 임대 서비스업을 포괄하는 유통 서비스와 공공행정·국방 및 사회보장행정, 교육 서비스업, 보건업 및 사회복지 서비스업을 포괄하는 사회 서비스의 경우 각각 5.1퍼센트, 7.5퍼센트가 낮다. 이처럼 임금이 적은 이유는 서비스 산업의 미발전 때문이다. 일인당 매출액으로 볼 때 울산은 전국 평균에 비해 전체 서비스 산업의 비중이 24퍼센트 작고, 그중 생산자 서비스업과 유통 서비스업 비중이 현저하게 작다(도표 3.22 참조).

문제는 울산 여성 중 83.3퍼센트가 울산 남성에 비해서는 물론이

[도표 3.22] 울산, 창원, 전국 산업별 1인당 매출액과 월평균 임금

분야		1인당 매출액(백만 원) (전국 대비 비중, %)			월평균 임금(만 원) (전국 대비 비중, %)		
		울산	창원	전국	울산	창원	전국
제조업		1,019.0 (243.2)	483.3 (115.4)	418.9 (100.0)	397.7 (133.2)	304.5 (102.0)	298.5 (100.0)
서비스업	전체	154.2 (76.3)	147.1 (72.8)	202.1 (100.0)	223.3 (90.8)	225.0 (91.4)	246.1 (100.0)
	생산자 서비스[1]	238.0 (74.1)	224.2 (69.8)	321.2 (100.0)	269.6 (89.4)	263.1 (87.3)	301.4 (100.0)
	유통 서비스[2]	236.9 (77.5)	229.3 (75.0)	305.8 (100.0)	231.2 (94.9)	211.3 (86.8)	243.6 (100.0)
	사회 서비스[3]	90.0 (102.6)	84.4 (96.2)	87.7 (100.0)	221.1 (92.5)	243.7 (102.0)	239.0 (100.0)
	개인 서비스[4]	56.8 (88.0)	53.6 (83.2)	64.5 (100.0)	159.2 (94.7)	159.6 (94.9)	168.2 (100.0)

1) 생산자 서비스: 정보통신업, 금융 및 보험업, 부동산업, 전문·과학 및 기술 서비스업, 사업시설관리·사업지원 및 임대 서비스업.
2) 유통 서비스: 도매 및 소매업, 운수 및 창고업.
3) 사회 서비스: 공공행정·국방 및 사회보장행정, 교육 서비스업, 보건업 및 사회복지 서비스업.
4) 개인 서비스: 숙박 및 음식점업, 예술·스포츠 및 여가 관련 서비스업, 협회 및 단체·수리 및 기타 개인 서비스업.

출처: 《경제총조사》, 2015년, 국가통계포털www.kosis.kr. 허은(2020)에서 재인용.
자료: 《지역별고용조사》, 2018년 하반기(마이크로데이터 A형).

고 전국 평균보다도 현저하게 임금이 낮은 서비스 산업에 종사하고 있다는 데 있다. 앞서 언급했듯이 울산 제조업 현장의 여성 고용은 5퍼센트가 채 되지 않는다. 울산의 여성 노동력 관점에서 볼 때 제조업 고용은 여성 노동력의 13.1퍼센트로 전국 평균보다는 미세하게 높지만, 부울경의 2번째 산업도시인 창원의 19.2퍼센트에 비하면 눈에 띄게 낮다(도표 3.23 참조).

결과적으로 울산의 여성 임금 노동자 월평균 임금은 전국 평균보

[도표 3.23] 울산, 창원, 전국 임금 노동자의 산업별 분포(단위: %)

분야		남성			여성		
		울산	창원	전국	울산	창원	전국
제조업		52.3	48.6	25.0	13.1	19.2	12.8
서비스업[1]	전체	35.1	40.7	59.5	83.3	77.9	84.1
	생산자 서비스	11.5	10.8	21.0	14.8	11.7	18.8
	유통 서비스	10.3	11.6	16.4	11.4	12.9	14.0
	사회 서비스	8.3	13.1	13.6	38.6	34.9	35.4
	개인 서비스	4.9	5.2	8.6	18.4	18.4	15.9
건설업		10.7	8.7	13.4	3.3	1.8	1.9
기타[2]		1.8	2.1	2.1	0.5	1.2	1.2
합계		100.0	100.0	100.0	100.0	100.0	100.0

1) 서비스업의 분류 기준은 도표 3.22의 각주 참고.
2) 기타: 농림어업, 광업, 전기·가스·증기 및 공기조절공급업, 수도·하수 및 폐기물 처리·원료재생업, 가구 내 고용활동 및 달리 분류되지 않는 자가소비 생산활동, 국제 및 외국기관.

출처: 《경제총조사》, 2015년, 국가통계포털 www.kosis.kr. 허은(2020)에서 재인용.
자료: 《지역별고용조사》, 2018년 하반기(마이크로데이터 A형).

다 12만 원 낮고, 창원보다 2만 원 낮다. 제조업 임금은 3대 산업의 전반적 임금이 높기 때문에 창원이나 전국과 비교해서도 높지만 여성 노동력의 13퍼센트에 불과한 걸 감안할 때 여성 노동자의 소득 기여도는 크지 않다. 여성 중 83.3퍼센트가 종사하는 서비스 산업의 경우 월급이 전국 평균보다 16만 원 낮고 창원보다도 6만 원가량 낮다. 결과적으로 울산 여성의 임금이 수도권과 비교해서도 인구 규모가 비슷한 창원과 비교해서도 낮다(도표 3.24 참조).

1998년 이후 한국 사회는 가정경제의 표준이 '외벌이'(1인 남성 생계 부양자 경제)에서 '맞벌이'로 급속히 전환됐다. 엄밀하게 표현하면 외

[도표 3.24] 울산, 창원, 전국 산업별 여성 임금 노동자의 월평균 임금 (단위: 만원, 괄호 안은 표준편차)

		울산	창원	전국
전체		180.3 (102.7)	182.5 (84.9)	192.5 (117.9)
제조업		211.2 (93.1)	192.2 (54.2)	200.6 (90.8)
서비스업[1]	전체	175.9 (104.3)	181.8 (91.0)	192.3 (122.0)
	생산자 서비스	201.8 (106.0)	225.8 (123.2)	228.3 (131.0)
	유통 서비스	159.3 (75.7)	155.6 (60.1)	182.6 (102.1)
	사회 서비스	186.9 (119.7)	194.1 (90.6)	199.4 (132.7)
	개인 서비스	141.4 (65.4)	147.0 (63.0)	141.1 (74.4)

1) 서비스업의 분류 기준은 도표 3.22의 각주 참고.
자료: 《지역별고용조사》, 2018년 하반기(마이크로데이터 A형). 허은(2020)에서 재인용.

벌이 남성 생계 부양자 경제는 1987년 노동자 대투쟁 이후부터 1998
년 IMF 전환기까지 잠시 '환상'처럼 떠올랐다고 해도 지나치지 않다.
IMF 이후 평생직장이 사라지고 여성이 일자리를 찾아 사회로 나왔다
는 서사가 있다. 하지만 그 전에도 여성은 '야쿠르트 아줌마'부터 시작
한 각종 방문판매원이나 미싱사 같은 다양한 경공업 노동을 전업과 부
업의 형태로 수행해 왔다. 그러다 남성 위주 정규직 화이트칼라 직군이
수도권에서 늘고 산업도시에서 남성 생산직 노동자의 임금이 오르면
서 일시적으로 남자가 돈을 벌고 여성이 육아와 가사를 전담하는 '전업
주부'로 불렸을 따름이다. 노동사회학의 개념으로 표현하자면 다양한
서비스 산업과 비공식 경제, 그리고 경공업 근처 외부 노동 시장을 계
속 맴돌았던 것이 해방 이후 대다수 한국 여성의 노동 경험이었다.[13]

울산, 창원, 거제로 대표되는 동남권 산업도시 가족은 가장인 남성의 임금이 높고 안정적인 기반 위에 형성돼 있다. 즉 여성이 가정에 안착할 경제적 유인이 일할 유인보다 컸기 때문에 이루어진 가족 형태다. 게다가 1998년 현대자동차의 정리해고를 제외하면 1970년대부터 2010년대까지 산업 전반에서 큰 부침 없이 정규직 고용을 유지했기 때문에 그 체제가 지속될 수 있었다. 여성이 3대 산업에서 많이 창출되는 생산직 일자리에 참여하지 않았던 것도 그러한 경제적 요인과 함께 생각해 볼 수 있다. 물론 여성을 정규직으로 채용하지 않았던 관행은 고려해야만 한다.

지금까지 역사적으로 누적된 남초 작업장의 경로 의존성path-dependency이 있다. 작업장에선 남성을 뽑는 게 관례였고 남성은 남성끼리 일하는 게 익숙했다. 이제까지 생산직으로 채용되지 않았던 기성세대 여성도 구태여 공장으로 향할 계획부터 세우지는 않았다. 이런 분위기를 성 평등한 고용으로 강제하며 바꿀 수 있을까? 또 이런 상황을 바꿔야만 할까?

그러나 좀 더 심각한 문제는 다음 세대 여성의 고용 상황에서 불거진다. 산업도시 노동자 가정은 자식을 고학력 화이트칼라로 만들기 위해 아들딸 가리지 않고 공부시켰다. 2000년대가 되면 전국적으로 대학에서 남학생과 여학생의 비율이 같거나 여학생의 비율이 더 높은 경우도 발생한다. 공과대학에도 여학생 비율이 수직 상승하기 시작해 이제는 기계공학과에도 여학생 비중이 30퍼센트를 넘는 학교가 많다. 대학교육을 받으면서 1970년대 '가정학과'처럼 훌륭한 가정주부가 되라고 가르치는 시대가 아닌 것이다.

　이제 남성과 동등하게 일터에서 일하고 동시에 가사 분담도 균등하게 하고 아이도 함께 키우는 것이라고 배운 세대가 노동 시장의 진입을 꿈꾸고 있다. 청년 여성은 청년 남성과 동등한 일자리를 제공하라고 요구한다. 울산은 동등한 일자리를 제공할 수 있을까? 일단 생산직에서 여성의 일자리 창출 문제는 너무나 복잡하게 얽혀 있다는 것을 지금까지 논의에서 확인했다. 이제 질문은 고학력 청년이 바라는 사무직과 전문직 일자리로 향한다. 그리고 그 질문은 울산이라는 도시가 갖고 있는 공간 분업에서의 위상 문제를 내포한다.

'여성 일자리'의 오늘과 내일

　울산에서 여성의 노동 시장 참여를 높일 수 있는 방법은 논리적으로는 두 가지뿐이다. 첫 번째는 여성이 희망하는 일자리를 많이 만들고, 그 일자리의 질을 높이는 것이다. 두 번째는 남성이 독점하던 '괜찮은 일자리decent job'를 여성에게 동등하게 배분하는 것이다. 전자는 울산이 진화해 온 경로를 전환해야 한다는 과제를 안게 되고, 후자는 울산의 산업이 진화해 온 노사관계와 고용 모델을 바꿔야 한다는 과제를 던진다. 물론 둘 다 만만치 않은 과제다.

　먼저 여성이 희망하는 일자리부터 생각해 보자. 여성이 선호하는 직업은 사무직과 전문직이다. 앞서 성별을 고려하지 않고 울산 청년이 바라는 것과 유사하다. 우선 사무직을 생각해 보자. 예컨대 공채를 통과해 대기업이나 공공 부문에 취업하는 것이다. 젊은 여성이 바라는 대기업은 현재의 선호를 고려한다면 제조 대기업도 있겠지만 CJ ENM, 현대카드, 신세계, 제일기획 등 미디어, 광고, 금융, 유통, 무역, 항공 등의 분야 대기업인 경우가 더 많다. 직무로 보면 홍보, 마케팅, 인사, 교육 등의 일일 때가 많다. 울산을 포함해 많은 광역지자체는 지속적으로 서비스 산업 창출을 목표로 한다. 그러한 서비스 산업 유치와 창출의 목적 안에는 여성 고용을 제고한다는 목표가 담겨 있기도 하다. 혁신 도시 등을 통해 공공 부문을 유치할 때도 고려되는 사항이다.

그런데 언급한 모든 산업에는 특성이 있다. 바로 메트로폴리탄 도심에서 성공하는 산업이라는 것이다. 또 규모의 경제를 통해 경쟁력을 키우는 기업들이기도 하다. 달리 말하면 도심 속에 '산업 집적지' 혹은 '클러스터'가 형성돼 있을 때 성공하는 산업이다. 그렇다면 이러한 클러스터는 어떨 때 형성될까?

클러스터에 관한 논의를 할 때 앞서 언급했던 기업, 정부, 대학 트리플 힐릭스의 삼중 나선을 생각해 보자. 기업은 일자리를 창출하고 산업 생태계를 만들어 낸다. 정부는 기업과 대학이 잘 운영되고 서로 교류하고 진화할 수 있도록 제도적 인프라를 만들어 내며 합의의 공간을 제공한다. 대학은 지적 교류의 공간을 만들고 인력을 길러서 기업에 공급한다. 물론 기업이 직업훈련소를 짓고 생산직 노동자를 배출할수 있고, 대학에서 창업을 유도할 수도 있다. 또 정부출연기관에서 연구 성과를 내서 공공 지식을 만들어 낼 수도 있다. 각각의 역할은 적정한 수준에서 구분되지만 또 명확하게 갈라지는 것은 아니다. 이러한 기능이 얽히고설켜서 지역을 혁신시키고 산업 생태계를 좀 더 두텁게

만든다는 것이 클러스터 이론의 기본 골자다.[14]

금융 산업의 클러스터는 서울 여의도와 강남-역삼역, 광화문-을 지로 반경 5킬로미터 안에 모여 있다. 미디어 산업은 서울 여의도와 상암DMC 주변에 모여 있다. IT 산업도 강남역-판교, 구로-수원 광교 인근에 집결해 있다. 유통이나 무역, 항공 회사의 본사 모두 서울에 모여 있다. 전국의 실력 있는 고등학생은 42개에 달하는 서울 소재 대학으로 집결한다. 서울과 수도권의 인구를 합치면 2500만이 넘는다. 지식의 생산, 재화의 생산, 노동력의 공급, 막대한 소비자가 있는 것이다. 서울 수도권은 모든 것이 상승 작용을 하며 입지의 가치를 높인다.

울산에서 지방정부와 대학이 연합하여 금융 산업 혹은 유통 산업을 창출한다고 가정해 보자. 기업 몇 개를 유치한다 하더라도 그 네트워크는 밀도와 집중력이 떨어진다. 인재의 다양성을 갖추려 할 때 가장 손쉽게 접근할 수 있는 대학도 단 2개뿐이며, UNIST는 지역과 강하게 결속되어 있지 않다. 지방정부는 3대 산업과 비철 제조업 이외 다양한 산업의 규제나 제도적 지원을 맡아 본 적이 없다. 울산은 혁신 클러스터 창출을 목표로 오랫동안 해 오던 자동차 부품 클러스터 오토밸리를 만든 경험이 있다. 하지만 오토밸리는 연구개발 기능 없이 그저 부품 업체의 자동차 시험장으로 전락했다. 제조업이 그런데 하물며 다른 서비스 산업을 유치해서 뿌리내리게 한다는 것 자체가 모험이다.

결국 손쉽게 할 수 있는 일은 여성이 선호하는 공공 부문 일자리를 유치하는 것이다. 광주의 아시아문화전당처럼 국립 문화예술기관을 건립하거나 국립현대미술관 청주같이 국립 미술관을 유치하는 방법도 있다. 또는 '사회적 일자리'와 '협동조합' 등을 지원하는 방법도 있다. 청년 창업을 위해 청년몰을 짓는 것은 2010년대 지자체 청년 정책의 트렌드였다. 그러다가 도시 재생지의 청년몰이 원활하지 않으면 '백 선생(백종원)'을 부른다. 이는 선순환을 만들기 힘들다. 근본 문제는 궁여지책으로 벌이는 일자리 사업의 효과가 생각보다 지속적이기 어렵다는 데 있다. 공공 부문의 정규직 일자리를 제외하면 다양한 사업으로 창출되는 일자리가 저임금 단기 일자리일 때가 많기 때문이다.

앞서 임금 구조에도 나오듯 공공 부문이 창출할 수 있고 이미 창출하고 있는 울산의 사회 서비스 분야 임금은 전국 평균보다 10퍼센트 가까이 낮은 편이다. 울산의 생활비가 싸다는 이유로 저임금 자체를 정당화하더라도, 사회 서비스 분야 일자리는 고학력 여성에게 매력적인 일자리가 아니다. 여성은 대개 지역 노동 시장에서 경력 단절과 이직을 반복하며 저임금 일자리를 전전하기 일쑤다. 사회 서비스 분야 혁신을 통한 질 좋은 일자리를 만들기에 울산의 지적 인프라(대학)나 산업 생태계(기업) 모두 양적으로나 질적으로 부족하다.

물론 공공 부문에서 여성이 선호하는 일자리를 창출하지 않더라도 여학생의 취업 자체가 완전히 막힌 것은 아니다. 전통적으로 산업 도시에는 사무직 여성 일자리가 많다. 비서나 사무보조직이다. 울산 3대 산업의 여성 인력은 많은 경우 생산직이 아닌 사무보조직이나 비서직으로 고용된다. 대학을 졸업할 때쯤 여학생들이 사람인이나 워크넷 같은 민간·공공 취업 알선 사이트에서 '대기업 사무직 여직원 모집'을 찾아 응시하면 간단한 면접 절차를 거쳐 취업할 수 있다. 취업난이 계속될 때는 이런 자리도 경쟁이 치열하지만, 그래도 대기업 공채에 비해서는 수월하다. 일정한 절차를 거쳐 뽑히면 처음에는 인력회사 파견으로 입사한다. 그러다가 2년 지나 재계약을 하게 되고, 또 시간이 지나다 보면 원청의 계약직 사무직으로 전환되기도 한다. 보통 비공채 사무직 여성은 일선 부서의 '서무'나 'DCDocument Controller'라는 이름으로 불리는 사무보조직을 수행하거나 임원실의 비서 역할을 한다. 2000년대 한창 경기가 좋을 때는 대기업이 그러한 계약직 사무직을 무기계약직으로 전환했다가 정규직 직원으로 전환해 주는 경우도 있었다. 같은 시기 입사한 남성에 비해서는 호봉에서 손해를 보긴 하지만, 그래도 정규직 전환이 되는 경우는 행운에 속한다.[*]

그러나 사무보조직이나 비서직 여성 노동자는 고용 유연성의 도구로 전락할 때가 많다. 여성 노동자는 일단 결혼을 하거나 결혼 후 출산을 할 때 퇴사하는 경우가 많다. 아직 정규직이 되지 못한 경우는 결혼과 출산 과정에서 재계약을 못 하거나 전환에 실패하기 때문이다. 2015~2016년 거제도에서 대우조선 구조조정 당시 목격한 바에 따르면 공적자금을 받기 위한 자구 계획으로 희망퇴직을 접수할 때, 약정한 인원을 채우지 못하자 제일 먼저 희망퇴직을 신청해야 했던 인원이 무기계약직 사무보조직 여성 노동자였다. 2014~2015년의 현대중공업에서도 유사한 일이 벌어졌다.[**] 울산 여성은 정규직으로 일할 수 있

[*]   같은 시기 대기업 공채로 입사한 '공채 사무직' 여성과 충돌이 벌어지는 경우도 있다. 자세한 논의는 양승훈(2019) 참조.

[**]   그렇다고 그들의 노동이 무가치하거나 '잉여'는 아니어서 곧 충원이 시작됐다.

[도표 3.25] 울산, 창원, 전국 임금 노동자의 산업별 분포(단위: %)

분야		전체 일자리	여성 일자리		
		전국	울산	창원	전국
제조업		10.6	3.1	4.0	4.0
서비스업[1]	생산자 서비스	25.5	9.2	5.6	13.1
	유통 서비스	4.6	1.2	1.1	2.7
	사회 서비스	50.1	81.2	83.1	75.3
	개인 서비스	5.7	5.0	6.3	4.0
기타[2]		3.5	0.3	0.0	0.8
합계		100.0	100.0	100.0	100.0

1) 서비스업의 분류 기준은 도표 3.22의 각주 참고.
2) 기타: 농림어업, 광업, 전기·가스·증기 및 공기조절공급업, 수도·하수 및 폐기물 처리·원료재생업, 가구 내 고용활동 및 달리 분류되지 않는 자가소비 생산활동, 국제 및 외국기관.

자료: 《지역별고용조사》, 2018년 하반기(마이크로데이터 A형).

는 사무직 일자리가 드물고, 사무직으로 취업할 수 있는 일자리 대부분이 비정규직 사무보조직이라는 점을 감안하면 다른 선택지를 찾아야 한다.

또 하나 여성이 대안으로 생각할 수 있는 것이 전문직*이다. 변호사, 회계사, 세무사, 관세사, 감정평가사 등의 경영 관련 전문직, 손해사정사나 보험계리사 등의 보험 관련 전문직, 그 외 의사, 간호사, 교수, 연구원, 교사 등을 떠올릴 수 있다.

영화와 드라마로 제작된 〈땐뽀걸스〉의 주인공으로 지역의 상업고등학교를 나온 여학생이 그 자리에 파견직으로 채용됐다. 자세한 이야기는 양승훈(2019) 참조.

*   전문직은 다양한 방식으로 정의할 수 있지만 책에서는 한국고용직업분류(KECO)의 목록에 포함되는 직업으로 한정한다.

[도표 3.26] 울산, 창원, 전국 여성 일자리의 직업별 분포와 월평균 임금

분야	울산			창원			전국	
	종사자 비중 (%)	월평균 임금 (만 원) (표준편차)	전국 대비 임금 비중 (%)	종사자 비중 (%)	월평균 임금 (만 원) (표준편차)	전국 대비 임금 비중 (%)	종사자 비중 (%)	월평균 임금 (만 원) (표준편차)
전문직	24.5	212.9 (114.1)	86.9	26.9	210.5 (90.0)	86.0	25.3	244.8 (132.3)
사무직	24.0	220.5 (104.9)	92.5	22.6	219.9 (78.4)	92.2	24.2	238.5 (114.2)
서비스직	17.8	137.8 (70.9)	100.9	16.4	147.9 (71.5)	108.3	15.2	136.6 (72.3)
판매직	9.7	163.0 (78.7)	96.8	9.3	156.9 (89.0)	93.2	11.0	168.4 (96.1)
생산직	8.0	202.1 (99.8)	110.4	11.0	181.8 (50.7)	99.3	6.0	183.0 (67.3)
단순 노무직	15.9	115.1 (66.8)	100.4	13.9	125.3 (63.5)	109.3	18.3	114.6 (63.4)
전체[1]	100.0	180.1 (102.7)	93.6	100.0	182.4 (84.9)	94.8	100.0	190.9 (115.2)

1) 관리직과 농림어업 숙련직 제외.

자료: 《지역별고용조사》, 2018년 하반기(마이크로데이터 A형). 출처: 허은(2019).

여성은 벌이 자체가 괜찮은 전문직(의사, 회계사, 변호사 등)이나 안정적인 고용(의사, 교수, 교사 등) 등을 보장하는 직업을 선호한다. 특히 정규직 일자리가 없는 울산이나 거제, 포항 같은 산업도시에서는 전문직을 선호한다. 3대 산업의 남성 노동자는 《중공업 가족의 유토피아》에 등장한 중공업 가족처럼 교사나 간호사 등과 결혼하여 육아와 맞벌이 병행을 꿈꾸기도 한다.

문제는 울산의 여성 전문직 일자리도 상대적으로 저임금이라는 사실이다. 울산의 여성 전문직 임금은 전국 평균 대비 86.9퍼센트로 13퍼센트 이상 낮다. 두 가지 경우를 생각해 볼 수 있다. 우선 전문직을 희

망하는 여성에 비해 일자리가 부족한 경우다. 두 번째로 고임금을 지급하는 전문직 부문에 비해 저임금의 전문직으로 일하는 여성이 더 많은 경우다. 서비스 산업 중 비교적 고임금을 지급하는 분야는 앞서 살펴본 바와 같이 생산자 서비스 분야다. 정보통신업, 금융 및 보험업, 부동산업, 전문·과학 및 기술 서비스업, 사업시설관리·사업지원 및 임대 서비스업 등의 직종이다. 그런데 울산의 전문직 일자리는 가장 저임금을 주는 사회 서비스에서 81.2퍼센트 창출된다. 구체적으로 어린이집 교사나 사회복지사, 간호조무사, 요양보호사 등 주로 돌봄 노동을 제공하는 '핑크칼라 일자리'다(도표 3.26 참조).[15]

그러다 보니 울산 여성의 전문직 일자리는 사무보조직 일자리보다도 임금이 더 낮은 역설에 빠진다. 결혼과 육아로 인한 경력 단절이 벌어진 후 노동 시장에 재진입을 하기에는 초중고 교사나 사회복지사 등 몇 개의 전문직이 도움이 될 수 있지만 초중고 교사를 제외한 요양보호사, 어린이집 교사, 간호조무사 등의 핑크칼라 일자리는 높은 임금을 받기 어렵다. 또 대부분이 정규직이 아니라 계약직이나 별정직, 임기제 일자리이기 때문에 커리어 패스를 연속적으로 이어 가기 어려울 수밖에 없다. 젊은 여성은 대학을 졸업할 때 지역에 살 경우 사무보조직 일자리를 잡고, 결혼을 하고 출산을 한 뒤 핑크칼라 일자리를 얻기 위한 자격증 취득을 선택하기 일쑤다.

정리해 보자면 여성이 원하는 일자리 혹은 '여성직'이라는 관점에서 울산은 적절한 일자리를 공급하지 못하고 있다. 울산에서 자라고 대학을 나온 여성이 울산에서 일한다면 커리어 패스 관점에서 손해다.

근속을 하며 경력을 인정받아 이직할 때 협상력을 키우고 임금과 복리후생 수준을 높일 수 없기 때문이다. 또 울산에서 전문직 여성이 일한다는 것은 다른 지역에 비해 13퍼센트 이상 임금 손해를 감수하는 선택이다.

여성 일자리를 만들기 위한 두 번째 방법은 여성이 희망하는지 여부와 상관없이 남성 지배적인 기존의 일자리를 나누는 일이다. 신체적 차이, 환경적 제약 등으로 여성이 수행하기 힘들다고 여기는 생산직 일자리가 아니라도 일자리 나누기가 가능한 직군이 있다. 3대 산업의 남초 직장에서 전환 가능한 직군은 바로 대졸 엔지니어다. 제조업의 엔지니어 직군은 크게 보아 연구개발 분야와 설계 분야, 생산 및 공정 기술* 분야로 나눌 수 있다.

조선소의 경우 엔지니어가 주로 하는 일은 제품 개발과 설계다. 제품 개발은 선박과 관련된 부품이나 장치를 개발하고, LNG 운반선의 액화 시스템 등 다양한 기술을 연구를 거쳐 만들어 낸다. 설계 분야는 업무 프로세스 순서대로 볼 때 기본설계 → 상세설계 → 생산설계의 단계를 밟게 되는데, 후행으로 갈수록(기본 → 생산) 현장과 가까워지고 선행으로 갈수록(생산 → 기본) 개념적인 일이어서 사무실에서 하는 작업이다. 달리 말하면 선행으로 갈수록 특정 성별에 얽매일 필요가 없다. 자동차 산업의 경우도 남양연구소에서는 연구 엔지니어를 채용할 때 현장보다 훨씬 높은 비율의 여성 엔지니어를 채용한다. 석유화

---

* 생산관리 분야를 엔지니어로 분류하는 기업도 있고 그러지 않는 기업도 있다. 일반적인 분류 기준을 참조하도록 한다.

학 산업은 대전의 화학연구원 근처에서 연구개발 인력이 근무하는데, 마찬가지로 여성 엔지니어 비중이 울산 현장보다는 높다. 울산의 3대 산업에 속한 회사들의 전체 95 대 5 성비와 생산직 성비 100 대 0을 감안할 때 민간 기업의 연구개발 직군이나 설계 직군의 여성 엔지니어 비율은 비교적 높은 편이다. 민간 연구소에서는 신규 채용 시 전체로는 23퍼센트가량 여성을 뽑고, 기존의 인원까지 고려하면 15퍼센트 이상의 여성 엔지니어가 근무한다.

여성 인력을 설계 부문이나 생산 부문에 배치하는 데 있어 좀 더 살펴야 할 쟁점이 있다. 조선소의 경우는 연구개발 인력 외에도 설계 인력에서 여성의 비율을 높일 수 있다. 문제는 현대중공업 울산조선소 야드에서 가까운 곳에 있던 설계 인력 중 선행 설계(기본설계) 부문이 점차 수도권으로 이동하고 있다는 점이다. 지금은 결렬됐지만 2019년 당시 현대중공업그룹은 대우조선 인수 과정에서 중간지주 회사인 한국조선해양을 세우면서 본사를 판교로 옮겼다. 동시에 판교에 본사 기능만 가는 것이 아니라 연구개발 센터와 설계 엔지니어링 센터도 옮겼다. 여성을 비교적 많이 뽑을 수 있는, 남초 직장의 분위기를 바꿀 수 있는 설계직 일자리도 수도권으로 이전하게 생긴 셈이다. 동시에 설계 분야 중 가장 후행이라 할 수 있는 생산설계가 지속적으로 외주화되고 있다. 예컨대 부산 센텀 시티 근처나 도심에는 수많은 엔지니어링 회사가 있다. 이들의 역할은 생산직 노동자가 작업할 수 있는 조선 도면을 찍어 내는 일이다. 실제로 2015년까지 해양 플랜트를 많이 짓던 조선 3사는 설계 물량 중 많은 부분을 외주화했다. 조선 산업에서 여성의 정규직 일자리 창출의 경로를 찾는 것은 이렇게 어렵다.

자동차 산업의 경우 현장과 맞닿아 있는 생산기술 엔지니어를 얼마나 여성으로 채용할 수 있느냐가 쟁점이다. 6장에서 살펴봤듯이 현대자동차의 생산기술 엔지니어는 현장에서 회사의 생산 전략을 하향식top-down으로 관철하기 위해 공장의 레이아웃부터 공정 설계, 작업 방식 조정 등을 담당하는 사람이다. 이들은 노동조합과 충돌하기도 하고, 프로젝트의 단계에 따라 엄청난 '몰아치기'로 야근과 철야 근무를 하기도 하는 전천후 플레이어다. 현장과 지속적으로 싸워야 하기에 '빡센' 노동 규범work ethic이 필요하다. 해외에 나가 '현대자동차식 생산방식'을 정착시키기 위해 파견과 출장이 잦은 사람들이기도 하다. 실제로 그런 노동 규범 때문에 유능한 여성 직원이 그만두는 경우도 많았다고 한다. 당장 '일하는 방식'을 바꿀 수 없다면 좀 더 많은 여성 엔지니어가 함께 할 수 있으려면 어떻게 해야 할까? 보육 체제를 개선하거나 일하는 방식을 점진적으로 변화시킬 필요가 있다. 어쨌거나 다른 지역에서 이주할 가능성이 있는 여성에게 울산의 노동 시장이 정규직 일자리를 제공하지 못한다면 정규직 여성 관점에서 울산 진입은 곧 '경력 단절'이 되고 만다.

'여성직' 일자리를 만들든, 기존의 고임금 일자리 중 여성이 참여할 수 있도록 채용에서 차별을 철폐하든, 둘 다 진행하든지 이젠 미룰 수 없는 상황이다. 최소한 상황 인지가 필요하다는 것은 두말할 나위가 없다. 아빠들이 피땀 흘려 일한 돈으로 공부를 마친 딸들이 묻는다. "왜 울산에 살아야 하죠?" 이 질문에 울산은 답하지 못하고 있다.

그나마 전체 소득 수준이 높은 울산이 이 같은 상황인데 서울 수도권을 제외한 다른 산업도시의 여성 일자리 상황은 더 열악하다. 산업도시가 아닌 다른 도시는 그나마 '사무보조직' 일자리도 드물다. 지방의 여성과 청년이 수도권으로 흡수되는 데는 합당한 이유가 있다.

'취직'과 '취집'이라는 거짓 이분법

울산의 남성 청년을 만나다 보면 '눈 높은 여성'에 대한 이야기를 자주 듣게 된다.

> "솔직히 여자들이 눈이 높아요.
>
> (울산 여자들?)
>
> 네, 워낙 이제 비교 대상이 많다 보니깐, 여자가 귀하다 보니깐, 눈이 많이 높죠. 그래서 울산 여자들을 안 만나요. 예를 들어 울산에서 SM5 정도 끌고 차문 열고 내리면 울산 여자들은 그냥 지나가요. 대구 여자들은 한번 쳐다봐요. 이런 이야기도 나왔어요. 왜냐하면 주변의 남자들이 다 잘 벌거든요.
>
> (아버지들이 일찍 결혼해 가지고 다 젊고 아직 일하고 있고 해서…)
>
> 자기 딸내미 결혼시키는 데 그나마 이름 아는 업체에 보내는 게…." (조원우)

"자가용 차종과 라인업 등을 통해서 남성을 평가한다. 소득이 좋고 직업이 안정적인 '직영' 정규직이나, 그보다 더 평가가 좋은 직업의 남

성만 만나려 한다." 이런 식의 평가는 울산의 젊은 남성들이 자주 하는
말이다.

> "여사친들 뭐 하냐고 하면 같이 공부하고…
>
> (지금은 뭐 해요?)
>
> 거의 결혼했어요. 예, 주부. 거의 결혼하고 주부 일부는 일하고 있고.
>
> (일은 무슨 일 해요?)
>
> 보통 제 여사친들은 경리 쪽. (…) 경리 쪽으로 많이 하고 어… 거의 그
> 런데요.
>
> (이렇게 정규직 직원 된 사람은 없어요?)
>
> (…) 그러고 뭐 빨리 시집 가야. 취집이라 하나?
>
> (빨리 결혼들 해요?)
>
> 네, 다 보통… (…) 보통 스물아홉… 딱 제 나이 때 지금… 예 스물아홉
> 살이나 서른… 예…" (조원우)

앞에서 언급했듯이 남성 청년은 울산의 여성 청년이 사무보조직
일을 적당히 하다가 20대 후반에서 30대 초반에 '취집'을 한다고 말한
다. 그러나 이러한 인식은 앞에서도 살펴봤지만 진실의 절반만 드러낼
뿐이다.

> (울산 여성이 취업을 원하지 않는 겁니까, 일자리가 없다 보니 그런 겁니까?)
>
> "돈을 많이 버니까 그런 말이 나오는 거 같은데 그게 취업을 준비하려

고 다들 자격증을 따고 그러거든요. 뭐, 자랑삼아 '내 남자친구는 현대 다 닌다, SK 다닌다' 이야기는 하는데 그분들도 되게 열심히 취업하려고 노력하거든요. 그건 그냥 돈이 많이 나오는, 그런 것에서 나오는 뭐라 해야 하지 속설 같은… 그렇게 하는 사람도 있어요. 좀 있긴 한데, 꼭 그런 건 아니에요." (이은수)

"이런 이야기도 있어요. 울산 여자들은 부모가 다 잘 사니까 연봉이 너무 작은 거 같이 느껴지는 게 있는 거죠." (전영하)

(그까짓 거 벌려고 굳이 일을 하냐 이런 거예요?)

"집에 웬만큼의 돈은 다 먹고살 만하기 때문에 크게 그런 게 없어요. 다는 아니지만 어느 정도 다 부족함 없이 자라온 사람이 많기 때문에 그런 사람들이 보통은 그렇게 더 절박한 사람보다는 안 하겠죠." (임동민)

"울산에서 여자는… 진짜 솔직하게 여자는 공무원 아니면… 할 만한 직업이 없는 거 같습니다… (뭐 저런 거 있겠죠 간호사…)

아, 울산대학병원 있으니깐 간호사… 간호사 해도… 다 평생직업은 아니던데… 저희 사촌언니가 그 간호사였는데 결혼하자마자 둘 다 그만뒀어요. 2교대 3교대 너무 자신 없으니깐 그 안에서 2교대 3교대 하면 애 키울 시간이 안 되니깐 보통 다 결혼하면 안 다니더라고요.

생각해 보니깐 다들 공기업… 여자가 공기업 다니고 그리고 SK 남편을 만나서 또 일을 안 하더라고요. 아는 언니도 공부하다가 임용준비하다가 남편이 SK 다니는 사람 만나서 또 일을 안 하더라고요.

(SK 돈 잘 벌죠. 사실은 경기가 안 좋아도 SK는 벌이가 괜찮지.)

한 300~400 번다고 들었으니깐 거기도 못 버는 건 아니죠. (…) 생각해 보니깐 근데… 뭐였지 약간 요즘 여자들은 공무원 준비를 하려고 해서 그런… (…) 너무 당연하게 공무원해야지라고 생각을 해 왔었는데 생각해 보니깐 일자리가 마땅히 구할 것도 없는 것 같아요. (…) 생산직 쪽 공장 들어가는 거 아니면 울산에 자리는 잘 없는 거 같아요." (이은나)

연구에 참여한 여성들은 주위에서 어떤 여성이 남자친구가 현대 나 SK 등 대기업을 다닌다고 자랑하더라도, 사실은 그 시간에 자격증을 위해서나 일하기 위해 필요한 준비를 하고 있다고 말한다. 그러나 간호사 같은 전문직에 종사하더라도 결혼하고 나면 그만두는 경우가 많다고 한다. 한편에서는 교대 근무로 인해 아이 키울 시간에 대한 압박 때문이고, 다른 한편에서는 '그까짓 거' 벌려고 이 고생을 하냐는 자조도 있다. 이는 단순히 '취업'과 '취집'으로 평가하기에는 복잡한 면이 있다.

산업 가부장제는 산업화 과정에서 산업도시의 '실행' 기능을 담당하는 산업 구조가 만들어 낸 사회경제적 체제다. 대공장은 남성 노동자를 주로 고용하고 여성은 배제한다. 남성은 정규직의 높은 임금을 받고 여성은 규모의 경제를 확보하지 못한 서비스 산업에서 저임금과 경력 단절을 경험한다. 그 결과 지역 노동 시장에서 성별 위계가 임금 격차와 지위 격차의 형태로 더욱 굳어진다. 또 그러한 노동 시장의 작동 과정에서 은연중에 새겨지는 도시민들의 인식이 지역 산업의 고용 구조와 일하는 방식을 더 가부장적으로 만드는 상승 작용을 한다.[16] 연구 참여자 여성의 목소리는 산업 가부장제에 대한 좀 더 심층적 이해를 가능하게 한다.

첫 번째는 여성 노동의 저평가다. 여성의 노동은 실질적으로 저임금이며 안정적이지 않다. 울산의 여성은 그 사실을 알고 있고, 그런 상황에서 체념하거나 혹은 자신의 커리어 전망을 저평가하게 된다. 사회적 사실과 인식이 상호 작용을 하는 것이다.

두 번째는 남성 혼자 돈을 벌어오는 1인 생계 부양자 경제인 울산의 가정경제에서 여성의 역할이었던 가사와 육아에 대한 강조다. 같은 산업도시인 창원의 경우 가사 노동은 공동 분담하되, 자녀 양육은 그래도 여성이 책임을 져야 한다는 생각이 강하다. 반반인 셈이다.[17] 전국적으로 볼 때도 육아에 대한 압박에서 '최종적으로' 자유로운 여성은 드물다. 하지만 울산에서는 여성의 생애주기에서 특정 시점이 오면 여성이 가사와 육아는 오롯이 자기 몫임을 깨닫는다. 어차피 포기할 수 없을 만큼 욕심나는 일자리도 없다. 그 때문에 자녀 양육을 위한 경력 단절의 압박이나 가사 노동에 대한 압박도 타지역보다 강하다고 할 수 있다. 그 상황에서 'SK'나 '현대'를 다니는 남성의 임금이 4인 가정을 충분히 돌볼 수 있는 수준이니 물질적 정당화까지 가능하다. 그래서 이웃 창원에서는 엄마들이 아이가 취학 연령이 되면 '학원비를 대줄 수 있는 직장인 엄마'의 모습을 보여 주려고 일자리를 찾는다. 그후 이들은 노동 시장에 최대한 잔류하려는 경향을 보인다. 이를 1.5생계 부양자 모델이라고 한다(허은, 2018). 울산의 현재 40~50대 여성은 결혼 후 전업주부로 살다가 2015년처럼 제조업 구조조정이 나올 때 갑자기 노동 시장으로 진입하여 일자리를 찾았다. 울산의 노동 시장은 구인의 여력이 제대로 없고 결국 노동력의 값은 저평가되기 일쑤다. 이처럼 딸들 눈에 비치는 여성 노동 시장에 대한 전망은 어둡다. 엄마는 딸에게 끊임없이 공무원 등 경력 단절 없이 일할 수 있는 자리를 권하고, 딸은 기회만 있으면 울산을 떠나려 한다.

가사 노동, 육아, 일에 대한 지역 사회와 가족의 가치 부여는 다음 세대가 등장하고 나서 점차 다른 지역과 유사하게 재편될 것이다. 그러나 '커리어 우먼'에 대한 현대 여성의 관념이 바뀌는 속도를 맞추지 못한다면, 울산을 떠나는 젊은 여성은 늘어날 수밖에 없다.

인지 부조화
: 울산의 출산율과 고령화의 재해석

2021년 기준 대한민국의 합계 출산율Total Fertility Rate*은 0.808이다. 합계 출산율은 가임 연령인 18~49세 여성이 가임기 동안 총 몇 명의 아이를 낳는지 계산하는 것이다. 2명이 모여 부부가 된다는 일부일처제 가정을 상정한다면 출산율 2가 넘어야 인구가 는다. 1이면 장기적으로 인구가 절반이 되고, 1 이하면 급속한 생물학적 인구 감소가 예상

---

* 최근 미디어에서는 출산율을 출생률birth rate이란 단어로 바꿔서 표현하는 경우가 많다. 하지만 출생률은 "특정 해에 태어난 신생아 수를 그해 인구로 나눈 인구 1000명당 신생아 수를 표현하는 개념"이기 때문에 내용에서 차이가 있다. 본문에서는 출산율로 통칭한다.

된다. 전국의 합계 출산율이 0.808인 가운데 울산은 2021년 합계 출산율 0.940을 기록했다. 이 수치는 인구의 재생산 관점에서 볼 때는 낮지만 서울의 0.626, 인접한 부산의 0.728에 비하면 훨씬 높다. 울산의 합계 출산율은 2000년대 이후 매년 전국 평균을 0.2~0.1 이상 상회한다. 비교적 아이를 많이 낳는 광역지자체라고 할 수 있다(도표 3.27 참조).

그렇다면 울산의 인구 재생산은 다른 지역보다 상황이 나을까? 통계청이 실시하는 시도별 장래인구특별추계 결과를 봤을 때 전혀 그래 보이지 않는다.

전국에서 가장 낮은 출산율을 나타내는 서울(0.626)의 인구는 현재 추세가 지속될 경우 2020년부터 2050년까지 30년 동안 17.7퍼센트의 인구가 줄어든다. 그런데 전국 평균보다 높은 출산율을 나타내는 울산 (0.940)의 경우는 25.9퍼센트의 인구가 줄어든다. 바로 인구 유출 때문이다. 7장에서 살펴본 세대별 인구 유출입 그래프(199쪽 참조)를 다시 한 번 보자(도표 3.28 참조).

다른 지역보다 상대적으로 아이를 더 낳는다고 해도 지역 주민이 성별을 가리지 않고 10대부터 지속적으로 지역을 떠나기 때문에 거시적으로 인구가 줄어든다. 울산의 인구는 일시적 유출(2008년) 같은 경우를 제외하면 2014년까지 광역시 지정(1997년) 이래 계속 늘었다. 2000년대를 살펴보면 10년 동안 한창 일할 나이인 10~30대 인구 순유입이 최대 4000여 명까지 늘었다. 조선 산업과 자동차 산업, 정유 및 석유화학 산업 모두가 호황이었고 사무직 정규직 가리지 않고 채용하던 시기였다. 여성도 부모의 직장을 따라, 남편의 직장을 따라 이주를 계속했다. 그러나 2010년대를 지나면서 이러한 흐름이 꺾였다. 동구 조선소에서 많은 일감이 생겼기 때문에 20~30대 남성이 이주해 오고 이에 버금가는 여성이 이주해 왔지만, 그 흐름도 조선업 구조조정 시기부터는 사라진다. 2015년은 중요한 분기점인데, 울산의 인구가 줄어든 첫해이기 때문이다. 2015년은 조선업 구조조정이 본격화되어 야드 안에서 많은 노동자에게 권고사직과 명예퇴직, 사내 하청 업체 도산 등이 가시화됐기 때문에 수만 명의 실직이 발생했다.

산업 구조조정은 도시에 다양한 신호를 보냈다. 예컨대 1998년의 북구 현대자동차 울산공장의 구조조정은 '평생직장'의 개념이 세계에

지역	총인구(만 명)							'20년 대비 '50년	
	2020년	2025년	2030년	2035년	2040년	2045년	2050년	증감	증감률(%)
전국	5,184	5,145	5,120	5,087	5,019	4,903	4,736	-488	-8.6
서울	962	921	895	875	854	826	792	-170	-17.7
부산	336	321	308	296	283	267	251	-84	-25.1
대구	241	230	220	211	202	192	181	-61	-25.2
인천	295	296	296	297	295	290	281	-14	-4.7
광주	148	144	140	136	132	127	121	-27	-18.0
대전	149	144	140	137	134	130	125	-25	-16.4
울산	114	109	104	100	95	90	84	-29	-25.9
세종	35	43	50	55	58	61	63	28	81.1
경기	1,345	1,400	1,442	1,470	1,479	1,467	1,435	90	6.7
강원	152	152	153	154	154	152	148	-4	-2.5
충북	163	164	165	167	167	165	160	-3	-1.6
충남	218	220	223	225	225	224	219	1	0.7
전북	181	174	169	165	160	155	149	-31	-17.3
전남	179	174	170	166	163	158	152	-27	-15.1
경북	265	260	255	250	244	236	226	-40	-14.9
경남	334	325	319	312	302	291	277	-57	-17.1
제주	67	69	71	71	72	71	70	3	4.5
수도권	2,602	2,617	2,633 ·	2,641	2,628	2,583	2,509	-94	-3.6
중부권	717	723	731	737	738	731	716	-1	-0.2
호남권	575	561	550	539	527	512	493	-82	-14.3
영남권	1,290	1,244	1,206	1,169	1,127	1,077	1,019	-271	-21.0

출처: 《장래인구추계》(KOSIS).

서도 손꼽는 산업도시 울산에서도 깨질 수 있음을 지역 주민에게 일깨
웠다.

2015년의 구조조정과 인구 감소는 울산에서 3대 산업의 일자리가
사라진다면 다른 지역과 마찬가지로 '인구 소멸'로 곧 갈 수 있다는 신

호였다. 10대를 기준으로 분류한 그래프는 이러한 신호를 명확하게 보여 준다. 근 10년 동안 가장 많은 인구가 유출되는 세대는 10대와 20대다. 여성의 경우 30대도 유출 추세가 강해지고 있다. 구체적으로 설명하자면 울산에서 아이를 낳고 자녀가 10대일 때 학군 때문에 유학을 보내거나 엄마와 자녀가 다른 지역으로 이사를 간다는 것이다. 20대가되면 대학 진학으로 지역을 떠난다. 30대 남성은 더 이상 정규직 일자리가 예전만큼 공급되지 않으니 예전보다 유출이 늘어난다. 30대의 타지역 출신 여성이 결혼말고 지역으로 유입될 이유가 없으니 진입이 줄고, 울산 출신 여성은 선호하는 일자리가 드물어서 지역을 떠난다. 혹은 다른 지역 사람과 결혼해서 떠날 수도 있다. 이 모든 신호가 울산의 인구 유출을 가리킨다.

이 장 서두에 나왔던 자녀의 고학력화를 살펴보는 것도 의미가 있다. 2000년대 이래 전국의 대학 진학률이 70~80퍼센트 넘게 치솟을 때 그 흐름을 이끌던 곳 중 하나가 바로 울산이었다. 그런데 도시와 산업은 지역 청년의 고학력화에 대응하는 노동 시장을 구축하지 못했다. 청년은 사무직 일자리를 찾아 지역을 떠나거나 공공 부문 일자리를 준비한다. 고학력화에 이어 예상되는 여성 인력의 활용이라는 측면에서도 실패하고 있다.

예전의 산업화 시절에 구축된 남성 생계 부양자 경제는 어떤 위기도 없이 울산에서 지속되고 있는 듯 보인다. 울산에 남아 있는 사람들에게 '산업 가부장제'의 상황은 여전히 위세 등등하다. 하지만 자신의 이름으로 고유한 커리어 패스를 만들고 싶은 젊은 고학력 여성은 울산을 떠나려고 한다. 그 여성을 따라 남성 청년도 함께 떠나거나 교육을 위해 자녀와 엄마가 떠나기도 한다. 그래도 울산에 남고 울산에서 삶을 영위하는 여성은 울산의 남성과 결혼해 아이를 낳고 가정을 꾸리지만 다음 세대가 과연 존속할 수 있을지는 의문이다. 아직 일자리를 잡지 못한 자녀를 바라보는 기성세대(40~50대) 남성은 높은 임금과 안정적인 정규직 일자리를 기반으로 자녀를 뒷받침하지만, 그들의 대규모 정년퇴임은 10년 남짓 남았다. 그 정년퇴직 후에는 어떠한 대안을 찾을 수 있을까? 지금이 마지막 기회다.

10장

노동자 중산층 사회의 꿈은 폐기해도 좋은가

산업도시 울산에 대한 해법을 왜 찾아야 할까? 제조업 생태계에서 위상이 추락하고 있어 혁신을 도모하기 어렵고, 노사관계가 적대적이고 정규직 노동자의 숙련도가 떨어져 생산성을 높이기도 어려우며, 그로 인해 발생하는 비용을 하청 회사나 비정규직에게 전가하며 연명하는 도시를 말이다.

서두에 던졌던 노동 계급 중산층에 대한 생각을 구체적 질문으로 풀어보자. "한국에서 평범한 노동자 3대 가족을 꿈꿀 수 있을까?" 울산은 아마 가장 가능성 높은 도시일 것이다. 가장 많은 정규직 생산직 노동자가 있고, 가장 강력한 노동조합이 그들의 이익과 고용을 지키고 있기 때문이다. 그래서 떵떵거리진 않아도 가장 높은 수준의 임금을 받는 대규모의 노동자와 그들 가족이 살아가고 있다. 울산의 지속 가능성은 생산직이 주류인 노동 계급의 생존 가능성에 대한 질문과 맞물린다. 2부에서는 산업도시 울산의 위상이 제조업 전체 관점에서 점차 추락하고, 정규직 생산직의 비중이 떨어지고 있으며, 남아 있는 지역의 산업과 노동 모두 하청 기업과 하청 노동자에 의존해 왕년의 부를 누리고 있다고 했다.

3부에서는 그런 궤적이 만들어 낸 노동 시장의 모순과 시대에 뒤처져 버린 여성의 노동 시장 참여 문제를 다뤘다. 결론적으로 기존의 노동 계급을 그대로 몇 대 물려받아서 울산의 경제를 잘 키워 나가는 건 현실적으로 어렵다. 먼저 산업 구조가 허락하지 않고, 둘째로 3부에서 살펴본 대로 그 구조에 고학력인 자녀 세대를 참여시키기도 어렵다. 특히 딸과 아내의 '커리어'를 전혀 보장해 줄 수 없는 게 문제다. 산업 가부장제의 문제와 함께 '중산층 노동 계급'의 문제를 살피면 지금까지 '괜찮아' 보였던 해외 사례 역시 한국의 산업도시에 그대로 적용하기에 어려움이 있음을 깨닫게 된다.

왕년의 노동 계급 가족의 이야기를 듣고 싶다면 영국을 살펴보는 게 의미가 있다. 19세기에 형성된 영국의 노동 계급 역시 3대가 생산직 노동자 가족을 이루는 경우가 많았다. 1970년대 이전까지는 그런 경우가 흔했다. 학교 공부 열심히 해서 '샌님' 되느니 '싸나이'가 되겠다며 학교 교육보다는 공장 가기 전에 열심히 노는 편을 선택하는 10대 남자 청소년의 이야기도 많았다.[18]

영국의 노동 계급은 1970~1980년대 극심했던 노사 간 '계급 전쟁'

과 영국 제조업의 경쟁력 약화 상황에서 와해됐다. 영국의 노동자는 숙련을 그들만의 노하우로 묶어 두는 데는 성공했으나 산업 발전에 맞춰 '진화'해 나가는 데에는 실패했다.[19] 게다가 산업의 중심이 제조업 생산보다는 런던의 엔지니어링과 바이오기술, 시티The City의 금융 산업 위주로 이동하면서 국가 내에서의 위상도 떨어졌다. 북부 잉글랜드와 스코틀랜드의 기계 산업, 조선 산업, 철강 산업 등이 모조리 어려움에 처하고 점차 축소됐다. 결국 노동 계급 중산층 모델이 붕괴했다. 영화 〈나, 다니엘 블레이크〉에 등장하는 다니엘 블레이크처럼 왕년의 노동 계급을 향수하면서 자긍심을 갖고 살 수 있을지언정 일터를 되찾지는 못했다.

과거의 영국 노동 계급 중산층을 한국에 고스란히 이식할 수는 없다. 한국은 이미 다양한 형태의 비정규직과 정규직 노동 시장의 이중 구조가 심화되고 산업의 규모가 훨씬 더 거대하고 복잡해졌다. 게다가 영국은 각 직능별 노동조합과 회사가 교섭하는 형태였지만, 우리는 기업별 노조가 회사와 교섭하는 상황에서 영국의 노사관계 형태를 한국에 적용하기는 쉽지 않다.*

많은 진보 진영의 논자들은 독일식 노사관계 모델과 직업교육을 필두로 한 숙련 시스템을 대안으로 검토하곤 한다. 하지만 독일식 노

---

* 글래스고 조선소 노동자들의 가족이 유지해 온 상부상조의 연결망 정도는 2022년 현재 논의되는 '상생 연대기금'이라는 관점에서 참조할 수 있다. 일감이 유동적인 산업에서 쉬고 있는 노동자에게 임금을 어떻게 보존할지에 대한 질문, 그리고 그 기간을 향후의 숙련 향상을 위해 어떻게 활용하도록 만들지에 대한 논의다. 관련 논의는 리처드 데이비스, 《2030 극한 경제 시나리오》, 고기탁 옮김, 부키, 2021.

사관계의 핵심은 산별교섭과 직무급 적용 등으로 인해 정규직과 비정규직의 임금 차이가 크지 않고, 노동자와 사측 모두가 공히 '생산성 동맹'의 일원으로 노력하는 건설적 체제를 구축하고 있다. 직업교육 체제까지 고려하면 독일은 '성실하게 땀 흘리며 일하면 살 수 있는 나라'에 꽤 많이 근접해 보인다. 실제 독일의 산업도시 슈투트가르트와 뮌헨에 가면 지금도 수 세대에 걸친 노동자 가족이 있다. 할아버지 용접공, 아버지 배관공, 자녀가 전기공인데 같은 회사를 다녔거나 같은 지역에서 일했다. 개별 노동자와 인터뷰를 해 보면 그들은 하던 일을 꾸준히 더 잘할 수 있게 노력하는 것 외에는 벌이를 걱정하거나 진로에 대한 복잡한 생각이 별로 없어 보였다. 매일 정시 출근 정시 퇴근하며, 《슈피겔DER SPIEGEL》같은 주간지 하나 들고 퇴근길에 맥주 한 잔 마시고 나서 늘 정해진 시간에 잠드는 무뚝뚝한 (남성) 노동자. 이런 모습으로 삶에 부침이 있었더라도 몇 대를 이어온 것이다.

　하지만 영국이든 독일이든 산업도시에서 여성의 경제적 참여 문제는 해결하지 못했다. 2017년 기준 유럽 최고 제조업 강국 독일의 여성 고용률은 70퍼센트로 유럽연합 평균보다 10퍼센트가량 떨어지고, 양성 임금 격차도 17퍼센트로 유럽연합 평균인 14퍼센트보다 3퍼센트가 높았다. 여성 노동자 중 파트타임의 비율도 37퍼센트로 유럽연합의 25퍼센트보다 12퍼센트 높았다.[20] 아이를 키우기 위해 전일제 대신 파트타임 일자리를 선택하는 것이다. 독일의 서독 지역 여성 중 63퍼센트가 사회생활이 육아에 부정적 영향을 미친다고 답했다. 생산직 노동자 3대를 이어 갈 수 있지만 그 역할은 오롯이 남성의 몫이다. 남성들

간의 임금 격차는 줄었지만 여성 노동자의 자리는 별로 없다. 애초 영국의 제조업 노동자 상像은 남성에서 크게 변하지 않았다.

꿈을 꾸지 못하게 만드는 숨은 세 가지
: 남성, 생산직, 대기업 정규직

'노동자가 성실히 일해서 중산층으로 살아갈 수 있는 꿈'은 사실 한국뿐 아니라 2차 세계대전이 종전된 이후부터 선진국과 선진국을 목표로 했던 수많은 나라가 국민에게 제시했던 비전이다. 한국 사람이 주로 생각하는 중산층이 되는 길도 마찬가지일 것이다. 공부 열심히 해서 동아시아의 전통적 입신양명의 길인 고시에 합격하거나 의사나 회계사 같은 '사' 자 돌림의 전문 자격을 획득하거나 부동산 투기를 통한 자산 형성을 하는 것과는 다른 길일 것이다. 울산을 필두로 한 중화학공업을 영위하는 한국의 산업도시는 그렇게 시험 경쟁을 통과하지 않고 투기하지 않고도 성실하게 일하면 집을 사고 살림을 일구고 아이를 키우며 제 나름의 라이프스타일을 형성하며 중산층이 될 수 있다는 꿈을 실현했던 장소다. 그 때문에 전 인구의 절반 이상이 수도권으로 쏠리는 상황에서도 나름대로 공동체를 만들 수 있었다.

미국과 유럽 선진국은 과거 제조업에 기반을 둔 산업도시의 쇠락을 방치해 왔다. 영국의 사례처럼 '지식 기반 경제'가 되었으므로 금융산업에 집중하거나 제조업에서도 IT, BT, NT 등 고부가가치 기술 산업에 집중하는 정책을 썼다. 그러다가 최근 10년간 산업도시를 되살려 내는 조치에 한창이다. '하르츠 개혁', '슈투트가르트 협약'*, '산업 4.0'(이하 독일), '제조업 르네상스', 'IRA'(이하 미국) 등 산업 정책, 기술 정책, 혁신 정책, 노사관계 정책, 지역 정책을 망라하고 무슨 수를 써서라도 살려 내려고 애쓰는 중이다. 그 이유는 지역에 제조업이 존속함으로써 지역 경제 활성화의 마중물이 된다는 점에서다. 그리고 제조업처럼 평범한 수많은 사람을 균등한 임금으로 고용할 수 있는 산업이 없기 때문이다.

그럼에도 지금까지 2부와 3부를 통해 언급해 왔던 적대적 노사관계, 공간 분업, 노동 시장의 이중 구조, 산업 가부장제라는 요소를 모두 검토해 볼 때 현재 전개되는 상황이 바뀌지 않을 경우 평범한 사람의 중산층 진입과 재생산이 불가능해졌다. 그리고 울산의 노동자 중산층 모델이 속수무책으로 무너진다면 박정희 시대 이후 50년간 형성돼 온 산업-노동-가정의 복합체로 굴러가는 전국의 산업도시 역시 손쓰기 어려운 순간을 맞을 수밖에 없다.

속수무책이 되는 가장 근본적 이유는 우리가 '산업도시의 평범한 중산층 가정' 구성을 생각할 때 은연중에 전제하고 있는 세 가지 요소 때문이다. 바로 남성, 생산직, 대기업 정규직이라는 가정이다. 수도권

---

* 광주형 일자리의 모델이 되는 독일의 모델이다. 지역 노사민정이 혁신 연대를 조직해 지역 경제의 위기를 돌파했던 사례다. 관련한 논의는 이승협, 2007, "독일 산업공동화와 슈투트가르트의 시민참여적 지역혁신모델",《산업노동연구》제13권 1호, 349-371.

의 사람들, 중앙정부, 지방정부, 기업 모두 이를 당연하게 받아들인다. 그리고 2부와 3부의 분석은 모두 이 세 가지 가정이 한계에 이르렀음을 지적하고 있다.

우선 산업도시의 노동자는 남성이라는 가정이다. 공장은 남성 노동자의 철옹성이다. 여성에게는 주말 파트타임 일자리와 사무보조직 일자리밖에 제공하지 않는다. 커리어 관점에서 울산은 '경력 봉쇄'의 도시다. 공공 부문 일자리와 교사 등의 일자리를 제외하면 '커리어'라고 할 수 있는 여성 일자리 자체가 울산에 없다. 기존의 '남성 생계 부양자 경제'에서 여성의 역할이었던 가사, 출산, 육아를 담당하는 것을 적극적으로 선택하지 않는 이상 여성의 선택지로 이탈말고 다른 걸 꿈꾸기 어렵다는 것을 9장에서 확인했다. 공장에서도 여성이 정규직으로 일하고, 고등교육을 받은 여성이 원하는 일자리가 충분할 때에야 산업도시의 재생산이 가능하나 중앙정부 외에도 울산광역시나 기업 모두 여성을 잘 고려하지 않는다.

두 번째, 산업도시의 노동자는 오로지 생산직일 것이라는 가정이다. 울산의 노동자들이 (성별을 가리지 않고!) 자녀를 대학까지 교육시키려 했던 것은 자기보다는 좀 더 나은 환경에서 일하고 살 수 있기를 바랐기 때문이다.* 대학 진학률 80퍼센트의 시대가 열린 지 20년이 다 되어 간다. 그럼에도 울산은 지금까지 사무직 일자리를 충분히 만들어

---

* 다만 얼마 전까지만 해도 자녀가 공부를 잘하지 못해도 걱정하지 않았던 것은 울산에 벌이와 처우가 그럭저럭 괜찮은 (원청) 정규직 생산직 일자리가 있었기 때문이다. 그 벌이와 처우가 괜찮아졌던 것이 민주노조 운동의 성과였다고 할 수 있다.

내지 못했다. 산업도시 울산에서 나고 자란 자녀는 대학교를 찾아 일자리를 찾아 부산이나 수도권으로 향할 수밖에 없는 상황이다. 지역 균형발전 정책의 일환으로 세운 중구 혁신 도시의 공공 부문 일자리만으로는 사무직 일자리 수요를 채우기에 턱없이 부족하다. 그리고 대공장을 떠올릴 때 관습적으로 생산직 노동자만 고려한다. 공학을 전공한 수많은 엔지니어가 대공장에 근무하지만, 2022~2023년의 조선 산업 인력난 사태가 벌어질 때마다 고려하는 것은 오로지 생산직이다. 더불어 산업 연구를 수행하는 연구개발 센터나 조선업의 엔지니어링 센터 모두 수도권으로 이전하려 할 때마다 지자체가 막으려는 시도는 하지만, 그 논리를 설득력 있게 제대로 펼친 적은 없다. 울산이 사무직, 기술직 엔지니어 일자리를 진심으로 원하는지 의문이 들 정도다.

세 번째, 산업도시의 중산층이 될 수 있는 노동자는 오로지 대기업 정규직일 것이라는 가정이다. 즉 울산의 모든 일자리 문제가 현대자동차·현대중공업 그리고 남구 정유 및 석유화학단지 대기업 정규직 일자리가 생겨야 해결될 것이라 여긴다. 울산에는 대기업 외에도 오토밸리의 자동차 부품 업체, 울산부터 동남권 전체를 둘러싼 조선 기자재 업체, 그 외 다양한 중견·중소 화학 업체가 존재하지만 이런 일자리의 노동 문제는 '관심 밖'이다. 지역 사회의 청년이 사내 하청 업체나 'N차 벤더' 협력사에 다니면서 근로조건을 개선하기를 기대하는 것보다는 아빠가 다녔던 대공장 정규직이 된다는 전망이 보이지 않는다면 언제든지 '떠날' 준비만 하게 되는 것이다.

2023년 2월 노동 시장 이중 구조 해소를 위한 '조선업 상생 협약'이

체결됐다. 협약의 중요 쟁점은 고용노동부 주관으로 원하청이 협력하여 조선소 정규직 생산직 노동자와 사내 하청 노동자의 임금 격차를 줄이는 데 있다. 그런데 이런 격차 해소에 원청 노동조합이나 지역 사회 모두 시큰둥하다.* 물론 대기업 정규직 일자리가 생기는 일은 여러 모로 좋은 일이다. 그러나 노사관계가 적대적이고 '생산성 동맹'을 형성하지 못하니 제조 대기업은 가능하면 정규직 생산직을 뽑지 않으려 한다.

또 조선업같이 업황에 따라 물량과 인력 수요의 변동성이 극심한 경우 모두 정규직으로 고용할 수는 없다. 그러기 위해서는 일본의 사례처럼 일이 없을 때 무급휴직(출향)을 릴레이로 나가는 수밖에 없다.[21] 이럴 때를 대비해 노사민정이 일정한 '기금'을 조성하는 등 '상생 연대적 해법'을 모색할 수도 있다. 그러나 오로지 정규직 채용 쟁점에만 매몰되다 보니 지역 사회의 노동 시장을 단단한 초석에 놓는 해법을 함께 찾을 수가 없다. 이런 상황에서 2023년 모처럼 현대자동차가 생산직 공채를 발표하자 전국적으로 관심이 일어 450 대 1의 경쟁이 펼쳐졌다. 사내 하청 노동자와 'N차 벤더' 노동자가 더욱 소외감을 느끼고 역설적으로 '중산층 가족 형성'을 포기하게 되는 것도 자연스러운 일이다.

* 노동계는 상생 협약에 대해 프로젝트 협력사를 용인함으로써 물량팀을 용인하고, 하청 업체의 4대 보험 체납 유예분에 대해 미온적으로 대처하는 것을 비판했다. 더불어 궁극적인 해법은 원청의 정규직 채용임을 강조했다. 관련해서 전국금속노동조합 3월 2일 상생 협약 비판 기자회견문 참조.

결국 울산은 역사적으로 형성해 온 궤적을 고려하면서도 새로운 '평범한 노동자 중산층'을 다시금 구축하는 작업을 서둘러 시작해야 한다. 산업 가부장제를 해체하고, 생산직 중심주의를 깨고, 정규직 중심주의도 깨면서 '노동자가 중산층으로 살 수 있는 꿈'을 꿀 수 있는 준비를 해야 한다. 거듭 언급했지만 울산은 산업도시의 맨 앞에 있는 선두주자이자 가장 규모가 큰 도시다. 새로운 산업도시 울산의 전환 모델이 창원, 거제, 포항 등 부울경의 산업도시를 넘어 전국 제조업과 산업도시의 새로운 롤 모델로 자리 잡을 수 있다. 당장 지역 쇠퇴를 막기 위해서도, 노동 계급 중산층의 꿈이 깨지지 않도록 하기 위해서도, 현재의 고착된 구조가 만들어 놓은 다양한 제약이 깨져야 하는 것은 분명하다.

성 평등을 고려해 전망 있고 안정적 일자리를 구할 수 있는 노동 시장 정책, 달라진 학력 구조를 반영하는 직군 구조의 설계, 원하청 간 이중 노동 구조가 만드는 차별의 해소라는 과제가 모두 앞에 놓였다. '평범한 노동자 중산층 3대'를 이루기 위해 수면 위로 드러내야 하는 숨은 가정이다.

4부

산업도시와
대한민국의
미래

11장

디트로이트와 피츠버그, 두 도시 이야기

이제 산업도시 울산에 대한 산업과 사회학적 분석은 마쳤다. 대한민국의 산업 수도이자 세계 제조업 최상위 클러스터 중 하나인 울산은 어디로 가고 있을까? 4부는 산업도시 울산의 방향성에 대한 총론이다.

출구가 보이지 않는다
: 퍼펙트 스톰과 느린 질식 사이에서

울산은 현재 추세대로 갈 경우 산업의 가치사슬 내부에서의 연착륙이나 도시의 전환 모두에 성공할 수 없다. 2부에서 살펴본 대로 연구개발 기능(구상)이 없고 숙련의 필요성이 점차 줄어드는 가운데, 외국인과 고령 인구로 구성된 하청 노동자가 생산 하도급과 임가공을 수행하는 생산 하청 도시로 전락할 것이다. 울산에는 제조업을 대체할 만한 다른 산업이 없다. 남구의 상업 지구와 서비스 부문은 제조업 기능이 쇠락하고 인구가 줄어드는 과정에서 더 이상 성행하지 않을 가능성이 크다. 3부에서 살펴본 대로 임금 노동 대신 가사 노동을 택했던 여성은 남성의 줄어든 임금을 대체하기 위해 일터를 찾지만 울산에서 여성에게 괜찮은 직장을 찾기는 어렵다. 청년은 정규직 기회와 괜찮은 직장이 사라진 상황에서 지역을 떠날 것이다. 3대 산업 근무를 통해 이루어 낼 수 있었던 중산층의 가능성이 줄어든 울산은 산업도시의 고유성이 사라진 채 다른 중소 도시와 마찬가지 상황에 놓임으로써 지방 소멸 경향을 피하기 어려울 것이다.

최근 몇 년 동안 진행된 글로벌 경제 변화도 울산 사람이 종종 이야기하는 낙관론을 배신한다. 경제 변화의 핵심에서 울산의 제조 기능이 별로 중요하지 않거나, 울산과 큰 관련 없는 산업만 국제적 쟁점이 되는 상황이기 때문이다.

2020년에 발생한 코로나19는 전 세계적인 경제 전환을 일으켰다. 2020~2021년까지 각국의 정부와 중앙은행은 끊임없이 돈을 풀었다. 통상 정부는 직접 필요한 부문에 예산을 집행하는 재정 정책을, 중앙은행은 채권을 매입하거나 발행하는 식으로 통화량을 조절하는 통화 정책을 집행한다. 코로나19 위기 상황에서 대한민국 정부는 막대한 재정을 썼다. 예컨대 국민에게 직접 현금 바우처의 일환인 재난지원금을 지급하거나, 코로나19 검사(PCR 및 신속항원검사)비와 백신 접종을 무료로 한 것 등을 들 수 있다. 한국은행은 경기침체를 막기 위해 채권을 매입해 통화량을 늘리고 이자율을 떨어뜨려 시장에 현금 유동성을 높였다. 이러한 조치로 한편에서는 주식-코인-부동산 등 자산 시장에 버블이 생기는 부작용이 발생했지만, 다른 한편에서는 그래도 서민 경제가 몰락하지 않는 상황까지 간신히 버틸 수 있었다.

그런데 2022년 봄 온 국민이 백신을 맞고 코로나19 오미크론 변이를 겪으며 집단항체를 형성하는 시점에 경제 상황과 경제 정책의 기조가 변했다. 막대하게 풀린 통화량으로 인해 수요 측면에서 물가가 상승했기 때문이다. 또 러시아의 우크라이나 침공으로 유가와 LNG, 그리고 원자재 가격이 폭등해 공급 관점의 물가 상승을 견인했다. 각국의 정책도 변했다. 금리를 올리고 통화량을 줄이고 재정 건전성을 높이는 '긴축' 시대가 다시 시작됐다. 경기침체를 겪더라도 정부의 재정 건전성을 높이고 시장의 거품을 제거하겠다는 의지가 시대정신이 됐다.

미국 의회는 2022년 8월 16일 인플레이션 감축법Inflation Reduction Act(IRA)을 통과시켰다. IRA는 에너지 안보, 기후 변화, 의료보건 접근성 제고, 적극적 세무 집행 등의 내용으로 예산을 집행하려는 계획이다. 이 중 살펴봐야 할 것은 에너지 안보와 기후 변화다. 국내에서는 자동차와 배터리가 쟁점이 됐다. 현대자동차의 배터리 전기자동차(BEV)는 IRA로 인해 미국 내에서 구매하는 소비자의 세액공제(대당 최대 7500달러) 대상이 되지 못했다. 탑재하는 배터리의 핵심 광물 40퍼센트가 미국이나 미국과 FTA를 체결한 국가에서 채굴되어야 한다는 조건, 배터리 부품의 50퍼센트 이상이 북미에서 생산되어야 한다는 조건을 충족시키지 못했기 때문이다. 배터리 핵심 광물과 부품의 중국 의존을 줄여야 한다는 것 외에도 부품사가 미국이나 북미 대륙으로 진출해야 한다는 숙제를 남겼다.[2]

또 하나의 이슈는 반도체 산업의 재편이다. 중국과 미국의 '반도체 전쟁', 미국-대만-일본에 의해 형성된 반도체 동맹에 한국이 참여하느냐 여부를 묻는 'Chip 4 참여 논쟁' 등이 벌어지는 상황이다. 미국은 반도체 글로벌 공급 사슬Global Supply Chain(GSC)이 과도하게 중국에 의존하는 상황을 타개하려 하고 있다. 자동차의 경우와 마찬가지로 가능하면 자국 생산을 하거나 믿을 수 있는 일본, 대만, EU 등을 통해 소재·부품·장비를 조달하고 기술 교류도 그 안에서만 하려 한다. 중국산의 비중이 높으면 공급망에서 탈락시키려 하는 것이다. 미국은 이렇듯 중국의 반도체 굴기를 저지하기 위해 기술 협력을 막고 ASML의 노광장비 등 첨단 장비의 공급을 막으려 애쓰고 있다. 한국은 중국과 30년간 긴밀하게 맺어 온 GSC의 연결망을 어느 수준까지 유지하고 어느 수준에서 단절할지, 혹은 아예 한-일-대만의 동맹 속에 들어갈지를 고민해야 하는 상황에 놓였다.[3]

울산과 울산의 산업, 지역 주민의 관점에서 살펴보자. 우선 IRA와 친환경 전기차 시장의 성장을 고려하면 울산의 자동차 생산은 추가적인 일자리 감소 상황에 놓일 확률이 크다. 지금까지는 현대자동차 울산공장의 생산직 노동자가 해외 완성차 공장의 물량을 걱정했다면, 앞으로는 미래 먹거리인 친환경 자동차의 핵심인 배터리 광물과 부품까지 걱정해야 하는 상황이 된 것이다. 예전 같았으면 수출을 위해 국내에서 모두 만들었을 자동차의 껍데기(차체)나 알맹이(의장)도 해외에서 만들어야 하는 상황에 놓였다. 둘째로, 반도체 산업의 중요성이 금액 측면에서나 다른 제조업과의 연결성 관점에서 더욱 중요해지는 상황에서 울산 제조업의 위상은 상대적으로 떨어질 수밖에 없다. 리쇼어링*의 트렌드를 따라 한국도 국내 생산의 중요성을 강조할 수 있겠으나, 그런 트렌드는 방대한 내수 시장을 가진 미국 같은 나라에나 해당한다.

　마지막으로 2부에서 살펴본 대로 경기가 회복된다 해도 그것이 중산층을 만들어 줄 정규직 일자리로 이어진다는 보장이 없다. 조선 산업의 예를 보자. 전 세계 해운 관련 모든 협약을 관장하는 유엔 산하 국제해사기구International Maritime Organization(IMO)의 온실가스 배출 규제가 강화되는 가운데 친환경 선박을 건조하는 한국의 조선 산업에 큰 기회가 올 것이라는 전망이 있다. 하지만 앞서 언급한 대로 국내 조선 업체는 더는 대규모로 '내국인' 정규직 생산직을 뽑지 않으려 한다. 그보다는 용접 등 어느 정도 기술력이 있는 이주 노동자를 가능한 한 많이 뽑아서 노사 분규를 막고 숙련도도 확보하려는 중이다. 2023년 2월 체결된 조선업 상생 협약 및 관련된 정책은 당장의 노동력 부족을 이유로 해외 숙련 노동자에게 할당되는 E7 비자 쿼터를 용접사에게도 할당하고, 외국인 인력 비중을 20퍼센트에서 30퍼센트로 늘리는 조치를 했다.

　앞으로 울산이 맞게 될 걱정거리는 1998년의 현대자동차 정리해

＊　국외offshore로 나갔던 자국 제조업의 공장을 다시 국내로 불러들이는 정책으로 2000년대 후반부터 미국 행정부가 추진하기 시작했다.

고 사태나, 2010년대의 조선업 구조조정과 자동차의 중국 시장 부진 등과 같이 한꺼번에 다양한 악재가 터져 경기를 끌어내리는 '퍼펙트 스톰'의 도래 같은 게 아니다.[4] 긴급한 위기에는 중앙정부, 기업, 지자체가 재빨리 조치할 수 있다. 공적 자금을 투입하거나 재무 구조를 개선하거나 때로는 대기업이 전향적 투자를 집행하는 것도 생각해 볼 수 있다.

문제는 산업도시 울산을 살리기 위해 정부가 빠른 처방을 해야 할 이유가 점차 줄어들고 있다는 데 있다. 제조업 내에서 중화학공업의 입지가 줄어들고, 중화학공업 가치사슬 내부에서 울산 사업장의 입지가 줄어들고, 울산 사업장 내부의 노동 시장 이중 구조가 더 악화되는 상황에서 산업도시 울산에 무엇을 기대하고 자금을 투여하거나 투자하겠는가. 앞선 위기에서 정부와 대기업이 자금을 지원하고 투자했던 것은 울산의 '중요성'이 여전히 공고하고 앞으로 커질 수 있을 것이라는 전망 때문이었다. 제조업 관점에서 울산에 남은 것은 기존의 설비 투자라는 '매몰 비용'과 기존의 제조업 생태계가 보유한 '일자리' 개수 정도다. 뿌리 기술, 혁신적인 기술 기업, 연구개발 기반 모두 울산의 취약점이다. 심지어 울산의 남성 청년이 정착해서 결혼하고 아이를 키울 안정적인 일자리 전망도 없다. 물론 여성 일자리의 전망도 없다.

달리 말해 울산은 현재와 미래 관점에서 서서히 질식하는 중이다. 전환하지 않는다면 울산은 서서히 침몰할 것이다. 도시의 체질을 바꿔야 하는데 어떻게 해야 가능할까.

산업도시의 전환은 가능한가

오래된 산업도시가 미래 지향적 도시로 전환한 경우가 있을까? 경제지리학, 도시계획학, 혁신연구 등 산업과 도시를 연구하는 학문 분과의 연구 결과는 분명히 있다고 말한다.[5] 자본주의의 역사는 도시화의 역사이면서 동시에 도시 전환의 역사이기도 하다. 지역의 혁신과 전환 논의는 크게 세 가지 관점에서 살펴볼 수 있다.

먼저 참여정부 시기의 지역 혁신 체제Regional Innovation System(RIS) 논의가 있다. 지역 혁신 체제 논의는 각 지역이 진화하기 위해 특화된 산업을 집적시키고, 산업 운영과 연구개발의 선순환을 통해 집단 학습을 활성화시킴으로써 혁신 역량을 키우는 것이 핵심이다. 지역 혁신 체제 논의는 지역의 트리플 힐릭스(대학, 기업, 지자체의 삼중 나선)를 축으로 클러스터를 잘 조직해서 내생적 성장endogenous growth 역량을 기르면 승산이 있다고 한다.[6]

둘째로 생산과 부품 네트워크 등에 주목하는 글로벌 생산 네트워크Global Production Network(GPN)는 지역 혁신 체제 그 자체가 중요한 게 아니라 세계의 제조업 생태계를 고려하면서 이해당사자(기업, 국가, 지자체 등)가 적절한 전략을 구사하면 성공 가능성이 높다는 입장이다.[7] 두 견해는 강조점이 달라 이론적으로 부딪칠 수 있지만, 국내의 맥락뿐 아니라 세계화된 경제를 고려하면서 전략을 수립해야 한다는 관점으로 보면 실용적으로 큰 차이가 없다.

셋째로 산업도시 울산의 전환을 이야기하려면 국가 정책의 역사를 검토해야 한다. 60년 넘게 형성되어 온 궤적을 고려하지 않고 울산의 전환을 논할 수 없다. 울산은 1부에서 살펴본 것처럼 울산공업센터 건립부터 중화학 공업화까지 국가 주도로 제조업 핵심기지 역할을 해 왔다. 국가가 막대한 인프라 투자를 하고 인력을 불러 모으는 과정에서 형성된 산업도시인 것이다. 행정은 3대 산업을 고려해 이뤄졌고, 울산의 남북을 가로지르는 아산로도 조선과 자동차 산업 물류의 이동 동선을 고려하면서 설계됐다. 남구 석유화학단지는 충남 대산이나 전남 여수의 석유화학단지가 단일 대기업의 생태계를 가진 것과는 달리 다양한 중소기업의 연합(콤비나트)으로 형성돼 있다. 이러한 특성으로 인한 산업 물류와 제품 생산의 성격 역시 울산의 고유한 점이다.

또 울산처럼 중화학공업의 다양한 부문이 한 도시에서 이루어지는 경우는 드물다.* 2장에서 살펴본 것처럼 울산은 정유 공장 건설부터 시작해 울산공업센터를 지정하고 비료, 정밀화학, 석유화학 콤비나트가 건설됐으며, 뒤이어 자동차와 조선소가 들어왔다. 울산은 박정희 정부 시절 지속된 '경제개발5개년'으로 대표되는 발전 국가 전략의 총화이자, 현대로 대표되는 대기업이 사활을 걸고 투자했던 결과물이기도 하다. 한국의 모든 산업도시는 울산의 공업화 과정을 벤치마킹하여 산업단지를 구축하고 사택을 짓고 도시 경관을 만들어 나갔다.[8] 울산은 다른 산업도시의 기준이었다. 따라서 울산의 어려움은 다른 산업도

* 한국에 이어 초고속 성장을 했던 중국 선전 등 새로운 산업도시를 고려해 볼 수는 있다. 도시사학회·연구모임 공간담화,《동아시아 도시 이야기》, 서해문집, 2022, 3부 참조.

시가 극복해야 할 점이고, 울산이 이뤄낸 성과는 다른 산업도시가 달성해야 할 목표가 됐다.

반면에 서구의 도시 역사는 이러한 한국과 동아시아의 발전주의 경로와 사뭇 달랐기 때문에 단순 비교가 불가능하다. 영국의 맨체스터, 뉴캐슬, 글래스고로 대표되는 구 산업도시는 모두 각각의 모험 자본가와 연결돼 있었다. 실리콘 밸리의 스타트업이 그렇듯이 지역 대학에 소속된 엔지니어나 개별적으로 작업하던 발명가가 기업을 세운 후 투자자를 유치하기도 했다. 또 상업 자본이 개별 공장을 인수하여 규모를 키워 가기도 했다. 카를 마르크스가 말했듯이 상업 자본이 산업 자본으로 전환된 것이었다. 미국의 제조 업체도 정부의 산업 정책보다는 에디슨 같은 발명가나 엔지니어가 J.P. 모건 같은 자본가의 투자를 받아 점차 규모를 키워 나간 경우가 많다.*

유럽에는 장인이 운영하는 가족 회사가 작업장을 키워 가면서 형성된 경우도 적지 않다. 물론 비스마르크 이후 독일에서는 국가가 투자해 대자본을 만든 경우가 있고, 일본도 정부가 육성하는 군수 기업이 2차 세계대전 이후 제조 대기업으로 형성된 적이 있다. 그러나 근대적 산업도시와 제조업의 계획을 한꺼번에 진행했던 경우는 개발도상

---

* 미국은 전통적으로 특정 산업을 유치하거나 보조금을 통해 지탱하거나 육성하는 방식의 산업 정책을 회피해 왔다. 대신에 기초 연구에 국가과학재단National Science Foundation(NSF)을 통한 투자나 국방 연구, 보건 연구 등을 통해 특정 분야의 응용 연구 R&D를 지원해 왔다. 관련해서 Robert McNeil, 2017, "Between Innovation and Industrial Policy: How Washington Succeeds and Fails at Renewable Energy", *Prometheus* 34(3 - 4): 1 - 17, 참조.

국의 고유한 특징이라고 봐도 무방하다.[*]

한국은 탈식민국가 중 유일하게 선진국이 됐고, 한국의 제조업은 선진국 추격을 넘어 탈추격 단계에 진입했다. 그리고 울산은 식민지 중 유일하게 선진국이 된 국가의 제1 산업도시다. 울산은 이제 세계 최대 생산량을 자랑하는 현대자동차 울산공장, 세계 최대 건조량을 갖춘 현대중공업 울산조선소가 입지해 있으며 정유·석유화학·정밀화학 산업을 보유한 산업도시로, 해외의 다른 도시와 단순 비교하기는 어렵다. 거제를 일본의 나가사키나 이마바리, 스웨덴의 말뫼와 비교할 수는 있지만, 울산을 그렇게 비교하기는 어렵다는 말이다. 이것이 어떤 모델을 이식하거나 어떤 모델로 전환하기 힘든 이유다.

산업도시 울산의 전환은 고차 방정식이다. 이 같은 점을 고려하면서 다른 국가의 산업도시가 어떻게 전환했는지 혹은 실패했는지를 살펴보는 것은 의미가 있다. 특히 제조업이 어려움에 닥쳤을 때 개별 도시가 어떻게 대응했는지는 울산에 도움을 줄 수 있다. 이제 미국의 디트로이트와 피츠버그의 이야기를 살펴보자.

디트로이트와 피츠버그의 이야기

독일의 최대 자동차 도시로 슈투트가르트(벤츠)와 볼프스부르크

[*]　울산의 고유한 특성이 일제 강점기 만주국의 경험에서 시작됐다는 설도 있다. 김형아, 《유신과 중화학공업: 박정희의 양날의 선택》, 신명주 옮김, 일조각, 2005.

(폭스바겐), 뮌헨(BMW)을 꼽는다면, 미국의 최대 자동차 도시는 누가 뭐래도 '모타운Motor Town, Motown'인 디트로이트였다. '포드주의'라는 단어를 유행시킬 정도로 자동차 산업을 선도했던 포드, 미국 최대 자동차 회사 GM(제너럴 모터스), 그리고 닷지Dodge로 유명한 크라이슬러까지 3개 자동차 회사가 있었던 도시다. 디트로이트는 1950년대 인구 150만 명으로 정점을 찍었다.

디트로이트는 두 가지 악재가 겹치면서 점차 쇠퇴의 길로 들어섰다. 첫 번째는 자동차 산업의 쇠퇴다. 도요타와 혼다, 닛산으로 대표되는 일본산 자동차가 1970년대부터 미국 시장을 석권하기 시작했기 때문이다. 미국인은 닷지 같은 대형 트럭이나 캐딜락 같은 대형 세단을 선호한다고 알려져 있으나 오일쇼크로 연료비가 오르자 연비가 좋은 준중형 세단이나 소형차의 인기가 치솟았다. 자동차 3사의 시장 점유율이 계속 떨어졌고 그러한 추세가 2000년대까지 이어졌다. 2009년 GM의 파산은 미국의 자동차 전성시대가 종언을 고하는 것과 같았다.

두 번째 악재는 세수 부족이다. 디트로이트는 다른 지역과 달리 카운티별로 세수를 충당했다. 문제는 뉴욕이나 한국의 대도시들처럼 중산층 이상 인구가 도심부에 거주하는 것이 아니라, 교외에 거주하는 경향이 많아서 세수가 부족했다는 점이다. 따라서 축적된 부를 통한 도심부 재활성화나 도시재생 과정을 수행하기 어려웠다. 결국 도심은 적절한 재구조화를 이루지 못하고 더욱 쇠퇴하고 슬럼화됐다. 동시에 도시의 범죄율이 급상승하고 인구가 빠져나가는 악순환에 노출됐다.[9] 미국의 래퍼 에미넴Eminem의 자전적 스토리를 담은 영화 〈8마일8 Mile〉

속 풍경이 바로 슬럼화된 디트로이트의 모습이다.

반면에 피츠버그는 도시 전환의 성공적 사례로 널리 알려져 있다. 피츠버그는 1970년대까지 US스틸로 대표되는 철강 도시였으나 역시 일본(일본제철)과 한국(포스코)에게 차례차례 패권을 넘겨준다. 이후 1990년대를 지나면서 철강업의 제조 기능을 거의 상실했다. 그러나 피츠버그는 제조업 쇠퇴 이후에도 경제적 위기를 맞지 않았다. 바로 민관 협력의 거버넌스를 통해 도시 재구조화에 성공했기 때문이다. 1985년 피츠버그의 기업, 시 정부, 대학 등이 함께 참여해 산업의 다각화를 위한 보고서 〈전략 21〉을 제출하고 기업의 본사와 금융, 보건 의료와 교육, 첨단 연구개발 중심지로 발전시킨다는 구상을 실현했다. 덕택에 생산직 일자리 대신에 서비스 산업과 하이테크 부문의 일자리를 유치하는 데 성공했다.

제조업 도시의 상징이었던 두 도시의 소득은 1980년대부터 도표 4.1에 드러나듯 엎치락뒤치락하기 시작했으나, 2005년을 기준으로 피츠버그가 확실하게 디트로이트를 추월했다. 피츠버그는 피츠버그대학과 카네기멜론대학으로 대표되는 우수한 연구중심 대학과 하인즈 Heinz나 US스틸 등의 기존 본사, 또 다양한 금융 및 스타트업의 창업 근거지가 됐다.

그러나 피츠버그를 성공 사례로만 볼 수 없다는 견해도 많다. 2010년대 미국의 지리학자와 사회학자를 비롯해 많은 사회과학자가 피츠버그를 다른 방식으로 해석하기 시작했다. 피츠버그는 도시 재활성화의 목표였던 보건 의료, 교육, 첨단 연구개발 분야에서는 성공했다. 하

[도표 4.1] FRED(Federal Reserve Economic Data, 연방준비제도 경제 데이터)

(달러)

— 미시간주 디트로이트
워렌 디어본의 1인당 개인소득

···· 펜실베이니아주 피츠버그의
1인당 개인소득

▨ 미국의 경기침체 기간
(가장 최근 데이터는 미정)

출처: 미국 경제분석국 fred.stlouisfed.org

지만 이러한 지식 기반 경제로의 전환이 피츠버그 도심에 고학력자 일자리를 만들어 내며 '경제 도시'로서의 면모를 뽐냈지만, 기존 제조업 공장에서 일하던 수많은 노동자의 고용은 지켜 내지 못했다. 피츠버그는 이제 매출 기준으로 산업 중 제조업의 비중이 10퍼센트가 채 되지 않는다. 일종의 젠트리피케이션이 벌어져 '평범한 사람들'이 일자리를 구하지 못하고 다른 지역으로 떠나게 만들었던 것이다.

디트로이트가 도시 재활성화에 실패했다고 단순히 해석하기도 어렵다. 애초에 산업 외에도 도시가 처한 사회적 문화적 맥락에서 차이가 있기 때문이다. 피츠버그가 백인이 70퍼센트를 차지하는 도시라면, 디트로이트 도심은 흑인이 70퍼센트 이상 거주한다. 디트로이트는 도심의 개선 작업을 조금 늦게 했을지언정 노동자의 기존 생산직 일자리 자체는 여전히 지켜 내고 있다. 지금도 생산직 인구가 20퍼센트를 넘는 도시이니 말이다. 도시 재활성화를 40년가량 진행한 지금 피츠버그의 인구는 감소했고, 도시의 전체 관점에서 보면 인종 분리와 소득 격차는 더욱 심해졌다. 도시는 선진화됐지만 '노동 계급 중산층' 모델의 해체는 막지 못했다.[10]

디트로이트와 피츠버그의 사례가 울산에 주는 함의는 크게 두 가지다. 우선 주력 제조업의 위기 상황을 전환의 관점에서 적극 대응하지 않을 경우 도시 자체가 쇠퇴할 수 있다는 것이다. 디트로이트는 자동차 생산기지로서의 입지가 약화되는 상황일 때 재정 문제를 겪으면서 적극적으로 도시 전환에 나서지 못하고 슬럼화와 인구 유출을 겪게 됐다. 다른 하나는 도시를 고도화하더라도 단단한 중산층을 육성할 수 있는 제조업 일자리는 여전히 중요하다는 점이다. 제조업 일자리의 중요성을 바라보는 관점에 따라 소득 격차가 커지거나 인구 유출 문제가 발생할 수 있기 때문이다.

미국 산업도시의 성공 사례를 바로 울산에 이식할 수는 없다. 지역 혁신을 주도하는 트리플 힐릭스인 대학과 지자체(주 정부, 카운티), 산업계의 협업과 시민 사회의 협력적 거버넌스라는 측면에서 피츠버그는 모범 사례일 수 있다. 하지만 현재 산업도시로서 건재한 울산이 제조업 쇠퇴를 전제로 첨단 산업 유치와 산업의 고도화를 진행할 수는 없다. 새로 들어설 산업 부문이 지금의 제조업만큼 고용 창출 효과를 끌어낼 수 있다는 보장이 없기 때문이다. 그러나 디트로이트처럼 도시 전환의 시점이 늦는 것은 피해야 하지만 제조업 경쟁력이 쇠퇴하는 상황에서 어떻게든 제조업 고용 자체를 유지하려는 노력을 계속하는 것은 참조할 부분이다.

도시의 미래를 두고 어느 하나의 모델을 이식해 적용하는 것은 쉽지 않다. 해외의 정책과 제도를 참조하더라도 3대 산업이 여전히 건재한 울산에서는 울산의 현 위치에서 대안을 찾아내야 한다. 즉 세계 1위 조선소, 세계 최대 규모의 양산이 가능한 자동차 공장, 여전히 견고한 석유화학 콤비나트가 만들어 내는 역동성을 반드시 고려해야 한다.

두 도시의 사례와 산업도시 울산의 현재 상황을 고려하면 어떤 원칙을 세워야 할까. "현재 산업도시 울산의 강점을 지켜 내는 노력을 해야 한다. 그 가운데 기존 산업을 대체하기보다 고도화시키면서 파생되는 역량을 키우는 방향으로 도시를 전환해야 한다." 이런 원칙 아래 점차 현실화되고 있는 '느린 질식' 상황에 대처하려면 어떠한 전략을 검토해야 할까. 그 핵심에는 '제조 역량'에 대한 재평가가 있다.

공장의 현재와 미래의 의미

질문이 달라져야 한다. 울산의 현재와 미래를 묻기 위해선 공장에 켜켜이 쌓여 있는 기술력, 개인의 노하우, 최적화된 생산설비를 포함한 제조 역량에 대한 재평가가 필요하다. 막대한 고용을 창출하는 생산도시로서 울산의 제조 역량을 울산 시민과 정책 입안자는 어떻게 평가해야 할까. 어느 지자체든 제조업이 휘청거릴 때마다 '문화 도시'를 꺼내 든다. 앞서 여성 일자리 관점에서 언급한 것처럼 관광 산업과 콘텐츠 기반 문화 산업을 창출하려는 움직임을 보인다. 예컨대 통영시는 신아SB 등 중소 조선소가 떠난 터에 청년들의 공유 공간을 짓고 사회 혁신과 문화 콘텐츠 산업의 도시 재생지로 변모시켰다. 문화 도시로 변모해 관광객을 유치함으로써 일자리를 만들어 낼 수 있고 또 만들어 내고 있다고 홍보한다. 그런데 동피랑마을에 관광객이 찾아온다고 통영이 애초 제시했던 목표처럼 젊어졌을까? 새로 생겨나는 청년들의 공유 공간이 중소 조선소에서 근무하던 청년 용접공에게 어떤 영향을 줄 수 있을까?

이럴 때일수록 도시의 경로 의존성을 따져야 한다. 울산은 2장에서 설명한 것처럼 국가의 모든 역량을 집중하여 정유 공장을 지었던 도시다. 뒤이어서 모험 자본가 정주영과 현대가 외자 및 국민의 저축과 베트남의 토목 사업을 통해 창출했던 모든 자본을 모아 조선 산업과 자동차 산업을 위해 조선소와 공장을 지었다. 동시에 '조립형 공업화'를 통해 각 기업이 설비와 가공 기계에 막대한 돈을 투자함으로써 최적의 생산 능력을 갖게 된 것이 현재 울산의 공장이다. 즉 울산은 자동차, 조선, 기계, 석유화학, 정유 분야에서 세계 최고 수준의 제조 역량을 지녔다.

앞서 울산의 산업이 구상과 실행의 공간 분업 속에서 점차 위상이 떨어지며 생산도시의 성격을 띠게 된 '어려움'과 '한계'를 지적했다. 달리 말하면 울산은 구상 기능 즉 연구개발과 기획 기능을 갖춘 서울 본사와 연구소에서 어떠한 제품을 개발하면 그것을 양산해 낼 수 있는 최고 수준의 실행력을 갖춘 유일한 곳이다.

2020년 코로나19로 전 세계의 공장이 휘청거릴 때 한국 경제가 선전할 수 있었던 배경엔 우리의 제조 역량 덕이 컸다. 제조 역량의 단적인 사례가 제조 대기업 소속의 엔지니어들이 마스크 제조사를 지원한 일이다. 삼성전자나 현대자동차의 공정기술·생산기술 엔지니어가 마스크 제조사에 파견되어 공정기술을 코치하고 공정 재설계를 도왔다. 평균 25년 경력의 엔지니어들이 답보 상태이던 스마트 팩토리 인프라 구축 작업을 도와 생산성을 50퍼센트 이상 향상시켰다. 기존 설비의 순간 정지 문제를 해결하기 위한 기술 지원을 하고, 사소하게는 생산 현장의 선반 작업대나 작업 공구를 직접 제작해 주기도 했다. 삼성전자 금형 센터에 도움을 요청해 생산 공정에 필요한 금형을 제작 지원하기도 했다.

둘째로 코로나19 백신 운반에서도 누적된 제조 역량의 힘이 드러났다. mRNA 방식의 화이자 백신의 경우 보관과 운반 조건이 모두 까다로웠다. 영하 70도에서 6개월만 보관 가능하고, 일반 냉장고에서는 5일, 상온에서는 2시간밖에 쓸 수 없었던 것이다.[11] 신약을 개발한 미국이나 영국을 제외한 모든 나라가 보관과 운반 문제로 걱정할 때도 한국은 해결 방법이 있었다. 한국이 세계 시장을 석권하고 있는 LNG 운반선이 있었기 때문이다. LNG 운반선의 경우 천연가스를 화물창에서 영하 162도로 극저온을 유지해야 하는데, 이러한 기술에 비하면 백신의 보관과 운반은 그리 어려운 일이 아니었다.[12] 이에 필요한 보관과 운반 장비를 만들고 콜드체인 시스템을 통해 운용하는 것도 쉽게 이루어낼 수 있었다.[13]

이 같은 역량은 울산이 잘 하는 3대 산업의 제조 역량에 대한 자부심과도 맞닿아 있다. 과업이 주어졌을 때 어떻게든 끝을 보는 근성과,

그게 가능하도록 구축돼 있는 엔지니어들과 생산직 노동자들의 수행 역량 및 그 역량을 뒷받침해 온 다양한 사회적 자본 덕택이다.

여기서 제조 역량 중 기여도 관점에서 진지하게 고민해 봐야 할 숙제가 남아 있다. 현대자동차나 석유화학 산업에서 생산직 노동자의 역할보다는 공정을 유연하게 재편하고 최적의 생산성 역량을 발휘했던 엔지니어의 역할이 컸다는 점이다. 따라서 2030년 울산이 하청 생산 기지를 면하기 위해서는 공장에서 엔지니어와 협업하며 스스로 발전 가능성을 높이는 노동자의 역할이 중요하다. 즉 노동자들의 숙련 형성 체제를 구축하는 것이 필요하다. 공장이 하드웨어만 남는 공간이 아니라 '장인들'의 소프트웨어가 숨 쉬는 공간이어야 제조 역량을 지속적으로 축적하고 그 자체로 유의미해지기 때문이다.

9장에서 제기했던 서비스 산업의 영세성 등을 극복하기 위한 고민에서도 울산의 제조 역량은 반드시 고려 대상이 돼야 한다. 피츠버그의 사례에서 살펴봤던 것처럼 '공장을 떠나서' 혹은 '공장을 생각하지 않고' 문제를 풀려는 시도는 도시의 미래에 전혀 도움이 되지 않는다. 예컨대 전 세계 많은 젊은이가 선망하는 미국 실리콘 밸리처럼 컴퓨터공학, 전기전자공학, 산업공학, 통계학 등의 전공자를 많이 공급하고 그들의 창업을 육성하더라도 울산에 필요한 것은 구글 같은 범용 서비스를 공급하는 회사가 아니다. 울산은 일반적인 IT 산업이나 서비스 산업에 대한 수요가 수도권에 크게 못 미친다. 외려 울산에 필요한 서비스나 IT 분야는 제조업에 정보통신기술(ICT) 인프라를 제공하고, 제조업 디지털 전환을 위한 플랫폼을 만드는 독일의 SAP나 미국의 오라클 등이 맡고 있는 비즈니스 시스템 통합이다. 예컨대 현대중공업 스마트 조선소 프로젝트에 소프트웨어를 공급하는 미국의 팔란티어 Plantir나 유니티Unity 같은 빅데이터 기술 기업이 울산에 필요하다. 이들 기업은 조선소의 도면과 생산 정보를 메타버스에 구현하여 생산성과 품질을 높이고, 생산직 노동자의 중대 재해를 VR 글래스를 통한 정보 제공으로 막을 수도 있다.[14] 즉 울산의 공장을 뜯어내고 거기에 '새로운 공간'을 만들거나 공장을 외면하기보다는 기존의 공장과 제조 생태계에 기반을 둔 스타트업 기업을 만들고, 기존 제조업 공장이 젊은이의 참여가 가능한 공간으로 바꿔 내는 게 울산의 산업과 도시 전환을 위해 필요한 과제다.

더불어 미중 분쟁 속에서 글로벌 생산사슬의 재편 등 급격한 경제 전환에 기민하게 대처할 수 있는 전략 기능도 산업도시 관점에서 보강해야 한다. 예컨대 중국에 의존적인 기자재 부품 혹은 소재·부품·장비 생산망을 '신남방 정책'의 방향에서 동남아에 구축할 것인지, 미국에 완성품 공장을 지을 것인지가 정부의 산업 정책과 기업의 경영 전략의 핵심일 것이다. 그렇다면 그에 맞춰 현재 울산 효문공단의 자동차 부품 클러스터를 어떻게 배치할 것인지, 대기업이 중국에서 수입하는 부품류를 어떻게 다변화해서 공급할 것인지 등 지역의 전략적 단위에서 고민할 수 있어야 한다. 이럴 때 울산연구원이나 테크노파크의 연구 역량 및 울산시의 정책 기획 기능과의 협업으로 중장기 계획을 수립하고 가치사슬을 만들면서 원하청 모두의 경쟁력을 높일 필요가 있다.

울산의 두 대학, 울산대학교와 UNIST
: 인적 자원의 관점에서

혁신 산업을 양성하든 기존 3대 산업의 경쟁력을 보강하든 울산의 대학은 핵심적 위치에 있다. 학령 인구 감소 속에서 더욱 심화된 지방대 위기라는 전국적 맥락을 살펴본다면 회피할 수 없는 중요한 문제다.

먼저 4년제 종합대학이자 울산 학생들이 가장 많이 진학하는 울산대학교의 위상 문제를 어떻게 풀어낼 것인지 하는 숙제가 있다. 3장에서 분석한 것처럼 울산대를 나온 청년의 어려움은 공과대학 출신이 아닌 이상 취업할 만한 일자리가 울산에 없다는 것이다. 즉 울산대 출신 문과생의 일자리 문제부터 시작한다. 또 울산대는 애초에 연구중심 대학으로 출발하지 않았고 지역에 인문사회 계열 연구소가 드물기 때문에 대학원에 진학한다고 해도 취업하거나 임용될 수 있는 직장이 없다는 것도 문제다.

그런 상황에서 여학생은 포부가 있으면 수도권으로 떠나거나 정착한다면 주로 공공 부문 일자리를 찾는다. 그마저 여의치 않으면 일과 가정생활을 병행할 수 있는 준전문직 '핑크칼라' 직군으로 일하기 위해 사회복지사 등의 자격증을 취득한다. 특별한 계획이 없다면 지인을 통해서나 구직 정보를 통해 사무보조직 자리를 얻었다가 결혼과 출산을 계기로 경력 단절에 처한다.

남학생의 경우는 그나마 중소기업의 정규직 일자리가 있긴 하다. 하지만 중소기업과 하청 기업에 취업하면 급여 수준과 복리후생에서

3대 산업 원청 정규직 사무 직원의 지위를 누릴 수 없다. 또 이전 세대가 누렸던 근속이 올라갈수록 임금이 오르고 고용이 보장되던 안정성도 얻을 수 없다. 1인 남성 생계 부양자로서 연애·결혼·출산·육아로 가는 길이 보이지 않는 N포 세대 남학생은 지역을 떠나거나, 아직은 괜찮은 아버지의 구매력에 기대야 하는 상황이다. 학교와 지자체는 지속적으로 미스매칭을 해결하기 위해 '강소기업'의 일자리를 제안하지만 학생들의 준거 집단인 아버지 세대의 일자리에 턱없이 못 미치는 수준을 확인하고 구직을 포기하거나 니트NEET족*이 되는 경우가 적지 않다.

지금까지는 미시적으로 울산대학교 학생의 관점에서 지역 노동 시장을 살펴보는 상향식bottom-up 접근을 했다. 하지만 울산 청년의 취업은 노동 시장의 임금 구조 문제로부터 시작해야 한다. 즉 노동 시장의 임금 구조가 상후하박으로 편성돼 있고 원청과 하청 사이, 정규직과 비정규직 사이에 건널 수 없는 지점이 있기 때문에 발생한다. 3대 산업의 원청 회사 측은 연공급으로 이루어진 임금 구조에서 노동자의 임금이 계속 인상되기 때문에 신규 정규직 채용을 꺼린다. 앞서 언급했듯이 노동조합이 기업별 임금 단체협상을 하면서 조합원 간의 임금 균등화와 임금 인상을 추구하되 신규 채용에 신경을 쓰지 않았던 역사도 누적돼 있다. 회사는 비용을 고려하고 노동조합은 조합원의 처우만 우선하는 상황에서 양쪽 다 신입사원을 부담으로 여기는 역설적 상황이다. 심지어 신규 채용이 없다는 핑계로 노동조합이 65세로 정년 연장을 언

* NOT EMPLOYMENT NOT EDUCATION의 약자로, 졸업하고 나서 진학도 하지 않고 취업도 하지 않고 지내려는 사람을 일컫는다.

급하는 지경에 이르렀다.[15]

게다가 현대자동차의 '기민한 생산방식'에서 봤듯이 생산직의 숙련에 기대지 않는 방식으로 3대 산업이 생산기술 혁신의 방향을 잡아왔다. 그러니 생산직을 대규모 정규직으로 뽑을 이유는 더더욱 없어졌다. 울산공장이나 울산조선소의 생산직 노동자들이 많아야 인사, 총무, 사회공헌 등 사무직 일자리도 늘어나는데, 앞으로의 생산직 고용 전망이 부정적이니 사무직 충원도 점차 더뎌진다. 또 공채 대신에 수시 채용을 하게 되니 어쨌거나 기업에서 신입사원을 뽑는 숫자는 줄어든다. 모듈 생산을 늘리면 현대모비스나 현대중공업의 하청 기업은 생산직 인력을 충원한다. 이러한 경향 속에서 결국 울산대학교 출신의 일자리도 N차 벤더에 더 많이 생긴다. 지역이나 산업 내부에서 임금을 공동으로 조율하는 방식이 아니기 때문에 3대 산업의 원청 정규직 생산직 노동자의 임금을 올릴 때, 중소기업 하청 생산직 노동자뿐 아니라 사무직 노동자의 임금 협상에도 제약이 생긴다.

울산대학교 문과 출신의 일자리 문제를 해소하기 위해서는 결국 지역 노동 시장의 교섭 구조와 인센티브 구조를 재편해야 한다. 현재의 높은 청년 실업률과 낮은 청년 고용률은 산업도시 울산에 과제를 던진다. 이대로 두면 그나마 지역에서 뿌리내릴 수 있었던 우수한 인재가 모두 수도권으로 쏠릴 수밖에 없다. 더불어 서울 소재 대학을 나온 청년과 울산대학교 문과 출신이 같은 자리를 놓고 '시험'과 '스펙'만 갖고 공채 경쟁을 할 경우 지방대 출신의 경쟁력이 떨어질 수밖에 없다. 울산의 지역 노사민정 협의체(구 화백회의)는 지역의 산업 성장을 위한

'성장 연합' 노릇은 하고 있지만, 지역의 신규 일자리 창출과 청년의 처우 문제는 전혀 손대지 못하고 있다.

UNIST와 울산과의 관계는 조금 다르다. UNIST 문제의 핵심은 과기원 체제의 대학이 울산의 혁신 산업과 제조업 고도화에 기여할 수 있느냐 하는 것이다. 우선 연구자 문제가 있다. 연구자들은 국가가 지원한 우수한 인프라를 통해 국제 경쟁력이 있는 학술지에 논문을 제출해 '스펙'을 쌓고 '전국적 스타'가 되었더라도 지역에 정착하지 않는다면 어떤 역할을 할 수 있을까. 이들을 지역의 3대 산업과 지역 내 창업에 매진할 수 있게 하는 구조가 현재는 존재하지 않는다.

1990~2000년대에 '대우 인재 사관학교'라는 말이 있었다. 대우그룹이 우수 인재를 뽑아서 잘 양성하면 결국 다른 회사나 학계로 진출한다는 뜻이었다. 기업과 학교가 다르긴 하지만 현재의 UNIST는 국내외에서 잠재력을 지닌 우수한 연구자를 임용해 몇 년 동안 글로벌 학술장에서 보편적인 주제의 연구로 성과를 내도록 도운 후, 서울의 명문대 교수로 이직시키는 다른 의미의 '인재 사관학교'가 되고 있다. 울산에 있으나 울산에 도움이 되지 않는 국내 상위권의 이공계 연구중심 대학으로 가는 상황이 10년째 바뀌지 않고 강화되는 중이다. UNIST는 세계 최고 수준의 제조업 클러스터와 연계를 맺는 길을 아직 찾지 못한 것으로 보인다. 더불어 부산·울산·경남의 과학고 출신으로 UNIST에 진학한 학생에게 지역의 고유한 정체성을 갖게 하지도 못하고 있다. 높은 수준의 교육을 하지만 결국 졸업 후에는 의학전문대학원 등에 진학하거나 수도권의 IT 회사나 전자 산업으로 진출하는 학생들의 진로

를 어떻게 지역의 주도 산업으로 들어오게 하거나 지역 내 기술 창업으로 유도할지 해법이 없다.

울산시의 지원과 UNIST의 핵심 기술을 기반으로 울주에 세운 울주강소특구는 2020년 설립 이후 연구소 기업 19개, 기술이전 49건, 기술 창업 25건의 성과를 냈다. 2020년 첫 번째로 교원이 창업한 게놈 기반의 정밀 의료 기술 개발 스타트업 '클리노믹스'는 코스닥에 상장했고, 피부과용 통증 완화 의료기기를 개발하는 '타겟쿨'은 500만 달러 수출을 해냈다. 그럼에도 그 결과 만들어 낸 일자리는 모두 372개에 그쳤다.[16] 울산의 산업 구조를 고려한다면 자동차와 조선 산업 관련 기술 창업이나 남구 석유화학단지를 고려한 정밀화학 등의 영역에 집중이 필요하나, UNIST의 창업은 개별 연구자의 관심을 사업화하는 수준을 넘지 못한다. 달리 말해 UNIST의 창업은 지역 관점의 고용 창출과 산업 발전에 필요한 기술 유치라는 지역 '산업 정책'의 관점보다는 일반적인 연구개발에 지원하는 지역 '혁신 정책'에 호응하고 있는 셈이다.

물론 UNIST 연구자들과 학생들의 이탈과 정착, 그리고 지역 산업과의 산학 연계나 기술 창업이 지역에 뿌리내리지 못하는 것 역시 울산의 공간 분업 문제와 연결돼 있다. 즉 연구개발 기능의 부족이나 생산 도시로서의 역할과 관련 있다는 말이다. 고학력 엔지니어가 필요한 부문을 창출하거나, 연구개발이 필요한 부문을 수도권에서 이전해 오지 않는 이상 UNIST 교수나 학생을 탓하기는 어려운 상황이다. 이 문제를 풀지 않고 UNIST의 '겉돎'을 해결할 수는 없다.

현재 지방대 위기는 전국적으로 심화되는 중이다. 2021 학년도

부터 전국의 지방대가 모두 미달 사태에 직면했다. 18세 학령 인구가 2020년 51만 7000명에서 2021년 47만 9000명으로 4만 명가량 줄었다. 여기에 지속적인 수도권 대학으로의 집중까지 더해져 벌어진 일이었다. 향후 2030년까지는 그나마 완만한 인구 추이가 예상되지만 이후에는 학령 인구가 10년 동안 20만 명 떨어지는 인구 절벽이 예상된다.

학령 인구 감소 속에서 수도권과 비수도권 대학의 양극화도 심화하는 중이다. 수도권 대학은 인구의 절반과 다양한 자원이 밀집돼 있는 곳에 있다. 또 지방 학생도 지원하기 때문에 당분간 신입생 충원을 보장받을 것이다. 하지만 비수도권 지방 대학은 학령 인구 감소와 수도권 집중이라는 두 가지 어려움에 직면했다. 2021년 입시에서 지방 거점 국립대인 전남대와 경북대에서 미충원이 발생했다. 비수도권 지방대의 신입생 미충원은 시간이 지날수록 확산하는 추세다.

물론 울산대학교는 2022학년도 입시에서는 신입생 충원율 98.8퍼센트를 달성했고 아직은 심각한 위기에 놓이지는 않았다. 울산 지역 내 위상이 아직 떨어지지 않았고, 또 대기업 원청 노동자인 학부모가 회사 학자금 지원으로 자녀를 일단 대학에 진학시키는 분위기 등이 영향을 주었을 것이다. 그럼에도 전국적인 지방대 위기를 피해 갈 수는 없다.

UNIST의 앞날도 지금과 같지 않을 확률이 높다. 인근의 포항 포스텍(포항공과대학교)이 놓인 상황을 보면 유추할 수 있다. 포스텍은 2010년대 초반까지만 해도 서울대를 제외하면 카이스트와 더불어 최고 수준의 이공계 연구중심 대학이었다. 포스코의 후원을 배경에 두고 평판에서도 카이스트와 큰 차이가 나지 않았다. 그 때문에 과학고등학교를 졸업했거나 일반계 고등학교의 최상위권 이과 학생들이 진학했다. 포스텍과 카이스트는 라이벌 관계를 이루며 연세대학교와 고려대학교의 '연-고전' 혹은 '고-연전'과 유사한 형태의 '포-카전' 혹은 '카-포전'이라 불리는 학생 대제전을 만들어서 시행하기도 했다. 그런데 포스코 교수들 이야기에 따르면 최근에는 비슷한 조건이라면 카이스트로 혹은 'SKY' 상위권 공과대학으로 진학하는 학생 수가 늘었다. 과학기술정보통신부가 직접 통할하며 많은 자원을 국립 카이스트에 지원하는 것도 영향을 끼쳤다. 하지만 서울과의 거리나 산업도시의 환경이 영향을 주었다고 보는 게 타당하다.

산업도시 울산의 전환을 위해서는 지역의 울산대학교와 UNIST와의 긴밀한 연계가 절실히 필요하다. 울산의 평범한 고등학생이 입학하는 울산대학교, 동남권의 우수한 이공계 인재를 모아 놓은 UNIST의 위상을 어떻게 세울지에 대한 전략이 필요하다. 더 나아가 산업도시 울산의 핵심인 제조 역량을 살려 발전시키기 위해서는 두 대학이 3대 산업 현장에서 생산기술이나 공정기술을 담당하는 공학 엔지니어를 육성한다는 관점에서 긴밀한 산학 연계를 강화해야 한다. 또 3대 산업 및 유관 산업에 필요한 기술을 연구개발하고 기술 기반 제조 스타트업을 키우기 위한 복안을 마련해야 한다. 특화되지 않은 대학은 지방대 소멸의 시대가 일으키는 파고를 견뎌 낼 수 없다. 지금 울산은 전환을 위한 대학의 에너지가 절실히 필요하다.

12장

RE100과
굴뚝 산업의 미래

여기서는 울산의 현재와 미래의 가능성을 평가해 보자. 울산은 현재 존재하는 산업을 고도화시킬 수 있을까? 또 새로운 미래 먹거리를 찾을 수 있을까? 이 장은 '기회의 창' 관점에서 기후 위기와 울산의 산업 전환을 살핀다. 울산은 기후 위기라는 전 지구적 변화를 제조업 고도화와 수소경제 창출로 전환의 계기를 살릴 수 있을 것인가.

우선 기회의 창 개념을 잠깐 짚어 볼 필요가 있다. 기회의 창은 행정학의 개념으로 지금까지는 잘 돌아가지 않고 지지부진하던 정책이 실현될 수 있는 기회 구조를 의미한다. 기회의 창은 정치의 혁명적 변화, 정권 교체, 외부의 위기 등을 통해 열린다. 그 전까지는 공무원이나 정치인이 미뤄 왔던 과업이 우선순위로 올라가고 모든 역량을 쏟아부어야 하는 핵심 과제로 떠오르는 순간이 온다.

코로나19 팬데믹으로 인해 단 한 번도 정치권에서 진지하게 논의하지 않았던 기본소득을 재난지원금이라는 형태로 온 국민에게 집행했던 것을 예로 들 수 있다.[17] 2020년 문재인 정부가 선포한 '한국판 뉴딜' 또한 팬데믹 상황이 열어 준 기회의 창이었다. 한국판 뉴딜은 코로나19로 인한 경제위기를 극복하고 미래 산업을 이끌어 가는 선도적 역할을 하겠다는 선언이다.[18] 한국판 뉴딜은 디지털 뉴딜, 그린 뉴딜, 안전망 강화, 지역 균형 뉴딜을 핵심 의제로 삼았다. 모든 정책 방향이 울산에 심대한 영향을 끼칠 수 있는 것이었다. 하지만 그중에서도 그린 뉴딜은 울산 3대 산업의 앞날에 엄청난 지각 변동을 예고했다.

그린 뉴딜은 자동차 산업과 자동차 부품 산업에는 일대 격변을, 조선업에는 이산화탄소 배출과 연료 및 화물창 기술의 강제를, 화학 산업에는 기후 위기에 대응하는 신소재 개발과 석유화학 공정에서 나오는 부생수소 공급이라는 과제를 안겼다. 더불어 제조업 전반으로 보면 2050년까지 기업이 생산 과정에 들어가는 모든 전기를 구매하거나 자체 발전할 때 태양광과 풍력 등의 재생 에너지로 100퍼센트 대체하는 RE100 또한 부과되는 상황이다.*

물론 산업도시 울산도 산업 전환과 미래 먹거리를 대비하지 않은

---

* RE100은 정책이 아니라 2014년 영국의 비영리기구(NPO)인 '더 클라이밋 그룹'과 'CDP Carbon Disclosure Project'(탄소정보공개 프로젝트)에서 시작된 캠페인이었다. 그러다 고객이나 유럽연합 등의 요청에 따라 일종의 규약처럼 전환되고 있다. 관련해서 한국 RE100 정보플랫폼 (https://www.k-re100.or.kr/) 참조.

건 아니다. 울산시는 송철호 시장 집권 시기인 2021년 10월 '울산 2040 플랜'이라는 중간보고를 했고, 2022년 1월 관련 학술대회를 개최했다. 울산 2040 플랜 중에는 '첨단 일자리가 넘치는 미래 신산업도시'를 목표로 3대 산업의 고도화를 위한 '그린n스마트 주력 산업 고도화' 프로젝트와, 3D 프린팅이나 데이터센터 등을 포괄해 디지털 산업 및 바이오메디컬 산업을 육성하는 '4차 산업혁명 선도 신산업 육성 프로젝트'가 담겼다(도표 4.2 참조).[19]

[도표 4.2] 울산 2040 플랜

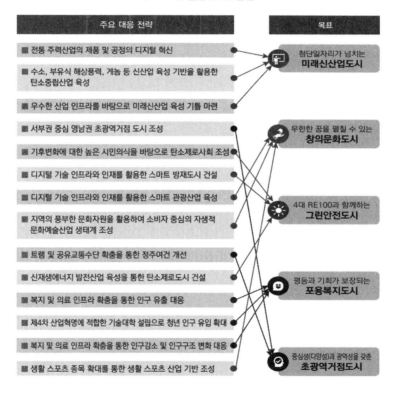

2022년 지방선거를 통해 새로 들어선 김두겸 시장도 5대 시정 목표와 산업의 비전을 설정했다. 전임 시장과 달라진 점은 소형 원전(SMR)을 개발하겠다며 윤석열 정부의 기조와 발을 맞춘 것뿐이고 산업 정책은 '2040 플랜' 원안과 비슷한 수준을 유지했다.

과연 이런 계획이 '느린 질식'으로 향하는 울산에 게임 체인저가 될 수 있을까? 이 장은 2040 플랜의 미래 먹거리인 수소경제, 그리고 미래 신산업 전략에 담긴 3대 산업 전환 계획의 방향성 및 일자리와 제조업 경쟁력에 미치는 영향이라는 관점에서 평가한다.

수소경제에 울산의 자리가 보이지 않는다

울산은 수소경제를 미래 먹거리로 삼았다. 그러나 수소경제에 울산의 자리가 보이지 않는다.

2019년 문재인 정부는 수소경제 활성화 로드맵을 발표했다. 수소 전기차와 연료전지를 양대 축으로 수소경제를 선도할 수 있는 산업 생태계를 구축하고, 수소경제로의 전환을 통해 미래 성장 동력을 확보하고 온실가스 감축을 도모하겠다는 것이었다. 당시 문재인 대통령은 울산시청에서 열린 수소경제보고대회에 참석해 "수소 전기차와 연료전지 세계 시장 점유율 1위를 2030년까지 달성하는 것이 목표"라고 강조했다.[20] 수소경제 전환의 의지를 보여 주기 위해 정부는 규제 샌드박스 1호로 국회 안 수소 충전소 설치를 허용하기도 했다. 수소 충전소 1기를 짓는 데 30억 원 정도가 드는데, 2022년까지 전국에 310개를 설치하기로 했다. 정부가 수소 전기차나 연료전지를 직접 만들 수는 없지만, 수요처를 충분히 만들고 수소 전기차 사용을 위한 인프라를 예산으로 지원하겠다고 선언한 것이다.

그린 뉴딜의 초석으로 화석연료 대신 신재생 에너지와 수소를 활용하자는 문재인 정부의 전략은 타당한 방향이라 볼 수 있다. 그런데 왜 울산이 수소경제 원년을 선포하는 장소가 됐을까? 정부는 왜 수소경제를 미래 먹거리로 선정했을까? 이 책의 일관된 관점인 구상과 실행의 지리적 분업, 공간 분업과 노동 시장 관점에서 해석해 보자.

수소가 다양한 에너지원을 보관하고 이동하는 데 유리하다는 것은 기술적으로 사실일지 모른다. 하지만 그린 뉴딜과 전기차 시대가 오는 지금 고민은 단순한 기술력 이상의 것이다.

"우리가 (산업을) 모빌리티라고 부르면서 (…) 내연기관은 사라지고 전동기관이 생기고 있고, 우리 회사는 UAM(도심항공모빌리티) 사업 부문을 확장했다. 또 하와이 CES에서 발표를 하고 정의선 회장님이 미래 지향적 행보를 하며 패스트 팔로워에서 퍼스트 무버로 이동하고자 (한다)."(안현성 엔지니어 1)

"(지금까진) IC(내연기관) 엔진이 주력이고 전기차가 일부였다. 여기도 전기차는 2개 공장만 있고 내년(2021년)에 하나 늘긴 하는데 IC 엔진 공장이 전기차 라인이 되려면 어마어마하게 갈아엎어야 한다. 옛날에 아반

떼 하이브리드 하면서 라인을 갈아 봤는데, 하이브리드는 변환이 조금 적은 편이고 저희가 살아남기 위해서는 전기차를 (주력 상품에서) 20~30퍼센트 이상 올려야 한다. (…) 그에 따라서 사람도 많이 줄여야 하고 노조와의 관계도 있고, 배터리도 하면 LG화학이랑 SK이노베이션이 벌지 우리는 돈을 벌기 어렵다. 원가절감 자동화 공정 개선이 화두가 되고 그게 안 되면 회사는 살아남기 어렵다는 얘기를 한다."(이춘욱 엔지니어 2)

현대자동차는 2015년부터 5년간 성장 정체 구간에 돌입했다. 대외적으로 사드THAAD로 대표되는 중국과 미국의 분쟁도 있었지만 구조적으로 내연기관 자동차가 성장 패턴의 한계를 겪었다고 진단할 수 있다.²¹ 여기서 새로운 돌파구로 등장한 것이 바로 리튬이온 배터리와 수소 연료전지라는 새로운 동력원의 사용이다. 기존 전기차의 성능이 지속적으로 진화하는 가운데, 현대자동차그룹의 정의선 체제는 모빌리티 산업과 전기차 시장에 적극 진출하기로 선언한다. 현대자동차가 내연차 시장의 '패스트 팔로어fast follower'에서 미래차 시장의 '퍼스트 무버first mover'로 역할을 바꾸라고 주문한 것이다. 그런데 미래차 진입은 곧 자동차 부품 생태계의 급격한 재편에 대한 고민을 안긴다.

"걱정은 미래차로 가면 동남권 업체 중에는 전기전자 업체가 별로 없다는 거죠. 그럼 다 망하는 거냐, 나름대로 자기네가 살아남기 위한 노력을 하고 있는데, 그럼 어디까지 현대차나 정부가 지원을 하고 개입을 할 거냐가 현안입니다. 산업연구원이 따져봤더니 미래차에서 살아남을 수 있는 전국 부품 업체가 100개도 안 된대요, 3000~4000개 중에. 1차 부품 업체 중에 가능성 있는 것을 지역별로 집중적으로 육성해야 되는 거 아니냐 하는데, 그게 인위적으로 될 수 있는지 모르겠고, 회사 입장에선 우리가 자꾸 지원해서 좀비기업을 만들면 어떻게 하냐, 정부도 그렇고, 그냥 살아남을 놈은 살아남고 망할 놈은 망하게 해야 하는 거 아니냐 (하는) 시장 논리를 갖고 있는 사람도 있고 균형점을 모르겠어요."(조형제 교수)

울산의 자동차 부품 제조업 사업체 수는 2016년 기준 총 545개다 (울산광역시, 2018, 2019년 지역산업진흥계획). 이들은 5만 명 정도 고용하고, 40조 원가량 매출을 올린다. 자동차 부품 제조업의 매출액은 울산 제조업 생산 전체의 25퍼센트 이내로 막대한 비중을 차지한다. 또 이들은 거의 모두 현대자동차에 납품하는 회사다(도표 4.3 참조).

[도표 4.3] 울산의 자동차 부품 업체 수, 종사자, 매출액(2011~2016)

| | 구분 | 2011 | 2012 | 2013 | 2014 | 2015 | 2016 | 평균성장률 | |
								3년	5년
자동차	사업체 수 (개)	422	463	530	549	552	545	0.93%	5.25%
	종사자 수 (명)	45,999	46,769	46,414	47,273	52,597	51,167	3.30%	2.15%
	매출액 (십억 원)	36,606	37,572	38,366	39,494	40,395	39,384	Δ4.36%	0.16%
	부가가치 (십억 원)	10,056	11,436	11,592	12,165	12,959	10,139	1.18%	1.59%

1) 매출액, 부가가치액: KOSIS(광업제조업조사). 2) 종사자 수, 사업체 수: KOSIS(전국사업체조사).
출처: 울산광역시(2018), 2019년 지역산업진흥계획.

[도표 4.4] 울산 자동차 부품 제조업의 고용 및 생산 현황(사업체 규모별, 2017년)

	99인 이하	100~299인	300인 이상
자동차 부품 제조업 사업체 수(개)	184 (84.4%)	29 (13.3%)	5 (2.3%)
평균 고용 규모(명)	47.4	165.3	410.7
생산 현황(백만 원)			
생산액	9,903.9	67,981.3	455,282.8
부가가치액	3,248.1	24,020.5	51,952.3
연구개발비	50.4	685.6	14,829.21.5
연구개발/부가가치액(%)	1.5	2.9	2.9

출처: 이성균(2019).

[도표 4.5] 울산 자동차 부품 제조업의 고용 및 생산 현황(산업 세세분류별, 2017년)

자동차 부품 제조업	엔진 부품	차체 부품	동력전달 장치	전기장치 부품	조향장치 부품	제동장치 부품
사업체 수(개)						
사업체 총계	30	105	37	9	4	3
99인 이하 기업	25	84	29	7	4	1
기업 평균 고용 현황(명, 백만 원)						
고용 합계	57.9	66.4	71.1	85.0	44.2	101.3
연평균 급여액	2445.9	2829.9	3630.1	3478.1	1450.5	3964.3
1인당 급여액	42.2	42.8	51.1	40.9	32.9	39.2
생산 현황(백만 원)						
자본금	76.3	102.6	91.5	16.3	4.95	26.9
생산액	306.2	403.2	380.5	266.0	71.4	514.6
부가가치액	71.3	49.7	158.3?	90.8	31.5	116.6
연구개발비	1.54	8.55	3.29	3.52	0.9	5.64
연구개발/부가가치액(%)	2.2	17.2	2.0	3.9	2.9	4.8

출처: 이성균(2019).

문제는 울산의 자동차 부품 업체가 그린 뉴딜과 전기차 시대에 걸
맞은 경영 환경과 선도 분야 진입이 안 되어 있다는 것이다. 우선 울산
의 자동차 부품 업체가 영세하다. 주요 부품(엔진 부품, 차체 부품, 동력전

달 장치, 전기장치 부품, 조향장치 부품, 제동장치 부품)을 만드는 188개 업체 가운데 99인 이하 기업이 80퍼센트에 달한다(이성균, 2019). 또 차체 부품과 제동장치 부품을 제외하면 나머지 분야의 연구개발비는 부가가치액 대비 2~4퍼센트 수준에 그친다. 새로운 제품 포트폴리오를 만들면서 미래차의 트렌드에 맞춰 갈 수 있는 연구개발비 투자도 없고 연구개발 인력도 부족하다. 그나마 연구개발 인력이 있고 연구개발에 투자를 하는 회사는 원청 연구개발팀과 협업하기 위해 경기도 화성의 남양연구소 주변으로 옮긴 상태다. 산업도시 울산의 관점에서 보면 영세하며 발전 가능성 없는 회사만 울산에 남아 있는 셈이다(도표 4.4 참조).

둘째로, 전기차 시대가 오는 상황에서 울산 소재 전장(전기장치) 부품 회사는 9개에 그치고, 그 가운데 7개가 99인 이하의 영세 업체다(이성균, 2019). 전장 부품을 제조하는 대부분의 업체는 이미 수도권으로 이전한 상황이다. 앞서 조형제 교수가 분석한 대로라면 전국 1000개의 자동차 부품 업체 중 생존할 수 있는 회사가 100개가 채 안 되고, 울산에 있는 회사들 중 살아남을 수 있는 곳은 거의 전무하다. 즉 울산의 자동차 부품 생태계는 가솔린-디젤 내연기관 엔진을 생산하던 1970~2010년대 현대자동차의 생산방식에 '고착lock-in'된 상태다. 연구개발 투자도 미진하니 미래 생존도 보장하기 어렵다. 앞서 현대자동차 엔지니어가 언급하듯이 현대자동차 울산공장의 2개 공장에 전기차 라인이 있고, 앞으로 하나가 더 늘어난다. 아직 소나타나 그랜저 하이브리드 등 하이브리드 자동차가 주력이라 기존의 내연기관 라인과 큰 차이가 없다. 하지만 앞으로 전기차가 현대자동차의 주력 제품이 되는 상황에서 공장의 재편은 물론 울산 지역의 자동차 부품 생태계도 한번 '갈아엎는' 상황이 올 것이다. 전기자동차는 총 원가 중 배터리를 포함한 전장 부품 비중이 50퍼센트를 넘는다. 점차 비중이 축소될 엔진, 변속기, 연료탱크와 관련된 부품 업체는 사업을 축소하거나 시장에서 퇴출될 수밖에 없는 상황이다(도표 4.6 참조).

여기서 울산시의 수소차 계획을 함께 진단해 보자. 수소자동차 관련 클러스터는 아직 전국 단위로 구성되지 않았다. 전장 제품은 현대자동차 연구소와 아산공장이 들어서 있는 수도권에 클러스터가 구성돼 있다. 울산시의 계획대로라면 2030년까지 현대자동차가 수소 전기차 50만 대 생산 능력을 갖추고 수소 소재 부품 산단을 조성한다는 것이다. 이는 전기차 위주의 생태계에서 울산이 생존하기 위한 대안적 선택지다.

그러나 울산시가 수소 전기차에 미래를 걸어도 그 자체로 울산 자

[도표 4.6] 전기자동차 전환이 자동차 부품 생태계에 미치는 영향

	긍정적 영향	중립적 영향	부정적 영향
부품 유형	- 배터리, 모터, 인버터 - 공조시스템 - 경량화 소재 - 전력용 반도체 등 전장 부품	- 조향장치 - 현가장치 - 제동장치 - 내장제, 타이어 등	- 엔진 및 관련 부품 - 변속기 등 내연기관 파워트레인 - 오일류 연료탱크
영향	지속적 성장 예상	성장 제한 요인 없음	사업 영역 축소 위험
대응	기술개발을 통한 시장 선점 필요	-	기존 제품의 매출처 다변화 및 유망 부품으로서의 사업 확장 노력 필요

출처: 경남연구원(2019); 조형제(2021)에서 재구성.

동차 산업 부품 생태계의 모순이 해결되지는 않는다. 현대자동차는 적극적으로 신산업에 대응할 것이다. 그러나 부품 업체와의 관계는 이제까지 봉건적 관행으로 구축돼 왔다. 예컨대 현대자동차 공급 업체는 현대자동차에만 부품을 공급해 왔기 때문에 다양한 형태의 기술에 대한 이해도나 공정 경험이 부족하다. 얼마 전까지만 해도 현대자동차가 아닌 벤츠나 BMW 등 다른 해외 자동차 브랜드에 부품을 공급할 경우 현대자동차와의 거래에 어려움을 겪는 경우가 있었다고 업계 관계자들은 말한다. 오직 현대자동차의 기존 부품에 맞춰 공정과 모든 노하우가 집중돼 있기에 새로운 전기차 생태계로 진입하기 힘들었다. 또 오토밸리가 조성되고 부품 협력 업체 간 지식 공유나 협업이 목표였지만 실제로 성공 사례를 만들어 오지 못했다. 오토밸리는 오직 시운전 시험장을 제공하는 수준에 그친다는 지적이다. 산업의 전환에 공동 대응을 하기에는 생태계 안에 충분한 사회적 자본이 부족한 상황이다. 게다가 원청부터 이어지는 현대자동차의 대립적 노사관계, 모듈화를 통한 조립 하청화가 전개됨에 따라 원가가 부품 업체나 모듈 제작 업체로 전가되는 상황은 개선되지 않았다. 따라서 이윤 창출의 인센티브가 적고 자금 압박이 쉽게 개선되지 않을 전망이다.

현대자동차는 울산의 부품 생태계에 있는 업체 몇 곳을 전장 제품 생태계가 잘 구축된 수도권 업체로 대체하거나 인수 합병 등을 통해 적절한 크기의 업체로 탈바꿈시키면 그만이다. 따라서 기민한 현대자동차가 도약하더라도 모기업과 지역에 묶여 있는 자동차 부품 업체는 생존을 걱정해야 하는 처지다. 결국 자동차 산업에 전기차와 수소 전기차의 신세계가 열리더라도 노사관계, 원하청 관계, 중소기업의 기술적 제약과 영세성을 극복하지 못하는 한 울산의 자동차 산업과 자동차 부품 산업은 미래를 기약할 수 없는 상황이다.

기후 위기가 조선 산업에 기회가 될까

기후 위기에 대한 관심이 늘기 시작하면서 조선 산업의 부활을 언급하는 사람이 많아졌다. 국제해사기구(IMO)가 해양오염방지협약(MARPOL)의 일환으로 황산화물(SOx)과 이산화탄소(CO_2)의 배출 규제를 강화하면서 조선 3사에 친환경 고부가가치 선박을 수주할 기회가 왔기 때문이다. 그러나 기후 위기가 한국 조선업에 오롯이 기회를 준다는 주장은 산업의 관점에서나 울산의 관점에서나 반만 맞는 말이다.

기후 위기 대응을 산업의 언어로 표현하면 에너지 믹스 정책의 전환을 뜻한다. 말하자면 에너지 비중을 다양하게 섞는다는 뜻이다. 최근 의미로 해석하면 탄소 배출을 줄이기 위해 다양한 재생 에너지를 활용하는 방법론이라 볼 수 있다.[22] 발전發電 과정의 에너지 믹스 사례를 살펴보자. 탄소 배출량이 많은 석탄 발전은 시급하게 줄이고, 중간 수준이 되는 LNG 등 가스 발전은 서서히 감소시키면서, 탄소를 적게 배출하거나 배출하지 않는 재생 에너지나 바이오매스, 원전으로 전환하는 것이 전력 산업의 에너지 믹스 전환이다. 운송 수단의 경우도 동일하다.

연도	단계	내용
2011	시작 단계	MARPOL Annex VI, EEDI와 SEEMP 규제 적용
2015	EEDI Phase I	모든 신조선 선박에서 CO_2 배출 10% 저감
2020	EEDI Phase II	모든 신조선 선박에서 CO_2 배출 20% 저감
2022	EEDI Phase III	신조선 대형 컨테이너선에서 CO_2 배출 50% 저감
2030		전체 신조선 선박의 CO_2 배출 40% 저감
2050		전체 신조선 선박의 CO_2 배출 70% 저감(전체 온실가스 50% 저감)

컨테이너 선박 톤수	EEDI 감축률
200,000 DWT 이상	50%
120,000 ~ 200,000 DWT	45%
80,000 ~ 120,000 DWT	40%
40,000 ~ 80,000 DWT	35%
15,000 ~ 40,000 DWT	30%

출처: IMO(2020)에 기초해 직접 작성.

IMO는 이미 운행 중인 선박은 연비를 높이거나, 황산화물이나 이산화탄소를 저감할 수 있는 설비를 추가로 부착하거나, 탄소 배출량이 적은 대체 연료를 사용하도록 유도한다.[23] 이를 선박 에너지 효율 관리 계획Ship Energy Efficiency Management Plan(SEEMP)이라고 한다. 각 해운사는 기존 선박을 운행하면서 저유황유를 사용하거나,* 스크러버scrubber라는 장비를 부착해 황산화물 배출을 줄이거나, 항해 속도를 늦추면서 연비를 높이는 방법 등을 비용 및 전략을 고려해 가며 채택하는 중이다.[24]

* 현재 저유황유는 일반 디젤에 비해 가격이 두 배 비싸기 때문에 스크러버 설치를 현실적으로 고려할 수 있다.

시간이 지날수록 IMO가 규제를 강화하는 데다가 선박의 적재 중량이 커질수록 규제가 엄격해진다. 한 번에 배출하는 온실가스의 양을 통제하는 것이 중요 과제이기 때문이다. IMO 규제는 전 세계 모든 무역항에 입출항하는 선박에 적용되기 때문에 피할 방법도 없다. 조선사들은 규제 수준이 강화되는 상황에서 기존 선박을 계속 운영하느니 온실가스 배출을 적게 하거나 배출의 우려가 없는 새로운 선박을 발주하려는 욕구가 강해지고 있다. 신조선 선박 역시 IMO의 에너지 효율 설계 지수Energy Efficiency Design Index(EEDI)에 맞춰 온실가스 배출을 줄이거나 없애는 방향으로 개발하고 건조해야만 한다(도표 4.7 참조).

이런 조건에서 국내의 조선 3사만 친환경 선박을 건조할 수 있기 때문에 한국에 새로운 기회가 열린다는 것이 업계, 정부, 금융권 애널리스트의 주장이다. 우선 기후 위기 대응 때문에 싣고 다니는 적재물이 바뀐다. 석유(유조선)나 석탄(벌크선)보다는 LNG의 해상 운송이 중요해지기 때문에 LNG선의 수요가 늘어난다. LNG 선박은 2022년 기준 한국의 조선 3사가 76퍼센트를 점유하는 시장이다. 두 번째로 LNG 추진 선박이나 다양한 재생 에너지 추진 선박에 대한 수요가 늘어나고, 기술력에서 우위에 있는 한국이 시장을 선도할 수 있다는 전망이다.

문제는 한국의 조선 3사가 당장 선박에 탑재할 수 있는 추진 기술이 LNG밖에 없다는 것이다. 수소 연료전지나 암모니아 연료전지 등 신재생 에너지의 경우 "적용 시점이 단축되고 있다"는 전망은 있지만 근시일에 현실에 적용할 수 있는 기술이 아니다. 더불어 IMO의 규제 강화가 곧 신기술에 대한 투자를 의미하는 것은 아니다(도표 4.8 참조).

[도표 4.8] 선박 온실가스 배출 저감을 위한 추진연료 대안

기존 기술(개선)	방법 신기술	점진적 /급진적 변화	선호하는 이해당사자	관련 규제	적용 가능 시점
스크러버 설치		점진적	북미와 유럽의 해운사	SEEMP	즉시
저황유 사용		점진적	북미와 유럽의 해운사	SEEMP	즉시
	LNG 추진	점진적	모두	EEDI	단기~중기
	수소 추진 / 수소 연료전지	급진적	한국의 조선사	EEDI	장기
	암모니아 연료전지 또는 추진	급진적	한국의 조선사와 전 세계 엔지니어링 회사	EEDI	장기
	바이오 연료	급진적	한국의 조선사	EEDI	장기
	배터리 선박	점진적	한국의 조선사와 배터리 회사	EEDI	단기~장기 (적재량에 따라)

출처: Kim, Koo & Joung(2020)에 기초해 직접 작성.

좀 더 구체적인 문제를 살펴보자. 우선 해운사가 신기술을 채택할지 여부가 불투명하다. 신기술에 투자하기 위해서는 정부가 신기술을 개발하는 회사를 직접 육성하거나 이들에게 보조금을 지급하는 산업 정책과 연구개발을 보조하는 혁신 정책 같은 제도적 지원이 도움이 될 것이다.

그런데 기후 위기에 대응하기 위해 탄소를 저감해야 하는 정부의 관점에서 보면 어떨까? 조선 산업의 연구개발에 자원을 투자하는 게 우선일까, 아니면 해운사의 항행 효율을 높여 연비를 향상시키고 탈황 설비 등으로 온실가스를 줄이도록 하는 게 우선일까? 선박은 통상 수명이 20~25년이다. 선사 관점에서는 막대한 투자가 필요한 설비다. 기존의 선박이 계속 돌아다니는 한 정부는 당분간 EEDI 같은 신조선 규제보다는 기존 선박의 효율과 관련된 SEEMP 규제에 더 민감할 수

밖에 없다. 해운사가 비용을 고려한다면 현재 상황에서는 후자를 선택할 공산이 크다. 둘째로 더 본질적인 문제가 있다. 신조선 선박에 들어가는 기술은 모두 조선사가 개발하면 끝이 아니라 결국 고객인 선주의 승인이 나야 실제로 건조하고 상용화할 수 있다. 2022년부터 유동성이 축소되고 모든 기업이 투자에 보수적으로 변하는 상황에서 새로운 설비투자를 꺼리면 조선사는 그 기술을 탑재하기 어렵다.

결국 규제 강화 자체로 한국 조선 산업의 '슈퍼 사이클'을 예측하는 것은 방향이 맞을 수는 있지만 각 단계를 건너뛴 논리적 비약이 강하다. 그나마 2000년대 초반까지 조선 산업의 초호황기에 발주된 선박의 수명을 고려해 대체분의 발주가 발생한다고 보는 것이 안전한 해석이다.

설령 업황 관점에서 선박 수주가 늘어난다고 해도 울산 관점에서 경기 회복이나 전환의 상황으로 바로 해석하기도 어렵다. 최근 조선 산업은 구조조정 시기부터 축소된 부품 기자재 클러스터 때문에 많은 기자재를 중국에서 수입하는 경우가 늘고 있다. 90퍼센트 이상 국산화를 자랑하던 시절이 지나갔다. 조선 기자재 업체는 자동차 부품 산업처럼 연구개발 역량 부족, 인력난, 경영 전수의 문제에 노출되면서 사업을 중단하는 경우가 많다. 고부가가치 기자재는 유럽에서, 중간 수준의 부가가치 기자재는 일본에서, 저부가가치 기자재는 중국에서 수입하는 악순환에 빠졌다(도표 4.9 참조).[25]

이런 문제와 함께 2부에서 살펴봤던 공간 분업과 노동 시장의 이중 구조는 그대로 남아 있다. 엔지니어는 수도권으로 향하려 하고, 조선

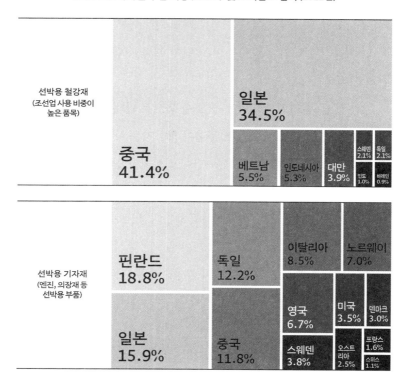

[도표 4.9] 국가별 수입 비중(의존도) 및 고의존도 품목(2022년)

선박용 철강재
(조선업 사용 비중이 높은 품목)

중국 41.4%
일본 34.5%
베트남 5.5%
인도네시아 5.3%
대만 3.9%
스웨덴 2.1%
독일 2.1%
인도 1.0%
바레인 0.9%

선박용 기자재
(엔진, 의장재 등 선박용 부품)

핀란드 18.8%
독일 12.2%
이탈리아 8.5%
노르웨이 7.0%
일본 15.9%
중국 11.8%
영국 6.7%
미국 3.5%
덴마크 3.0%
스웨덴 3.8%
오스트리아 2.5%
프랑스 1.6%
스위스 1.1%

사는 원청 정규직 생산직 대신에 사내 하청을 쓰려는 생각이 변하지 않았다. 특히 조선 산업의 인력 수급 문제는 심각한데 좀 더 자세히 살펴보자. 2022년 8월 거제 대우조선해양 옥포조선소에서 금속노조 거제·통영·고성(거통고) 노동조합이 파업을 하면서 드러났던 문제는 2장에서 살펴본 조선 산업의 해소되지 않은 모순을 여실히 보여 주었다.

2010년대 중반까지 조선 산업에는 20만 명 남짓한 종사자가 근무했다. 2023년 말까지 조선해양플랜트협회가 집계한 바에 따르면 현재

조선소 인력은 10만 3000명 내외다. 전성기에 비해 절반 이하로 줄었다. 조선소의 물량이 늘어나서 이를 해결하기 위해 긴급 투입됐던 단기 인력 운영 형태인 물량팀은 2017년 이후 건조량이 줄었는데도 여전히 근절되지 않고 있다.

조선업은 2020년부터 LNG선 호황 등으로 인해 업황이 살아나 선박 수주가 늘고 이에 따라 건조 물량이 많아지는 상황이다. 하지만 조선소로 향하는 노동자가 없어 인력난이 심화되고 있다. 하청 노동자의 임금이 다른 산업에 비해 턱없이 낮기 때문이다. 선박 건조의 핵심 인력인 용접공의 경우 울산이나 거제의 3대 대형 조선소에서 일할 경우 2022년 말 집계에 따르면 일당 기준 13~15만 원 사이 임금을 받을 수 있다. 반면에 같은 노동자가 평택의 삼성전자 플랜트 공장에서 일하면 하루 20만 원 이상 받는다. 사내 협력사(사내 하청 업체)의 정규직인 상용공 역시 연봉 3000만 원가량에서 시작해 임금이 크게 오르지 않는 구조다. 조선소의 생산직 노동이 위험하고 더럽고 힘든 이른바 '3D 노동'이라는 점을 감안하면 플랜트 공장에 용접공이 돌아오지 않는 이유가 이해된다.

업황이 살아나고 있음에도 사내 하청 노동자의 임금이 빠르게 오르지 않는 이유는 크게 보아 세 가지다. 첫째는 2015~2018년에 걸친 구조조정 과정에서 줄어든 임금의 회복 속도가 더뎌서다. 조선 산업의 업황이 나빴기 때문에 선박의 가격(선가)도 계속 떨어졌다. 2019년에는 업황이 조금 회복됐지만 2020년에는 코로나19로 인해 신규 수주가 없었다. 이런 상황에서 원청 조선소는 원가절감에 매진했다. 단체협상으로 정해지는 원청의 임금 인상을 최소화하고 하청의 인건비인 기성금 인상을 막았다.

둘째로 근속이 낮은 하청 노동자의 기본급 외 수당이 사라졌기 때문이다. 조선소의 생산직 임금은 정규직이든 하청이든 구조가 비슷하다. 기본급, 정기상여금, 성과급이다. 그 외의 학비 지원이나 명절 휴가비 등이 있지만 기본은 같다. 1차적으로 최저임금 인상과 통상 임금 산입 과정에서 두 달에 한 번 기본급의 100퍼센트씩 지급되는 정기상여금(1년 기준 500~600퍼센트)이 통상 임금에 산입되어 사라졌다. 더불어 조선 산업의 적자 누적으로 성과급이 사라졌다. 이 시기 연공급을 받는 정규직은 임금 반납과 성과급 미지급에도 불구하고 호봉제 효과로 버틸 수 있었다. 그러나 평균 근속이 채 5년이 되지 않는 사내 하청 노동자는 호봉제 효과도 없는 상황에서 최저임금에 수렴하는 시급으로 산정된 임금을 받다 보니 저임금 구조가 몇 년째 고착화됐다. 그 결과 원청과 하청 노동자의 인건비 격차는 2015~2016년 20퍼센트 수준에서 2020년대 들어 40퍼센트까지 벌어졌다.

셋째로 기성금 관리에서 분쟁이 발생했다. 기성금은 원청이 하청 업체와 선박 건조에 필요한 임가공 하도급 계약을 체결할 때 산정하는 인건비로, 하청 업체는 기성금을 적게 받아 노동자의 임금을 많이 줄 수 없다는 것이었다. 분쟁의 핵심은 기성 단가의 책정이다. 단가는 공정에 들어가는 표준적인 임금 원단위(공정별단가표 기준금액)와 인원을 통해 책정된다. 하청 업체는 인원수를 실투입 기준으로 산정해야 한다고 주장하고, 원청 업체는 공정을 수행하기 위한 표준 투입 인원에 근

[도표 4.10]
1인당 임금 추이
(단위: 백만 원)

연도	조선업	제조업
2007	43.4	29.1
2008	45.4	30.6
2009	46.0	31.0
2011	46.9	34.9
2012	44.9	35.8
2013	45.4	37.0
2014	46.1	38.2
2016	44.9	41.8
2017	45.2	43.5
2018	43.4	44.7
2019	40.2	46.3
2020	46.2	47.8

[도표 4.11] 제조업 대비 조선업 비율(단위: %)

업체당 부가가치 비율 ●
1인당 임금 비율 ○

주1) 1인당 임금=총 임금/총 종사자.
주2) 임금 비율=조선업 1인당 임금/제조업 1인당 임금.
주3) 부가가치 비율=조선업 사업체당 부가가치/제조업 사업체당 부가가치.
자료: KOSIS(광업제조업조사, 10인 이상 사업장).

거해야 한다고 말한다. 이를테면 시간당 용접사의 인건비가 3만 원일 때 하청 업체 관점에서 50명이 한 시간에 수행해야 할 일을 원청은 30명이 한 시간에 수행하는 일로 산정해 기성금을 내려준다는 것이다. 하청 업체는 실제 150만 원을 지급해야 하는데 원청으로부터 90만 원만 받는 상황이 생긴다. 이에 대해 원청 조선소는 실제 일하는 사람은 30명이면 족하다고 주장한다. 정규직 30명이 실제로 공정을 수행할 수 있음을 역설하기도 한다. 조선 산업 업황이 침체된 이래 원청 조선

[도표 4.12] 선박 건조 및 수리업 산업재해 현황(2020~2021)

구분	2020.1.1~2020.12.31			2021.1.1~2021.12.31		
	근로자 수	재해자 수	재해 천인율 (사망 만인율)	근로자 수	재해자 수	재해 천인율 (사망 만인율)
전체	18,974,513	108,379 (2,062)	5.71 (1.09)	19,378,565	122,713 (2,080)	6.33 (1.07)
제조업	4,012,541	28,840 (469)	7.19 (1.17)	3,959,780	31,709 (512)	8.01 (1.29)
선박 건조 및 수리업	143,446	2,492 (28)	17.37 (1.95)	137,123	3,125 (40)	22.79 (2.92)

자료: 고용노동부(2021.12.), 〈2020년 산업재해 현황분석〉, 고용노동부 정책자료실 '2021년 산업재해 현황'.

소가 지속적으로 기준 인원을 줄여 온 것은 사실이다. 문제 해결 관점*
과 별개로 원청과 하청의 사측이 이러한 논리로 충돌하고 있는 동안 하
청 노동자의 임금이 다른 산업군에 비해 지속적으로 열위에 놓인 것만
은 분명하다.

데이터가 보여 주는 제조업 대비 조선 산업의 임금은 2007년부터
2019년까지 내리막길이었다(도표 4.10, 4.11 참조). 게다가 조선 산업은
중대 재해가 가장 많이 발생하는 현장이라는 것은 변함이 없다(도표
4.12 참조). 해소되지 않는 사내 하청 노동자의 저임금 문제, 중대 재해

* 　이러한 문제를 해결하기 위해 고용노동부가 주관하는 조선업 상생협의체는
2023년 2월 조선 산업 5사와 5사의 협력사협의회와의 원하청 상생 협약을 체결하고,
2023년 동안 하도급 실태 조사와 제도 개선을 진행할 계획이다. 표준 원단위와 실투
입 인원 산정 방식을 조사하고 대안을 찾을 계획이나, 업황이 개선되는 상황이 아닐
때는 이러한 논의 자체가 가능하지 않을 수 있다.

가 빈번한 작업장으로서의 안전 문제가 해결되지 않는 이상 조선소의 인력 문제를 풀기는 쉽지 않다. 호황 사이클이 돌아온다고 해결되는 문제가 아니다.

조선 업계는 당면한 인력난을 해결하기 위해 정부 지원을 요청하고 있다. 하지만 원청 정규직 생산직을 신규로 적극 채용하겠다는 조선소는 드물다. 현대중공업은 최소한의 인원 이상만 채용하겠다고 밝혔다. 삼성중공업은 '내국인' 생산직 정규직 채용은 계획이 없다고 했다. 한화오션만 유일하게 생산직 정규직 채용을 정례적으로 진행하겠다고 밝혔다.* 오히려 업계가 주목하는 것은 원청 채용이나 사내 하청 노동자의 처우 개선이 아니라 외국인 채용이다. 현재 E9(보조공)이나 H비자 등을 가지고 있는 이주 노동자를 광범위하게 활용했던 조선 산업은 인력난을 이유로 E7(전문가) 비자를 지닌 용접공을 투입해 숙련 문제와 적대적 노사관계 문제를 일소하려고 한다. 삼성중공업은 아예 외국인 노동자를 직영 생산직 노동자로 채용하겠다고 밝힌다.

기후 위기로 인한 각종 환경 규제 강화 덕택에 조선 산업이 '수주 대박'을 이끌어 낼지는 미지수이고, 수주를 해도 사람을 구하지 못해 건조하지 못할지도 모를 일이다. 그럼에도 청년 노동자를 어떻게 숙련 노동자로 키워 낼지, 다른 지역으로 떠난 숙련 노동자를 어떻게 다시 돌아오게 할지를 고민하지는 않는다.

---

* 조선업 상생협의회 2022년 12월 실태 조사에서 필자가 조선 3사 인사담당자와 면담한 내용.

정밀화학으로의 도약?

2020년 9월 울산 화백회의에서 진행하는 석유화학 산업 세미나에 찾아간 적이 있다. 발표 주제는 두 가지였다. 하나는 〈코로나19 이후 석유화학 산업의 변화 및 대응〉이라는 주제였고, 다른 하나는 〈울산 석유화학 산업의 미래〉라는 주제였다. 두 발표는 서로 상치하는 주장을 내놓았다.

첫 번째 발표자는 경제학자였다. 요점은 울산 남구의 석유화학단지는 더 이상 확장할 수 없고, 감가상각이 끝나서 노후 설비를 교체하는 수준으로만 운영하면 자본의 효율성이 좋다는 것이었다. 그래서 원료인 원유 가격과 나프타부터 시작해 산출되는 다양한 제품의 가격 역동성을 잘 활용하면 경기에 따라 큰 이익을 챙길 수 있다고 했다. 더 확장하거나 전환시키기보다 현재 구조에서 가능한 '캐시 카우'를 만드는 데 집중을 해야 한다는 논리였다. 두 번째 발표자는 정밀화학 엔지니어 출신 전문가였다. 그는 미래차로 자동차 생태계가 진화하면서 전장 계통에 필요한 특수소재의 필요성이 더욱 커지고 있다고 말했다. 그에 따라 롯데정밀화학 등 지역에 위치한 정밀화학에 투자를 늘려 선도적으로 대응하면 울산의 미래 먹거리로서 큰 전환에 대비할 수 있을 것이라고 주장했다.

석유화학 산업은 전체 관점에서 보면 과잉설비로 인해 경쟁이 격화된 상황이다. 1970년대 여수(여천) 석유화학공단 건설에 이어, 1990년대 현대그룹과 삼성그룹이 경쟁적으로 대산 석유화학공단 건설을 진행했다. 당시 석유화학 산업이 호황기여서 너도나도 경쟁에 뛰어든 결과였다. 그러다가 2000년대를 지나며 중국의 석유화학 공장이 늘어나고 규모의 경제로 인한 이점이 사라지고 있다. 1962년 지정된 울산 석유화학단지는 더는 팽창하기 어렵다. 게다가 여수나 대산과 달리 단일 업체가 아닌 다양한 업체의 콤비나트이기 때문에 이익 조정을 하기도 쉽지 않다.* 또 신제품을 개발하기 위해 증산을 하려면 공간의 제약 때문에 수평적 팽창보다는 공정 설비를 수직으로 쌓아 증축하는 팽창만 가능하고, 이에 따른 비용과 기술적 어려움이 크다. 충분한 이익을 내고 있고 공장 안 노동자에게는 고임금을 주고 있지만, '새로운' 초과 이윤이나 사업적 기회가 창출되기는 어려운 상황이다. 후성 같은 회사가 불화수소 등을 부산물로 추출할 수 있어서 2019년 '한일 경제 분쟁' 당시 삼성전자 등에 납품을 계획하고 테스트를 한 적이 있지만, 전면적인 투입까지 다다르지는 못했다.[26] 대량생산 체제를 구축한 울산 석유화학단지는 중국을 제외하면 막대한 투자 비용 때문에 신규 시장 진입자가 없는 상황이라 순환하는 시장 흐름을 잘 타면 적절한 이윤을 창출할 수 있다. 하지만 미래 먹거리에 대한 고민이 해결되지 않았다. 산업의 보수적 특징상 리스크를 무한 감당할 수도 없는 일이다.

석유화학과 정밀화학은 애초 다른 길을 걸어왔다. 비료 산업으로 대표되는 무기화학을 포함해 다양한 소재군을 개발해 왔던 정밀화학은 반도체나 전자 관련 제품군을 형성했다. 시장에서 요구하는 소재와

---

* 물론 SK, S-Oil, 금호석유화학 등에서 계통도에 있는 많은 기업을 인수하고 합병해 부분적으로 수직 계열화를 달성하긴 했다.

순도, 품질에 대한 기준이 계속 변화하기 때문에 연구개발과 성능 향상, 공정 개선이 지속적으로 이뤄질 수밖에 없었다. 문제는 경쟁 상대인 BASF 같은 글로벌 시장의 회사에 비해 국내 회사가 영세하다는 점이다. 발표는 '투자'가 필요하다는 원론을 넘어서지 못했다. 1960년대 충주비료 건립 당시 정부가 채택했던 선도적인 정책 이니셔티브 수준까지 울산의 정책이 도달하지 못했음을 보여 주는 사례였다.

1961년 국내 최초로 화학비료를 생산하는 충주비료가 준공됐다. 이후 이승만-장면-박정희 정권으로 이어지는 동안 상공부는 공장 건설과 생산관리를 경험했던 수백 명의 충주비료 엔지니어를 1973년 중화학 공업화 이후 설립될 다수의 화학 공장 건설과 운영의 핵심 인력으로 고려하면서 육성했다. 이들의 경험은 종합석유화학을 추진할 때에도 어려움을 극복하는 데 실마리를 제공하는 핵심 암묵지를 내놓았다.[27] 결국 문제의 핵심은 인력이나 투자, 규모의 한계가 아니다. 현재 가지고 있는 울산 석유화학 산업의 공정 운영의 경험과 산업 간 연계를 고려해 그들의 어려움을 타개해 나갈 해법을 제시하지 못하는 데에 있다.

지금은 소재·부품·장비의 중요성이 점차 커지는 상황이다. 미래 산업으로서의 정밀화학의 비전과 50년간 누적해 온 석유화학의 노하우에 집중하면서 새로운 산업의 전망을 보여 줄 수 있다면 울산보다 나은 입지도 드물다. 게다가 기후 위기 상황은 석유화학 산업에는 부생수소의 생산을, 정밀화학에는 친환경 정밀소재를 필요로 하고 있다. 아직 기회의 창이 닫힌 것은 아니다.

연구 역량의 부족만을 꼬집을 수도 없다. 노하우는 충분하다. 오히려 문제는 산학연 연계를 활성화하고 조직화하기보다는 투자 부족만 지적하는 관성적 태도. 울산에는 한국화학연구원의 정밀·바이오화학연구본부가 2010년에 설립됐다. 또 산업계와 정부출연연구기관을 매개하고 지원하는 테크노파크 정밀화학소재기술지원단이 위치해 있다.* 다만 기업연구소는 대전에 자리 잡고 있다. 전반적으로 평가하자면 울산의 화학 분야 연구 역량이 떨어진다고 말할 수는 없다. 정밀화학 분야 산업에 적용 가능한 기초·응용 연구를 수행할 수 있는 정부출연연구소가 있고, 기초 연구를 수행할 수 있는 UNIST가 있으며, 석유화학과 정밀화학 사업장의 50년간 누적된 노하우가 있다. 기후 위기로 인해 비롯된 기회의 창을 살릴 수 있는 인프라가 구축돼 있다는 말이다. 그러나 '참신하고 선도적인' 시도가 보이지 않는다. 지역 산업 정책의 부재와 석유화학 산업의 '사이클'만 보며 포트폴리오를 유지하려는 보수성이 더 큰 문제다.

기후 위기가 울산 3대 산업에 기회가 됐지만 산업 고도화와 신사업 진출의 전망을 열어 주지 않고 있다. 친환경 전기차와 수소경제는

---

* 최근 창원의 사례도 정출연 유치의 중요성을 보여 준다. 2020년 11월 20일 정부는 한국기계연구원 창원분원으로 출발한 재료연구소를 한국재료연구원으로 승격했다. 기계·조선·방위 산업을 영위하는 경상남도는 산업에 필요한 소재 분야 연구 역량을 강화하기 위해 2017년 국회 입법 발의부터 시작해 지방정부와 재료연구소의 공동 대응 체제를 만들어 결국 원으로 승격을 이루어 냈다. 출처: 이뉴스투데이 2020년 5월 20일 자, "경남도민의 숙원 … 재료연구소 '한국재료연구원'으로 승격!", http://www.enewstoday.co.kr/news/articleView.html?idxno=1384685

현대자동차에 기회를 주지만 울산의 자동차 부품 생태계는 이에 대응하기에 취약한 상태이고 개선책도 뚜렷하지 않다. 자동차 부품 업계가 고용하는 5만 개의 일자리는 곧 위기에 노출될 공산이 크다. 탈탄소 전환을 요구하는 IMO의 규제는 조선 업계에 선박 수주의 기회를 제공한다. 하지만 고착된 노동 시장 이중 구조로 인한 원하청 간 임금 격차와 불황기의 임금 하락 문제를 풀지 못하면서 질 좋은 일자리를 창출하지 못하고 있다. 기후 위기에 대응하기 위해 친환경 자동차 생태계에 필요한 정밀화학의 전환 역시 정책 역량과 기존 석유화학 산업의 보수성 때문에 속도를 내지 못하고 있다.

이 책 첫머리에서 밝혔듯이 3대 산업의 포트폴리오가 서로의 약점을 보완하면서 '현상 유지 체제'로 간다면 당면 문제를 은폐할 수는 있다. 하지만 생각보다 빠르게 다가오는 전환의 시간은 산업별로 약한 고리를 건드리고 있다. 산업 생태계 문제, 노동 시장 문제, 신산업 추진에 대한 지역 산업 정책의 문제를 풀지 않는 이상 산업도시 울산의 제조업 고도화도, 수소경제 창출도 불가능하다.

13장

메가시티론,
무엇이 문제인가

왜 동남권 메가시티가 필요한가

울산은 현대적인 산업도시의 기능 즉 일자리, 대학, 산업 고도화와 연구개발 문제를 홀로 해결할 수는 없다. 2부에서 살펴본 산업 측면, 3부의 사회적 측면을 고려하면 수많은 난제와 마주해야 하기 때문이다. 이번 장은 지역 정치regional politics라는 차원에서 동남권 프로젝트를 살핀다. 2010년대 말부터 2020년대 초반까지 지역 정치의 거대 정책 담론으로 대두됐던 메가시티 프로젝트와 울산의 관계를 살펴봄으로써 울산이 놓인 현 상황을 다각적으로 분석해 본다.

우선 울산의 문제를 울산 자체적으로 해결하기 어려운 이유를 다시 떠올려 보자. 첫 번째로 2부에서 다뤘던 산업 경쟁력과 고용 측면이다. 동남권의 산업 역량 평가기관인 부산산업과학혁신원(BISTEP)이 2019년에 수행한 종합 평가는 참조할 만하다. 울산의 조선 산업은 여전히 LNG 운반선이나 해양 플랜트처럼 고부가가치 제품을 생산하기 때문에 산업의 성장성은 있다. 하지만 조선 산업 구조조정 이후 정규직 고용이 침체돼 최근 시점까지 회복되지 않았고, 사내 하청과 다단계 하청(물량팀)에 생산을 의존하는 성향이 변하지 않았다. 울산의 자동차 산업은 1998년 이후 고용 조정이 없어 여전히 많은 정규직을 고용하며 조선 산업에 비해 더 나은 고용의 질을 유지하고 있다. 그러나 신성장 동력이 될 친환경 전기차(배터리 전기차, 수소 전기차)에서 부가가치를 내는 연구개발 기능과 배터리 관련 클러스터는 모두 수도권으로 향하고 있어 성장성에서 한계를 드러냈다. 부산산업과학혁신원의 보고서는 울산의 산업 상황을 조선 산업의 "고용 없는 성장"과 자동차 산업의 "성장 없는 고용"이라고 정리한다.[28] 구조화된 공간 분업을 고려할 때 획기적인 변화 없이 울산 현대중공업과 현대미포조선의 고용 구조를 바꿀 수는 없다. 마찬가지 이유에서 특별한 유인이 없는 이상 현대자동차 남양연구소와 인근에 위치한 전기차 부품 클러스터를 울산으로 옮겨 오기도 힘들다.

두 번째로 산업 가부장제라는 틀로 제기한 사회적 측면의 문제도 단독으로 해결하기 어렵다. 남성 생계 부양자 경제는 50년에 걸쳐 자리 잡았다. 전국에서 '한몫 벌면 떠나겠다'며 일을 찾아 울산으로 왔던 노동자는 이미 1987년 대투쟁으로 노동조합을 결성해 연공급과 고용

보장을 제도화하고 퇴직했다.[29] 정규직의 임금 협상은 '가족 임금'을 매개로 이루어졌고, 그 가족 임금은 남성 생계 부양자 경제를 당연한 것으로 여기는 가운데 형성됐다. 자동차, 조선, 석유화학 등 중후장대 산업의 물리적 특성이 여성 채용을 배제하기도 했지만, 그런 특성이 생산직 노동에 별 영향을 미치지 않게 된 후에도 여성을 뽑지 않았다.[*] 사무직과 기술직 역시 여성을 채용하지 않았다. 맞벌이 부부가 대세가 된 세상에서도 울산의 산업 가부장제는 건재하다. 8장과 9장에서 살펴본 바와 같이 사무직을 기대하는 울산대 문과생과 전공을 불문하고 여성 청년에게는 일자리가 열려 있지 않다. 그나마 3대 산업이 전향적 조치를 취해 남성 인력에 비례해서 여성을 채용한다고 해도, 많은 여성이 제조업 근무를 희망하는 것도 아니기에 그 효과는 제한적일 수밖에 없다. 또 울산시가 당장 여성이 선호하는 서비스 산업과 문화 산업의 일자리를 수요만큼 창출할 수도 없다. 울산의 제조업 비중은 전체 경제의 3분의 2가량 차지한다.[30] 전면적 개편은 경로 의존성을 고려할 때 어렵다.

요컨대 울산이 제조업 경쟁력을 높이기 위해서는 가치사슬과 공간 분업 관점에서 고부가가치 소재·부품·장비 공급망을 견실하게 구축하면서 연구개발 경쟁력과 IT 산업과의 연계를 높여야 한다. 그러기

---

[*] 2023년 현대자동차는 정규직 생산직 공채를 실시했지만 서류전형 합격자 기준 성비는 95 대 5로 이전과 큰 차이가 없다.《부산일보》2023년 3월 31일 자, "'연봉 1억' 현대차 생산직 채용, 서류 합격한 100명의 스펙 보니…", https://n.news.naver.com/mnews/article/082/0001205129?sid=101

위해서는 제조업 인프라 투자만큼 우수한 인력 풀을 확보하고 육성해야 한다. 인력 풀 문제는 사회적 측면의 문제 해결과 병행해야 한다. 도시 내부 제조업 부문 중 여성 노동력의 활용을 사무직·기술직·생산직 할 것 없이 높여야 하고, 제조업을 선호하지 않는 여성 인력을 끌어들일 수 있는 서비스 산업 같은 산업군도 유치하거나 창출해야 한다. 더불어 이 모든 것이 작동하게 될 제조업 클러스터로서의 울산이 마주할 고도화의 문제는 자력으로만 해법을 찾기는 어렵다.

그런데 시선을 돌리면 각각 350만 인구의 경상남도와 부산이 울산과 인접해 있다. 이들을 함께 엮으면 문제에 대한 대응이 좀 더 쉬워지지 않을까? 동남권 메가시티 프로젝트를 떠올리게 되는 이유다.

지역 위기 관점의 동남권 메가시티 구상

애초에 메가시티는 프로젝트를 지칭하기보다는 인구 규모를 표현하는 용어로 쓰이다가 이후 정책 담론을 일컫는 개념이 됐다. 2018년 배포된 유엔 '세계도시화전망보고서'는 메가시티를 1000만 명이 넘는 도시 집적urban agglomeration으로 정의하고, 현재 메가시티는 전 세계에 33개가 있고 2030년에는 43개가 될 것이라고 예상했다. 예컨대 메가시티는 아시아의 경우 중국 8개, 인도 5개, 일본 3개가 위치해 있다. 이 기준으로 보면 인구 2000명이 넘는 우리나라 수도권도 메가시티에 포

함된다고 볼 수 있다.[31]

그런데 메가시티 개념이 인구만을 지칭하는 것은 아니다. 2개 이상의 도시와 지역 간 행정 및 산업적 연계를 가리킬 경우 학계에서는 메가리전Mega Region이라는 개념을 쓴다.[32] 정책 연구자 티모시 굴덴Timothy R. Gulden은 2008년 연구에서 지구의 위성사진을 찍어 거대 도시 도심과 그 주위에 불빛으로 연결된 지역을 메가리전이라 정의하고 경제적 영향력을 조사했다. 전 세계에는 40개의 메가리전이 있고, 모두 합쳐 세계 인구의 18퍼센트, 글로벌 생산의 66퍼센트, 특허출원의 86퍼센트를 담당한다고 밝혔다.[33] 이런 메가리전 연구는 결국 '어떻게 메가리전을 만들 것이냐'의 정책적 질문으로 바뀌고, 한국에서는 메가시티 프로젝트의 이론적 모티프가 됐다.

도시학자나 경제지리학자가 지식정보 사회의 도래 속에서 이런 메가리전이 중요하다는 담론을 내놓았다면, 국내에서는 지역 소멸의 대안으로 메가시티론이 등장했다. 대중적으로는 마강래 교수의《지방도시 살생부》(2017)나《지방분권이 나라를 망친다》(2018), 그리고 그 책의 원전으로 일본의 관료 출신인 마스다 히로야의《지방 소멸》(2015) 같은 저작을 통해 전파되기 시작했다. 국내에서 언급되는 메가시티론의 문제의식을 요약해 보면 개별 중소 도시나 광역 대도시 단위로는 높은 도시화율과 거대 도시로의 쏠림(즉《도시의 승리》)[34] 현상 및 수도권 집중을 버텨 낼 수 없다는 것이다.

비수도권 지역 소도시나 농어촌 지역에서는 인구가 감소하고 그에 따른 수익 감소로 산부인과 등 필수 의료시설이 줄어들고 있다. 또 규모의 경제가 확보되지 않으니 문화시설도 점차 사라질 수밖에 없다. 현대 사회에서 '좋은 일자리'라 불리는 제조업도 인구가 적으면 유치하기 어렵고, 결국 공무원 일자리와 사회적 경제 영역의 일자리만 남게 된다. 행정을 통해 대응하려 해도 광역(시도) 단위나 기초(시군구) 단위로 칸막이를 쳐서 예산을 나누고 문제에 대처하니 거대 도시로 떠나는 인구를 잡기 어렵다.

글로벌 혁신 지역으로서의 메가리전 프로젝트는 최대주의의 비전이다. 그에 비해 한국의 메가시티 담론은 지역의 열악함에서 출발했기에 소박한 비전을 담고 있다. 아직 경쟁력 있는 광역지자체가 덩치를 키워 재정 관점에서 규모의 경제를 만들고, 예산 집행의 효율성을 확보하며, 청년과 여성을 유치할 수 있는 단위를 만들어 보자는 최소주의 관점의 메가시티 구상이라 볼 수 있다. 요컨대 중앙정부와 지자체의 모든 역량을 수십 년간 쏟아부어 만들어 낸 수도권에 대항할 수 있는 동남권 메가시티를 만들자는 구상이다.[*35]

김경수 전 경남 도지사는 동남권 내부의 연결성을 강화하고, 또 하나의 수도권을 만들겠다는 계획을 세우며 '메가시티' 구상이라고 이름 지었다. 3개의 광역단체가 각각 인구 감소를 겪고 있고 또 수도권으로 가고 싶어 하는 청년과 여성을 붙잡지 못하고 있기 때문에 3개 광역을 연결하고 통합하여 수도권에 대응하자는 주장이다. 부산·울산·경남

---

[*]　물론 동남권 외에도 충청 연합(대전+세종+충남북)이나 호남 연합(광주+전남북) 등을 메가시티로 묶자는 구상도 있고, 실제로 해당 지자체가 행정 연합을 추진하기도 했다. 새로 들어선 윤석열 정부도 메가시티 자체에는 부정적이지 않다.

의 상황을 비교 관점에서 살펴보면 이러한 문제의식을 좀 더 명료하게 이해할 수 있다.

3대 광역의 강점을 살리는 통합

모든 광역지자체가 주목하는 대졸 청년의 노동 시장 관점에서 살펴보자. 부산엔 4년제 대학이 많고 기업은 부족하고 임금이 낮다. 울산엔 4년제 대학이 2개뿐이어서 부족하고 기업은 많고 임금이 높다. 경남엔 4년제 대학이 10개고 기업은 많고 임금은 부산과 울산 중간쯤에 있다. 대학은 서열이 있다. 따라서 지역 산업이 필요로 하는 학력과 대학이 배출하는 인재 풀이 만드는 미스매칭의 양상은 각기 다르다.

좀 더 넓게 지역 혁신 클러스터를 구성하는 대학, 산업, 주거의 효율을 놓고 생각해 보면 부울경 내부의 특성과 연결 상태를 파악할 수 있다. 대학의 기능은 울산에서 강화하기보다 부산에서 강화하고, 산학 연계를 할 수 있는 공간은 부산·울산·경남의 접점인 경남 양산이나 김해 등지에 짓고 교통망을 촘촘하게 연결하는 것이 나을 수 있다. 만약 연구개발 공유단지를 울산은 중구에, 부산은 대학가 어디에, 경남은 창원 인근 어디에 따로 짓는다면 규모의 경제라는 측면에서도, 또 인력의 밀도 높은 네트워크 형성과 다양성이라는 관점에서도 누수가 많아진다. 산업과 인재 풀 관점에서 살펴볼 때 공급망과 노동 시장 역시 동남권이 통합되어 있다. 울산 동구의 현대중공업이 거느린 부품 생태계도 부산 녹산지구부터 시작해 경남 고성과 함안까지 넓게 펼쳐져 있다. 조선 산업 노동자는 많은 경우 울산 동구, 경남 거제, 부산 영도 3개 지역을 오간다. 울산 북구 현대자동차는 울산 지역 외에도 동남권 전체 자동차 부품 업체와 거래를 한다. 즉 3개의 광역이 공유하는 지대와 네트워크가 넓게 자리 잡고 있다는 것이다. 주거의 질 관점에서도 특성이 다르다. 젊은 신혼부부가 아이를 키우고 싶어 하는 대단지 신축 아파트는 3개 광역의 접점인 경남 양산시, 김해시, 창원시 진해구에 넓게 포진해 있다. 고등교육 관점에서는 부산이 우수하고, 세대와 문화적 취향에 따라 젊은 고학력자가 수도권을 벗어나 선택하는 지역은 부산 해운대다.

3대 광역의 교통망 연결성 강화가 관건

문제는 3개 광역의 통근과 통학 교통망의 연결성이 약하다는 데 있다. 그래서 효율성이 현저히 떨어진다. 현재 부울경의 평균 출퇴근 시간은 77.4분이고, 절대다수가 자가용과 버스에 의존한다. 전국 평균이 58.0분이고 OECD 평균이 28.0분이라는 것을 감안하면 동남권 노동자가 길에서 보내는 시간이 20~50분 긴 셈이다. 광역 전철망이 개통된다면 1시간~1시간 30분 생활권이 완성된다. 해운대에 거주하며 경남 거제에서 일하는 엔지니어가 낮에 전철을 타고 울산 동구에 출장을 갔다가 짬짬이 태블릿으로 논문을 읽고 저녁에는 부산 금정구에 위치한 부산대학교 대학원에서 수업을 듣고 지하철로 해운대 집으로 퇴근하는 것을 생각해 볼 수 있다. 수도권의 직장인이라면 할 수 있는 일이지만 현재의 동남권에서는 하기 어렵다. 지금은 부산과 거제를 자가용으로 오가며 왕복 2만 원의 거가대교 통행료를 내거나 왕복 1만 8000원

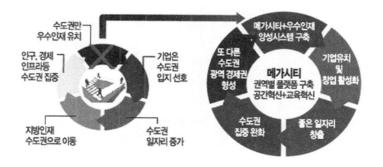

으로 시외버스와 지하철을 갈아타며 2시간 이상을 써야 하는 상황이니 말이다.

이런 연결성 문제가 어제오늘의 일은 아니다. 부산에서 삼척까지 잇는 동해남부선 철도 연결은 2000년대 초반에 계획돼 2010년 완공 예정이었지만 울산시의 부담금 납부 거부로 인해 2021년 12월에야 부전-태화강까지 구간이 개통됐다.[36] 2010년대 초반 거제에서 거가대교를 건너 부산 명지/하단 지역까지 통근용 셔틀버스를 거제의 양대 조선사가 지원하겠다고 했다가, 경상남도와 거제시의 반대로 무산된 적도 있다. 모두 "부산이 인구를 빨아들인다"는 주장 때문이었다. 각각의 광역자치단체와 기초단체 수준에서의 사고가 부울경의 연결성 강화를 막아온 셈이다.

따라서 동남권 메가시티 구상은 연결망 강화부터 시작해 궁극적으로는 광역 통합을 통해 수도권에 맞서는 초광역 연합까지 만드는 비전을 포괄하게 됐다. 메가시티 프로젝트의 주요 영역을 이 책의 관심

[도표 4.14] 동남권 광역철도망 확충 계획

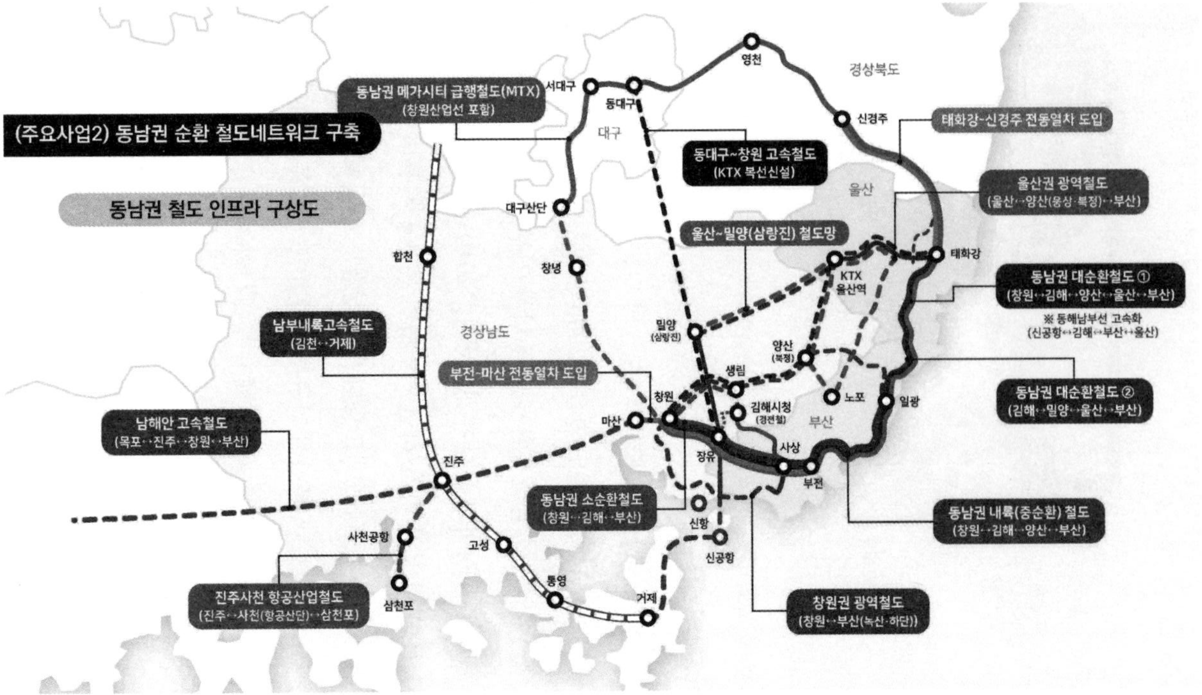

(주요사업2) 동남권 순환 철도네트워크 구축

동남권 철도 인프라 구상도

태화강~신경주 전동열차 도입

울산권 광역철도
(울산·양산·KTX울산역·부전)

동남권 대순환철도 ①
(창원·김해·양산·울산·부전)
※ 동해남부선 고속화
(신경주·김해·부전·울산)

동남권 대순환철도 ②
(김해·밀양·울산·부산)

동해내륙순환철도
(창원·밀양·김천·부산)

창원권 광역철도
(창원·부산신항·마산)

동대구~창원 고속철도
(KTX 독자신설)

울산~동해(삼랑진) 철도망

KTX울산역

양산
(북정)

김해서역
(진례)

동남권 순환철도
(양산·김해·부산신항)

부전~마산 진통열차 도입

동남권 메가시티 급행철도(MTX)
(창원산업선 포함)

남부내륙고속철도
(김천·거제)

남해안 고속철도
(목포·진주·창원·부산)

진주사천 항공산업철도
(진주·사천(항공산업)·사천진포)

356 4부 | 산업도시와 대한민국의 미래

에 맞게 세 가지로 요약해 그 전개 과정까지 살펴볼 수 있다.

메가시티 프로젝트 과업 1: 교통 연결망 및 물류 네트워크 강화

첫 번째는 교통 연결망 강화 및 물류 네트워크 강화(공간 혁신)다. 동남권 메가시티 프로젝트는 행정구역별로 분리돼 있었던 교통망에 지역 간 연결성을 높여 수도권에 대항하고 글로벌 경쟁력을 갖춘 초광역으로 만들자는 과업이다. 더불어 산업 간 시너지를 내기 위한 글로벌 물류 네트워크 구축도 포함한다. 이런 의제 아래 2018년 제7대 지방선거 즈음부터 동남권에서 제시된 큰 정책 화두 중 두 가지가 바로 교통망 강화와 동남권 신공항이었다.

우선 통근 통학 교통망 강화를 위해 권역내 BRT Bus Rapid Transit 간선 급행버스 체계와 도시철도(Metro 또는 Urban Railway)를 설치해 내부 연결망을 강화하자는 공약이 발표됐다. 서부경남 KTX가 그중 하나였다. 예비타당성 검토가 면제되어 2023년 말에서 2024년 초에 착공해 2028년 개통 예정이다. 광역 내 교통망 보강도 추진 중이다. 창원권 광역철도, 울산권 광역철도, 동남권 메가시티 급행철도, 동남권내륙(중순환) 철도(창원-김해-양산-부산), 동남권 순환광역철도(1구간: 창원-김해-양산-울산-부산, 2구간: 김해-밀양-울산-부산), 남해안 고속철도(목포-진주-창원-부산) 등이 거론됐고, 이 중 동남권 순환광역철도와 동남권 메가시티 급행철도는 국가 철도 계획에 반영됐다.[37] 예컨대 기존 철도를 이용해 울산과 김해를 갈 경우 종전에는 137분이 걸렸지만, 동남권 순환광역철도를 이용하면 37분으로 단축된다(도표 4.14 참조).[38]

전국적으로는 광역 교통망보다 큰 이슈가 됐던 가덕도 동남권 신공항 안도 나왔다. 신공항 이슈는 공항의 활용도뿐 아니라 기후 위기 관점에서 논쟁을 불러일으켰다. 신공항 건설로 막대한 탄소 배출을 유발하고 불필요한 국내 항공 여객이 늘어날 수 있다는 것이었다. 하지만 가덕도 신공항 안은 여객보다는 산업 공항의 측면이 강조됐다. 현재까지는 무거운 원료와 물자는 벌크선이나 컨테이너선을 통한 항만 물류로 운반하고 있지만, 부울경에서 생산하는 '경박단소'의 첨단 제품이나 고부가가치 가공품 중 항공 수송이 필요한 제품은 모두 트럭에 실려 인천공항에서 운송한다. 김해공항의 구조상 밤에 화물기를 띄울 수 없기 때문이다. 결과적으로 항공 물류가 증가할수록 이에 따른 탄소 배출이 늘어나는 것과 별개로 트럭 운송이 추가되기 때문에 경제적 비효율성과 기후 위기 관점에서 문제가 유발되는 상황이다.

부산, 울산, 경남의 단체장들은 진해에 자리 잡은 진해신항(부산신항), 그 남쪽에 위치하게 될 가덕도 신공항, 서쪽에 위치할 남부내륙고속철도(서부경남 KTX)를 연결해 부산·울산·경남의 산업 항구와 공항, 철도를 엮는 트라이포트Tri-port 시스템의 물류 네트워크 구상을 발표했다.[39] 연이어 2020년 11월 국무총리실(정세균 국무총리)은 동남권 신공항의 기존 안으로 발표됐던 김해 신공항 확장안이 동남권 관문 공항으로서의 역할을 할 수 없다는 검증 결과를 발표했다. 즉 김해 신공항 안이 백지화된 것이다. 결국 동남권 여론은 가덕도 신공항 지지로 입장을 정리했다.

동남권 메가시티의 첫 번째 과업이었던 공간 혁신은 1시간 광역철도-BRT 생활권으로의 동남권 교통망 재편, 글로벌 물류 네트워크 강화를 통한 초광역으로서의 생활권 구축 및 산업 클러스터의 인프라와 하드웨어 구축은 법령 정비와 예비타당성 검토에 통과하면서 순탄하게 예산 확보로 이어졌다고 볼 수 있다.

메가시티 프로젝트 과업 2: 혁신 네트워크 구축

두 번째 과업은 혁신 네트워크의 구축이다. 공간 혁신이 인프라와 하드웨어 문제라면 혁신 네트워크는 제도와 인프라, 하드웨어뿐 아니라 산학연 연계망이라는 소프트웨어적 차원까지 아우르는 쟁점이다. 부울경 3대 연구원은 동남권 메가시티 초안에서 몇 가지 아이디어를 제안했다.[40]

우선 과학기술과 제조업 특화 R&D 체계 및 클러스터에 대한 제도·인프라·공간 구상이 있다. 동남권 3개 광역의 통합 R&D 체계로서의 '동남권 산업과학혁신체제 3.0' 구축이다. R&D 공동 기금을 조성하고, 단위별 테크노파크가 담당하던 지원 체계를 확장해 동남권 연합 지원 체계(산업과학진흥원)를 수립하는 것이다. 이를 통해 주력 산업 특성화 공동 R&D 수행, R&D 인력 양성, R&D 평가를 진행하자고 주장한다.

둘째로 동남권 연합 지원 체계의 공간적 표현인 '동남권 R&D 콤플렉스 시티'다. 대전의 대덕단지처럼 연구개발과 정주 기능을 포함한 R&D 복합지구를 조성하면서, 울산과 경남의 산업단지와 연계해 디지털 전환과 그린 전환에 대응하는 제조업 특화 R&D를 수행하는 공

[도표 4.15] USG공유대학 비전

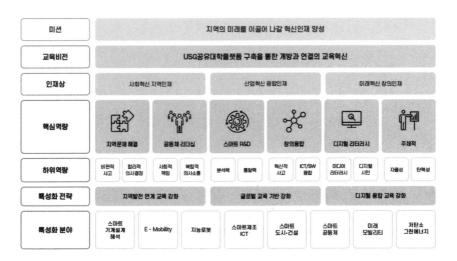

[도표 4.16] USG공유대학 전공 체계

간을 수립하는 것이다. 요컨대 기존 광역 단위 테크노파크, 과학연구
단지, 창업센터를 집약하고 기술 기업을 유치해 판교와 같은 첨단 테
크밸리를 종합하는 것이다.

셋째로 울산과 경남의 산업도시에 취약한 기능인 물류 R&D, 제조
서비스 R&D를 수행할 수 있는 '스마트물류 R&D센터'와 '스마트서비
스 R&D센터' 구상도 포함한다.

넷째로 제도, 인프라, 하드웨어를 고려하고 남는 것은 결국 산학연
연계망의 소프트웨어 문제, 즉 교육과 산학 연계의 문제를 풀기 위해
연합대학 체제를 구축하고 동남권 공통의 산학 협력 R&D 거점 인프
라인 DI-URP(동남권 University Research Park)를 조성해 산학연 협력
형 R&D 체계를 구축하는 것이다. 동남권 연합대학 체제는 USG공유
대학이라는 이름으로 2020년 교육부 지역혁신플랫폼사업으로 경남
(경남대, 경상대, 인제대, 창원대)에서 시작했고, 2021년부터는 울산(울산
대)이 합류했다. USGUniversity System of Gyeongnam공유대학은 스마트ICT,
스마트메카트로닉스, 스마트시티 대전공을 만들어 제조업 역량과 도
시의 지속 가능성을 높이기 위한 교육과 연구 역량 강화를 목표로 한
다. 교육 측면에서 학부 3~4학년 학생에게 온-오프라인 플랫폼을 활
용해 교과 강의, 인턴십, 국내외 연수, 비교과 프로그램을 제공하고, 소
정의 조건을 충족하면 USG공유대학 학위를 준다. 인턴십은 울산과
경남의 선호하는 기업 및 공공기관을 공유대학의 '규모의 경제'를 통
해 유치하여 학생의 만족도를 높인다. 더불어 혁신인재장학금이라는
장학금을 수여하고, 강의 및 각종 프로그램 참여 시 교통비와 도서 구

매비 등도 혁신인재지원금이라는 항목으로 지급한다.[41] 11장에서 언급했듯이 제조업 고도화와 산업도시의 진화를 위해 연구 역량을 갖추고 인재 풀을 제공할 수 있는 대학의 역량은 중요하다. 동남권의 USG 공유대학 체제가 시너지를 내고, 혁신 클러스터와의 산학연 연계를 강화한다면 그 자체로 일정한 경쟁력을 가질 수 있다. 예컨대 산학연 협력형 R&D 체계 구축은 앞서 언급한 동남권 산업과학혁신체제, 지원 체계, R&D 콤플렉스 시티와 연계할 수 있다. 더불어 경상남도는 혁신의 가능성도 있고 청년이 선호하기도 하는 NHN과 같은 ICT 대기업을 유치하고, NHN이 직접 학생을 양성하고 채용하는 프로그램도 진행하기 시작했다. 이러한 시도는 제조업-생산직으로 한정돼 있는 울산과 경남의 구조적 미스매칭을 극복하고, 미래를 볼 수 있는 혁신 체계를 구축하려는 것이라고 해석할 수 있다.

메가시티 프로젝트 과업 3: 초광역 행정 연합

마지막 과업은 행정이 통합된 초광역 행정 연합의 수립이다. 2020년부터 3개 지자체는 부산연구원, 경남연구원, 울산연구원 등 지역 싱크탱크끼리 정책 교류를 시작했고, 동남권광역특별연합 안을 만들어냈다. 동남권광역특별연합은 의결기관으로서의 동남권광역특별연합의회와 집행기관으로서의 동남권광역특별연합 집행기관을 통해 구성된다. 기존 부울경 의회 의원은 간선으로 선출돼 동남권광역특별연합의원으로서 겸직 활동을 하고, 부울경 단체장은 직선으로 집행기관 연합장을 겸임한다. 이를 통해 광역특별연합 단위의 공동 의사결정과 공동 예산 및 정책을 집행하게 만드는 구상이다. 이후 부울경 공동 발의를 받아 문재인 정부가 지방자치법을 2021년 1월 개정하여 '동남권 광역특별연합'의 출범을 행정적으로 진행하기 시작했다.[42]

그런데 2022년 민선 8기 출범 이후 메가시티 프로젝트가 좌초됐다. 우선 행정 통합 관점에서 민선 8기 울산시와 경남도가 메가시티 프로젝트에서 탈퇴했다. 경남은 메가시티 프로젝트에서 빠져나온 후에도 부산과의 연결망을 강화하는 방향으로 '부경특별자치도' 추진으로 입장을 정리했다. 울산은 '해오름동맹'이라는 명칭으로 경주와 포항을 포함해 활로를 찾으려 한다.[43]

동남권 메가시티 프로젝트의 실패와 교훈

메가시티 프로젝트의 진행과 좌초는 정책이 갖고 있는 합리성만으로 의제가 제기되거나 문제해결이 이뤄질 수 없음을 보여 주었다. 지역 정치라는 측면에서 각 정치세력이 갖고 있는 정치적·정파적 이해관계의 논리를 드러낸 것이다. 이를 통해 앞으로 지역 간 협치와 초광역 클러스터를 어떻게 설정할지 방법론 문제가 제기됐다. 마찬가지로 울산의 위치와 대응에 대해서도 입체적으로 평가해야 할 것이다.

정치적·정파적 관점에서 볼 때 메가시티 프로젝트의 실패는 국가적 차원에서의 정권 교체, 그리고 2022년 6월 1일 지방선거를 통해 지방 권력의 교체에 따른 당연한 수순이라 평가할 수 있다. 대통령의 정당과 단체장의 정당이 바뀌었기 때문이다. 중앙정부든 지방정부든, 선거 과정에서든 집권 후 운영 과정에서든 교체된 선출 권력은 기존 정부의 내용을 뒤엎기 일쑤다. 그러나 중앙정부 정권 교체 과정에서 메가시티 프로젝트에 대한 반대가 명확하지 않았다. 윤석열 정부는 메가시티에 대해 특별한 기조를 세우지 않았기 때문이다. 대선 과정에서 윤석열 후보는 균형 발전이라는 관점에서 동남권을 포함해 전국적으로 추진되고 있는 메가시티 프로젝트를 지지했다.[44] 이는 집권 이후에도 마찬가지다.

더불어 지방정부의 세력이 교체됐다고 메가시티 프로젝트가 좌초되는 것도 아니다. 충청권은 여전히 메가시티 프로젝트를 진행하고 있다. 대전-세종-청주로 전철(광역철도)이 연결되고 2024년 광역연합을 목표로 절차가 진행 중이다. 연구개발(대전), 행정복합 및 바이오(세종), 첨단 제조업(청주)이라는 광역 내부의 공간 분업이 연결성을 강화하면서 더욱 유기적으로 변할 수 있다.[45] 호남은 지방정부의 세력 교체를 겪지 않았지만 광주·전남이 광역연합을 추진하는 사이 전북은 특별자치도를 희망하며 메가시티 프로젝트 규모가 축소되고 있다.[46]

따라서 정당의 정강 정책을 통해 사태를 살펴보기보다는 구체적인 지역 정치의 협치 사정을 아는 것이 분석에 유익하다. 국가적 차원에서 불균등 발전이 수도권과 비수도권 간에 존재한다면 각 광역이나 권역(혹은 초광역) 안에서도 불균등은 존재한다. 그리고 이해관계에 따라서 전체 관점에서는 유리한 정책이 개별 광역단체나 기초단체에서는 불리할 수 있다. 민선 지방자치제가 도입된 1995년 이후 각급 지방정부는 대의에 따르기보다 각 단위 민심에 크게 영향을 받았다. 다시 동남권으로 돌아오면 이전에도 각 광역 간 우선주의로 인해 연결망 개통이 지연되는 상황이 있었다. 앞서 말했듯이 지금은 개통됐지만 부산과 울산을 연결하는 동해남부선 광역철도화 사업에 울산이 재정 투입을 거부하며 사업이 지연돼 18년이나 걸렸던 경험이 있다.[47]

동남권 메가시티에 대한 각 지역의 관점을 요약해 보자. 울산이 늘 걱정하는 것은 부산의 '빨대 효과'다. 부산으로 인력과 물자가 빨려 들어가서 세수와 영향력을 빼앗길 수 있다는 우려다. 경상남도는 울산과 마찬가지로 인력과 물자의 '빨대 효과'를 걱정하는 것 외에도 동부 경남 지역과 서부 경남 지역의 격차를 문제 삼는다. 산업도시인 창원, 거제, 양산, 김해가 모두 동부 경남 지역에 몰려 있다면, 서부 경남의 핵심 도시인 진주와 그 이북 지역은 특별한 제조업 기반이 없다. 진주 남부 사천에 방산업이 있지만 그 규모가 동부 경남에 비할 바는 아니다. 더불어 교통망 구축에서도 서부 경남은 남부내륙철도 개통을 제외하면 소외돼 있다.

결국 동남권 메가시티 프로젝트의 실패는 정치적 이해관계뿐 아니라, 지역별 산업 분포와 경제적 이해관계 조정 단계에서 단단한 합의가 이루어지지 않았음을 보여 준다. 대통령선거와 지방선거 결과는 동남권 내부의 충분하지 않은 합의 속에서 지자체 단체장이 '트리거'가 됐을 뿐이다. 지방정부는 중앙정부가 주도해 국책 예산으로 '메가시티 예산'을 확보하고 투자할 때에만 움직인다. 특별히 손해될 것이 없기 때문이다. 그러나 충분한 '마중물' 확보가 없을 때, 지방정부의 협치를 통한 메가시티 추진은 각 광역 단위 정치 리더십의 의지와 역량의 상호 작용이 상승 효과를 낼 때에만 가능하다. 달리 말해 메가시티 프로젝트 추진은 광역 간 이해관계를 조정하는 것만이 아니다. 경상남도의 경우처럼 광역 내부의 이해관계 차이를 조정하기 위해 시·도의회 의원뿐 아니라 선출된 기초 단위 자치단체장, 그리고 다수의 지역 주민까지 설득해야 하는 과업이다. 충분한 숙의와 이해관계 조정 없이 졸속으로 진행될 경우 한국의 두 번째 대도시로 자리 잡은 부산만 이익을 본다는 여론을 뒤집기 힘들다.[*48]

울산은 12장에서 살펴본 것처럼 수소경제나 친환경 자동차, 친환경 선박 등의 미래 먹거리를 설정하면서 제조업 부문의 고도화를 위한 정책을 수립했다. 동남권 메가시티 프로젝트를 통해 울산은 서비스 산업이나 연구개발 분야에서 부산의 인프라를 활용하고, 교통 연결망의 강화와 광역 내 공간 분업을 통해 전문화를 하면서 생존의 길을 모색했다. 하지만 울산의 민선 7기 지방정부는 이해관계 조정에서 성공을 거두지 못했다. 부산에 빨려 들어가느니 포항과 경주를 포괄해 자력갱생을 하자는 여론을 제대로 설득시키지 못한 것이다. 동남권 메가시티 프로젝트는 적어도 울산에 한해서는 실패했다.

해오름동맹을 통해 울산은 자력갱생을 할 수 있을까? 포항과 경주는 울산에 위치한 현대자동차와 현대중공업의 가치사슬 속에서 부품 공급망을 담당한다. 해오름동맹의 내용적 측면이 무엇이든 지금과 달라질 것은 특별히 없어 보인다. 산업적 측면에서 결속력 강화가 가치

---

[*] 연구 과정에서 만났던 단체장 중 한 명은 메가시티 추진 과정을 되돌아보면서 광역의원, 기초의원 모두 만나 설득했다고 생각했는데 정작 놓친 사람이 너무 많았음을 아쉬워하기도 했다.

사슬의 연결성 강화를 추구할 수 있을지 몰라도, 3부에서 언급했듯이 울산이 겪고 있는 사회적 문제의 해결과는 큰 상관이 없다. 포항과 울산은 유사한 문제를 공유한다. 산업 가부장제가 똑같이 작동하기에 여성의 경제 참여가 어렵고, 대졸자의 일자리가 제대로 보장되지 않는다. 인문사회 계열을 나온 학생의 취업 문제는 어느 곳에서도 해결되지 않는다. 해오름동맹은 그저 지역의 정치적 동맹으로서만 작동할 뿐이며, 1960~1970년대 산업화 과정에서 형성된 산업도시 울산과 포항의 고질적 문제를 해결해 주지 못한다.

국가의 지역 균형 발전을 위한 동남권 메가시티 프로젝트가 다시 진행돼 광역 간 지역 정치의 기회 구조가 열리거나 해오름동맹을 통해 산업도시 연맹으로서의 프로젝트가 진행되더라도 울산이 풀어야 하는 산업 구조상의 과제는 여전히 남아 있다. 울산은 제조업을 영위하는 산업도시의 경쟁력을 어떻게 확보해야 할까. 양질의 일자리는 어떻게 만들고 우수한 노동력을 어떻게 지켜 내고 육성해야 할까. 국가는 울산과 한국의 제조업을 어떻게 바라봐야 하고 울산은 어떤 입장을 견지해야 할까.

14장

생산도시와
대한민국의 미래

이제까지 산업도시 울산이 형성해 온 도시의 역사적 경로, 산업, 노동 시장의 과거와 현재를 살펴봤다. 또 지역 소멸과 대학의 위기, 기후 변화와 그린 뉴딜이라는 산업적 도전, 메가시티라는 지역 정치의 의제 변화 속에서 울산이 놓인 위기도 진단했다. 위기라는 말에는 '위험'과 '기회'가 모두 포함돼 있다. 코로나19를 거치면서 기존의 사회적 관계를 되돌아보고 기본 소득이나 엄청난 재정 지출 등 이제까지 시도하지 않았던 대안이 나왔듯이, 앞날에 대한 위기의식은 울산이 걸어온 길을 고려하면서 새길로 전환하는 기회를 만들 수도 있다.

산업도시 울산의 미래는 단순히 울산광역시라는 한 지자체나 어떤 산업에만 국한되지 않는다. 울산은 대한민국 제조업과 산업도시 모두가 당면한 문제를 안고 있다. 산업도시 울산의 미래를 묻는 것은 국가의 산업 정책을 통해 50년간 이룩해 온 산업 자산, 노동자와 엔지니어가 피땀을 흘리며 쌓은 숙련과 기술력, 가족을 부양하며 형성해 온 중산층 노동자의 미래에 대한 질문과 같다. 2010년대 중후반 거제가 힘들었을 때 동남권 경제가 흔들렸다. 만약 울산의 공장이 멈추거나 쇠락한다면 대한민국 제조업 경제 자체가 위태로울 수 있다. 마찬가지로 울산의 중공업 가족의 미래가 보이지 않고 청년이 울산을 떠나려 한다면 수도권을 제외한 다른 지역의 생존도 담보하긴 어렵다.

산업도시 울산은 어떻게 전환할 수 있을까? 이를 위해 두 가지 차원에서 검토해 볼 필요가 있다. 하나는 울산시와 울산의 산업 이해당사자가 취해야 할 전략이고, 또 하나는 국가가 검토하고 실행해야만 하는 전략이다. 어느 한쪽이 다른 한쪽을 이끌어 낼 수는 있겠지만 결국 함께 도모해야 하는 일이다.

지속 가능한 제조업 생산 클러스터와 엔지니어링 클러스터 만들기

울산은 산업 전략 관점에서 두 가지 도전에 대응해야 한다. 첫 번째는 지속 가능한 제조업 클러스터로 자리 잡는 것이다. 두 번째는 제조업의 상류 부문인 엔지니어링 클러스터를 키워 내며 핵심 기자재 및 부품을 제조하고 제조 서비스 섹터를 육성하는 것이다. 역사적으로 형성돼 온 제조업 실행 기능의 장단점을 파악해 미래에도 제조업 고용을 창출하고 지속 가능한 생산을 유지하는 것이 첫 번째 도전이다. 또 대졸자가 70퍼센트인 사회에서 우수한 공학 인력이 최대한의 역량을 펼칠 수 있는 엔지니어링 섹터를 형성하고, 제조업 구상 기능을 향상시키며, 혁신 생태계를 조직해 내는 것이 두 번째 도전이다.

하이로드 전략: 지속 가능한 제조업 생산 클러스터로 나아가는 길

울산의 지속 가능한 제조업 클러스터를 구축하기 위한 핵심 키워드는 고진로 전략high-road strategy이다. 노동자는 높은 임금과 복리후생을 보장받고, 기업은 생산성과 혁신 역량을 보장받는 사회적 합의에 기반을 둔 산업 전략이다.[49] 이 전략은 미국의 제조업 부활 정책과 연결돼 있다. 잠시 미국의 사례를 살펴보자.

미국은 2차 세계대전 이후 세계의 공장 역할을 자임해 왔으나 1970년대를 지나며 제조업 부문의 일자리가 지속적으로 사라졌다. 제품의 경쟁력이 떨어지고 고임금과 적대적 노사관계 상황에서 기업이 역외 하청 생산offshoring을 선택한 것이다. 미국은 중국을 필두로 인건비가 싼 나라로 공장을 이전했다.[50] 정치경제학자들이 언급하는 '자유시장경제Liberal Market Economy'(LME)에 해당하는 미국의 산업 거버넌스 모델은 노사관계에 개입하거나, 경쟁력이 떨어지는 부문에 정부가 지원하지 않았다.[51] 이런 상황에서 제조업은 구상 기능만 대도시에 남고 실행을 담당하던 산업도시의 제조업 고용이 취약해졌다. 따라서 제조 대기업의 생산성은 높아졌지만 고용이 창출되지 않는 악순환이 거듭

[도표 4.17] 1939~2023 미국 제조업 고용(단위: 천 명)

출처: 미국노동통계국.

됐다. 미국의 총 고용 중 제조업 비중이 1979년 22퍼센트에서 하락하기 시작해 2019년에는 9퍼센트에 그쳤다. 정부가 직접 제조업을 육성하고 지원하는 산업 정책은 신자유주의가 휩쓸었던 레이건, 부시, 클린턴, 아들 부시 정부를 거치는 1980~2000년대까지는 금기어였다. 정부는 그저 기초 과학과 국방 과학에 예산을 투입할 뿐이었다.[52]

제조업에서 고용이 창출되더라도 정규직 직접 고용보다는 다양한 비정규직을 활용했고, 정리해고(수량적 유연화)가 빈번하게 이루어지면서 정규직 역시 쉽게 해고되는 일이 벌어졌다. 더불어 숙련 노동자가 현장을 떠나면서 생산성이 떨어졌다. 하지만 기업은 노동자를 훈련시키기보다는 자동화 설비 등 생산 기술에 대한 투자를 늘려 해결하려 했다. 미국의 산업도시가 모여 있던 중서부 러스트 벨트에서는 백인 노동자가 정리해고나 공장 철수로 인해 일자리를 잃었다.

이런 상황에서 주류 경제학자들은 미국의 제조업 일자리 축소에 대해 고임금을 문제 삼거나, 생산성 향상에 따라 어쩔 수 없는 현상으로 보곤 했다. 그러나 다양한 반례가 존재한다. 먼저 노르웨이, 덴마크 등 북유럽 국가와 독일처럼 미국보다 임금이 높은 나라도 제조업에서 강점을 유지한 채 많은 고용을 유지하고 있다. 특히 제조업이 고용의 20퍼센트 이상을 담당하는 독일은 제조업 매출 규모에서도 세계 5위권을 차지한다. 미국에서 실리콘 밸리의 경쟁력이나 고용을 고임금과 엮어서 논하는 경우는 드물다. 둘째로 노동 생산성 향상이 노동력을 대체한다는 것도 명확하지 않다. 노동 생산성이 높아지면 같은 단위를 생산할 때 노동자를 덜 고용할 수 있지만, 생산성이 좋아진 기업은 시장에서 점유율을 확대할 수 있다. 실제로 미국에서 노동자 고용이 가장 많이 줄어든 곳은 컴퓨터나 전자제품같이 생산성이 높은 부문이 아니라 의류나 섬유 가죽 등 생산성이 낮은 부문이었다. 생산성이 낮을수록 연구개발이나 설비투자보다는 생산직 노동자의 숙련에 의존하게 되는데, 싼 임금으로 숙련 노동자를 더 이상 확보할 수 없어서 동남아나 중국으로 공장을 이전하게 된 것이다(도표 4.18 참조).[53]

2008년 글로벌 금융위기를 거치면서 미국의 오바마 정부와 민주당 및 학계는 '제조업 재활성화Remaking America, Revitalization of the US manufacturing'를 목표로 하는 다양한 정책을 진행했다. 해외로 나간 공장을 다양한 혜택을 제공하며 국내로 복귀시키는 리쇼어링reshoring도 시작했다. 제조업의 중요성을 다시 발견했기 때문이다. 제조업은 가장 많은

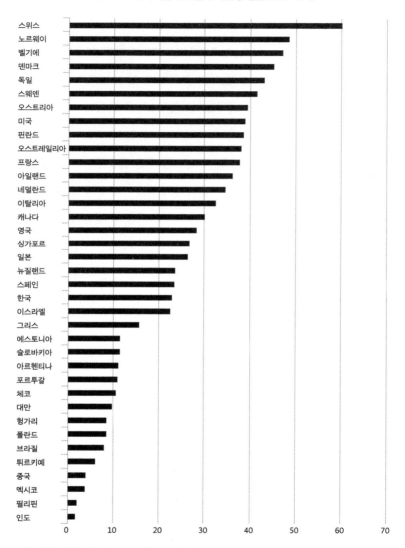

[도표 4.18] 국가별 제조업의 시간당 임금(단위: 달러)

스위스
노르웨이
벨기에
덴마크
독일
스웨덴
오스트리아
미국
핀란드
오스트레일리아
프랑스
아일랜드
네덜란드
이탈리아
캐나다
영국
싱가포르
일본
뉴질랜드
스페인
한국
이스라엘
그리스
에스토니아
슬로바키아
아르헨티나
포르투갈
체코
대만
헝가리
폴란드
브라질
튀르키예
중국
멕시코
필리핀
인도

0   10   20   30   40   50   60   70

* 중국과 인도의 데이터는 각각 2013년과 2014년을 기준으로 하여 다른 국가 데이터와 서로 엄격하게 비교할 수 없다. 정의 및 국가 정보는 www.conference-board.org/ilcprogram/compensation을 참조.

출처: 콘퍼런스 보드(The Conference Board) 2018년 2월 국제 노동 비교 프로그램.

이들에게 고임금을 제공할 수 있는 산업이고, 소수 민족과 저소득층으로 하여금 사회적 계층 상승(이동성)의 가능성을 꿈꿀 수 있게 하는 안정적 산업이다. 주 정부나 중소 도시, 카운티 단위의 지역 사회 관점에서도 제조업에 대한 관심이 더욱더 커지고 있다.* 더불어 첨단 산업에 기대하는 혁신 역시 제조업의 연구개발과 생산 과정을 제외하고 이해할 수는 없다. 마지막으로 많은 제품을 수입하는 대신 국내에서 생산하면 무역수지를 개선하는 데에도 이바지한다는 점도 고려됐다.

이런 배경에서 고진로 전략은 다양한 프로그램으로 구성돼 있다. 구체적으로 보면 정부는 평생 직업훈련 체계를 보강하고, 노동자는 여기에 적극적으로 참여해 숙련을 높이고, 기업은 고임금과 복리후생을 지원하는 것이다. 정부가 연구개발을 지원하여 제품 경쟁력을 확보하는 데 도움을 주고, 열위에 있거나 성장하려는 중소기업에 금융을 제공하는 식이다.

이 같은 고진로 전략의 핵심은 단순히 정부(중앙정부·주 정부·카운티), 기업, 노동조합의 개별적 노력이 아니라 상생을 위한 거버넌스 구축에 있다. 제조업의 고용 감소가 적대적 노사관계, 제조 기업의 역외 하청 생산, 정부의 제조업에 대한 방관에서 비롯됐기 때문이다. 국가 경쟁력 관점에서 제조업의 중요성, 안정적인 중산층을 만드는 제조업

---

* 역외 생산의 절정기와 신자유주의 정책의 전성기, 중국을 통한 중간재 확대 전략을 미국이 구사하던 시기는 겹친다. 미국의 자본과 중국의 이해, 그리고 미국 자본의 로비를 받았던 행정부의 이익이 일치했기 때문이다. 관련된 논의는 홍호평(2021) 참조.

일자리의 중요성, 상생하는 노사관계의 필요성을 이해당사자가 인정한 상태에서 끊임없이 교섭하고 협상하는 틀이 필요한 것이다. 독일의 상생 협약이 거듭 언급되는 이유도 여기에 있다.

현재까지 생산직 노동자를 중산층으로 키워 왔던 울산의 미래는 고진로 전략[54]으로 나아가야 긍정적 전망의 기초가 마련된다. 고진로 전략은 높은 생산성을 담보하는 노동자와 엔지니어의 숙련, 그리고 높은 수준의 임금과 질 좋은 복리후생을 모두 달성하는 산업 전략이다. 전자는 미래를 담보할 수 있는 자산이고, 후자는 '부자 동네' 울산이 유지되는 물질적 기초이기 때문이다.

산업도시 울산이 고진로 전략을 택하기 위해서는 기존의 도그마를 깨부술 필요가 있다. 먼저 경제 평론을 하는 이들은 한국의 산업 문제를 원가절감이라는 관점에서 접근한다. 그들은 원가를 지나치게 높이면서 생산을 마비시키는 노조 때문에 기업이 해외로 떠난다고 주장한다. 그러면서 울산의 현대자동차와 현대중공업 노조를 등장시키곤 한다. 생산 원가는 올라가는데 생산성이 그만큼 향상되지 않으면 기업이 끊임없는 도전에 노출되는 것은 분명하다. 그러나 웃돈을 주면서 고학력 엔지니어를 영입하고 높은 부동산 비용까지 감당하면서 공장을 수도권으로 진출시키려는 SK하이닉스 같은 대기업과 그 하청 클러스터의 결정은 이것이 단지 비용의 문제가 아님을 반증한다. 오히려 문제는 좋은 인재가 없다는 것이다.

노동의 관점에서 평론하는 이들은 주로 노동자의 권리라는 측면에서 접근한다. 그들은 비정규직 노동자의 처우나 1987년 이후 민주노조 운동의 정당성이란 측면에서 사태를 논증하곤 한다. 자본에 비해 약화된 '노동의 힘'이 문제라는 것이다. 물론 2부에서 밝혔듯이 원하청 간의 노동 시장 이중 구조가 임금과 처우의 격차뿐 아니라 '위험의 외주화'까지 문제가 심각한 것은 사실이다. 하지만 문제의 중심에는 아웃소싱(사외 부품 제작 및 저임금의 동남아 노동자 활용)과 사내 하청이 관행화된 제조 대기업의 경영 방식이 있다. 그렇다고 노동조합의 책임을 빼고 생각할 수는 없다. 원청 생산직 노동자의 고용 유지와 안전을 위해 광범위한 사내 하청을 묵인했던 것도 노동조합이고, 자신들의 일감만 확보되면 다른 문제는 부차적으로 여겼던 것도 노동조합이다. 더불어 노동자의 생산성과 고숙련 문제를 회피했던 것도 민주노조 운동의 모순이었다. 생산성 향상을 '작업장 통제'로만 해석하고, 고숙련을 확보하기 위한 다양한 활동을 노동자 간 임금 평등을 깨는 자본의 책략으로만 여긴 것은 단견이었다. 직무급제를 '사실상의 성과급제'로 여기고 거부한 것도 민주노조 자체의 물질적 기초를 훼손하는 행위였다.

이렇듯 자본과 노동조합 모두 현 상황에 책임이 있음을 받아들여야 한다. 그래야 생산성-고숙련과 고임금-복리후생을 조합하는 고진로 전략이 노동과 자본 모두에게 적대적 공생 관계를 넘어 좀 더 전환적으로 산업의 생산방식을 설정하기 위한 비전이 될 것이다.

울산의 제조업을 이해하기 위해 꼭 알아야 할 구조는 갈등적 노사관계다(2부). 한때는 3대 산업의 노동자와 엔지니어는 여느 산업화 스토리처럼 밤을 새워 가며 신기술을 배우고 전수하며 제품을 만들기 위해 고군분투했다. 시키는 대로 그냥 하는 게 아니라 궁리를 해 가며 개선해 나갔다. 각자의 환경에 맞는 생산방식을 고안하고, 공구를 고치고, 기계를 개선하고, 연구개발을 통해 제품을 개발했다.

그러나 그 진로가 막혀 있다. 현대자동차의 생산방식은 불신에 기대어 있다. 현대자동차는 노동자를 동반자로 신뢰하지 않고, 그들이 손끝 숙련을 강화할 것이라 믿지 않는다. 오히려 노동자가 숙련도를 높여 라인을 세울까 봐 걱정한다. 현대자동차는 가능하면 파업과 생산 중지를 막기 위해 많은 생산을 모듈화된 방식으로 외부에 위탁했다. 그 과정에서 현대건설 시절부터 익혀 온 하도급 관리 노하우는 중소기업의 이윤을 제약했다.

한편 현대자동차 정규직 노동자는 회사에 강한 불신을 품고 있다. 노동조합을 인정하지 않고 노동자를 인격적으로 대하지 않던 1980년대 이전의 기억과 1998년 정리해고를 겪으며 생긴 트라우마다. 이 때문에 그들은 처우 개선 단계를 넘어 고용 유지와 임금 인상 및 복리후생을 최대한 얻어 내는 것을 목표로 지난한 싸움을 벌여 왔고 일정 부분 승리했다. 문제는 이런 불신의 악순환 속에서 노동자의 숙련이 쌓이지 않고, 회사의 생산성 향상과 품질 개선이 모두 엔지니어의 기술력에서 나오게 됐다는 것이다. 노동조합은 직무 교육 자체를 회피해 오면서 작업장의 자동화를 속절없이 지켜봐야 했다.[55]

회사는 정규직 생산직 노동자의 정년퇴직만 바라본다. 정규직 생산직 노동자는 회사가 정규직을 고용하기를 바라지만 그것을 위해 필요한 합의나 양보는 거의 언급하지 않는다. 현대자동차 정규직 생산직 취업은 모든 구직자의 '꿈의 직장 프로젝트'가 됐다. 하지만 신규 채용은 그저 회사의 결정만 바라봐야 하는 상황이다. 그 사이 현대자동차는 글로벌화에 성공해 그들의 '기민한 생산방식'을 해외로 수출하는 데도 성공했다. 이제 현대자동차는 글로벌 TOP 3가 됐다.

그나마 현대중공업은 자동차에 비해서는 '협조적 노사관계' 혹은 '상생적 노사관계'라고 주장할 수 있다. 석유화학 산업은 금속노조가 아니라 한국노총 소속이기 때문에 더 원만한 노사관계라는 것이다. 일견 타당한 주장이다. 하지만 근본적으로 울산의 노사관계는 모두 기업별 노동조합과 사측의 일대일 교섭으로 매개된다. 정규직 작업장의 생산성이 높은 수준으로 유지된다고 하더라도 그 이면에는 사내 하청 노동자에게 '위험의 외주화'나 중소 부품 제작사에 대한 '노동 착취'를 배경으로 하는 경우가 적지 않다. 많은 작업을 외주화할수록 노동 착취와 중대 재해의 위험뿐 아니라 생산성 문제와 숙련 형성의 문제가 추가로 발생하는 것은 주지의 사실이다.

한편으로는 원하청 간의 수직적 위계질서, 다른 한편으로는 화석처럼 굳어 버린 노동자들 간의 '연대 부재' 및 외부자와 내부자 간의 '신분 체계'가 울산의 재생산을 막는다. 울산의 원청 정규직 생산직 노동자가 아무리 높은 임금을 받고 내부 노동 시장에서 평등하다고 한들 지역 전체로 보면 울산은 N차 하청 협력사의 저임금과 노동 시장의 이중 구조가 만든 임금 격차로 인해 매우 비생산적 도시가 되고 있다.

최근의 조선 산업 인력난은 좀 더 복잡하다. 2022년을 기점으로 조선 경기가 살아나면서 생산직 인력에 대한 수요가 늘고 있다. 그런데 2010년대 사내 하청·물량팀 소속이었던 생산직 노동자가 더 이상 조선소를 찾지 않는다. 구조조정으로 대량 해고와 임금 하락을 경험했고, 현재는 수도권에 있는 덜 위험한 육상 플랜트가 일당 기준으로 더 높은 임금을 주기 때문이다. 사내 하청 업체의 정규직인 본공(상용공)의 임금이 최저임금보다 조금 높은 수준이며, 숙련과 근속이 높더라도 임금 상승 폭이 크지 않다. 이런 상황에서 인력난을 타개하려면 사내 하청 노동자의 임금을 올리고 초단기 일자리인 물량팀을 축소해 고용 안정을 추구해야 한다.

그러나 원청과 사내 하청 공히 좋은 대우를 해서 내국인(!) 노동자를 채용하려는 노력보다는 이주 노동자 쿼터를 높이려 애쓰고 있다. 현대중공업을 포함해 조선소는 생산직 인력이 고령화되고 청년이 지원하지 않는다는 이유로, 법무부·산업통상자원부·고용노동부와 교섭해 2023년 기준 외국인(E7 및 E9 비자) 쿼터를 20퍼센트에서 30퍼센트로 늘렸다.* 고용노동부는 원하청과 전문가가 참여하는 조선업 상생협약을 체결한 후 청년 및 여성 노동자의 고용을 독려하며 노동 시장 이중 구조를 해소하려 노력했다. 하지만 결과적으로 저임금 이주 노동자만 늘린 셈이다. 심지어 원청은 이주 노동자를 직고용해서 사내 하청 업체의 공정에 배치하려는 상황이다. 지자체는 당장 이주 노동자가 늘어나니 법무부의 이주민 지원센터에 대한 지원만 요청한다. 노동조합은 명목상의 반대 이상의 목소리를 내지 못한다. 지역 산업 생태계

---

*   실태 조사 결과 원청 정규직 채용을 전제로 하면 청년들의 기술교육원(직업훈련소) 입소 경쟁이 치열해진다. 조선소 노동을 거부하는 것이 아니라 저임금에 미래마저 불확실하기에 조선소로 가지 않는 것이다.

를 보전하고 상생하기 위한 고용 창출과 임금 격차 해소를 목표로 한 원하청과 노동조합, 지역 주민의 거버넌스 틀이 부재할 때 벌어질 수 있는 전형적 악순환이다.[56]

우선 지속 가능한 울산이라는 문제를 풀기 위해 가장 먼저 내디뎌야 하는 한걸음은 지금까지의 노사관계로 인해 꼬인 매듭을 푸는 것이다. 자녀의 일자리를 위해서라도 해야 한다. 일단 신규 정규직 생산직 일자리를 위한 노력이 그 시작이다. 어떻게 정규직 노동자를 만들어낼 수 있을지 논의하다 보면 생산성과 품질 문제, 노동자의 '숙련'을 통한 협상력 등을 논의할 수 있을 것이다.

현대자동차가 노력한다면 하도급 노동자 90퍼센트로 배를 지으려는 조선 산업에서 어떻게 수주량에 따라 변하는 일감에 유연하게 대처했는지 아이디어를 찾을 수 있을 것이다. 이미 한국의 조선 산업은 무급 휴직부터 다양한 방안의 '해고 없는' 유연 고용을 도입한 경험이 있다. 그러므로 여기에 노사 간 신뢰만 형성된다면 모든 공정을 마구잡이로 다단계 하도급으로 맡기기보다는 노동 시간과 임금을 조정할 수 있는 방안을 마련할 수 있다. 마찬가지로 원하청 임금 격차를 줄이는 시도를 산업 전체의 관점을 고려하며 조정할 수도 있다.

둘째는 자동차 부품 업체 및 조선 기자재 업체와 원청 간의 수평적 파트너십을 형성하고 미래 산업 동맹을 만들어 내는 것이다. 현대자동차 정의선 체제는 기존 관행과 달리 부품 업체에게 해외 글로벌 자동차 브랜드에도 납품할 것을 권유한다. 그러한 변화 뒤에는 다양한 고객사의 요구에 맞추다 보면 경쟁력이 향상될 것이라는 생각이 깔려 있다.

아직 부품사는 혹시나 '눈 밖에 날까' 걱정하는 경우가 다반사다. 바로 신뢰 부족 때문이다. 원청과의 수평적 파트너십이 신뢰에 기초해 형성 돼야 하는 것은 주지의 사실이다.

그러나 이러한 당위는 공허한 주장이 되기 십상이다. 첫 번째는 교섭력의 문제다. 하청 노동자의 교섭력이 올라가야 정규직 노동자와 하청 관리자와의 대등한 관계 형성이 가능하다. 동시에 정규직 노동자의 교섭력이 올라가 기업 경영에 참여할 수 있어야 역으로 기업이 노동자와 책임과 위험을 공유할 수 있게 된다. 그러기 위해서도 다른 방식의 교섭력이 필요하다. 그렇다면 특정 주체의 올바른 교섭력은 어떻게 형성될 수 있을까? 중앙정부가 규제나 정치력을 갖고 뭔가를 하라는 것이 정석이지만 실효성에 한계가 있다. 모든 지역에 필요한 정치력을 제공할 수 없기 때문이다. 예컨대 2023년 2월 출범한 조선업 상생협약이 중앙정부가 만들어 놓은 플랫폼이라면, 이제 필요한 것은 고진로 전략을 추구할 수 있는 지역 사회에서의 정치 즉 거버넌스 체제를 어떻게 형성하느냐의 문제다. 중앙정부가 자원을 공급한다면 결국 울산의 구체적인 산업 쟁점에 민감하게 대응하는 것은 지역 거버넌스의 문제다. 이 두 가지가 일종의 패치워크를 이루어야 효과적으로 대응할 수 있다.[57]

고진로 전략을 설정하기 위해서는 지방정부 단위의 거버넌스가 잘 작동해야 한다. 결국 지방정부와 시민 사회가 노동자의 교섭력 공백이나(분배 연합), 산업의 이익을 방어하기 위한 역할을 일정 부분 해내야 한다. 특히 울산에서는 건설 플랜트 노조만 예외일 뿐 3대 산업에서 기업 울타리를 넘는 협상이 당장은 어렵다. 정규직과 비정규직, 기업 규모에 상관없이 개별 사업장 간의 평등한 임금을 조정했던 스웨덴의 중앙교섭이나 독일의 산별교섭을 한국에서 지금 도입하기는 어렵다. 이미 기업별 교섭이 제도화된 시간이 너무나 길기 때문이다. 따라서 지역이라는 울타리 안에서 시민과 다양한 산업군의 회사가 지역의 생활 수준과 임금 현황을 함께 테이블에 올려 놓고 '미래'를 건 교섭을 해야 한다. 울산의 지역 산업별 거버넌스 모델은 산업과 기초단체가 대응하기 때문에 설계가 어렵지 않을 수 있다. 울산 동구는 조선, 북구는 자동차, 남구는 화학 및 비철 거버넌스 모델을 각각 만들고, 울산시가 공통 쟁점을 풀 수 있게 광역 단위 노사민정을 활성화하면서 협상을 진행하는 것이다. 생산성을 향상하고 기업의 경쟁력을 높이는 '고진로'가 적절한 신규 고용 창출에 이바지할 수 있도록 각 단위 협상 테이블을 만들어야 한다. 업계 이해당사자의 결속을 높이는 것뿐 아니라 전문가와 시민의 가교 역할도 촘촘하게 설계해야 한다.[58]

고임금을 받는 만큼 높은 품질과 높은 생산성, 고부가가치 제품을 만들 수 있는 산업도시 울산의 고진로 전략의 목표가 필요하다. 첫째는 원청과 하청의 경계를 허무는 분배 동맹의 설계다. 자동차 산업처럼 직고용을 늘리는 방법을 모색할 수도 있고, 조선 산업의 경우 원하청 임금 격차 해소를 목표로 할 수도 있다. 둘째로 도시의 산업 경쟁력을 향상할 수 있는 성장 동맹을 목표로 전략을 수립하고 실행해야 한다. 이런 목표를 바탕으로 추가로 제조업 연구개발에 대한 투자, 중소기업에 대한 지원을 중앙정부에 요청하며 고도화된 산업도시 울산의 그림을 그려야 한다.

그런데 제조업 일자리 전망은 생산직 노동력에 대한 고민에서 끝나지 않는다. 고학력의 사회, 고도화된 제조업 시대에 엔지니어링과 제조업을 지원하는 서비스업을 어떻게 구축할지도 고민해야 한다. 결국 어떻게 하면 엔지니어가 모이는 울산이 될 것인가의 고민이다.

제조업 엔지니어링 클러스터 울산 구상

울산의 산업과 노동 문제에 오로지 고진로 전략으로만 접근하는 것은 자칫 잘못하면 두 가지 오류에 빠질 수 있다. 하나는 가치사슬 측면에서 대공장의 완성품 생산만을 이슈로 만들 수 있고, 또 하나는 노동의 문제를 오로지 생산직 일자리로 환원할 수 있다. 이런 오류를 피하면서 미래를 위한 제조업 엔지니어링 클러스터를 설계하려면 어떻게 해야 할까? 우선 완성품으로서의 조선, 자동차뿐 아니라 가치사슬 전반의 경쟁력과 고용을 검토해야 한다. 그다음은 산업도시의 제조 역량에서 큰 부분을 담당하는 엔지니어링 분야 일자리에 대한 해법을 찾아야 한다.

먼저 가치사슬을 확장된 시선에서 살펴보자. 울산 자동차 산업의 경우 12장에서 살펴본 것처럼 부품 제조업 즉 기자재 업체의 영세함과 미래 분야인 전기장치의 미발전을 극복하는 것이 쟁점이다. 기존의 내연기관 자동차 제조 생태계에서 현대자동차나 현대모비스에 납품해온 업체는 99인 이내 기업이 80퍼센트에 달하고, 차체와 제동장치 부품을 제외하면 모두 연구개발 투자가 부가가치액 대비 2~4퍼센트에 그친다. 오로지 현대자동차와 현대모비스에만 납품하기 때문에 전속 관계에 묶인 경우가 많고, 원청의 비용 절감 상황이 발생할 때마다 경영상 압박을 받으니 미래 투자에 인색할 수밖에 없다. 더불어 앞서 언급했듯이 배터리 전기차, 수소연료전지 전기차, 하이브리드 전기차에 들어가며 자동차 원가의 50퍼센트가 넘는 전장 분야 핵심 부품을 생산하는 협력 업체는 울산이 아닌 수도권을 중심으로 형성돼 있다. 이는 비단 울산 소재 부품 협력사의 어려움뿐 아니라, 현대자동차를 필두로 하는 한국의 자동차 산업 생태계의 혁신 지체를 만든다는 지적도 나온다.[59]

조선 기자재 업체의 경우도 잘 드러나지 않지만 자동차 산업과 유사한 딜레마에 빠져 있다. 한국의 조선 산업은 상선(선박) 기준 기자재 국산화율이 90퍼센트 이상인 것으로 알려져 있다. 하지만 460개가량의 기자재 중 배관과 철의장을 제외한 나머지 핵심 기자재 150~200종의 경우 국산화율이 현저하게 떨어진다. 특히 가장 고부가가치선인 LNG 운반선은 금액 기준 33~42.6퍼센트까지 떨어지고, 오랫동안 경

[도표 4.19] 선종별/선주기업 형태별 조선 기자재 국산화율

구분	LNG 운반선		대형 유조선		컨테이너선	
	건수	금액	건수	금액	건수	금액
공기업	55.1%	33.0%	60.4%	58.0%	69.0%	81.7%
사기업	62.7%	42.6%	64.4%	68.2%	63.8%	69.2%

자료: 김명수·오용식, 2021, 조선 기자재 국산화에 대한 실증적 연구-조선소 발주자료를 중심으로-, 해양정책연구, 36(2), 137-156.

쟁 우위를 지켜 온 컨테이너선도 금액 기준 69.2~81.7퍼센트선에 그친다(도표 4.19 참조).[60]

울산의 자동차 부품 산업과 조선 기자재 산업의 유사한 측면은 기자재 업체의 영세성, 수직적 하도급 관계, 고부가가치 기술에서의 무력함이다. 조선 기자재 국산화율 90퍼센트의 대부분은 고부가가치 기술이 아닌 언급한 대로 배관재와 철의장재(갑판, 핸드레일*, 해치커버**, 케이블 트레이*** 등) 혹은 블록 제작에 기대고 있다. 배관재와 철의장재는 범용재이기 때문에 제품 개발보다는 빠르게 많이 생산해 내는 것이 중요하다. 현재는 값싼 노동력에 기대는 노동 집약적 작업으로 진행되고 있다. 스마트 팩토리나 자동화 등의 공정 기술을 도입해야 하지만 규모가 영세하고 공정 기술 연구개발이 잘 이뤄지지 않아 경쟁력을 상실하고 있다. 예컨대 울산에는 신한중공업(구 신한기계) 같은 해치커버 제작 업체가 있지만, 현대중공업을 비롯한 조선 3사는 공정 기술에 투자해 생산성을 높이고 있는 중국의 기자재 업체를 선호한다.**** 조선소보다 더 열악한 임금을 지급하기 때문에 숙련 노동자를 모아 공정을 개선하는 것도 힘든 현 상황에서 앞으로의 전망을 기대하기는 어렵다.

조선 기자재 분야의 고부가가치 기술인 LNG 운반선의 화물창 기술은 지금까지 영국·프랑스·독일·노르웨이·스웨덴 등 기존 조선 산

*　벽면에 붙이는 긴 손잡이.

**　화물창 개폐 장치.

***　케이블 지지대.

****　산업연구원 L 연구원과의 인터뷰 내용(2023년).

업을 이끌었던 국가의 기자재 업체가 선급·엔지니어링 회사·기자재 업체라는 삼각 연합을 통해 과점하고 있다. 국산 LNG 화물창 설계 기술인 솔리더스solidus의 개발과 같은 국산화 노력이 지속되고 있지만, 이것은 그야말로 '축적의 시간' 문제에 가깝다.[61] 즉 제품 개발뿐 아니라 인증을 거쳐 양산하는 것까지 마쳐야만 고부가가치 기술 개발이 완료되는 것이다. 하지만 많은 경우 국내의 고부가가치 제품은 고객에게 외면당하기 일쑤다. 바로 누적된 사용 실적 및 경험(트랙레코드)이 부족해 신뢰할 수 없다는 이유에서다. 어떻게 해야 처음 만드는 제품에 신뢰를 획득할 수 있을까. 해결해야 할 문제는 곳곳에 쌓여 있다.

이런 상황을 고려해 부품 협력사의 경쟁력 향상과 울산의 산업 생태계의 건강함을 길러 내기 위한 조치가 필요하다.* 첫째, 자동차 산업의 경우 전속 계약을 넘어 판로 다변화가 필요하다. 둘째, 자동차 산업과 조선 산업 공히 원하청 간 불공정 거래나 비정상적 하도급 관계의 소지를 없애야 한다. 이 두 가지가 해결돼야만 협력사가 미래 경쟁력을 확보할 수 있는 공간이 생긴다.

셋째, 부품 협력사의 연구개발 능력 향상이다. 자동차 부품 협력사의 경우 내연기관 계통의 제품에 집중하는 협력사가 전장 부품 계통으로 진입할 수 있는 활로를 열어야 한다. 이를 위해 중소·중견기업인 자동차 부품과 조선 기자재 협력사의 연구개발에 대한 인센티브를 중앙

---

* 자동차 부품 생태계에 대한 제언은 조형제, "울산 자동차산업의 지속가능한 발전은 가능한가?",《동남권의 도시공간과 지역통합》, 2021년 경남대학교 인문과학연구소 발표 자료(미간행)의 많은 부분에 기초한다.

정부와 지방정부가 지원해야 한다. 울산 테크노파크는 연구개발의 실무 차원에서 기존의 장비 지원 이외에도 공간 제공과 자동차 기술 지원단의 시험 평가 및 인증 기능을 강화할 필요가 있다. 현재 현대자동차의 부품 연구개발은 주로 남양연구소에서 이루어지므로 어떤 분야든 부품 협력사는 경기도 화성과 양산차 공장인 울산공장을 오갈 수밖에 없다. 이 때문에 20여 년간 남양으로 터전을 옮긴 부품 협력사도 적지 않다.[62] 현대자동차 생산기술팀의 엔지니어와 부품 협력사가 함께 울산공장 인근에서 협업하는 것이 원활한 공정 혁신을 위해서도 도움이 된다. 조선 기자재 협력사의 경우도 울산 인근에 연구개발을 위한 테스트베드Test Bed를 확보할 필요가 있다. 현대중공업의 지원과 지자체의 협력이 필요한 사안이다. 조선 기자재의 경우도 산업 전체를 고려해 거제와 울산 그리고 넓게는 영암의 현대삼호중공업의 요구에 대응할 수 있도록 규모 확대(스케일업)가 필요하다. 즉 철의장재와 배관재 기업을 울산 단위 또는 동남권 차원에서 육성할 수 있어야 한다.

넷째, 장기적으로 울산의 혁신 생태계를 창출하기 위해서는 미래차 유관 기업을 직접 키우거나 유치해야 한다. 구체적으로는 자동차 전장 분야 부품과 조선 고부가가치 기자재를 공급할 수 있는 스타트업이나 하도급 생산에만 특화된 중소 제조 기업의 경쟁력 강화를 위해 마케팅이나 인사관리, 디지털 전환을 지원하는 서비스 산업이 필요하다.

이런 조치는 궁극적으로 산업도시 울산이 완성품 생산도시를 넘어 우수한 공학도를 보유한 엔지니어링 혁신 클러스터로 전환하기 위해 필요하다. 자동차 부품 협력사와 조선 기자재 업체의 연구개발을 담당하는 인력이 바로 대졸 이상의 공학도다. 이를 위해 2부에서 다뤘던 생산과의 밀접한 결합이 끊어진 엔지니어링을 어떻게 울산에 구축할 것이냐 하는 핵심 문제로 돌아온다.

혁신 클러스터라고 하면 과학기술 정책이나 혁신 정책 관계자가 자주 언급하는 모델이 있다. 바로 실리콘 밸리다. 그런데 실리콘 밸리가 울산에 적용 가능한 모델일까?

우선 산업의 특성이 다르다. 국방연구소와 반도체 산업으로 시작해 PC 제조업 및 소프트웨어 산업으로 확대된 실리콘 밸리의 생태계와 석유화학 및 비료로 출발해 중공업을 포괄하는 울산의 생태계는 완전히 다르다. 울산의 지리적 규모를 고려해 동남권으로 확장하더라도 산업군은 그다지 유사한 점이 없다.

둘째로 트리플 힐릭스를 구성하는 대학-기업-정부(+출연연구소)의 관계망이 다르다. 실리콘 밸리의 혁신 생태계는 대학의 혁신 역량이 스타트업을 만들어 내고, 주 정부와 벤처캐피털의 지원에 힘입어 유니콘 테크 기업으로 성장하는 모델에 기반을 둔다. 하지만 정부 주도의 중화학 공업화 정책으로 인프라와 제도 기반을 설계하고, 대기업이 정부가 제안한 산업에 진출해 50년 동안 육성해 온 것이 울산의 산업 생태계다. 지역의 유일한 4년제 대학인 울산대의 역할은 대기업의 인재 풀을 공급하는 수준에서 크게 벗어나지 않았다. 연구개발 역시 산업에 필요한 응용 연구를 제공하는 수준에 그쳤다. 이런 관계를 고려할 때 실리콘 밸리식 혁신 생태계를 적용하는 것은 가능하지 않다.

셋째로 제조업을 전환하고 고도화해 노동자 중산층 도시를 어떻게 계승 발전할 것인가라는 산업도시 울산의 과제 설정과 실리콘 밸리 모델은 부합하지 않는다. 실리콘 밸리는 테크 기업의 부동산 매입으로 지가 상승을 이끌어 젠트리피케이션을 만들었다. 주민을 교외로 밀어 내고 나아가 캘리포니아주를 벗어나 다른 주로 내몰고 있다. 연봉 20만 달러에 육박하는 고소득의 IT 관련 엔지니어의 임금으로도 월 임대료나 대출 원리금 상환이 빠듯한 실정이다. 다수 노동자의 중위 소득이 오르는 것이 아니라, 엘리트 엔지니어의 소득이 급격하게 오르고 나머지 노동자의 소득이 '적하 효과trickle down'로 완만하게 오르는 경제는 '중산층 노동자'의 성공 신화를 잠식할 수 있다.[63]

따라서 엔지니어링 혁신 클러스터를 조성하더라도 현재의 3대 산업의 경쟁력을 강화하고 환경 변화에 대응하는 가운데 기존 제조업 노동자를 포용하며 산업 전환을 도모하는 '정의로운 전환'의 관점에서 검토해야 한다. 이를 위해 제안하는 것이 동남권 지역 청년이 창업하고, 3대 산업 출신 엔지니어가 기술 지원을 담당하면서 협업하는 제조 스타트업 모델이다.

이런 모델의 사례로 철거 위기에 놓였던 세운상가를 '메이커시티'로 재생하기 위해 2016년에 시작했던 도시 제조업 프로젝트 '다시 세운 프로젝트'를 검토해 볼 수 있다. 다시 세운 프로젝트는 세운상가 주변의 기술력을 갖춘 '쟁이' 시니어 엔지니어와 팹랩FabLab이나 메이커스페이스makerspace에서 아이디어만으로 제품을 만들어 팔고 싶은 주니어 엔지니어를 기술 중개를 통해 협업을 유도하는 방식이었다. 수리로부터 시작해 개발, 제조, 주물, 판금 등 아이디어를 시제품으로 시현

[도표 4.20] 세운 글로벌 포럼(2019)

할 수 있는 세운상가 엔지니어의 면모를 재발굴하고 생태계로 조성한 것이다.[64] 다시 세운 프로젝트는 세운상가 인근의 소규모 제조 업체(마치코바) 지도인 '세운맵'을 만들어 베테랑 엔지니어를 기존 제조 업체뿐 아니라 스타트업이나 학생이 쉽게 접촉할 수 있도록 주선했다.[65]

서울을 제외하면 가장 많은 전현직 기계-금속 분야 엔지니어를 보유한 도시가 바로 울산과 창원이다. 이들은 동남권 공학도의 제조 스타트업 창업, 중소 자동차 부품 협력사 및 조선 기자재 업체의 기술 개발이나 양산 지원에서 큰 역할을 해낼 수 있는 자원이다. 실제 울산은

NCNNew Challenge Network이라는 이름으로 전현직 공장장 이상 기술 임원이 협회를 만들어 활동하기도 한다.[66] NCN은 정책 방향에 따라 활동에 부침이 있고, 이들에 대한 울산시의 지원이 크지 않아 활동이 미미한 실정이다.

구태여 NCN일 필요는 없다. 퇴직한 엔지니어의 축적된 기술 역량이 어떠한 방식으로든 주니어 엔지니어나 중소기업과의 협업에 활용될 수 있게 만드는 플랫폼과 이에 대한 지원이 핵심이다. 정부가 대한민국 명장회를 통해 산업 분야별 명장을 지정하는 것을 참조하되 고유한 엔지니어 롤 모델을 만드는 것도 중요한 과정이다. 또 울산대나 UNIST에 다니는 젊은 공학도가 3대 산업 대기업에 취업해 수도권 입성만 꿈꾸지 않고, 가장 많은 엔지니어가 집결한 산업도시에서 정보를 교류하고 고부가가치 제품을 양산해 세계 시장에서 경쟁력을 갖춰 성장할 수 있다는 비전을 주는 것이 무엇보다 중요하다.

우선 고진로 전략을 통해 무너진 생산성 동맹을 재건해야 한다. 중장기 전망을 그리기 위해 지역의 주니어 엔지니어와 시니어 엔지니어를 결속하는 플랫폼을 만들어야 한다. 이를 통해 고부가가치 제품 개발 및 양산을 할 수 있는 제조 스타트업을 육성하고, 중소 부품 및 기자재 업체의 생산성과 규모의 경제를 만들어 주려는 정책적 시도가 필요하다.

제조업 규제 정책의 실패와 국가의 역할

두 번째 의제는 국가의 역할에 기댄다. 울산은 국가의 필요에 의해 정부가 강력한 힘으로 조성한 한국의 '산업 수도'다. 산업도시의 표준이기 때문에 후발 산업도시는 모두 울산을 고려하면서 도시를 형성했다.

다시 공간 분업을 살펴보자. 처음에는 울산의 3대 산업 작업장에서 역설계를 통해 현장 엔지니어와 작업 노동자와의 협업으로 해외 기술을 이식했다. 따라서 구상과 실행이 분리되지 않고 같은 현장 안에 결합돼 있었다.* 그러다가 관리자와 생산직, 그 사이의 엔지니어로 분업이 점차 확대되기 시작했다. 1980년대는 기업의 중앙연구소 설립이 붐을 맞았다. 연구개발을 하고 제품을 제작하는 구상과 실행 기능은 수도권에, 그걸 양산하는 생산 기능은 지방으로 분화돼 갔다. 1990년대가 되자 구상과 실행 기능이 인접해 있던 울산의 3대 산업도 연구소가 수도권으로 진출했다. 구상과 실행의 지리적 분업 즉 노동의 공간 분업이 확대되기 시작한 것이다. 애초에 방위 산업과 중화학 공업화를 엮어서 생각하며 공장에서 탱크와 미사일이 나오는 걸 기대했던 국가의 목표에서 이러한 노동의 공간 분업은 별로 어색할 게 없는 상황이었다. 게다가 많은 사업이 정부 대출을 받아야 하는 상황, 그리고 정경유

---

* 물론 조선업은 처음부터 구상과 실행, 지배와 통제라는 도식을 통해 작동했다. 현대중공업의 '위임 관리제' 등이 그러한 예다. 또 애초에 엔지니어가 공정을 다 구상하고 라인 설계를 설치하고 공정 운영 전까지 모두 해야 하는 석유화학 산업은 자동차 산업과는 다른 방식으로 구상과 실행이 분업 관계에 있다.

착이 심했던 시기에 본사가 수도권에 위치했던 것도 익숙한 일이었다. 이 시기 정부는 수도권 규제를 통해 산업단지를 지방으로 분산했다. 지자체마다 일자리를 창출하기 위해 각종 산업단지가 형성됐던 시기를 참조할 수 있을 것이다.

문제는 4장에서 살펴보았듯이 자연스럽게 구축된 노동의 공간 분업을 국가가 정책을 통해 한 단계 더 전개시키고 말았다는 데 있다. 수도권 공장 총량 규제를 풀어 버리고 수도권 인근에 공장이 입지하는 것을 허용한 것이다. LG디스플레이(당시 LG필립스)가 파주에 들어서고, SK하이닉스는 이천부터 청주까지 터를 잡았다. 삼성은 수원부터 천안까지 공장을 세웠다. 이때 '천안 분계선'이라는 단어가 언론에 등장했다. 천안 이남에는 인재가 오지 않는다는 말이다. 2019년 SK하이닉스가 신규 공장을 박정희 정권이 설정했던 구미 클러스터가 아닌 용인에 부지를 확정했다.

제조업 연구자와 정책 입안자의 전통적인 고민이, 제조 역량이 있는 산업도시에서 '구상' 기능이 수도권으로 엔지니어가 몰리는 것에 있었다면 이제 그 고민은 진부한 것이 돼 버렸다. 2020년 현재는 구상 기능이 생산과 거리를 두고 수도권으로 옮기는 게 아니라, 생산 기능이 다시 구상 기능이 있는 수도권으로 향하며 새로운 노동자와 엔지니어를 요구하기에 이르렀다. 시쳇말로 '공간 분업 시즌 2'라고 할 수 있다. 이 '시즌 2'는 국가의 제조업 규제 정책이 실패한 결과다.

그렇기에 지자체 내부의 거버넌스 노력이나 울산의 노사민정(구 '화백회의')의 역할도 중요하지만, 정부가 지역 균형 발전과 제조업 고도화를 함께 사고하는 능력이 무엇보다 중요하다. 정부는 제조업 고도화로 30퍼센트 이상의 국부를 창출하겠다는 목표를 세웠다. 산업도시는 박정희 정권 이래로 이어진 발전국가 모델에서 국가 기술관료(테크노크라트)와 당시 모험 자본가 재벌의 이해관계로 형성됐다. 산업도시 울산의 다양한 이해당사자가 지역 성장을 위해 산업 유치를 요청하기도 했지만, 결과적으로 가장 큰 이익을 본 것은 국가와 재벌 및 기업집단이다. 1990년대의 현대그룹과 삼성그룹의 대산 석유화학단지 건설 경쟁, 2019년의 SK하이닉스 용인 부지 확정은 이제 국가의 지원 없이도 결정만 하면 거대한 생산 클러스터를 자체적으로 만들어 낼 수 있는 대기업의 막대한 자본력을 드러냈다. 기업은 정책적 제약과 정치적 실행에 따라 언제든 울산을 떠날 수도 있고, 계속 머무르면서 지역 사회의 고용과 임금을 창출할 수도 있는 위치다. 시간이 흐를수록 정책과 제도를 활용해 산업과 국토의 균형 발전을 기업과의 거버넌스에 관철할 수 있는 정부의 역량이 중요해지고 있다.

다시, 산업도시 울산의
꿈을 위하여

산업도시 울산을 연구하기 시작하던 2020년 6월 비 오는 어느 주말, 울산의 구도심인 중구 성남동 '젊음의 거리'를 걸었다. 코로나19 팬데믹의 초입이라 경기가 좋지 않다고 했다. 일본 도쿄나 오사카, 후쿠오카 등 여느 대도시에 가면 볼 법한 일본식 아케이드가 있었고, ABC마트나 SPAO 같은 신발과 패스트 패션 의류 매장이 보였다. 평일 대낮의 거리는 한산했다. 그래도 몇몇 청년이 테이크아웃 커피를 들고 아케이드를 돌아다녔고, 교복을 입은 남녀 고등학생이 아케이드 옆 골목에 숨어 마스크를 턱 밑으로 내리고 담배를 피우고 있었다. 거리 중앙 스타벅스에는 비를 피해 수다를 떨거나 책을 읽기 위해, 아니면 노트북으로 작업하는 사람들이 빼곡히 앉아 있었다. 왁자지껄한 분위기에서 책을 읽기도, 작업을 하기도 힘들어 재미난 유튜브 영상만 찾아보다가 다음 목적지로 향했다.

3년이 지나 다시 젊음의 거리를 찾았다. 연구를 지원해 주는 담당자가 근처에 가면 유명 치킨 골목도 있고 맛집이 많아서 저녁엔 꼭 야식을 찾게 된다고 귀띔했다. 저녁 8시 반, 거리는 코로나19 시절보다 더 한산했다. 술집에는 사람이 드문드문 보였으나 밥집은 문을 닫았다. 치킨 골목의 통닭집에는 두세 테이블 정도 손님이 있었다. 옆 골목 전통시장과 젊음의 거리 아케이드도 별 차이가 없었다.

먹자골목의 실정은 저녁 9시 즈음에 늦은 식사를 할 곳이 있느냐로 판단할 수 있을 것 같다. 대도시 번화가에는 저녁과 밤에도 국밥이나 분식, 백반을 먹을 수 있는 곳이 늘 있다. 3년 전에는 젊음의 거리에

[그림 1] 2020년 6월 울산 중구 젊음의 거리(사진: 저자 직접 촬영)

[그림 2] 2023년 6월 젊음의 거리(사진: 저자 직접 촬영)

도 그런 곳이 있었을 것 같다. 그런데 젊음의 거리 근처에 있는 적지 않은 식당이 문을 닫았거나 배달·포장 전문 업체로 바뀌었다. 저녁 9시가 되면 술 마시는 게 아니라면 집에 가야 한다. 찾아오는 손님이 별로 없다는 방증이다. 아케이드 바깥으로 나가서 택시를 잡기도 어렵지 않았다. 거리엔 '임대'가 붙어 있는 가게가 많았다. 스타벅스도 SPAO도 모두 젊음의 거리 아케이드를 떠났다. 저녁 9시, 원고 작업을 위해 커피 한 잔을 마시려 했지만 살 곳이 없어 편의점 커피를 샀다.

물론 중구 성남동은 울산의 번화가가 아니다. 울산의 경기를 살펴볼 수 있는 바로미터는 남구 삼산동이나 달동이다. 최근에는 조선업 호황이 시작돼 중공업이 위치한 동구 일산해수욕장(일산지) 인근이나 방어진 쪽 경기가 살아나고 있다는 말도 나온다. 실제로 일산지 인근 먹자골목엔 삼삼오오 놀러 나온 청년과 외식 하러 나온 가족으로 활기가 있었다. 또 여느 대도시의 구도심이 그렇듯이 성남동 역시 상권이 죽었다가도 어느 날 예술가가 모이거나 재미난 공간이 생겨 '핫플레이스'가 되면 젠트리피케이션을 맞을 수도 있다. 2019년 국가정원으로 지정된 태화강 국가정원 주변 상권이 확장하면서 다시 성남동에도 볕이 들지 모른다.

그런데 울산은 2015년 119만 명을 정점으로 8년 동안 인구가 줄어들고 있다. 2016년부터 매년 1만 명의 인구가 줄었고, 특히 2020~2021년에는 1퍼센트 이상씩 인구가 감소했다. 이 추세대로라면 2030년 즈음에는 광역시를 구성하는 최소 요건인 인구 100만 명 미만으로 떨어질 수 있다(도표1 참조).

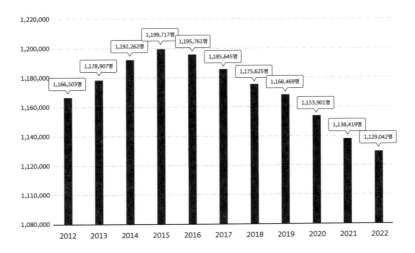

[도표 1] 울산시 총인구(2012~2022)

출처: 주민등록인구통계(울산광역시).

인구가 성장하거나 최소한 유지되는 대도시에서 핵심 상권이 움직이는 것은 다반사로 일어난다. 예컨대 서울 신촌-홍대 상권의 경우 근 20년 동안 신촌 → 홍대 → 상수 → 합정 → 망원을 지나 다시 연남동 → 홍대 → 공덕 방향 경의선숲길을 중심으로 상권이 이동해 왔다. 상권의 축이 이동하는 가운데 인근 지역의 전체 상권과 연결되며 규모가 커질 수도 있다. 이태원의 경우도 이태원역(해밀턴역) → 녹사평역(경리단) → 한강진역 → 이태원역으로 축이 옮겨 가는 일도 있었다. 그러나 누구도 범凡신촌 상권이나 범이태원 상권의 몰락을 말하지는 않는다. 인근을 돌아다니는 유동 인구가 늘거나 최소한 유지되기 때문이다.

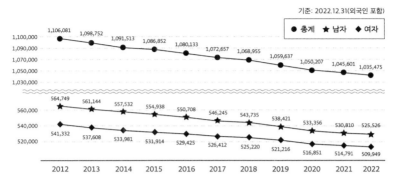

[도표 2] 창원의 인구 추이 (단위: 만 명)

기준: 2022.12.31(외국인 포함)

● 총계 ★ 남자 ◆ 여자

출처: 창원시 빅데이터 포털.

　　그러나 인구가 줄어드는 도시에서 개별 상권의 쇠퇴는 다음 상권의 쇠퇴를 예정하는 경우도 적지 않다. 예컨대 경남 창원시(마산·창원·진해)의 마산 창동─오동동─부림시장 인근의 범л창동 상권을 떠올릴 수 있다. 창원시는 울산과 마찬가지로 매년 1만 명 내외의 인구가 유출된다. 2025년에 특례시 최소 기준인 100만 명 이하로 떨어진다는 전망도 있다. 창원시의 1차 상권 이동은 2000년대다. 마산 지역의 인구 감소, 수출자유지역(현 자유무역지대)의 경공업 및 전자 산업 쇠퇴와 통합시의 출범으로 인해 행정기관이 창원으로 이전하자 마산의 범창동 상권이 2000년대를 기점으로 쇠퇴했다. 그나마 마산 합포구 경남대학교 인근(댓거리)이나 시외터미널이 위치한 마산 회원구 합성동 인근의 상권이 이런 유동 인구를 흡수할 수 있었다. 그러나 2010년대를 지나면서 주요 소비층인 대학생과 창원공단 노동자 가족이 마산보다는 창원의 상남동─용지동의 범л상남동 상권을 찾았다. 2020년대 코로나19

가 퍼지는 과정에서 범상남동 상권 역시 위축됐다. 이제는 대단지 아파트가 들어선 창원역 인근의 팔룡동·명곡동으로 유동 인구가 옮겨 갔기 때문이다. 그런데 성장하지 않는 도시에서는 쇠퇴한 상권의 재생이나 재활성화가 잘 이루어지지 않거나 더디 진행되기 마련이다. 범창동 상권인 부림시장 인근처럼 쇠락 사이클을 거치고 나면 '백종원'이 찾아오지 않는 이상 살아나지 못한다. 성장하지 않는 도시에서는 단순히 핫플레이스의 이동이 아니라 도시의 전반적 상권 쇠퇴가 진행하는 것이다. 범창동 상권의 쇠퇴 과정을 통해 댓거리, 합성동, 범상남동 상권 쇠퇴의 전조를 읽어 낼 수 있다(도표 2 참조).

도시의 하강은 서서히 다가온다. 지역 주민이나 정치인은 경제 위기를 도시의 경기 하락 이유로 꼽는다. 이를테면 사드 배치 여파로 대중국 수출이 감소해 2015~2017년 현대자동차가 어려움을 겪었던 일이나, 2010년대 중반부터 최근까지 조선 산업이 겪었던 경기침체와 구조조정같이 갑자기 벌어졌던 경제 위기를 이유로 든다. 달리 말하면 외부의 충격만 없다면 '정상 궤도'에 진입할 수 있고 그 하강이 반전될 수 있다는 것이다. 앞서 다룬 산업의 사이클론과 같은 이야기다. 그러나 현실은 반대다. 서서히 어려움이 누적된 상태에서 사드 배치나 조선 산업 구조조정의 충격 같은 외생적인 사건이 발생해 그 어려움이 드러난다.

울산 사람은 산업과 도시의 어려움을 체감하기가 힘들다. 우선 1장에서 언급했듯이 3대 산업 중 하나가 어려울 때 다른 산업이 호황을 누리는 경우가 많기 때문이다. 더불어 산업 배치가 동구(조선), 북구

(자동차), 남구(석유화학)로 되어 있고, 서로 간 교류가 크지 않기 때문에 다른 지역의 위기나 호황을 체감하는 게 쉽지 않다.

둘째로 누적된 불신이 위기를 믿지 않게 한다. 원청 대기업은 하청 기업에 언제나 경영상의 어려움을 근거로 단가 인상을 제약해 왔다. 노동자는 회사 사정이 어렵다는 말을 귀에 못이 박히게 들었다. 그러면서도 교섭력이 좋아지거나 외부 환경이 개선되면 무엇 때문에 좋아졌는지를 평가하지 않고 임금이 오르거나 단가가 올라갔다. 정말로 위기가 왔을 때 서로 고통을 분담하고 문제를 함께 해결하기보다는 비용을 약한 고리(사내 하청 노동자, 열위의 부품 협력 업체, 사외 협력 업체 등)로 전가했다. 경기가 좋아지든 위기가 오든 그 원인에 대한 평가와 합의가 이루어지지 않는 것이다. 결국 위기도 경기 반등도 불신의 고리를 끊어 내지 못했다.

마지막으로 지역 거버넌스가 울산에 당면한 문제를 해결해 본 경험이 거의 없다. 울산시 주도로 굴지의 대기업, 강력한 원청 노동조합, 하청 노동조합, 시민 사회와 전문가 집단이 공동의 의제를 설정하고 문제를 풀기 위해 모이기도 어려웠다. 첨예한 문제가 발생하면 대기업 원청이나 원청 노동조합이 테이블에 함께 앉는 것 자체를 회피하기도 했다. 지방정부는 산업도시 울산의 구체적 문제를 모색하거나 풀어내지 못하니 지역 주민과 3대 산업 종사자 입장에서는 지역 정치인을 선거 때에나 얼굴 비치는 사람으로 여기는 것도 무리가 아니다. 예전 같지 않은 정규직 고용, 하청 노동자의 형편, 인구 감소, 상권 쇠퇴가 누적될수록 낙관주의는 어느새 비관론으로 바뀔 수밖에 없다.

지역 주민이 위기에 무감각해지고, 위기를 느끼더라도 무기력하게 현상 유지를 바라는 것은 어쩌면 자연스러운 일이다. 여기서 지적해 온 적대적 노사관계, 자동차 생산 공정의 자동화, 엔지니어의 수도권으로 이탈, 노동 시장 이중 구조, 여성 인력의 저활용, 생산직 위주 노동 시장 구조와 미스매칭을 지역 주민 개개인의 힘으로 풀 수는 없다. 울산의 노동 운동이나 시민 사회도 외치는 구호와 별개로 벽을 넘어서는 상생 연대를 만들어 내지 못하고 있다. 중앙정부와 지방정부는 2023년 조선업 상생협약이나 상생형 일자리 사업 등을 시도했으나 적대적 노사관계 속에서 양자를 적극 끌어내는 데는 역부족이었다. 수도권 집중에 맞서기 위한 동남권 부울경 메가시티 프로젝트는 좌초했고, 대안은 지방선거 1년이 지나도록 마련되지 않았다. 도리어 정치권은 서울에 김포, 고양, 하남 등의 위성도시를 편입하며 수도권을 더욱더 큰 메가시티로 팽창시키려 한다.[1]

1970년대 울산의 자동차 공장과 조선소를 처음 찾았던 노동자는 "몇 년 일해서 목돈 쥐면 떠나려고 했다"라고 한목소리를 낸다. 위험한 작업장, 비인간적 대우, 열악한 주거 환경, 허허벌판에 선 도시였기 때문이다. 노동자들이 '몇 년'으로 예정했던 울산에서의 삶이 한 세대를 지났다. 산업도시 울산은 노동자 중산층의 도시로 기적을 이루었고, 한국의 산업 수도로 자리 잡았다. 그런데 이젠 예전처럼 정규직을 뽑을 계획이 없는 회사를 바라보며 울산의 생산직 노동자는 정년을 '몇 년' 더 연장하는 것을 들고 나왔다. 연대의 부족 속에서 각자도생의 전략이 만들어 낸 풍경이다.

현대자동차가 2023년, 2024년 생산직 정규직을 채용한다고 밝혔다. 하지만 자동차 산업 전문가는 자동화가 더욱 빠르게 전개되기에 그런 요행을 바랄 수 있는 날도 머지않았다고 입을 모은다. 현대중공업은 인력난을 이유로 외국인을 직영 생산직으로 뽑기 위한 방법을 모색하고 있다. 특별히 달라지지 않을 석유화학 산업 역시 정규직 고용을 확대할 계획이 없다. '몇 년'의 계획은 연장됐지만 '한 세대'를 넘는 비전은 부재한 상황이다. 추세대로라면 2030년 즈음 울산의 인구가 100만 명을 밑돌고, 대기업 작업장에 정규직 생산직이 사라지는 상황을 반전시킬 만한 계기가 현재로선 없다.

이대로라면 산업 수도 울산이 하청 생산기지로 전락하는 상황을 피하기 어렵다. 3대 산업의 연구개발 기능은 이미 수도권에 있고, 조선 산업의 설계 엔지니어도 한국조선해양의 판교 배치로 점차 수도권으로 향하고 있다. 미래 자동차 산업의 핵심인 전장 부품은 다수가 현대자동차 남양연구소 인근에 위치해 있고, 연구개발과의 연계를 고려할 때 기존의 울산 부품 협력사도 점차 수도권으로 향할 것이다. 조선 산업의 축적된 노동자의 숙련 역시 정규직 공정의 최소화, 사내 하청 생산 체제로 인해 축소될 전망이다. 2010년대를 지나며 조선 산업의 사내 하청 업체는 본공(정규직 상용공) 노동자를 쓰는 대신에 일당제 또는 물량팀을 쓰는 실험을 마쳤다. 더 높은 임금을 기대하는 노동자는 온라인 네트워크를 활용해 조선소를 떠나 전국에 위치한 덜 위험하고 일당 높은 플랜트 공장으로 언제든지 옮길 준비가 되어 있다.

숙련 노동력을 정착시킬 수 있는 비전이 현재로서는 부재한 상황이다. 정규직과 숙련 노동자가 사라지는 현실에서 이들을 관리할 수 있는 대기업 사무직 일자리 역시 축소될 것은 분명하다. 제조업의 구상 기능이 없고, 실행 기능에서 숙련이 없는 산업도시의 미래는 임금 문제에 함몰되고 만다. 기업은 임금이 상승할 때 숙련이 없는 작업장을 미련 없이 버린다. 미국의 러스트 벨트 같은 해외 사례가 아니더라도 군산 GM 공장 철수를 통해 이미 확인한 바 있다.

주력 제조업의 어려움을 관광이나 문화 산업 등 서비스 산업을 육성하는 것에서 해법을 찾기도 한다. 물론 여성 일자리나 인문 계열 대졸자 일자리 창출이라는 측면에서 도움이 될 수는 있겠지만 서비스 대기업의 대규모 투자가 없는 이상 산업도시 울산의 역사를 바꾸기는 쉽지 않다. 신생 서비스 산업으로 어떻게 100만 명 내수 시장을 넘어서는 수요를 창출할 수 있겠는가. 촘촘한 계획과 담대한 투자가 없다면 말이다. 더불어 동남권 관점에서 울산 남쪽에는 한국에서 두 번째로 큰 서비스 산업을 보유한 부산이 있다. 그런 부산과의 연계를 강화하는 것이 훨씬 효과적이다. 전국적 측면에서도 울산이 제조업을 담당하는 것이 분업 구조상 효과적이다. 울산의 제조업 문제는 회피할 수 없다.

산업도시 울산에 기회가 전혀 없는 것은 아니다. 우선 울산의 제조 역량이 아직 건재하다. 50년 동안 고유 모델 자동차, 최고 수준의 선박, 석유화학 제품을 개발하고 생산해 온 무형의 자산이 여전히 울산에 남아 있다. 또 아직은 로봇과 자동화 가공 선반에 대체되지 않은 노동자의 노하우가 있다. '쟁이'는 '현장'을 지켜야 한다면서 남아 있는 엔지니어도 있다. 또 울산대학교와 UNIST는 여전히 많은 공학도를 교육시키고 배출하고 있다. 3대 산업 원청이 이들의 고용을 확대하고 또 울산의 산업에 기반을 둔 부품·기자재 제조업 창업에 새로운 기회를 제공할 수 있다면, 이들은 울산이 혁신 제조업 클러스터로 전환하는 데 기여할 수 있다. 울산을 지키고 있는 전현직 엔지니어와 이들을 어떻게 연계시켜 줄 수 있는지, 이들에게 사업화가 가능한 지원을 어떻게 효과적으로 조합할 수 있는지에 따라 가능성은 여전히 남아 있다.

한국은 산업도시 울산을 포기할 수 없고 포기해서도 안 된다. 첫째, 울산의 노사관계와 고용 모델은 전국 단위 노사관계와 고용 방식의 바로미터가 된다. 현대자동차의 노사관계가 전국적 노사관계에 영향을 끼치고, 현대중공업의 고용 방식이 조선 3사에 영향을 미친다. 고진로 전략을 통해 상생하는 노사관계, 정규직의 숙련과 고임금을 교환하는 체제를 만들기 위해서 산업도시 울산의 역할이 크다. 많은 지자체가 제조업 산업단지를 희망하는 가운데 산업단지에 입주하는 기업이 저임금 외국인 노동자를 활용하며 하청 생산기지만 구축하려는 지금, 울산이 롤 모델이 되어 다른 방식의 고용 모델을 고안하고 확산해야 한다. 고부가가치 제품과 높은 생산성을 요구받는 선진국 경제에서는 더욱 그렇다.

둘째, 성평등 관점에서도 울산을 포기할 수 없다. 남성은 대공장에서 돈을 벌어오고, 여성은 가정에서 육아와 가사 노동을 한다는 남성 생계 부양자 경제가 울산의 현실이다. 울산의 3대 산업이 여성에게 엔지니어 직군뿐 아니라 생산직 고용에서도 동등한 기회를 줌으로써 산업 가부장제를 넘어 양성 평등한 제조업 사업장이라는 고용 모델을 만

[그림 3] 현대중공업 정문에 있는 창업자 정주영의 글(사진: 저자 직접 촬영)

[그림 3] 현대중공업 정문에 있는 창업자 정주영의 글(사진: 저자 직접 촬영)

들어 낼 수도 있다.

　마지막으로, 산업도시 울산의 꿈을 되짚어 보자. 현대중공업 정문에는 "우리가 잘되는 것이 나라가 잘되는 것이며, 나라가 잘되는 것이 우리가 잘될 수 있는 길이다"라는 창업자 정주영의 글이 있다.*

　'나라'가 제조업 강국이 되는 데 있어 중화학 공업화와 울산의 역할은 분명한 것이었다. '우리'는 누구였고 그들의 꿈은 어떻게 되었나? 먼저 세계 일류 자동차, 조선, 석유화학 제품을 생산해 수출주도 경제를 만들려 했던 오원철이나 1세대 중화학 공업화 설계자인 테크노크

* 　최근 현대중공업의 남쪽에 위치한 현대일레트릭 공장의 문구가 "우리 회사에는 당신이 다치면서까지 해야 할 중요한 일이 단 하나도 없습니다"로 교체됐다. 어쩌면 울산의 변화를 보여 주는 한 단면일 수도 있겠다.

라트와 정주영·이병철·신격호 같은 자본가가 가진 울산의 꿈이 있었다. 현대자동차와 현대중공업이 수십조 원을 수출하기까지 그 꿈은 50년에 걸쳐 이뤄졌다. 하지만 기후 위기와 미중 분쟁 등으로 인해 산업 전환과 공급망 재배치가 필요한 지금 그 꿈이 위태로워지고 있다.

둘째로 전국 각지에서 건강한 신체와 성실함을 갖추고 모여든 젊은 노동자가 상상했던 꿈이 울산에 있었다. 묵묵히 땀 흘려 일하면 가정을 꾸리고 중산층의 괜찮은 삶을 누릴 수 있을 것이라는 꿈이었다. 원청 정규직의 울타리에 들어갔던 노동자는 그 꿈을 이뤘다. 하지만 적대적이고 담합적인 노사관계 속에서 울타리 바깥에 있는 노동자가 계속 늘었고, 울타리 안 노동자의 자리는 자동화와 엔지니어 주도 생산에 의해 지속적으로 줄고 있다. 대학까지 공부한 노동자의 자녀는 울타리 바깥의 일을 바라지 않고, 울타리 안의 일자리도 생산직이라면 우선으로 여기지 않는다. 어떻게 중산층이 될 수 있을지 물음표가 늘어가는 사이 청년들은 울산을 떠나고 있다.

마지막으로 현장에서 나온 문제를 어떻게든 해결해서 기술을 개발하고 생산을 원활하게 만드는 것을 존재 이유로 생각하는 엔지니어가 가졌던 울산의 꿈이 있다. 플랜트 공정을 설치하고 시험을 하며 산업 입국을 기대했던 충주비료 출신의 전민제 같은 화학공학 엔지니어들, 고유 엔진을 만들었던 강명한 같은 기계 엔지니어들의 꿈이 있었다. 울산은 기계로 만들 수 있는 거의 모든 것을 생산하는 세계 최대 제조업 클러스터가 됐다. 하지만 시간이 갈수록 제조업 클러스터 울산의 기능이 취약해지고 있다. 꿈이 있는 엔지니어는 수도권으로 향하고,

여성 엔지니어는 울산에서 꿈을 꾸지 못한다. 50년간 산업도시 울산의 기적을 만들어 낸 이들의 꿈은 갈등이 있었을지언정 이어져 있었다. 2024년 지금, 이들의 꿈이 끊어져 겉돌고 있다. 위기를 언급하면 모두 '지나간 시절'만 떠올릴 뿐이다.

어떻게 하면 새로운 산업도시 울산의 꿈을 다시 꿀 수 있을까? 우선 제조업 클러스터로서 울산의 가치에 대해 충분한 공감대가 필요하다. 제조업 고도화, AI 및 ICT 연계를 통한 4차 산업혁명 모두 울산에서 시작하는 것이 가장 효과적이다. 기계 분야에서 가장 고도화된 제조 역량을 갖고 있기 때문이고, 50년간 누적된 숙련과 체화된 기술을 갖춘 전문가가 머물고 있는 곳이기 때문이다. 조선업 구조조정 과정에서 거제가 어려워지자 동남권이 몸살을 앓았다면, 앞으로 울산의 고용이 무너지고 제조 경쟁력이 사라진다면 동남권뿐 아니라 전국의 제조업이 흔들릴 수 있다. 고용뿐 아니라 산업 생태계의 공급망과 가치사슬 차원에서도 그렇다. 울산을 방치하고 제조업을 논할 수 없다.

둘째로 국가, 지자체, 대자본, 노동조합 누구도 일방적으로 끌고 갈 수 없는 상황이라는 것을 인지해야 한다. 결국 명확하게 문제를 공유하고 각자의 이해관계를 인정하면서 최소한의 것부터 차근차근 풀어 나가는 협상을 지역 단위에서 시작할 수밖에 없다. 울산 단위에서 제조업 혁신과 상생 고용을 위한 합의를 만들어 낸다면 이를 롤 모델 삼아 포항, 창원, 거제를 거쳐 광양, 여수, 영암, 광주로, 다시 충청권까지 이어지는 산업도시의 상생 모델로 작동할 수 있을 것이다.

세계 경제에서 한국의 위상을 제고하는 데에는 여전히 제조업 혁신 클러스터로서 산업 수도 울산의 꿈은 유효하다. 평범한 사람이 묵묵히 일해 만들어 냈던 노동자 중산층의 꿈 역시 울산이 어떠한 방향으로 나가는지에 따라 지속 가능할 수 있다. 새로운 제품을 만들고 가장 효율적이고 효과적으로 양산해 냈던 엔지니어의 꿈을 달성하기 위한 테스트베드로서 울산의 가치는 여전히 크다. 산적한 문제를 회피하지 않고 풀어나가는 과정에서 산업도시 울산의 꿈, 평범한 한국인의 꿈, 엔지니어의 꿈 역시 달성할 수 있을 것이다.

연구조사 방법론 및
연구 참여자

책 집필을 위해 2020년 6월부터 8월까지 13회에 걸쳐 울산 주민과 3대 산업 종사자 29명을 초점 집단 면접Focus Group Interview(FGI)을 하거나 심층 면접In-depth Interview을 했다. 연구 참여자들은 울산 지역의 업계 종사자이거나, 지역에 살거나 지역 출신 주민으로 연령대와 직군을 고려하여 선정됐다. 성비 역시 고려 대상이나 울산의 3대 산업이 가지고 있는 남초 사업장의 특성 때문에 대다수가 남성일 수밖에 없었다. 연구 참여자는 1차적으로 울산 테크노파크, 울산대학교 사회과학부 조형제 교수, 울산 출신의 오마이뉴스 박현광 기자, 경남대학교 고승백 조교의 도움을 받아 모집했다. 이후 연구 참여자들의 지인을 소개받는 방식의 눈덩이표집snowballing을 수행해 추가적인 면접 조사를 수행했다.

면접 조사는 반구조화된 문항(토픽 수준)을 제시하고 연구 참여자의 자유로운 의견 개진을 통해 진행됐다. 연구 참여자의 맥락에 따라 지역 산업이나 자신이 근무하는 사업장에 대해 묻거나 지역살이에 대한 일상적 내용을 질문했다. 그 내용을 정리해 책의 본문에 직접 인용하거나 본문에 반영했다.

연구 참여자의 성명은 참여자 보호를 위해 가명으로 처리했다. 연령은 연구 수행 당시 기준이다. 연구 참여자의 목록은 다음과 같다.

성명(가명)	연령	성별	학력	전공계열	분류	직업
김영현	65	남	대졸	사범	지역 주민	퇴직 교사
문대인	56	남	대졸	공학	전직 종사자	전직 임원
강택신	71	남	대졸	공학	전직 종사자	전직 임원
박우열	63	남	대졸	공학	전직 종사자	전직 임원
지해석	70	남	대졸	공학	전직 종사자	전직 임원
김지후	23	남	대재	인문사회	지역 청년	대학생
김희난	23	여	대재	인문사회	지역 청년	대학생
손원주	23	여	대재	인문사회	지역 청년	대학생
하일승	38	남	대졸	공학	자동차 종사자	기술직 회사원
한창수	40	남	대졸	공학	자동차 종사자	기술직 회사원
곽대운	40	남	대졸	공학	자동차 종사자	기술직 회사원
안현성	39	남	대졸	공학	자동차 종사자	기술직 회사원
이춘욱	36	남	대졸	공학	자동차 종사자	기술직 회사원
임우재	52	남	대졸	공학	자동차 종사자	기술직 회사원
고철승	37	남	대졸	공학	자동차 종사자	기술직 회사원
전성우	41	남	대졸	공학	자동차 종사자	기술직 회사원
조규영	51	남	대졸	경영	자동차 종사자	임원
김영두	25	남	대재	인문사회	지역 청년	대학생
최성윤	32	남	대학원졸	인문사회	지역 청년	대학원생
조원우	29	남	대졸	공학	지역 청년	현대제철 협력사
정종현	37	남	대졸	공학	중공업 종사자	기술직 회사원
전영하	33	남	대졸	공학	지역 청년	휴대폰
임동민	28	남	대졸	공학	지역 청년	휴대폰
이은수	25	여	대졸	인문사회	지역 청년	자영업
이은나	27	여	대졸	인문사회	지역 청년	대학 조교
신필승	30	남	대졸	공학/인문사회	지역 청년	휴대폰
선정현	29	남	대졸	공학	지역 청년	자영업
조환규	28	남	대졸	공학	지역 청년	사무직 회사원
김준현	29	남	초대졸	공학	지역 청년	무직

더불어 산업도시 울산 지역 전문가와 제조업 전문가의 도움을 받았다. 공식적으로 인터뷰를 수행했던 전문가 정보는 다음과 같다.[*]

성명(가명)	연령	성별	직함	분류
조형제	63	남	울산대학교 교수	자동차 산업 전문가
정창윤	56	남	울산 일자리재단 원장	노사관계 전문가
김승석	65	남	근로복지공단 상임감사, 전 울산대학교 교수	석유화학 산업 전문가

[*] 그 외 아래에 열거하지 않은 제조업 각 분야 전문가와 비공식적으로 한 개별적 질의응답 역시 연구에 반영했다. 그들에 대한 정보는 본문에 기재했다.

감사의 말

《울산 디스토피아: 제조업 강국의 불안한 미래》는 2020년부터 시작한 산업도시 울산과 울산의 대표 제조업의 현재와 앞날을 탐구한 결과물이다. 2019년에 출간했던 《중공업 가족의 유토피아》가 개인의 경험과 직장 동료와 나눴던 대화로 빚어낸 전직 조선소 직원의 기록이라면, 이 책은 문헌, 인터뷰, 통계 자료에 기초한 연구자의 작업물이다. 연구와 집필 그리고 출간 과정에서 많은 분의 도움을 받았다.

먼저, 조형제 선생님(울산대 사회과학부 명예교수)께 감사의 말씀드린다. 선생님은 현대자동차로 대표되는 한국 자동차 산업 연구의 산증인이다. 제조업 도시의 지속 가능한 성장에 대한 질문을 놓지 않고, 현장 연구에 기초해 40년의 시간을 논문과 저서를 출간하며 학문 공동체에 기여하셨다. 또 현장 연구의 성과를 울산 노사민정(구 화백회의) 협의체를 비롯한 지역 사회 이해관계자들과 공유하며, 정책과 운동에 실천적으로 기여하려는 노력을 멈추지 않으셨다. 조형제 선생님은 저자의 산업도시 울산 연구에 필요한 도움은 물론이고 토론자 역할도 기꺼이 맡아 주셨다. 이 책은 조형제 선생님의 《산업과 도시》(2009), 《현대자동차의 기민한 생산방식》(2016)과 *Agile Against Lean*(김철식·정준호 공저, 2023)이 던졌던 문제의식에 기초해 출발할 수 있었다.

경남대학교 사회학과 동료 지주형·김동완·조정우 선생님의 도움도 빼놓을 수 없다. 저녁에 도시락을 함께 나누며 한국의 산업 정책과 그 배경에 깔린 정치적 맥락을 이론적으로 명쾌하게 풀어 주신 지주형 선생님, 초임 교수일 때 지정학과 비판적 경제지리학의 이론 틀을 친절하게 설명해 주신 김동완 선생님, 만주국이 남긴 유산과 울산을 포개어 살펴볼 수 있는 아이디어를 주신 조정우 선생님께 감사의 말씀 전한다. 더불어 혁신 연구와 산업 정책 그리고 엔지니어 연구의 맥락에서 제조업을 바라보고 이론적 감과 실천의 맥락을 잡을 수 있도록 안내해 주신 카이스트 과학기술정책대학원 김소영 선생님과 전치형 선생님, 강원대 부동산학과 정준호 선생님과 한국학중앙연구원 김철식 선생님께도 감사드린다. 함께 수다를 떨며 고민해 주는 새로운소통연구소의 친구들, 의견을 나눠준 열거할 수 없이 많은 연구자께도 감사의 말씀드린다. 3부와 4부 내용을 발표하고 토론할 수 있는 기회를 준 경남대 인문학연구소, 한국사회사학회, 비판사회학회, 균형발전포럼에도 감사드린다.

2020년 연구 과정 일체를 지원해 준 울산 테크노파크의 차동형 전임 원장님(현 한국석유관리원)을 비롯해 정철우 단장님, 이효정 선생님께도 감사와 더불어 출간이 늦어 송구하다는 말씀을 드리고 싶다. 연구 과정에서 자료조사부터 책의 초고가 됐던 보고서 집필 과정까지 연구를 도왔던 김우철(UBC 대학원 지리학과 박사수료), 연구 행정과 인터뷰 녹취록 작성을 맡아 준 고승백, 소현우(이하 경남대 대학원 건축도시계획학과)에게도 고마움을 전한다.

연구 결과가 바로 책이 되는 것은 아니다. 성긴 보고서 초고부터 구성을 갖춘 한 권의 책이 될 수 있도록 출간 기획 전 단계에서 의견을 주고 언제든 맥주 한잔 나눌 자리를 마련해 주셨던 정희용 선생님 덕택에 2년의 공회전을 멈추고 탈고할 수 있었다. 출간 직전까지 거친 원고의 문장 하나, 토씨 하나까지 꼼꼼하게 살펴주신 부키의 편집자 장미숙 선생님께도 감사의 말씀드린다.

마지막으로 가족은 언제나 든든한 응원군이었다. 어느 날 불현듯 울산 동구 전하동과 방어진에서 보낸 1970년대의 청년기를 전해 준 아버지의 응원, 장남의 현재와 미래를 늘 걱정하는 어머니의 기도 덕택에 방향을 잃지 않고 연구자로 살 수 있었다. 또 분야가 사뭇 달라 읽기 까다로운 원고를 처음부터 끝까지 읽고 한 줄 한 줄 날카롭고 애정 어린 논평을 해 준 문화예술 평론가 최여정 작가 덕택에 책의 가독성과 타당성이 향상될 수 있었다. 같이 읽고 쓰는 동지이자 한집에서 일과 삶을 의논할 수 있는 동반자가 주는 안도감과 충만함은 더 길게 말할 필요가 없다.

책의 모든 내용은 저자인 내 생각과 연구에 기초했고 모든 오류의 책임 역시 내게 있다. 21세기 기후 위기·4차 산업혁명이라는 글로벌 수준의 전환과 저출생 고령화 및 지역 소멸로 대표되는 한국 사회 미증유의 재생산 위기 속에서, 다음 세대를 위해 제조업·에너지·국토계획의 전환에 대한 열린 토론의 장이 펼쳐지길 희망한다.

2024년 3월
경남대 고운관에서
양승훈

주

프롤로그

1　시도별 수출액, KOSIS, 2022년 7월 검색.

2　시도별 1인당 지역내총생산, 지역총소득, 개인소득, KOSIS, 2023년 1월 검색.

3　정재용·황혜란 편,《추격형 혁신시스템을 진단한다》, 한울, 2013.

4　핫또리 타미오,《개발의 경제사회학》, 유석춘 옮김, 전통과현대, 2007.

5　김원 외,《사라진 정치의 장소들》, 천권의책, 2008.

6　레슬리 컨,《여자를 위한 도시는 없다: 처음 만나는 페미니스트 지리학》, 황가한 옮김, 열린책들, 2022.

7　박해천, "동남권 공업벨트의 노동자-중산층 모델",《경향신문》별별시선, 2016년 7월 11일 자.

8　앤드류 양,《보통 사람들의 전쟁》, 장용원 옮김, 흐름출판, 2019.

1부 1장

1　울산매일UTV, "현대중공업 '희망퇴직' 종료…노조 "현장 압박 이어질 수 있다" 우려", 2018년 9월 16일 자.

2　리처드 데이비스,《2030 극한 경제 시나리오》, 고기탁 옮김, 부키, 2022.

3　조형제,《한국적 생산방식은 가능한가》, 한울, 2005.

4　현대자동차, 현대중공업 홈페이지에서 확인. (https://www.hyundai.com/kr/ko/brand/factory-tour/introduction/ulsan.html ; https://www.hhi.co.kr/About/about01)

5　강기천, "공업 없는 공학 – 1950~60년대 서울대학교 공과대학의 지향과 현실",《사회와 역사》, 제119권, 41-73, 2018.

2장

6　김정렴,《최빈국에서 선진국 문턱까지》, 랜덤하우스코리아, 2006.

7　"울산, 변방의 읍성에서 한국의 대표 산업도시로 변하다", 레디앙, 2020년 1월 10일 자.

8 김승석·한상석,《울산의 산업(1)-공업화의 역사》, 울산대학교출판부, 2005.

9 이케다 스케타다에 대한 서술은 한삼건,《울산의 기억 울산의 미래》, 울산광역시 남구, 2016, 33-38; 배석만, "부산항 매축업자 이케다 스케타다(池田佐忠)의 기업 활동",《한국 민족문화》, 제42호, 127-170, 2012에 의존한다.

10 한국민족문화대백과사전, "울산광역시" 자연환경 편, http://encykorea.aks.ac.kr/Contents/Item/E0040459.

11 장병익,《울산지역산업론》, 울산대학교출판부, 2012, 97.

12 김봉국, "1960년대 '호남푸대접' 담론과 로컬리티",《역사연구》제39호, 255-298.

13 김민호·김동완, "울산공업단지의 서막, 정유공장 건설의 정치지리", 대한지리학회지, 2014, 49(2), 139-159.

14 "김입삼 회고록 31: 투자유치단",《한국경제》, 1998년 12월 7일 자.

15 장병익, "울산 산업사",《울산학연구》창간호, 11-181.

16 "입지조건 탁월, 검토 한달 만에 공업센터 착공",《경상일보》, 2012년 1월 9일 자.

17 한삼건(2016:21)에서 재인용.

18 김민호·김동완(2014:145)에서 재인용.

19 김형아,《유신과 중화학공업: 박정희의 양날의 선택》, 신명주 옮김, 일조각, 2005.

20 최영진,《한국 중화학 공업화의 지리-정치경제학적 연구: 현대조선과 창원공단을 사례로》, 서울대학교 대학원 사범대학 사회교육과(지리전공), 2014.

21 배석만, "조선산업: 수출전문산업으로의 극적 전환",《역사비평》, 2018. 2, 71-105.

22 TENOLD, S., KANG, J., KIM, S., & MURPHY, H. (2020). International Transfer of Tacit Knowledge: The Transmission of Shipbuilding Skills from Scotland to South Korea in the Early 1970s, *Enterprise&Society*, 1-33.

23 Hyung-A, Kim, *Korean Skilled Workers*, University of Washington Press, 2020.

2부 3장

1 한국은행 경제통계시스템, 2022년 9월 조회, https://ecos.bok.or.kr/.

2 The World Bank Data, 2022년 9월 조회, https://data.worldbank.org/indicator/SL.IND.EMPL.ZS.

3 《경상일보》2018년 1월 10일 자, "울산 공장장 퇴직자 모임 'NCN' 출범 10년", http://www.ksilbo.co.kr/news/articleView.html?idxno=626496;《세계비즈》2020년 3월 24일 자, "'삼성이 나서니'…마스크 제조사 생산성·효율성 ↑", http://www.segyebiz.com/newsView/20200324510674.

4 박배균·김동완·장세훈 편,《산업경관의 탄생》, 2장 〈구로공단 조성의 신화, 그 허상과 실상〉, 알트, 2014.

5 국가기록원, "수출산업의 선두주자: 구로공단", https://theme.archives.go.kr/next/

koreaOfRecord/gurogongdan.do.

6 신동호, "창조산업 클러스터의 형성과 발전의 거버넌스에 관한 연구: 미국 뉴욕 브루클린의 문화예술 산업클러스터를 사례로", 《한국경제지리학회지》, 2011, 14(1), 71-85.

7 《한국경제》, "경제활력 '뚝'… 반도체 생산 3개월째 줄고, 제조업 재고는 더 쌓여", 2022년 10월 31일 자, https://n.news.naver.com/mnews/article/015/0004769533?sid=101.

8 《국제신문》, "소비자심리지수 비관적…기업경기실사지수 전망치도 최저치", 2022년 11월 22일 자. https://n.news.naver.com/mnews/article/658/0000 025895?sid=101.

9 이정동, 《최초의 질문》, 민음사, 2022; 이정동, 《축적의 길》, 지식노마드, 2017.

10 남종석·김종호, 《불황기 기업간 거래관계와 기업유형별 경영성화》, 《경제발전연구》, 25권 1호, 55-81.

11 양승훈, "'제가 그래도 대학을 나왔는데': 동남권 지방대생의 일경험과 구직", 《경제와사회》 통권 131호, 2021년 9월, 10-54.

12 정준호, 〈지역 간 소득격차와 위험공유〉, 《공간과 사회》, 28권 2호, 2018년 1월, 12-44.

4장

13 애덤 스미스, 《국부론-상》, 김수행 옮김, 비봉출판사, 2007; 칼 마르크스, 《자본론 1-상》, 김수행 옮김, 비봉출판사, 2015.

14 F. W. Taylor, 《과학적 관리의 원칙》, 박진우 옮김, 박영사, 2020.

15 해리 브래버먼, 《노동과 독점자본》, 이한주 외 옮김, 까치, 1998.

16 피터 메익신스 외, 《현대 엔지니어와 산업자본주의》, 이내주 외 옮김, 에코리브르, 2017, 2·3·5·7장.

17 Doreen Massey, *Spatial Divisions of Labour*, Red Globe Press, 1995; 도린 매시, 《공간, 장소, 젠더》, 정현주 옮김, 서울대학교출판문화원, 2015 참조.

18 핫토리 타미오, 《개발의 경제사회학》, 류석춘 옮김, 전통과현대, 2007.

19 핫토리 타미오, 《개발의 경제사회학》, 류석춘 옮김, 전통과현대, 2007, 107.

20 양승훈, 《중공업 가족의 유토피아》, 오월의봄, 2019, 287.

21 조형제, "자동차부품업체의 연구개발 입지 변화", 한국사회학, 2006, 40(5), 207-232.

22 Mike Hobday, "Product Complexity, Innovation and Industrial Organization", *Research Policy*, 26 (1998) 689-710; Diane E. Bailey and Paul M. Leonardi, *Technology Choices*, MIT PRESS, 2015.

23 《국민일보》, "울산과기대, 국내 첫 국립대 법인으로 설립", 2007년 3월 6일 자, https://news.naver.com/main/read.nhn?mode=LSD&mid=sec&sid1=102&oid=005&aid=0000272160.

24 UNIST 홈페이지 - UNIST 소개란 참조.

25 《중앙일보》, "서울대, 17명 세계 1% 연구자에 꼽혀… 현택환·강기석 등 우수 논문수 압도적", 2020년 12월 5일 자.

26 https://hmg-scholar.recruiter.co.kr/appsite/company/callSubPage?code1=4000&code2=4300.

27 UNIST INNOPOLIS 홈페이지. https://innopolis.unist.ac.kr/지원사업소개/ (검색일 2022. 12. 1)

28 https://unist-kor.unist.ac.kr/about-unist/overview/unist-at-a-glance-new/ (검색일 2022. 12. 1)

29 양승훈, 《중공업 가족의 유토피아》, 오월의봄, 2019.

5장

30 요코타 노부코, 《한국 노동시장의 해부》, 후마니타스, 2020.

31 김호연·양상현·현재열, 1987년 울산 노동자대투쟁 I, 울산대학교출판부(UUP), 2007, 138.

32 이제민, 《외환위기와 그 후의 한국 경제》, 한울, 2017.

33 IMF 사태의 배경, 전개과정, 결과에 대해서는 지주형, 《한국 신자유주의의 기원과 형성》, 책세상, 2011 참조.

34 민주노총 홈페이지.

35 지주형, 앞의 책, 5장 참조.

36 《중앙일보》, "현대자동차 8,189명 정리해고…전체직원 18%에 해당", 1998년 5월 20일 자.

37 조형제·강종열, 《울산의 산업화(3) 자동차·조선산업》, 울산대학교출판부, 2005.

38 유형근, 《한국 노동계급의 형성과 변형: 울산지역 대기업 노동자를 중심으로, 1987-2010》, 서울대학교 대학원 사회학과 박사학위 논문, 2011.

39 《한겨레》, "현대자동차 공정상 '도급'은 불법… 8천명 정규직 전환 불가피", 2012년 12월 28일 자, https://www.hani.co.kr/arti/society/labor/520505.html.

40 《시사인》, "정년연장은 왜 사회정의가 아닌가", 2021년 4월 13일 자, https://www.sisain.co.kr/news/articleView.html?idxno=44293.

6장

41 신병현, 〈지배연합, 저항연합, 그리고 민주화 대기업의 신경영 전략과 작업장 권력관계 변화〉, 《사회비평》, 1992, 7권 347-374; 고경임, 〈조선산업 대기업의 기업문화 전략〉, 《이론》, 1996, 4권 152-178.

42 현대자동차 홈페이지, https://www.hyundai.com/kr/ko/brand/factory-tour/introduction/ulsan.html.

43 조형제, 《현대자동차의 기민한 생산방식》, 한울아카데미, 2016.

44 조형제,《한국적 생산방식은 가능한가?》, 한울아카데미, 2005, 12-13.

45 조형제,《현대자동차의 기민한 생산방식》, 한울아카데미, 2016.

46 캐슬린 씰렌,《제도는 어떻게 진화하는가》, 신원철 옮김, 모티브북, 2011.

47 조형제,《한국적 생산방식은 가능한가?》, 한울아카데미, 2005, 20.

48 박태주,《현대자동차에는 한국 노사관계가 있다》, 매일노동뉴스, 2014.

49 박태주, 같은 책, 16.

50 조주은,《현대가족 이야기》, 이가서, 2004.

51 이정희, "현대자동차 사내하청 정규직 특별고용 합의의 의미",《월간 노동리뷰》2016년 5월호.

52 허환주,《현대조선 잔혹사》, 후마니타스, 2016.

7장

53 《한겨레》, 2023년 3월 16일 자, "현대차그룹 판매량 첫 세계 3위…도요타·폭스바겐 이어", https://www.hani.co.kr/arti/economy/car/1083728.html.

54 신원철, "영국 조선산업의 쇠퇴와 감원(1945~2000)", 2020,《산업노동연구》, 26(2), 1-44.

55 캐슬린 씰렌,《제도는 어떻게 진화하는가》, 신원철 옮김, 모티브북, 2011.

56 송호근,《혁신의 용광로》, 나남출판, 2018.

57 캐슬린 씰렌,《제도는 어떻게 진화하는가》, 신원철 옮김, 모티브북, 2011, 27.

58 조형제,《한국적 생산방식은 가능한가?》, 한울, 2005, 113-115.

3부 8장

1 Hartman, H. 1977. "Capitalism, patriarchy, and job discrimination by sex", *Capitalist Patriarchy and the Case for Socialist Feminism*, edited by ZR Eisenstein, *Monthly Review Press*, New York.

2 박배균·김동완 편,《국가와 지역》, 알트, 2013, 2장-4장.

3 레슬리 컨,《여자를 위한 도시는 없다》, 황가한 옮김, 열린책들, 2022, 80.

4 허은, "'부유한 노동자 도시'의 여성 - 울산과 창원 여성 일자리의 실태와 특성",《지역사회연구》제28권 3호 2020.9:87-113.

5 울산대학교 홈페이지.

6 허은, "'부유한 노동자 도시'의 여성 - 울산과 창원 여성 일자리의 실태와 특성",《지역사회연구》제28권 3호 2020.9:87-113.

7 이성균, "지역노동시장의 구조적 미스매치",《경제와사회》, 108, 2015:137-165.

8 《한겨레》, "18만5천개 '빈 일자리'에 외국인·노인·로봇…처우 개선은 '찔끔'", 2023년 3월 9일 자.

9   조형제·주은수, "대학생 취업지원 프로젝트의 성과와 한계",《지역 사회학》, 19(3), 2018:81-112.

9장

10   dart 현대자동차, 현대중공업 공시 (dart.fss.or.kr).

11   허은, 같은 글에서 재인용.

12   박태주,《현대자동차에는 한국 노사관계가 있다》, 매일노동뉴스, 2014.

13   요코타 노부코,《한국 노동시장의 해부》, 그린비, 2020.

14   이철우,《산업집적의 경제지리학》, 푸른길, 2020.

15   레슬리 컨,《여자를 위한 도시는 없다》, 황가한 옮김, 열린책들, 2022.

16   Doreen Massey, *Spatial Divisions of Labour*, Palgrave, 1995.

17   허은, "창원 지역 노동계급 여성의 성별 노동 불평등 적응 기제에 관한 연구",《경제와사회》, 2018.12:158-197.

10장

18   폴 윌리스,《학교와 계급재생산》, 김찬호·김영훈 옮김, 이매진, 2004.

19   케슬린 씰렌,《제도는 어떻게 진화하는가》, 신원철 옮김, 모티브북, 2011.

20   https://www.oecd.org/germany/Gender2017-DEU-en.pdf.

21   신원철, 2016, "일본 조선대기업의 고용조정: 미쓰비시 나가사키조선소 사례",《경제와 사회》통권 110호, 122-163.

4부 11장

1   마크 블라이스,《긴축》, 이유영 옮김, 부키, 2016.

2   김용균, "미국〈인플레이션 감축법〉의 주요 내용과 영향", 국회예산정책처《나보포커스》52호.

3   권석준,《반도체 삼국지: 글로벌 반도체 산업재편과 한국의 활로》, 뿌리와이파리, 2022.

4   현대경제연구원,〈세계 경제, 퍼펙트 스톰 오는가?: 글로벌 5대 리스크 요인의 향방과 시사점〉, 2022년 9월.

5   GPN 관점의 논의는 허우긍·손정렬·박배균 편,《네트워크의 지리학》, 푸른길, 2015, 10장, 정준호, "글로벌 생산 네트워크"; 도시연구 관점의 논의는 피터 홀 외,《세계의 테크노폴》, 강현수·김륜희 옮김, 한울, 2006 등 참조.

6   김선배, 2001, "지역 혁신 체제 구축을 위한 산업정책 모형",《지역연구》제17권 제2호, 79-97.

7   허우긍·손정렬·박배균 편,《네트워크의 지리학》, 푸른길, 2015, 10장, 정준호, "글로벌 생산 네트워크".

8 박배균 외, 《산업경관의 탄생》, 알트, 2014.

9 조형제, "산업도시의 재구조화와 거버넌스: 피츠버그와 디트로이트의 비교", 《국토연구》, 제43권, 2004, 69-87.

10 Alan Mallach, 2015, "The Uncoupling of the Economic City", *Urban Affairs Review* 51(4): 443-73; Jon C. Teaford, 2015, "Comments on Pittsburgh Renaissance", *Journal of Urban History* 41(1): 44-46.

11 《한겨레》 2020년 11월 19일 자, "'-50도 차이' 화이자·모더나 백신 보관 온도, 왜 다를까" https://www.hani.co.kr/arti/science/science_general/970576.html.

12 《전자신문》 2022년 9월 4일 자, "LNG운반선 극저온 화물창 우리 손으로 만든다", https://www.etnews.com/20220902000038.

13 특허청, 2021년 3월 8일, "코로나19 백신, 어떻게 보관되고 운반되는가?", 대한민국 정책브리핑, https://www.korea.kr/news/visualNewsView.do?newsId=148884745.

14 《서울신문》 2022년 9월 21일, "현대重, 첨단 스마트 조선소 구현에 속도…2030년 사람 개입 최소화", https://www.seoul.co.kr/news/newsView.php?id=20220921500028.

15 《시사인》 708호 "정년 연장은 왜 사회 정의가 아닌가", 2021년 4월 13일, https://www.sisain.co.kr/news/articleView.html?idxno=44293.

16 《한국경제》 2023년 3월 9일 자, "울산 울주강소특구 지정 3년 만에… '기업가치 1조원' 달성", https://n.news.naver.com/mnews/article/015/0004818673?sid=102; 《서울경제》 2023년 3월 10일 자, "UNIST, 한국 대표하는 연구중심大…2027년 세계 100대 대학 진입 목표", https://n.news.naver.com/mnews/article/011/0004165407?sid=102.

12장

17 John Kingdon, *Agendas, Alternatives, and Public Policies*, Pearson, 2010; Frank. R. Baumgartner and Bryan D. Jones, *Agendas and Instability in American Politics*, University of Chicago Press, 2009.

18 관계부처합동 한국판 뉴딜 사이트 참조. http://www.knewdeal.go.kr/front/view/newDealMean.do.

19 울산연구원, 《울산비전 2040》, https://www.uri.re.kr/bbs/board.php?bo_table=research_report&wr_id=1129; 울산광역시, 《울산 2040 플랜》, https://www.ulsan.go.kr/u/rep/contents.ulsan?mId=001005001002000000.

20 연합뉴스, "문대통령 '수소경제 의지 확고…신성장동력 마련할 절호의 기회'", 2019년 1월 17일 자.

21 조형제, "울산 자동차산업의 지속가능한 발전은 가능한가?", 2021.1.13. 경남대학교 인문학연구소 세미나.

22 한국에너지정보문화재단, "주요 국가의 2020년 에너지 믹스", https://www.etrans.or.kr/board/energy_mix_infograph.pdf.

23 IMO, 2009, *Second IMO Greenhouse Gas Study*; IMO, 2014, *Third IMO Greenhouse Gas Study*; IMO, 2020, *Fourth IMO Greenhouse Gas Study*.

24 《해양한국》 2018년 7월, "IMO 배기가스 규제 주요 동향".

25 김명수·오용식, "조선기자재 국산화에 대한 실증적 연구-조선소 발주자료를 중심으로", 《해양정책연구》, 36(2), 137-155; 한국은행 조사부 지역연구지원팀, "우리나라 주요 제조업 생산 및 공급망 지도(2023)", 2023.

26 디지털데일리, "삼성전자, 대체 불화수소 일부 라인 '투입'...SK하이닉스, 막바지 점검", 2019년 9월 4일 자.

27 이은경 외, 2012, 《한국산업기술사 조사연구(화학산업군: 비료 산업)》, KIAT·전북대학교.

13장

28 정성문 외, 《혁신생태계 관점에서 살펴본 동남권 연계 협력방안 연구》, 부산산업과학혁신원, 2019, 83.

29 유형근, 《분절된 노동, 변형된 계급》, 산지니, 2022, 2장.

30 앞의 보고서, 53.

31 이철호·김윤진, 2022, "메가시티 담론과 국민국가의 변환: 초광역권 구상의 공간 거버넌스에 대한 이론적 함의", 《21세기정치학회보》 제32집 3호, 1-24; UN, 2018, *World Urbanization Prospects 2018*, https://population.un.org/wup/.

32 박경, "초광역 메가시티, '메가 토건 프로젝트' 구상인가? - [경제지리학자들의 시선] 메가 토건프로젝트보다 혁신생태계 구축이 핵심", 프레시안 2022년 2월 4일 자, https://www.pressian.com/pages/articles/2022020408380292633.

33 Gulden, Tim, and Charlotta Mellander. "The rise of the mega-region", *Cambridge Journal of Regions, Economy, and Society* 1.3 (2008): 459-476.

34 에드워드 글레이저, 《도시의 승리》, 이진원 옮김, 해냄, 2021.

35 마강래, 《지방도시 살생부》, 개마고원, 2017; 마강래, 《지방분권이 나라를 망친다》, 개마고원, 2018; 마스다 히로야, 《지방 소멸》, 김정환 옮김, 와이즈베리, 2015 등을 참조. 더불어 동남권 관점에서의 논의는 양승훈, "[기고] 청년을 거부하는 지방, 지방을 거부하는 청년", 《신동아》 2019년 8월호 참조.

36 《서울경제》 2006년 11월 14일 자, "'부산·울산·경남' 경제통합 엇박자", https://n.news.naver.com/mnews/article/011/0000157627?sid=101.

37 박경, "초광역 메가시티, '메가 토건 프로젝트' 구상인가?", 프레시안 2022년 2월 4일, https://www.pressian.com/pages/articles/2022020408380292633; 《부산일보》 2021년 5월 11일 자, "'부울경 메가시티 교통 중심은 김해'", https://www.busan.com/view/busan/view.php?code=2021051109133821552; 《경남일보》 2021년 4월 22일 자, "동남권 메가시티 철도교통망 4차 국가철도망 계획안 포함", http://www.gnnews.co.kr/news/articleView.html?idxno=473755.

38 《서울경제》2021년 7월 6일 자, "'1시간 생활권' 부울경 광역교통망 계획에 울산 사업 8개 반영", https://www.sedaily.com/NewsView/22OT3893WR.

39 《매일경제》2021년 5월 13일 자, "'경제·협치·문화' 박형준 부산 살릴 키워드", https://www.mk.co.kr/news/society/9870046; 《세계일보》2021년 4월 1일 자, "가덕 신공항 완성으로 '동남권 메가시티' 새 판 짠다", https://www.segye.com/newsView/2021033 1514778; 이관후, 2021, "메가시티의 추진의 심성적 변수: 수도권 중심주의와 지역인지 감수성", 《경남발전》, 62-76.

40 부산연구원·울산연구원·경남연구원, 《동남권 발전계획 수립 공동연구》, 2021, https://bdi.re.kr/program/researchreport/download.asp?idx=1856&file=%B5%BF%B3%B2%B1%C7%B9%DF%C0%FC%B0%E8%C8%B9(%BA%CE%B9%AE%BA%B0%B0%E8%C8%B9)_%C3%D6%C1%BE.pdf.

41 USG공유대학 홈페이지, https://usg.ac.kr/; 부산연구원·울산연구원·경남연구원, 같은 보고서.

42 노컷뉴스, "김경수 '협의에서 집행, 의회까지 구성...동남권 특별연합 출범'", 2021년 1월 14일 자.

43 머니투데이, "'백지화'되는 부울경 메가시티, '경제동맹'으로 탈바꿈한다", 2022년 12월 4일 자, https://n.news.naver.com/mnews/article/008/0004825244?sid=101.

44 《조선일보》2022년 3월 8일 자, "부산서 尹 손잡은 안철수 'PK 메가시티 약속···윤석열과 함께'", https://biz.chosun.com/policy/politics/election2022/2022/03/08/DIICC6RKQRED7L6U57UVCUM7D4/.

45 연합뉴스, 2022년 9월 28일 자, "국정과제 '메가시티 구축' 잇따라 차질···호남·충청권만 활발", https://www.yna.co.kr/view/AKR20220927146151051.

46 《새전북신문》, 2023년 5월 14일 자, "전북, 탈호남 홀로서기 가속화", http://sjbnews.com/news/news.php?number=780381.

47 《대한경제》, "[르포]18년 만에 완공되는 동해남부선 철도···중앙선 복선화·동해축 철도 연결 '눈앞'", 2021년 12월 12일 자, http://www.dnews.co.kr/uhtml/view.jsp?idxno=202112120854208670369.

48 김석현, "지역 산업 정책 방향과 과제", 강현수 외, 《지역균형발전의 재구성》, 사회평론, 2013, 7장, 186; 195-197.

14장

49 Susan Helper, Timothy Krueger, and Howard Wial, *Why does Manufacturing Matter? Which Manufacturing Matters?*, Brookings Institution, 2012, https://www.brookings.edu/articles/why-does-manufacturing-matter-which-manufacturing-matters/?fbclid=IwAR1Oee1FDWT86ZNnPJHZLR-aGDl4MvIVQINJCkk_8z07Wvgkmg EWbbX5WuA.

50 Pierce, Justin R., and Peter K. Schott, 2016, "The Surprisingly Swift Decline of US Manufacturing Employment", *American Economic Review*, 106 (7): 1632-62.

51 Peter A. Hall and David Soskice ed., *Varieties of Capitalism: The Institutional Foundations of Comparative Advantage*, Oxford University Press, 2001.

52 도널드 스토크스,《파스퇴르 쿼드런트》, 윤진효 등 옮김, 북&월드, 2007.

53 Susan N. Houseman, "Understanding the decline of US manufacturing employment", *Upjohn Institute Working paper*, 18-287, 2018.

54 Thomas A. Kochan, "Taking the High Road", *MIT Sloan Management Review*, 2006, Vol. 47(4), 16-20.

55 조형제,《한국적 생산방식은 가능한가?》, 한울, 2006, 2부 2장.

56 《한국경제》, "역대 최대 규모 외국인력 들어온다…조선업은 5000명 전용 쿼터 신설", 2023년 4월 24일 자, https://www.hankyung.com/society/article/202304247904i.

57 마이클 스토퍼,《도시의 열쇠: 경제지리, 제도, 혁신, 정의》, 이재열 옮김, 국토연구원, 2021, 140-141; 144-145.

58 마이클 스토퍼, 같은 책, 192.

59 김철식·정준호·조형제, "기업 내·외부 네트워크의 준수직 통합: 현대차 부품공급구조의 역사적 동학", 비판사회학회 2021년도 가을학술대회 자료집, 41-64; 황현일, "자동차 산업의 디지털 전환과 부품사의 대응과 전망: 창원지역을 중심으로", 비판사회학회 2021년도 가을학술대회 자료집; 황선자·이문호·황현일,《자동차산업의 구조변화와 정책과제: 자동차부품산업을 중심으로》, 한국노총 중앙연구원, 2020.

60 김명수·오용식, 2021, "조선기자재 국산화에 대한 실증적 연구 -조선소 발주자료를 중심으로-",《해양정책연구》, 36(2), 137-156.

61 이정동,《축적의 길》, 지식노마드, 2017.

62 조형제, "자동차부품업체의 연구개발 입지 변화", 한국사회학, 2006, 40(5), 207-232.

63 샤론 주킨,《혁신 복합체: 도시, 기술 그리고 신경제》, 강민규 옮김, 한울, 2022.

64 세운협업지원센터, https://sewoon.org/.

65 세운맵, https://map.sewoon.org/.

66 《한국경제》, "[안전산업 창조도시 울산] '인생 2막' 여는 울산 공장장 은퇴자 모임 NCN", 2016년 7월 18일 자, https://www.hankyung.com/society/article/2016071701851.

에필로그

1 《한겨레》 2023년 12월 6일 자, "'김포 서울 편입' 총선 뒤가 진짜 논의…지방 메가시티도 해야", https://www.hani.co.kr/arti/politics/administration/1119226.html.

참고문헌

단행본

Bailey, Diane E. and Paul M. Leonardi, *Technology Choices*, MIT Press, 2015.

Baumgartner, Frank. R. and Bryan D. Jones, *Agendas and Instability in American Politics*, University of Chicago Press, 2009.

Buciarelli, Louis, *Designing Engineers*, MIT Press, 1994.

Ferguson, Eugene S., *Engineering and the Mind's Eye*, MIT Press, 1992.

Hyung-Ah Kim, *Korean Skilled Workers*, University of Washington Press, 2020.

Hyung Je Jo, Jun Ho Jeong, and Chulsik Kim, *Agile against lean: An inquiry into the production system of Hyundai motor*, Springer Nature, 2023.

Kingdon, John, *Agendas, Alternatives, and Public Policies*, Pearson, 2010.

Massey, Doreen, *Spatial Divisions of Labour*, Palgrave, 1995.

Zuboff, Shoshana, *In the Age of the Smart Machine – The Future of Work and Power*, Basic Books, 1988.

Peter A. Hall and David Soskice ed., *Varieties of Capitalism: The Institutional Foundations of Comparative Advantage*, Oxford University Press, 2001.

강명한,《포니를 만든 별난 한국인들》, 정우사, 1986.

강현수 외,《지역균형발전의 재구성》, 사회평론, 2013.

권석준,《반도체 삼국지: 글로벌 반도체 산업재편과 한국의 활로》, 뿌리와이파리, 2022.

김명수·오용식, 2021, 조선기자재 국산화에 대한 실증적 연구 – 조선소 발주자료를 중심으로-,《해양정책연구》, 36(2), 137-156.

김수영,《디지털 시대의 사회복지 패러다임》, 집문당, 2021.

김승석·한상석,《울산의 산업(1) – 공업화의 역사》, 울산대학교출판부, 2005.

김원 외,《사라진 정치의 장소들》, 천권의책, 2008.

김정렴,《최빈국에서 선진국 문턱까지》, 랜덤하우스코리아, 2006.

김형아,《유신과 중화학공업: 박정희의 양날의 선택》, 신명주 옮김, 일조각, 2005.

김호연·양상현·현재열,《1987년 울산 노동자대투쟁 I》, 울산대학교출판부(UUP), 2007.

도널드 스토크스,《파스퇴르 쿼드런트》, 윤진효 외 옮김, 2007.

도린 매시, 《공간 장소 젠더》, 정현주 옮김, 서울대학교출판문화원, 2015.

레슬리 컨, 《여자를 위한 도시는 없다: 처음 만나는 페미니스트 지리학》, 황가한 옮김, 열린책들, 2022.

리처드 데이비스, 《2030 극한 경제 시나리오》, 고기탁 옮김, 부키, 2021.

마강래, 《지방도시 살생부》, 개마고원, 2017.

마강래, 《지방분권이 나라를 망친다》, 개마고원, 2018.

마스다 히로야, 《지방 소멸》, 김정환 옮김, 와이즈베리, 2015.

마이클 스토퍼, 《도시의 열쇠: 경제지리, 제도, 혁신, 정의》, 이재열 옮김, 국토연구원, 2021.

마크 블라이스, 《긴축》, 이유영 옮김, 부키, 2016.

박기주 외, 《중화학공업화와 사회의 변화》, 대한민국역사박물관, 2014.

박배균·김동완 편, 《국가와 지역》, 알트, 2013.

박배균 외, 《산업경관의 탄생》, 알트, 2014.

박태주, 《현대자동차에는 한국 노사관계가 있다》, 매일노동뉴스, 2014.

샤론 주킨, 《혁신 복합체: 도시, 기술 그리고 신경제》, 강민규 옮김, 한울, 2022.

송호근, 《혁신의 용광로》, 나남출판, 2018.

양승훈, 《중공업 가족의 유토피아》, 오월의봄, 2019.

애덤 스미스, 《국부론 – 상》, 김수행 옮김, 비봉출판사, 2007.

앤드류 양, 《보통 사람들의 전쟁》, 장용원 옮김, 흐름출판, 2019.

에드워드 글레이저, 《도시의 승리》, 이진원 옮김, 해냄, 2021.

요코타 노부코, 《한국 노동시장의 해부》, 후마니타스, 2020.

유형근, 《분절된 노동, 변형된 계급》, 산지니, 2022.

육성으로 듣는 경제기적 편찬위원회, 《코리안 미라클》, 나남, 2013.

이성균, 《울산지역 노동시장과 고용문제》, 울산대학교출판부, 2017.

이정동, 《최초의 질문》, 민음사, 2022.

이정동, 《축적의 길》, 지식노마드, 2017.

이제민, 《외환위기와 그 후의 한국 경제》, 한울, 2017.

이철우, 《산업집적의 경제지리학》, 푸른길, 2020.

장병익, 《울산지역산업론》, 울산대학교출판부, 2012, 97.

정재용·황혜란 편, 《추격형 혁신시스템을 진단한다》, 한울, 2013.

정주영, 《한국경제 이야기》, 울산대학교출판부, 1997.

조선해양플랜트협회, 《造船資料集》, 2020.

조주은, 《현대가족 이야기》, 이가서, 2004.

조형제·강종열, 《울산의 산업화(3) 자동차·조선산업》, 울산대학교출판부, 2005.

조형제, 《한국적 생산방식은 가능한가?》, 한울아카데미, 2005.

조형제, 《현대자동차의 기민한 생산방식》, 한울아카데미, 2016.

지주형, 《한국 신자유주의의 기원과 형성》, 책세상, 2011.

칼 마르크스, 《자본론 1 – 상》, 김수행 옮김, 비봉출판사, 2015.

캐슬린 씰렌, 《제도는 어떻게 진화하는가》, 신원철 옮김, 모티브북, 2011.

폴 윌리스, 《학교와 계급재생산》, 김찬호·김영훈 옮김, 이매진, 2004.

피터 메익신스 외, 《현대 엔지니어와 산업 자본주의》, 이내주 외 옮김, 에코리브르, 2017.

피터 홀 외, 《세계의 테크노폴》, 강현수·김륜희 옮김, 한울, 2006.

한삼건, 《울산의 기억 울산의 미래》, 울산광역시 남구, 2016.

핫토리 타미오, 《개발의 경제사회학》, 전통과현대, 2007.

해리 브래버먼, 《노동과 독점자본》, 이한주 외 옮김, 까치, 1998.

허우긍·손정렬·박배균 편, 《네트워크의 지리학》, 푸른길, 2015.

허환주, 《현대조선 잔혹사》, 후마니타스, 2016.

현재열·김호연·양상현 편, 《1987년 울산 노동자 대투쟁》 1권, 울산대학교출판부, 2007, 63.

홍호평, 《차이나 붐: 왜 중국은 세계를 지배할 수 없는가》, 하남석 옮김, 글항아리, 2021.

보고서

IMO, 2009, *Second IMO Greenhouse Gas Study*.

IMO, 2014, *Third IMO Greenhouse Gas Study*.

IMO, 2020, *Fourth IMO Greenhouse Gas Study*.

Susan Helper, Timothy Krueger, and Howard Wial, *Why does Manufacturing Matter? Which Manufacturing Matters?*, Brookings Institution, 2012, https://www.brookings.edu/articles/why-does-manufacturing-matter-which-manufacturing-matters/?fbclid=IwAR1Oee1FDWT86ZNnPJHZLR-aGDl4MvIVQINJCkk_8z07WvgkmgEWbbX5WuA.

UN, 2018, *World Urbanization Prospects 2018*, https://population.un.org/wup/.

부산연구원·울산연구원·경남연구원, 《동남권 발전계획 수립 공동연구》, 2021, https://bdi.re.kr/program/researchreport/download.asp?idx=1856&file=%B5%BF%B3%B2%B1%C7%B9%DF%C0%FC%B0%E8%C8%B9(%BA%CE%B9%AE%BA%B0%B0%E8%C8%B9)_%C3%D6%C1%BE.pdf.

울산연구원, 《울산비전 2040》, https://www.uri.re.kr/bbs/board.php?bo_table=research_report&wr_id=1129.

이은경 외, 2012, 《한국산업기술사 조사연구(화학산업군: 비료 산업)》, KIAT·전북대학교.

정성문 외, 《혁신생태계 관점에서 살펴본 동남권 연계 협력방안 연구》, 부산산업과학혁신원, 2019, 83.

현대경제연구원, 〈세계 경제, 퍼펙트 스톰 오는가?: 글로벌 5대 리스크 요인의 향방과 시사점〉, 2022년 9월.

황선자·이문호·황현일, 《자동차산업의 구조변화와 정책과제: 자동차부품산업을 중심으로》, 한국노총 중앙연구원, 2020.

논문

Gulden, Tim, and Charlotta Mellander, "The rise of the mega-region", *Cambridge Journal of Regions, Economy, and Society* 1.3, 2008: 459-476.

Hartman, H. 1977, "Capitalism, patriarchy, and job discrimination by sex", *Capitalist Patriarchy and the Case for Socialist Feminism*, edited by ZR Eisenstein, *Monthly Review Press*, New York.

Mike Hobday, "Product Complexity, Innovation and Industrial Organization", *Research Policy*, 26 (1998) 689-710.

Pierce, Justin R., and Peter K. Schott, 2016, "The Surprisingly Swift Decline of US Manufacturing Employment", *American Economic Review*, 106 (7): 1632-62.

TENOLD, S., KANG, J., KIM, S., & MURPHY, H., 2020, International Transfer of Tacit Knowledge: The Transmission of Shipbuilding Skills from Scotland to South Korea in the Early 1970s, *Enterprise & Society*, 1-33.

Thomas A. Kochan, "Taking the High Road", *MIT Sloan Management Review*, 2006, Vol. 47(4), 16-20.

Mallach, Alan, 2015, "The Uncoupling of the Economic City", *Urban Affairs Review* 51(4): 443-73.; Teaford, Jon C. 2015, "Comments on Pittsburgh Renaissance", *Journal of Urban History* 41(1): 44-46.

Susan N. Houseman, "Understanding the decline of US manufacturing employment", *Upjohn Institute Working paper*, 18-287, 2018.

강기천, "공업 없는 공학-1950~60년대 서울대학교 공과대학의 지향과 현실", 《사회와 역사》, 제119권, 41-73, 2018.

고경임, 〈조선산업 대기업의 기업문화 전략〉, 《이론》, 1996, 4권 152-178.

고영삼, "울산지역 국립 종합대학의 필요성과 추진방안", 한국지방정부학회 학술대회자료집, 2003, 57-74.

김민호·김동완, "울산공업단지의 서막, 정유공장 건설의 정치지리", 《대한지리학회지》, 2014, 49(2), 139-159.

김선배, 2001. "지역혁신체제 구축을 위한 산업정책 모형", 《지역연구》 제17권 제2호, 79-97.

김용균, "미국 〈인플레이션 감축법〉의 주요 내용과 영향", 국회예산정책처 《나보포커스》 52호.

김철식·정준호·조형제, "기업 내·외부 네트워크의 준수직 통합: 현대차 부품공급구조의 역사적 동학", 비판사회학회 2021년도 가을학술대회 자료집, 41-64.

남종석·김종호, 〈불황기 기업간 거래관계와 기업유형별 경영성화〉, 《경제발전연구》, 25권 1호, 55-81.

배석만, "조선산업: 수출전문산업으로의 극적 전환", 《역사비평》, 2018.2, 71-105.

신병현, 〈지배연합, 저항연합, 그리고 민주화 대기업의 신경영 전략과 작업장 권력관계 변화〉, 《사회비평》, 1992, 7권 347-374.

신원철, "영국 조선산업의 쇠퇴와 감원(1945~2000)", 2020, 《산업노동연구》, 26(2), 1-44.

신원철, 2016, "일본 조선대기업의 고용조정: 미쓰비시 나가사키조선소 사례", 《경제와사회》 통권 110호, 122-163.

유형근, 《한국 노동계급의 형성과 변형: 울산지역 대기업 노동자를 중심으로, 1987-2010》, 서울대학교 대학원 사회학과 박사학위 논문, 2011.

이성균, "지역노동시장의 구조적 미스매치", 《경제와사회》, 108, 2015:137-165.

이정희, "현대자동차 사내하청 정규직 특별고용 합의의 의미", 《월간 노동리뷰》 2016년 5월호.

이철호·김윤진, 2022, "메가시티 담론과 국민국가의 변환: 초광역권 구상의 공간 거버넌스에 대한 이론적 함의", 《21세기정치학회보》 제32집 3호, 1-24.

장병익, "울산 산업사", 《울산학연구》 창간호, 11-181.

정준호, 〈지역 간 소득격차와 위험공유〉, 《공간과 사회》, 28권 2호, 12-44.

조성재·박준식 외, 《한국의 산업발전과 숙련노동》, 한국노동연구원, 2013, 367.

조형제, "산업도시의 재구조화와 거버넌스: 피츠버그와 디트로이트의 비교", 《국토연구》, 제43권, 2004, 69-87.

조형제, "울산 자동차산업의 지속가능한 발전은 가능한가?", 2021.1.13. 경남대학교 인문학연구소 세미나(미간행).

조형제, "자동차부품업체의 연구개발 입지 변화", 《한국사회학》, 2006, 40(5), 207-232.

조형제·주은수, "대학생 취업지원 프로젝트의 성과와 한계", 《지역 사회학》, 19(3), 2018:81-112.

최영진, 《한국 중화학 공업화의 지리-정치경제학적 연구: 현대조선과 창원공단을 사례로》, 서울대학교 대학원 사범대학 사회교육과(지리전공), 2014.

황현일, "자동차 산업의 디지털 전환과 부품사의 대응과 전망: 창원지역을 중심으로", 비판사회학회 2021년도 가을학술대회 자료집.

허은, "'부유한 노동자 도시'의 여성 - 울산과 창원 여성 일자리의 실태와 특성", 《지역 사회연구》 제28권 3호 2020.9:87-113.

허은, "창원 지역 노동계급 여성의 성별 노동 불평등 적응 기제에 관한 연구", 《경제와사회》, 2018.12:158-197.